全国高等教育自学考试指定教材
教育学专业（独立本科段）

比较教育
Bijiao Jiaoyu

（含：比较教育自学考试大纲）

（2017年版）

全国高等教育自学考试指导委员会　组编
主　编　马健生
副主编　黄海刚　白　华

高等教育出版社·北京

图书在版编目(CIP)数据

比较教育 / 马健生主编;全国高等教育自学考试指导委员会组编. -- 北京:高等教育出版社,2017.11(2024.1重印)
ISBN 978-7-04-048802-9

Ⅰ.①比… Ⅱ.①马… ②全… Ⅲ.①比较教育-高等教育-自学考试-教材 Ⅳ.①G40-059.3

中国版本图书馆 CIP 数据核字(2017)第 266998 号

策划编辑	雷旭波	责任编辑	孙 杰	版式设计	范晓红	插图绘制	邓 超
责任校对	李大鹏	责任印制	刁 毅				

出　　版	高等教育出版社	网　　址	http://www.hep.edu.cn	
社　　址	北京市西城区德外大街4号		http://www.hep.com.cn	
邮政编码	100120	网上订购	http://www.hepmall.com.cn	
印　　刷	北京市大天乐投资管理有限公司		http://www.hepmall.com	
开　　本	787mm×1092mm 1/16		http://www.hepmall.cn	
印　　张	17			
字　　数	400 千字	版　次	2017 年 11 月第 1 版	
购书热线	010-58581118	印　次	2024 年 1 月第10次印刷	
咨询电话	400-810-0598	定　价	36.00 元	

本书如有缺页、倒页、脱页等质量问题,请到所购图书销售部门联系调换
版权所有　侵权必究
物 料 号　48802-00

组编前言

21世纪是一个变幻难测的世纪,是一个催人奋进的时代。科学技术飞速发展,知识更替日新月异。希望、困惑、机遇、挑战,随时随地都有可能出现在每一个社会成员的生活之中。抓住机遇,寻求发展,迎接挑战,适应变化的制胜法宝就是学习——依靠自己学习、终身学习。

作为我国高等教育组成部分的自学考试,其职责就是在高等教育这个水平上倡导自学、鼓励自学、帮助自学、推动自学,为每一个自学者铺就成才之路。组织编写供读者学习的教材就是履行这个职责的重要环节。毫无疑问,这种教材应当适合自学,应当有利于学习者掌握和了解新知识、新信息,有利于学习者增强创新意识,培养实践能力,形成自学能力,也有利于学习者学以致用,解决实际工作中所遇到的问题。具有如此特点的书,我们虽然沿用了"教材"这个概念,但它与那种仅供教师讲、学生听,教师不讲、学生不懂,以"教"为中心的教科书相比,已经在内容安排、编写体例、行文风格等方面都大不相同了。希望读者对此有所了解,以便从一开始就树立起依靠自己学习的坚定信念,不断探索适合自己的学习方法,充分利用自己已有的知识基础和实际工作经验,最大限度地发挥自己的潜能,达到学习的目标。

欢迎读者提出意见和建议。

祝每一位读者自学成功。

全国高等教育自学考试指导委员会
2017年1月

目 录

比较教育自学考试大纲

出版前言 …………………………………… 2
Ⅰ 课程性质与课程目标 …………………… 3
Ⅱ 考核目标 ………………………………… 4
Ⅲ 课程内容与考核要求 …………………… 5
 第一章 导论——比较教育是什么 …… 5
 第二章 比较教育的历史沿革——
    我是如何成长的 …………… 7
 第三章 比较教育的重要思想和方法——
    我的家族都有谁 …………… 9
 第四章 学前教育——至善的起点 …… 12
 第五章 基础教育——幸福的基石 …… 14
 第六章 高等教育——智慧的灯塔 …… 17
 第七章 终身教育——一生的"事业" … 20
 第八章 教师教育——教育事业的工作
    母机 ………………………… 22
 第九章 教育管理——教育事业的
    "动力之源" ………………… 25
 第十章 当前中国教育的改革与发展 … 27
Ⅳ 有关说明与实施要求 …………………… 32
附录 题型举例 …………………………… 34
后记 ………………………………………… 35

比 较 教 育

编者的话 …………………………………… 38
第一章 导论——比较教育是什么？ …… 39
 第一节 比较教育的定义 ……………… 39
 第二节 比较教育的学科性质和领域 … 41
 第三节 比较教育的基本特征和作用 … 44
第二章 比较教育的历史沿革——
   我是如何成长的？ ……………… 49
 第一节 比较教育的"史前阶段" ……… 49
 第二节 比较教育的"借鉴时代" ……… 52
 第三节 比较教育的"因素分析时代" … 56
 第四节 比较教育的"社会科学方法
    时代" ………………………… 57
第三章 比较教育的重要思想和方法——
   我的家族都有谁？ ……………… 63
 第一节 比较教育的重要思想 ………… 63
 第二节 比较教育的方法 ……………… 75
第四章 学前教育——至善的起点 ……… 90
 第一节 学前教育的历史沿革 ………… 90
 第二节 学前教育的当代发展 ………… 93
 第三节 学前教育的改革与发展趋势 … 110
第五章 基础教育——幸福的基石 ……… 114
 第一节 基础教育的历史沿革 ………… 115
 第二节 基础教育的当代发展 ………… 117
 第三节 基础教育的改革与发展趋势 … 135
第六章 高等教育——智慧的灯塔 ……… 139
 第一节 高等教育的历史沿革 ………… 139
 第二节 高等教育的当代发展 ………… 143
 第三节 高等教育的改革与发展趋势 … 161
第七章 终身教育——一生的"事业" …… 168
 第一节 终身教育理念的产生与发展 … 168
 第二节 终身教育的当代实践 ………… 172
 第三节 终身教育的改革与发展趋势 … 178

第八章　教师教育——教育事业的工作母机 ………… 184
第一节　教师教育的内涵与演变 ……… 184
第二节　教师教育的当代发展 ………… 189
第三节　教师教育的改革与发展趋势 … 207

第九章　教育管理——教育事业的"动力之源" ……………… 211
第一节　教育管理的理论概述 ………… 211
第二节　教育管理的当代发展 ………… 215
第三节　教育管理的改革与发展趋势 … 237

第十章　当前中国教育的改革与发展 … 241
第一节　学前教育的改革与发展 ……… 241
第二节　基础教育的改革与发展 ……… 244
第三节　高等教育的改革与发展 ……… 246
第四节　终身教育的改革与发展 ……… 251
第五节　教师教育的改革与发展 ……… 254
第六节　教育管理体制的改革与发展 …………………………… 256

主要参考文献 ……………………………… 261
后记 ………………………………………… 263

全国高等教育自学考试指定教材
教育学专业(独立本科段)

比较教育自学考试大纲

全国高等教育自学考试指导委员会　制定

出版前言

为了适应社会主义现代化建设事业的需要,鼓励自学成才,我国在20世纪80年代初建立了高等教育自学考试制度。高等教育自学考试是个人自学、社会助学和国家考试相结合的一种高等教育形式。应试者通过规定的专业考试课程并经思想品德鉴定达到毕业要求的,可获得毕业证书;国家承认学历并按照规定享有与普通高等学校毕业生同等的有关待遇。经过30多年的发展,高等教育自学考试为国家培养造就了大批专门人才。

课程《自学考试大纲》是国家规范自学者学习范围、要求和考试标准的文件。它是按照专业考试计划的要求,具体指导个人自学、社会助学、国家考试、编写教材、编写自学辅导书的依据。

随着经济社会的快速发展,新的法律法规不断出台,科技成果不断涌现,原大纲中有些内容过时、部分知识陈旧。为更新教育观念,深化教学内容方式、考试制度、质量评价制度改革,使自学考试更好地提高人才培养的质量,各专业委员会按照专业考试计划的要求,对原课程《自学考试大纲》组织了修订或重编。

修订后的大纲,在层次上,专科参照一般普通高校专科或高职院校的水平,本科参照一般普通高校本科水平;在内容上,力图反映学科的发展变化,增补了自然科学和社会科学近年来研究的成果,对明显陈旧的内容进行了删减。

全国考委教育类专业委员会组织制定了《比较教育自学考试大纲》,经教育部批准,现颁发施行。各地教育部门、考试机构应认真贯彻执行。

全国高等教育自学考试指导委员会

2017年9月

Ⅰ 课程性质与课程目标

一、课程性质和特点

比较教育以当代世界上不同国家、民族和地区的教育以及国际社会的教育为研究对象，是教育研究中的一个理论与应用并重的研究领域，是教育科学体系中的一个重要分支。在教育学专业的考试计划中，比较教育列为选修科目。设置本课程的主要目的在于使考生初步了解世界各国和整个国际社会的教育状况，开阔眼界，增长知识，提高其分析和解决实际教育问题的能力。

二、课程目标

理解比较教育的基本原理，了解基本的比较教育研究方法，了解世界各国和国际社会的教育基本现状，能够在当代世界各国和国际社会的大背景下来认识和解决我国教育实践中存在的问题，进而联系国际和国内教育实际，理解国外和国际上的教育经验、教训、技术与方法，并真正做到为我所用。

三、本课程与相关课程的关系

本课程作为教育学专业的一门选修科目，要求以教育学专业的一些基础课程为基本的知识储备，所以，本课程的先修课程是《教育原理》《外国教育史》等。本课程的第一至三章为总论部分，主要学习比较教育的基本概况、基本的研究方法、发展历史等。第四至九章以专题的方式对各个国家从学前教育到终身教育的情况进行了详细的论述，主要学习一些发达国家的教育制度、教育政策和教育发展状况。第十章主要介绍了我国教育改革与发展的情况。第一至三章是基础，同时也是本课程的难点，尤其是第三章中涉及的一些理论，有些较为抽象，不易理解，考生应多涉猎一些相关材料，努力做到在真正理解的基础上进行识记。第四至九章要求考生在学习之前对有关国家的政治、经济、历史和文化要有一个概括性的了解，以加深对各国教育的认识和理解。

Ⅱ 考核目标

　　为了实现本学科考试内容的具体化和考试要求的标准化，本大纲在列出课程内容的基础上，还进一步规定了各章的考核目标，包括考核知识点和考核要求。明确考核目标，一方面可以使考生能够在明确各章学习目的和总体要求的基础上，还能进一步明确考试内容和要求，从而有利于其更加深入系统地学习本课程；另一方面也可以使考试命题能够更加明确命题范围，更明确地安排试题的知识能力层次和难易程度。

　　本大纲在考核目标中，按照文科类专业课程自学考试的识记、领会、简单应用和综合应用四个层次规定考试应达到的知识和能力要求。这四个知识与能力层次之间是递进等级关系。各知识与能力层次的含义是：

　　识记：要求知道本课程中有关的名词、概念、术语、原理、知识的内容和含义，并能正确认识和表述。这是初级层次的要求。

　　领会：要求在识记的基础上，能全面把握课程中的基本概念、基本原理和基本方法，并掌握有关概念、原理和方法之间的互相区别与联系。这是较高的层次要求。

　　简单应用：在领会的基础上，能够运用本课程中的基本概念、基本原理和基本方法，对有关的理论和实际问题进行初步的分析。

　　综合应用：要求在能够进行简单应用的基础上，深入全面地理解所学内容，并在此基础上，形成灵活运用本学科中多个知识和原理，来综合分析和解决比较复杂的理论与实际问题的能力。这是最高层次的要求。

Ⅲ 课程内容与考核要求

第一章 导论——比较教育是什么

一、学习目的与要求

学习本章应当了解比较教育是什么,深刻理解比较教育的研究对象、学科性质、研究领域及其在理论和实践方面的作用和意义。这也是本章的重点内容,其中关于比较教育的学科性质问题,由于涉及诸多争议,可能不易理解,考生只要掌握本章开头对比较教育的定义,以及有关比较教育学科性质的几种主要观点即可。

二、课程内容

第一节 比较教育的定义
第二节 比较教育的学科性质和领域
一、比较教育的学科性质
二、比较教育的领域构成
第三节 比较教育的基本特征和作用
一、比较教育的基本特征
二、比较教育的作用
三、学习比较教育的意义

三、考核知识点

第一节 比较教育的定义
一、有关比较教育的几种代表性观点
二、比较教育的定义
第二节 比较教育的学科性质和领域
一、比较教育的学科性质
1. 有关比较教育学科性质的争议
2. 有关比较教育学科性质的几种代表性观点
二、比较教育的学科领域
1. 霍尔斯对比较教育学科领域的划分

(1) 比较研究：比较教学论；教育内部分析和文化内部分析

(2) 外国教育

(3) 国际教育：国际教育教学法；国际教育机构工作研究

(4) 发展教育

2. 根据研究内容和学科内部逻辑关系的学科领域划分

(1) 外国教育研究

(2) 区域教育研究

(3) 国家间教育比较研究

(4) 国际教育研究

(5) 比较教育史研究

(6) 比较教育方法论研究

(7) 比较教育基本理论研究

第三节　比较教育的基本特征和作用

一、比较教育的基本特征

1. 跨国性和国际性

2. 以比较为主的研究方法

3. 研究对象涵盖整个教育领域

4. 民族性与国际性并存

5. 时代性

6. 跨学科性

二、比较教育的作用

1. 比较教育在教育学科体系中的作用

(1) 比较教育研究可以更好地解释教育现象，揭示教育规律

(2) 比较教育研究能够深化对本国教育的认识

(3) 比较教育研究在教育学科体系中发挥着无可替代的作用

2. 比较教育在国家发展和教育实践中的作用

(1) "比较—借鉴"是比较教育重要的实践意义

(2) 比较教育为本国制定教育政策或进行教育改革提供经验性资料

(3) 比较教育不仅能够促进教育事业的发展，还能推动整个社会的进步

(4) 比较教育架起了各国教育沟通和理解的桥梁

三、学习比较教育的意义

1. 开阔眼界，加强理解

2. 促进多学科、多角度地思考教育问题

3. 放眼世界，立足中国

4. 深化对教育规律的认识

四、考核要求

第一节　比较教育的定义

1. 识记：比较教育的定义（本节最后一段）

2. 领会:有关比较教育的几种代表性观点

第二节　比较教育的学科性质和领域

一、比较教育的学科性质

1. 识记:有关比较教育学科性质的争议
2. 领会:有关比较教育学科性质的几种代表性观点

二、比较教育的学科领域

1. 识记:(1)霍尔斯对比较教育学科领域的划分

　　　　(2)根据研究内容和学科内部逻辑关系的学科领域划分

2. 领会:(1)两种领域划分的内在依据

　　　　(2)在两种领域体系中各分支所包括的内容

第三节　比较教育的基本特征和作用

一、比较教育的基本特征

1. 识记:比较教育的六大特征
2. 领会:比较教育基本特征的具体表现

二、比较教育的作用

1. 领会:(1)比较教育在教育学科体系中的作用

　　　　(2)比较教育在国家发展和教育实践中的作用

2. 简单应用:联系自己的工作实际说明比较教育的作用

三、学习比较教育的意义

1. 领会:学习和研究比较教育的目的和意义
2. 简单应用:联系自己的实际工作说明为何和如何学习比较教育

第二章　比较教育的历史沿革——我是如何成长的

一、学习目的与要求

学习本章应当了解比较教育产生和发展的历史进程,理解比较教育的历史分期,掌握每个历史时期的主要特点,深刻理解比较教育理论的发展趋势,以史为鉴,增进对比较教育的理解和认识。

二、课程内容

第一节　比较教育的"史前阶段"
第二节　比较教育的"借鉴时代"
第三节　比较教育的"因素分析时代"
第四节　比较教育的"社会科学方法时代"

三、考核知识点

第一节　比较教育的"史前时代"
一、比较教育得以产生的历史前提

二、比较教育的史前发展渊源

第二节 比较教育的"借鉴时代"

一、比较教育产生的标志

二、什么是比较教育的"借鉴时代"

1. 借鉴时代的起始与终止时代

2. 借鉴时代比较教育的主要特点

3. 借鉴时代几位重要的比较教育学家

第三节 比较教育的"因素分析时代"

一、因素分析时代开始的标志

二、什么是因素分析时代

1. 因素分析时代的起始与终止年代

2. 因素分析时代比较教育的主要特点

3. 因素分析时代几位重要的比较教育学家

第四节 比较教育的"社会科学方法时代"

一、比较教育在社会科学方法时代发展阶段及各个阶段比较的发展状况

1. 发展期（20世纪50—60年代）

2. 高原期（20世纪70年代）

3. 反省期（20世纪80年代）

4. 扩展期（20世纪90年代）

5. 深化期（21世纪至今）

二、社会科学方法时代各个发展阶段上有代表性的比较教育学家和流派

四、考核要求

第一节 比较教育的"史前时代"

1. 识记：(1) 比较教育史前史的发端年代

(2) 比较教育产生以前对异地教育进行比较的重要人物及相关著述

2. 领会：比较教育得以产生的历史前提

第二节 比较教育的"借鉴时代"

1. 识记：(1) 比较教育诞生的年代

(2) 比较教育诞生的标志

(3) 借鉴时代的起止年代

(4) 借鉴时代的重要比较教育学家

2. 领会：(1) 借鉴时代比较教育的发展概况

(2) 借鉴时代比较教育的主要特点

第三节 比较教育的"因素分析时代"

1. 识记：(1) 因素分析时代的起止年代

(2) 比较教育进入因素分析时代的标志

(3) 因素分析时代的重要比较教育学家

2. 领会：(1) 因素分析时代比较教育的发展概况

(2) 因素分析时代比较教育的主要特点
第四节　比较教育的"社会科学方法时代"
1. 识记：(1) 社会科学方法时代的起始年代
　　　　(2) 社会科学方法时代比较教育发展的阶段
　　　　(3) 社会科学方法时代各阶段的主要比较教育学家
2. 领会：(1) 社会科学方法时代比较教育的发展概况
　　　　(2) 比较教育在社会科学方法时代的主要特点
　　　　(3) 科学方法时代各个阶段的比较教育的主要特点

第三章　比较教育的重要思想和方法——我的家族都有谁

一、学习目的与要求

学习本章的目的在于通过了解和领会比较教育发展史上一些重要的比较教育学家的思想及一些著名比较教育学家所提出的比较教育研究方法，以便深入理解比较教育的基本思想内容及其发展脉络，掌握比较教育的基本研究方法。要求考生了解重要比较教育学家的生活时代及其代表作，深刻理解他们的比较教育思想，理解他们对比较教育发展的影响和历史贡献，同时能够理解基本的比较教育研究方法。

本章重点包括库森、萨德勒、康德尔和汉斯的比较教育思想以及几位比较教育学家的具体研究方法，其中贝雷迪的"比较四步法"、诺亚和艾克斯坦的"科学量化法"、霍姆斯的"问题法"等可能不易理解，考生应该多参考一些相关资料，进行较为深入的学习和领会。

二、课程内容

第一节　比较教育的重要思想
一、库森的比较教育思想
二、萨德勒的比较教育思想
三、康德尔的比较教育思想
四、汉斯的比较教育思想
第二节　比较教育的方法
一、贝雷迪的比较四步法
二、诺亚和埃克斯坦的科学与量化方法
三、霍姆斯的问题法
四、埃德蒙·金的比较教育方法论

三、考试知识点

第一节　比较教育的重要思想
一、库森的比较教育思想
1. 库森的生平简介
2. 库森的比较教育思想

3. 库森在比较教育发展史中的地位和贡献

二、萨德勒的比较教育思想

1. 萨德勒的生平简介

2. 萨德勒的比较教育思想

3. 萨德勒在比较教育发展史中的地位和贡献

三、康德尔的比较教育思想

1. 康德尔的生平简介

2. 康德尔的比较教育思想

3. 康德尔在比较教育发展史中的地位和贡献

四、汉斯的比较教育思想

1. 汉斯的生平简介

2. 汉斯的比较教育思想

3. 汉斯在比较教育发展史中的地位和贡献

第二节　比较教育的方法

一、贝雷迪的比较四步法

1. 贝雷迪简况

2. 比较四步法

3. 评价

二、诺亚和埃克斯坦的科学与量化方法

1. 诺亚和埃克斯坦简况

2. 科学量化法

3. 评价

三、霍姆斯的问题法

1. 霍姆斯简况

2. 问题法

3. 评价

四、埃德蒙·金的比较教育方法论

1. 埃德蒙·金简况

2. 比较教育方法论

3. 评价

四、考核要求

第一节　比较教育的重要思想
一、库森的比较教育思想
1. 识记：(1) 库森的生活年代、国别、代表性作品及其发表年代
　　　　(2) 库森比较教育的主要思想
2. 领会：(1) 库森的生活经历对其比较教育研究工作的影响
　　　　(2) 库森对法国和普鲁士教育的比较研究
二、萨德勒的比较教育思想

1. 识记：(1) 萨德勒的生活年代、国别、代表性作品及其发表年代
         (2) 萨德勒有关比较教育的主要论述
         (3) 萨德勒开启了历史主义和因素分析的先河
2. 领会：(1) 萨德勒的生活经历对其比较教育研究工作的影响
         (2) 萨德勒在比较教育史上的影响和贡献

三、康德尔的比较教育思想
1. 识记：(1) 康德尔的生活年代、国别、代表性作品及其发表年代和意义
         (2) 康德尔有关比较教育的思想
         (3) 康德尔第一次系统完整阐述比较教育基本理论和方法
2. 领会：(1) 康德尔生活经历对其比较教育研究工作的影响
         (2) 康德尔的民族主义和民族性思想对后世比较教育研究的影响

四、汉斯的比较教育思想
1. 识记：(1) 汉斯的生活年代、国别、代表作
         (2) 汉斯的历史—因素分析法中的三大因素：自然、宗教和世俗
2. 领会：(1) 汉斯的生活经历对其比较教育研究工作的影响
         (2) 汉斯的历史主义方法论和因素分析方法论
         (3) 汉斯对比较教育发展的贡献

第二节 比较教育的方法

一、贝雷迪的比较四步法
1. 识记：(1) 贝雷迪的简况：生活年代、国别、代表作及其发表年代
         (2) 比较四步法：描述、解释、并置、比较
2. 领会：(1) 比较四步法的基本原理和基本内涵
         (2) 对贝雷迪比较四步法的评价

二、诺亚和埃克斯坦的科学与量化方法
1. 识记：(1) 诺亚和埃克斯坦简况：生活年代、国别、代表作及其发表年代
         (2) 科学量化法的程序
2. 领会：(1) 科学量化法的基本原理和基本内涵
         (2) 对诺亚和埃克斯坦的科学与量化方法的评价

三、霍姆斯的问题法
1. 识记：(1) 霍姆斯简况：生活年代、国别、代表作及其发表年代
         (2) 问题法的步骤
2. 领会：(1) 问题法的基本原理和基本内涵
         (2) 对霍姆斯问题法的评价

四、埃德蒙·金的比较教育方法论
1. 识记：(1) 埃德蒙·金简况：生活年代、国别、代表作及其发表年代
         (2) 埃德蒙·金的比较教育研究的三层次理论
2. 领会：(1) 埃德蒙·金的比较教育研究的三层次理论
         (2) 对埃德蒙·金的评价

第四章 学前教育——至善的起点

一、学习目的与要求

本章主要介绍了学前教育的发展历史沿革、主要发达国家学前教育的发展现状以及学前教育的改革与发展。考生需要在了解学前教育的发展历史沿革的基础之上,掌握目前主要发达国家的学前教育概况,同时结合中国学前教育的发展现状,深刻理解学前教育的未来发展趋势,能够理解中国学前教育发展之于世界学前教育发展的普遍性与特殊性。

二、课程内容

第一节　学前教育的历史沿革
一、学前教育的初创时期
二、学前教育的本土化时期
三、学前教育的普及与提高时期

第二节　学前教育的当代发展
一、美国学前教育的当代发展
二、英国学前教育的当代发展
三、法国学前教育的当代发展
四、德国学前教育的当代发展
五、日本学前教育的当代发展
六、俄罗斯学前教育的当代发展

第三节　学前教育的改革和发展趋势
一、加强学前教育与小学教育的衔接
二、注重对学前教育质量的改进
三、树立幼儿全面发展的整体观
四、扩展幼儿教育的内容
五、提高幼儿教育师资水平

三、考试知识点

第一节　学前教育的历史沿革
一、学前教育的初创时期
1. 学前公共教育的先河——性格形成学园的准备学校成立
2. 福禄贝尔的学前教育理念与实践
二、学前教育的本土化时期
1. 杜威的教育理论与实践
2. 蒙台梭利的教育理论与实践
3. 公立幼儿园运动
三、学前教育的普及与提高时期

1.《儿童权利宣言》和《儿童权利公约》的签订
2. 学前教育的普及化
第二节　学前教育的当代发展
一、美国学前教育的当代发展
1. 学前教育的立法颁布
2. 学前教育的机构设置
3. 学前教育的课程体系建设
4. 学前教育的师资培养与教师培训
5. 学前教育的质量评估与保障体系
二、英国学前教育的当代发展
1. 学前教育的立法颁布
2. 学前教育的机构设置
3. 学前教育的课程体系
4. 学前教育的师资与培训
5. 学前教育的质量评估与保障体系
三、法国学前教育的当代发展
1. 学前教育的立法颁布
2. 学前教育的机构设置
3. 学前教育的课程体系
4. 学前教育的师资与培训
5. 加强学前与小学教育之间的衔接
四、德国学前教育的当代发展
1. 学前教育的立法颁布
2. 学前教育的机构设置
3. 学前教育的课程体系
4. 学前教育的师资与培训
5. 学前教育的均衡发展
五、日本学前教育的当代发展
1. 学前教育的立法颁布
2. 学前教育的机构设置
3. 学前教育的课程体系
4. 学前教育的师资与培训
5. 促进学前教育与小学教育之间的衔接
六、俄罗斯学前教育的当代发展
1. 学前教育的政策改革
2. 学前教育的机构设置
3. 学前教育的课程体系
4. 学前教育的师资与培训
5. 学前教育质量的改进与提升

第三节　学前教育的改革和发展趋势

一、加强学前教育与小学教育的衔接

二、注重对学前教育质量的改进

三、树立幼儿全面发展的整体观

四、扩展幼儿教育的内容

五、提高幼儿教育师资水平

四、考核要求

第一节　学前教育的历史沿革

1. 识记：(1) 学前教育历史沿革的三个阶段

　　　　(2) 学前教育历史沿革每个阶段的主要特征

　　　　(3) 福禄贝尔的学前教育思想与实践

2. 领会：(1) 学前教育的历史发展沿革对今天学前教育发展的影响

　　　　(2) 不同时期教育家的学前教育思想在当今学前教育活动中的体现

第二节　学前教育的当代发展

1. 识记：(1) 美国学前教育在立法、教育机构、课程以及师资和培训、质量评估与保障五个方面的特点

　　　　(2) 英国学前教育在立法、教育机构、课程以及师资和培训、质量评估与保障五个方面的特点

　　　　(3) 法国学前教育在立法、教育机构、课程以及师资和培训、加强学前与小学之间联系五个方面的特点

　　　　(4) 德国学前教育在立法、教育机构、课程以及师资和培训、学前教育均衡发展五个方面的特点

　　　　(5) 日本学前教育在立法、教育机构、课程以及师资和培训、加强学前与小学之间联系五个方面的特点

　　　　(6) 俄罗斯学前教育在立法、教育机构、课程以及师资和培训、促进学前教育质量提升与改进五个方面的特点

2. 领会：结合国家政治、经济、文化等方面理解其学前教育的发展

3. 简单应用：与中国学前教育的发展现状进行对比

第三节　学前教育的改革与发展趋势

1. 识记：幼儿教育改革发展的五大趋势

2. 综合应用：结合中国学前教育的发展现状，联系学前教育改革发展的五大趋势，预测中国学前教育改革发展的特殊性与普遍性

第五章　基础教育——幸福的基石

一、学习目的与要求

本章主要介绍了基础教育的发展历史沿革、主要发达国家基础教育的发展现状以及基

础教育的问题与改革。考生需要在了解基础教育的发展历史沿革的基础之上,掌握目前主要发达国家的基础教育概况,同时结合中国基础教育的发展现状,深刻理解基础教育的未来发展趋势,最终找出中国基础教育发展与世界基础教育发展的普遍性与特殊性。

二、课程内容

第一节 基础教育的历史沿革
一、二战之前的基础教育
二、20世纪中叶到末期的基础教育发展
三、新世纪以来的基础教育发展状况

第二节 基础教育的当代发展
一、美国基础教育的当代发展
二、英国基础教育的当代发展
三、法国基础教育的当代发展
四、德国基础教育的当代发展
五、日本基础教育的当代发展
六、俄罗斯基础教育的当代发展

第三节 基础教育的改革与发展趋势
一、教育公平权利的保障
二、教育绩效和问责机制的建立
三、课程内容体系的改革
四、薄弱学校与学校质量改进
五、教育质量检测与评估的建构

三、考试知识点

第一节 基础教育的历史沿革
一、二战之前的基础教育
二、20世纪中叶到末期的基础教育发展
三、新世纪以来的基础教育发展状况

第二节 基础教育的当代发展
一、美国基础教育的当代发展
1. 基础教育的立法
2. 基础教育的机构设置
3. 基础教育的课程体系
4. 基础教育的师资与培训
5. 基础教育的问责制与质量评价
二、英国基础教育的当代发展
1. 基础教育的立法
2. 基础教育的机构设置
3. 基础教育的课程体系

4. 基础教育的师资与培训
5. 对薄弱学校进行质量改进

三、法国基础教育的当代发展
1. 基础教育的立法
2. 基础教育的机构设置
3. 基础教育的课程体系
4. 基础教育的师资与培训
5. 基础教育的问责制与质量评价

四、德国基础教育的当代发展
1. 基础教育的立法
2. 基础教育的机构设置
3. 基础教育的课程体系
4. 基础教育的师资与培训
5. 基础教育质量评估与改进

五、日本基础教育的当代发展
1. 基础教育的立法
2. 基础教育的机构设置
3. 基础教育的课程体系
4. 基础教育的师资与培训
5. 基础教育的质量评估与保障机制

六、俄罗斯基础教育的当代发展
1. 基础教育的立法
2. 基础教育的机构设置
3. 基础教育的课程体系
4. 基础教育的师资与培训
5. 基础教育的信息化发展

第三节 基础教育的改革与发展趋势
一、教育公平权利的保障
二、教育绩效和问责机制的建立
三、课程内容体系的改革
四、薄弱学校与学校质量改进
五、教育质量检测与评估的建构

四、考核要求

第一节 基础教育的历史沿革
1. 识记：(1) 基础教育历史沿革的三个阶段
    (2) 基础教育历史沿革每个阶段的主要特征
2. 领会：基础教育的历史发展沿革对今天基础教育发展的影响

第二节 基础教育的当代发展

1. 识记:(1) 美国基础教育在立法、教育机构、课程以及师资和培训、问责制与质量评价五个方面的特点

(2) 英国基础教育在立法、教育机构、课程以及师资和培训、对薄弱校进行改进五个方面的特点

(3) 法国基础教育在立法、教育机构、课程以及师资和培训、问责制与质量评价五个方面的特点

(4) 德国基础教育在立法、教育机构、课程以及师资和培训、教育质量评估与改进五个方面的特点

(5) 日本基础教育在立法、教育机构、课程以及师资和培训、质量评估与保障机制五个方面的特点

(6) 俄罗斯基础教育在立法、教育机构、课程以及师资和培训、信息化五个方面的特点

2. 领会:结合国家政治、经济、文化等方面理解其基础教育的发展
3. 简单应用:与中国基础教育的发展现状进行对比

第三节 基础教育的改革与发展趋势

1. 识记:基础教育改革发展的五大问题
2. 综合应用:结合中国基础教育的发展现状,联系基础教育改革发展的五大问题,分析中国基础教育的问题与改革

第六章 高等教育——智慧的灯塔

一、学习目的与要求

本章主要介绍了高等教育的发展历史沿革、主要发达国家高等教育的发展现状以及高等教育的问题与改革。考生需要在了解高等教育的发展历史沿革的基础之上,掌握目前主要发达国家的高等教育概况,同时结合中国高等教育的发展现状,深刻理解高等教育的未来发展趋势,最终找出高等教育发展之于世界高等教育发展的普遍性与特殊性。

二、课程内容

第一节 高等教育的历史沿革
一、近代中世纪大学的产生
二、大学的本质功能——纽曼的理念
三、大学功能的发展——洪堡的理念
四、大学功能的拓展——威斯康星思想

第二节 高等教育的当代发展
一、美国高等教育的当代发展
二、英国高等教育的当代发展
三、法国高等教育的当代发展
四、德国高等教育的当代发展

五、日本高等教育的当代发展

六、俄罗斯高等教育的当代发展

第三节 高等教育的改革与发展趋势

一、高等教育为谁服务——使命问题

二、高等教育能否回避历史——传统问题

三、象牙塔还是服务站——理念问题

四、谁是资源分配的决策者——治理问题

三、考试知识点

第一节 高等教育的产生与发展

一、近代中世纪大学的产生

1. 中世纪大学产生的原因

2. 最早产生的中世纪大学

3. 中世纪大学的特点

二、大学的本质功能——纽曼的理念

1.《大学的理念》与自由教育

2. 纽曼理念的含义

三、大学功能的发展——洪堡的理念

1. 柏林大学的创建

2. 洪堡理念的含义

3. 洪堡理念的发展

四、大学功能的扩展——威斯康星思想

1.《莫雷尔法案》的颁布

2. 赠地学院的兴起

3. 大学社会服务职能的确立

第二节 高等教育的当代发展

一、美国高等教育的当代发展

1. 美国高等教育机构的类型

2. 美国高等教育主要发展阶段

3. 20世纪90年代以来美国高等教育的发展及改革

二、英国高等教育的当代发展

1. 牛津、剑桥大学的建立

2. 英国高等教育的主要发展阶段

3. 面向21世纪的英国高等教育改革

三、法国高等教育的当代发展

1. 法国高等教育概况

2. 法国高等教育的主要发展阶段

3. 20世纪90年代以来的主要改革

四、德国高等教育

1. 德国高等教育概况
2. 德国高等教育的主要发展阶段
3. 20 世纪 90 年代以来德国高等教育的改革

五、日本高等教育的当代发展
1. 日本高等教育概况
2. 日本高等教育的主要发展阶段
3. 20 世纪 90 年代以来日本大学改革

六、俄罗斯高等教育
1. 俄罗斯高等教育概况
2. 俄罗斯高等教育的主要发展阶段
3. 面向 21 世纪的俄罗斯高等教育改革

第三节 高等教育的改革与发展趋势
一、高等教育为谁服务——使命问题
1. 传递知识和为人服务
2. 科学研究
3. 服务社会
二、高等教育能否回避历史——传统问题
1. 大学自治
2. 学术自由
三、象牙塔还是服务站——理念问题
四、谁是资源分配的决策者——治理问题

四、考核要求

第一节 高等教育的产生与发展
1. 识记:(1) 大学产生的四个阶段
　　　　(2) 大学产生每个阶段的主要特征
2. 领会:大学的产生及发展对今天高等教育发展的影响

第二节 高等教育的当代发展
1. 识记:(1) 美国高等教育的发展历程
　　　　(2) 英国高等教育的发展历程
　　　　(3) 法国高等教育的发展历程
　　　　(4) 德国高等教育的发展历程
　　　　(5) 日本高等教育的发展历程
　　　　(6) 俄罗斯高等教育的发展历程
2. 领会:结合国家政治、经济、文化等方面理解其高等教育的发展
3. 简单应用:与中国高等教育的发展现状进行对比

第三节 高等教育的改革与发展趋势
1. 识记:高等教育改革发展的四大问题
2. 综合应用:结合中国高等教育的发展现状,联系高等教育改革发展的四大问题,分析

中国高等教育的问题与改革

第七章 终身教育——一生的"事业"

一、学习目的与要求

本章主要介绍了终身教育理论的产生与发展、主要发达国家终身教育的发展与变革。考生需要在了解终身教育的发展历史沿革的基础之上，掌握目前主要发达国家的终身教育实践，同时结合中国终身教育的发展现状，深刻理解终身教育的未来发展趋势，最终找出中国终身教育发展之于世界基础教育发展的普遍性与特殊性。

二、课程内容

第一节　终身教育理论的产生与发展
一、现代终身教育理论的产生
二、终身教育理论的发展
第二节　终身教育的实践
一、美国终身教育的实践
二、英国终身教育的实践
三、法国终身教育的实践
四、德国终身教育的实践
五、日本终身教育的实践
六、俄罗斯终身教育的实践
第三节　终身教育的变革与发展
一、从"理念"到"实践"
二、终身教育发展的多样化趋势
三、从"终身教育""终身学习"到学习型社会和城市

三、考试知识点

第一节　终身教育理论的产生与发展
一、现代终身教育理论的产生
1. 联合国教科文组织的不懈努力
2.《终身教育理论》的出版
二、终身教育理论的发展
1.《学会生存——教育世界的今天与明天》的颁布
2. 戴夫提出的终身教育 20 条原则
3.《财富—教育蕴藏其中》的颁布
4. 学习型社会的提出
第二节　终身教育的当代实践
一、美国终身教育的当代实践

1.《成人教育法案》的颁布
2.《终身学习法》的颁布
3. 美国终身教育的现状
二、英国终身教育的当代实践
1."最终报告书"的提交
2.《成人教育章程》的制定
3. 成人教育在制度上地位的确立
4. 继续教育的发展
三、法国终身教育的当代实践
1. 第二次世界大战后政策的颁布
2. 20世纪70年代后终身教育的进一步推广
四、德国终身教育的当代实践
1.《教育制度结构计划》的颁布
2. 20世纪80年代末终身教育的发展
3. 20世纪90年代后一系列教育政策的提出
五、日本终身教育的当代实践
1.《关于今后学校教育的综合扩充整备的基本实施政策》的颁布
2.《关于终身教育》的咨询报告颁布
3.《关于终身学习振兴措施与推进体制等的整备法律》的颁布
4.《改善社区终身学习机会的措施》的报告
六、俄罗斯终身教育的当代实践
1.《继续职业培训教育机构的标准规约》的颁布
2.《2020年前的俄罗斯教育——服务于知识经济的教育模式》报告的发表
3. 新世纪以来俄罗斯发展终身教育的具体措施
第三节 终身教育的改革与发展趋势
一、从"理念"到"实践"
二、终身教育发展的多样化趋势
三、从"终身教育""终身学习"到学习型社会和城市

四、考核要求

第一节 终身教育理论的产生与发展
1. 识记:(1)终身教育理论产生的两个阶段
　　　　(2)终身教育理论的代表性著作
2. 领会:终身教育的历史发展沿革对今天终身教育发展的影响
第二节 终身教育的当代实践
1. 识记:(1)美国终身教育的发展历程与概况
　　　　(2)英国终身教育的发展历程与概况
　　　　(3)法国终身教育的发展历程与概况
　　　　(4)德国终身教育的发展历程与概况

（5）日本终身教育的发展历程与概况

（6）俄罗斯终身教育的发展历程与概况

2. 领会：（1）结合国家政治、经济、文化等方面理解其终身教育的发展

3. 简单应用：与中国终身教育的发展现状进行对比

第三节　终身教育的改革与发展趋势

1. 识记：终身教育发展的三大趋势

2. 综合应用：结合中国终身教育的发展现状，联系终身教育改革发展的两大问题，分析中国终身教育的问题与改革

第八章　教师教育——教育事业的工作母机

一、学习目的与要求

本章主要介绍了教师教育的理论内涵、主要发达国家教师教育的发展现状以及未来教师教育的发展趋势。考生需要在了解教师教育的理论内涵的基础之上，掌握目前主要发达国家的教师教育概况，同时结合中国教师教育的发展现状，深刻理解教师教育的未来发展趋势，最终找出中国教师教育发展之于世界教师教育发展的普遍性与特殊性。

二、课程内容

第一节　教师教育的内涵与演变

一、教师教育的内涵

二、教师教育的历史演变

三、教师教育的职前培养模式

四、教师教育的在职培训体系

第二节　教师教育的当代发展

一、美国教师教育的当代发展

二、英国教师教育的当代发展

三、法国教师教育的当代发展

四、德国教师教育的当代发展

五、日本教师教育的当代发展

六、俄罗斯教师教育的当代发展

第三节　教师教育的改革与发展趋势

一、教师教育培养和培训体制的一体化

二、教师教育的专业化发展趋势

三、突出复合型教师的教育理念要求

四、强调实践能力倾向的教师培养

五、教师教育的国际化发展态势

三、考试知识点

第一节　教师教育的内涵与演变

一、教师教育的内涵

1. 教师教育的概念
2. 教师教育包含的内容

二、教师教育的发展历史

1. 萌芽时期
2. 定向封闭时期
3. 开放非定向时期
4. 综合化培养时期

三、教师教育的职前培养模式

1. 师范院校主导型培养模式
2. 综合院校主导型培养模式
3. 综合院校和师范院校混合型培养模式

四、教师教育的在职培训体系

1. 以高一级院校和教师培训机构为主体的教师培训模式
2. 学校本位的教师培训模式
3. 远距离的教师培训模式

第二节　教师教育的当代发展

一、美国教师教育的当代发展

1. 历史沿革
2. 教师教育的培养模式
3. 教师教育的管理
4. 教师教育的新改革

二、英国教师教育的当代发展

1. 历史沿革
2. 教师教育的培养模式
3. 教师教育的管理
4. 教师教育的新改革

三、法国教师教育的当代发展

1. 历史沿革
2. 教师教育的培养模式
3. 教师教育的管理
4. 教师教育的新改革

四、德国教师教育的当代发展

1. 历史沿革
2. 教师教育的培养模式
3. 教师教育的管理

4. 教师教育的新改革

五、日本教师教育的当代发展

1. 历史沿革

2. 教师教育的培养模式

3. 教师教育的管理

4. 教师教育的新改革

六、俄罗斯教师教育的当代发展

1. 历史沿革

2. 教师教育的培养模式

3. 教师教育的管理

4. 教师教育的新改革

第三节　教师教育的改革与发展趋势

一、教师教育培养和培训的一体化

二、教师教育的专业化发展趋势

三、突出复合型教师的教育理念要求

四、强调实践能力倾向的教师培养

五、教师教育的国际化发展趋势

四、考核要求

第一节　教师教育的内涵与演变

1. 识记：(1) 教师教育的概念

　　　　(2) 教师教育的培养模式

　　　　(3) 教师教育的培训体制

2. 领会：教师教育的历史发展阶段及各个阶段的特征

第二节　教师教育的当代发展

1. 识记：(1) 美国教师教育在发展历程、培养模式、管理以及改革四个方面的特点

　　　　(2) 英国教师教育在发展历程、培养模式、管理以及改革四个方面的特点

　　　　(3) 法国教师教育在发展历程、培养模式、管理以及改革四个方面的特点

　　　　(4) 德国教师教育在发展历程、培养模式、管理以及改革四个方面的特点

　　　　(5) 日本教师教育在发展历程、培养模式、管理以及改革四个方面的特点

　　　　(6) 俄罗斯教师教育在发展历程、培养模式、管理以及改革四个方面的特点

2. 领会：(1) 结合国家政治、经济、文化等方面理解其教师教育的特点

　　　　(2) 各个国家教师教育发展的异同

3. 简单应用：与中国教师教育的发展现状进行对比

第三节　教师教育的改革与发展趋势

1. 识记：教师教育发展的五大趋势

2. 综合应用：结合中国教师教育的发展现状，联系教师教育改革发展的五大趋势，论述中国教师教育改革发展之于世界教师教育改革发展的普遍性与特殊性

第九章 教育管理——教育事业的"动力之源"

一、学习目的与要求

本章主要介绍了教育管理的理论内涵、主要发达国家教育管理的发展现状以及未来教育管理的发展趋势。考生需要在了解教育管理的理论内涵的基础之上,掌握目前主要发达国家的教育管理概况,同时结合中国教育管理的发展现状,深刻理解教育管理的未来发展趋势,最终找出中国教育管理发展之于世界教育管理发展的普遍性与特殊性。

二、课程内容

第一节 教育管理的理论概述
一、教育管理的基本概念
二、教育管理的理论基础
三、教育管理的内容构成

第二节 教育管理的当代发展
一、美国教育管理的当代发展
二、英国教育管理的当代发展
三、法国教育管理的当代发展
四、德国教育管理的当代发展
五、日本教育管理的当代发展
六、俄罗斯教育管理的当代发展

第三节 教育管理的改革与发展趋势
一、新公共管理视野中的教育改革运动
二、教育行政管理体制走向分权化和专业化
三、"全面质量管理"的改革模式
四、"公立学校私营化"的改革模式
五、"校本管理"的改革模式

三、考试知识点

第一节 教育管理的理论概述
一、教育管理的基本概念
1. 管理的定义
2. 教育管理的定义
二、教育管理的理论基础
1. 科层制行政组织教育管理理论
2. 科学化教育管理理论
3. 人本教育管理理论
4. 后现代教育管理理论

三、教育管理的内容构成
1. 教育行政管理体制
2. 学校教育管理体制

第二节　教育管理的当代发展

一、美国教育管理的当代发展
1. 教育管理体制的历史沿革
2. 教育行政管理结构构成
3. 学校内部管理结构构成
4. 教育管理体制的最新改革

二、英国教师教育的当代发展
1. 教育管理体制的历史沿革
2. 教育行政管理结构构成
3. 学校内部管理结构构成
4. 教育管理体制的最新改革

三、法国教师教育的当代发展
1. 教育管理体制的历史沿革
2. 教育行政管理结构构成
3. 学校内部管理结构构成
4. 教育管icle体制的最新改革

四、德国教师教育的当代发展
1. 教育管理体制的历史沿革
2. 教育行政管理结构构成
3. 学校内部管理结构构成
4. 教育管理体制的最新改革

五、日本教师教育的当代发展
1. 教育管理体制的历史沿革
2. 教育行政管理结构构成
3. 学校内部管理结构构成
4. 教育管理体制的最新改革

六、俄罗斯教师教育的当代发展
1. 教育管理体制的历史沿革
2. 教育行政管理结构构成
3. 学校内部管理结构构成
4. 教育管理体制的最新改革

第三节　教育管理的改革与发展趋势

一、新公共管理视野中的教育改革运动
二、教育行政管理体制走向分权化和专业化
三、"全面质量管理"的改革模式
四、"公立学校私营化"的改革模式

五、"校本管理"的改革模式

四、考核要求

第一节　教育管理的理论概述
1. 识记：(1) 教育管理的概念
　　　　(2) 教育管理的内容构成
2. 领会：(1) 教育管理的理论基础
　　　　(2) 教育管理的理论在中国教育管理中的体现

第二节　教育管理的当代发展
1. 识记：(1) 美国教育管理在历史沿革、教育行政管理结构、学校内部管理结构以及教育管理体制改革四方面的特点
　　　　(2) 英国教育管理在历史沿革、教育行政管理结构、学校内部管理结构以及教育管理体制改革四方面的特点
　　　　(3) 法国教育管理在历史沿革、教育行政管理结构、学校内部管理结构以及教育管理体制改革四方面的特点
　　　　(4) 德国教育管理在历史沿革、教育行政管理结构、学校内部管理结构以及教育管理体制改革四方面的特点
　　　　(5) 俄罗斯教育管理在历史沿革、教育行政管理结构、学校内部管理结构以及教育管理体制改革四方面的特点
　　　　(6) 日本教育管理在历史沿革、教育行政管理结构、学校内部管理结构以及教育管理体制改革四方面的特点
2. 领会：(1) 结合国家政治、经济、文化等方面理解其教育管理的特点
　　　　(2) 各个国家教育管理发展的异同
3. 简单应用：与中国教育管理的发展现状进行对比

第三节　教育管理的发展趋势
1. 识记：教育管理发展的五大趋势
2. 综合应用：结合中国教育管理的发展现状，联系教育管理改革发展的五大趋势，论述中国教育管理改革发展之于世界教育管理改革发展的特殊性与普遍性

第十章　当前中国教育的改革与发展

一、学习目的与要求

本章主要介绍了中国教育的方方面面，基础教育、高等教育、终身教育以及教育的管理体制都一一囊括在内。由于这一章节涉及的主体是中国，因此需要各位考生在了解中国教育简况的基础上，结合中国教育的现实状况对中国教育面临的挑战和机遇进行深入理解。在结合中国教育的现实状况之时，考生一是可以根据自己的经验体会与观察了解，二则需要搜集资料防止自身以偏概全。最后，希望考生可以结合上几章内容，横贯东西，形成对世界各个阶段教育的理解和把握。

二、课程内容

第一节　学前教育的改革与发展
一、扩大学前教育规模,促进学前教育普及发展
二、加强学前与小学的协同,实现双向衔接与相互配合
三、明确政府所承担的职责,改善学前教育的质量状况
四、规范幼儿园办学标准,建立幼儿教师准入制度

第二节　基础教育的改革与发展
一、义务教育的区域均衡发展
二、两免一补政策与学校布局调整
三、课程体系的改革与发展
四、教师培养的改革与发展

第三节　高等教育的改革与发展
一、办学体制的变革与发展
二、高校与学科发展战略
三、投资体制的改革
四、质量评估机制的变革

第四节　终身教育的改革与发展
一、终身教育"立交桥"体系的构建
二、成人教育与继续教育的发展
三、开放式教育网络的建构
四、社区教育的实施与开展

第五节　教师教育的改革与发展
一、规范教师的准入制度,实施教师资格统一考试
二、加强教师的专业化发展,建设高素质教师队伍
三、教师教育培养和培训体制的一体化
四、突出教师的综合素质养成,将业务与道德素质相结合

第六节　教育管理体制的改革与发展
一、教育宏观行政管理体制的改革
二、基础教育管理体制的改革
三、高等教育管理体制的改革
四、现代学校管理制度的建立

三、考试知识点

第一节　学前教育的改革与发展
一、扩大学前教育规模,促进学前教育普及发展
1. 取得的成就
2. 采取的措施
二、加强学前与小学的协同,实现双向衔接与相互配合

1. 幼小衔接的国际经验
2. 幼小衔接的主要措施
三、明确政府所承担的职责,改善学前教育的质量状况
1. 政府的主要职责
2. 提供学前教育质量的核心
四、规范幼儿园办学标准,建立幼儿教师准入制度

第二节 基础教育的改革与发展
一、义务教育的区域均衡发展
1. 取得的成就
2. 采取的措施
二、两免一补政策与学校布局调整
1. 免费教育的实施的成就
2. 农村学校布局调整的成就
三、课程体系的改革与发展
1. 基础教育课程改革的背景和过程
2. 课程体系改革的主要内容
四、教师培养的改革与发展
1. "跨学科型"师资培养和"一体化"的教师教育体系
2. 多样化的教师培养系统

第三节 高等教育的改革与发展
一、办学体制的变革与发展
1. 办学体制改革的背景
2. 办学体制改革的过程和主要内容
二、高校与学科发展战略
1. 中国高等教育规模的扩展
2. 建立综合型和研究型的大学
3. 推进"双一流"建设
三、投资体制的改革
1. 建立多渠道筹集教育经费的制度
2. 完善教育成本分担制度
3. 鼓励社会捐资办学
四、质量评估机制的变革
1. 启动期
2. 发展期
3. 持续发展时期

第四节 终身教育的改革与发展
一、终身教育"立交桥"体系的构建
1. 关于推进终身教育的政策
2. 终身教育的实践

二、成人教育与继续教育的发展

1. 关于推进成人教育与继续教育的政策

2. 成人教育与继续教育的实践——高等教育自学考试制度

三、开放式教育网络的建构

1. 广播电视大学的发展

2. 远程教育的发展

四、社区教育的实施与开展

1. 社区教育的发展

2. 社区教育的实践

第五节　教师教育的改革与发展

一、规范教师的准入制度,实施教师资格统一考试

1. 规范教师准入制度

2. 教师资格统一考试

二、加强教师的专业化发展,建设高素质教师队伍

1. 教师专业化

2. 教师专业化发展

三、教师教育培养和培训体制的一体化

教师培养和在职培训结合的途径

四、突出教师的综合素质养成,将业务与道德素质相结合

教师应该具备的素养

第六节　教育管理体制的变革

一、教育宏观行政管理体制的改革

1. 教育宏观行政管理体制改革的阶段

2. 教育宏观行政管理体制改革的理念

3. 教育宏观行政管理体制改革的实践

二、基础教育管理体制的变革

1. 20世纪80年代初基础教育管理体制的特征

2. 2001年后基础教育管理体制的特征

三、高等教育管理体制的变革

1. 高等教育管理体制的特点

2. 高等教育管理体制的变革过程

四、现代学校管理制度的建立

1. 现代学校管理体制建立的相关政策

2. 现代学校管理体制中的自主性

3. 现代学校管理体制中的社会化

四、考核要求

第一节　学前教育的改革与发展

1. 识记:学前教育改革与发展的四个方面

2. 领会：学前教育改革与发展的四个方面的含义与具体体现
第二节　基础教育的改革与发展
1. 识记：基础教育改革与发展的四个方面
2. 领会：基础教育改革与发展的四个方面的含义与具体体现
第三节　高等教育的改革与发展
1. 识记：高等教育改革与发展的四个方面
2. 领会：高等教育改革与发展的四个方面的含义与具体体现
第四节　终身教育的改革与发展
1. 识记：终身教育改革与发展的四个方面
2. 领会：终身教育改革与发展的四个方面的含义与具体体现
第五节　教师教育的改革与发展
1. 识记：教师教育改革与发展的四个方面
2. 领会：教师教育改革与发展的四个方面的含义与具体体现
第六节　教育管理体制的改革与发展
1. 识记：教育管理体制改革与发展的四个方面
2. 领会：教育管理体制改革与发展的四个方面的含义与具体体现

Ⅳ 有关说明与实施要求

为了使本大纲的规定在个人自学、社会助学和考试命题中得到贯彻和落实,特对有关问题作如下说明,并提出具体实施要求:

一、《自学考试大纲》的目的和作用

课程《自学考试大纲》是根据专业自学考试计划的要求,结合自学考试的特点而确定。其目的是对个人自学、社会助学和课程考试命题进行指导和规定。

课程《自学考试大纲》明确了课程学习的内容以及深广度,规定了课程自学考试的范围和标准。因此,它是编写自学考试教材和辅导书的依据,是社会助学组织进行自学辅导的依据,是自学者学习教材、掌握课程内容知识范围和程度的依据,也是进行自学考试命题的依据。

二、课程《自学考试大纲》与教材的关系

课程《自学考试大纲》是进行学习和考核的依据,教材是学习掌握课程知识的基本内容与范围,教材的内容是大纲所规定的课程知识和内容及其扩展与发挥。

三、关于学习教材和主要参考书

指定教材:《比较教育》,马健生主编,北京:高等教育出版社2017年版。

推荐参考书:(1)《比较教育》,王承绪、朱勃、顾明远主编,人民教育出版社1985年出版;(2)《比较教育学》,吴文侃、杨汉清主编,人民教育出版社1989年版。

四、自学方法指导

1. 在全面系统学习的基础上掌握基本理论、基本知识、基本方法。本课程内容包括比较教育的基本理论、基本知识和基本研究方法,知识范围广泛,涉及本学科以外众多的有关理论和知识,各章之间既相互联系又相互独立。考生应该首先全面系统地学习各章内容,识记应当识记的基本概念、名词和知识,进而联系相关参考资料的学习,深入理解和领会比较教育的基本理论、基本知识和基本研究方法。其次,要了解各章之间的联系,注意着重学习相近的概念和理论,把握它们之间的联系与区别。再次,在全面系统学习的基础上掌握重点,有目的地学习重点章节,但切记在没有全面学习教材的情况下孤立、盲目地抓重点。

2. 在深入细致学习教材的基础上,要广泛涉猎相关的参考资料。比较教育是教育学领域里一门明显具有交叉性的学科,所涉及的相关学科较多,如国际政治、各国历史文化、文化比较研究、教育学等。要真正深入理解和掌握本课程的基本原理和基本方法,考生除了深入细致地学习教材外,还要广泛阅读相关的参考资料,提高自身的理论修养。

3. 重视理论联系实际,结果国内外教育实际发展状况进行学习。比较教育是一个理论与应用并重的领域,其研究对象就是现实的国内外和国际社会的教育现象,所以,要真正理解和掌握其基本理论、基本知识和基本方法,就必须理论联系实际,结合当前国内外和国际社会教育发展的实际情况来学习比较教育。

五、对社会助学的要求

1. 社会助学者应根据本大纲规定的考试内容和考核目标,认真钻研指定教材,明确本课程与其他课程的不同特点和学习要求,对考试进行切实有效的辅导,防止其自学过程中可能出现的各种偏向,把握社会助学的正确导向。

2. 要正确处理重点和一般的关系,引导考生全面系统地学习本课程。课程内容是一个完整的体系,其中的重点与一般是相互联系的。一般内容掌握不好,必定会影响对重点内容的理解和掌握。社会助学这要引导考生全面系统地学习教材,掌握全部课程内容和考核知识点,在此基础上再着重学习重点内容。切忌在助学过程中孤立地抓重点,把考生引向猜题押题的偏向。

3. 对大多数考生来说,联系相关学科知识进行学习是一大难点。社会助学者应当着重在这一方面多为考生提供帮助,辅导他们学习相关的参考资料,以加深对课程内容的认识和理解。

六、关于考试命题的若干要求

1. 本课程的考试命题,应当根据本大纲所规定的考核内容和目标来确定考试范围和考核要求,不要任意扩大或缩小考试范围,也不要随意提高或降低考核要求。考试命题要覆盖各章,并适当突出重点章节。

2. 本课程在试题中对不同知识能力层次要求的分析比例一般应为:识记占20%,领会占50%,简单应用占10%,综合应用占20%。

3. 试题要合理安排难度结构。试题难度可分为易、较易、较难和难四个等级。在每份试卷中,不同难度的试题分数比例一般为:易占20%,较易占30%,较难占30%,难占20%。

4. 本课程考试试卷采用的题型一般有:单项选择题、多项选择题、名词解释题、简答题、论述题等。各种题型的具体形式参见本大纲附录。

附录　题型举例

一、单项选择题

在每小题列出的四个备选项中只有一项是最符合题目要求的,请将其选出。

1. 比较教育学界人们常说的"比较教育之父"指的是
   A. 康德尔　　　B. 朱利安　　　C. 萨德勒　　　D. 阿尔特巴赫
2. 美国现行法规定义务教育年限是
   A. 联邦政府统一规定 9 年　　　　B. 各州规定 9~12 年不等
   C. 联邦政府统一规定 12 年　　　 D. 各州规定 8~12 年不等

二、多项选择题

在每小题列出的备选项中至少有两个是正确的,请将其选出。

1. 20 世纪 60 年代以来影响现代比较教育的几种主要理论有（　　）
   A. 结构功能主义　　　　　　　B. 冲突理论
   C. 世界体系分析理论　　　　　D. 依赖理论
   E. 新殖民主义理论
2. 在比较教育发展史上,"借鉴时代"的主要代表人物是（　　）
   A. 埃德蒙·金　　　　　　　　B. 阿诺夫
   C. 库森　　　　　　　　　　　D. 霍拉斯·曼
   E. 巴纳德

三、名词解释

1. 因素分析时代
2. 社区学院

四、简答题

1. 比较教育的基本研究方法有哪些?
2. 简述英国的中央教育行政机构及其辅助管理部门的机构设置和职能范围。

五、论述题

1. 试论述西方发达国家推行义务教育的经验和教训及其对我国实施义务教育的启发。
2. 试论述教育国际化对第三世界国家的教育发展与传统文化传承的影响。

后 记

《比较教育自学考试大纲》是根据全国高等教育自学考试教育学专业(独立本科段)考核要求编写的。2017年6月教育类专业委员会召开审稿会议,对本大纲进行讨论评审,修改后,经主审复审定稿。

本大纲由北京师范大学马健生教授主持编写。

本大纲经由北京师范大学王英杰教授主审,北京师范大学谷贤林教授和东北师范大学饶从满教授参加审稿并提出改进意见。

本大纲最后由全国高等教育自学考试指导委员会审定。

本大纲编审人员付出了辛勤劳动,特此表示感谢。

全国高等教育自学考试指导委员会
教育类专业委员会
2017年9月

全国高等教育自学考试指定教材
教育学专业(独立本科段)

比较教育

全国高等教育自学考试指导委员会 组编
主　编　马健生
副主编　黄海刚　白　华

编者的话

比较教育是一种基于文化理解而借鉴他者经验以反思、解决本国教育问题的学术领域。由于篇幅的限制,也由于借鉴学习的目的,作为本科生教材,本书主要的比较对象国仍然是传统的六个发达国家:美国、英国、法国、德国、日本和俄罗斯,而没有包括印度、巴西和南非等国家。本教材包括三个部分:第一部分着重于比较教育的理论介绍;第二部分为比较篇,突破了传统的以国别为主的写作方式,代之以专题比较的方式,对有代表性的国家从学前教育到终身教育以及教师教育、教育管理等方面的情况进行较为详尽的介绍和分析,以便读者能够了解并比较不同国家教育的异同及特色;第三部分为启示篇,从比较教育的角度讨论了我国的教育发展与改革的进展。

本教材是在2010年高等教育出版社出版的同名教材基础上进行重大修改、补充后再版的。北京师范大学马健生教授负责全书框架结构的修订以及全书的统稿工作,对外经济贸易大学黄海刚博士参与修订了第一、二、三、六、七章,中央民族大学白华博士参与修订了第四、五、八、九、十章。参与撰写工作的人员还有中国教育科学研究院的饶燕婷博士、中央财经大学的邓丹老师、北京市东城区职业大学的温小溪老师、童趣出版有限公司的刘茜女士等。由于时间与水平所限,本书一定存在许多问题,希望广大读者与专家不吝赐教,以便我们今后进一步修改完善。本书在编写修改过程中引用了大量专家学者的有关研究成果,在此一并表示由衷感谢!最后,特别感谢北京师范大学王英杰教授、谷贤林教授和东北师范大学饶从满教授对于本教材的评审指导!他们的专业建议大大促进了本教材的精致化。

马健生

2017年9月于北京师范大学国际与比较教育研究院

第一章 导论——比较教育是什么？

本章提要

- 以1817年朱利安（Marc-Antoine Jullien）发表《关于比较教育的工作纲要和初步意见》为标志，比较教育已经走过了整整200年的历史，但是，比较教育由于其学科的边缘性和开放性，在回答"比较教育是什么"这样的问题时，总是仁者见仁、智者见智，目前还没有达成一个共识。
- 比较教育是以比较法为主要研究方法，以当代世界上不同国家、民族和地区以及国际社会的教育为研究对象，在分析比较的基础上，建构关于外国教育和国际教育的文化理解，探讨教育发展的规律和经验的教育研究领域。
- 比较教育是一门"学科"，还是一门研究领域，目前还存在争议，需要比较教育学者进一步的研究。
- 一般将比较教育的学科领域划分为比较研究、外国教育、国际教育和发展教育，其中比较研究包括了比较教学论、教育内部分析和文化内部分析；而国际教育又包括国际教育教学法和国际教育机构工作研究。
- 比较教育具有跨国性与国际性、民族性与国际性并存、时代性、跨学科性以及研究对象的广泛性等特征，主要采用比较研究法。
- 学习比较教育能够开阔视野，加强国际教育理解；为本国教育实践服务；深化对教育规律的认识以及在全球化时代促进国家发展的重要意义。

比较教育是工业时代的产物。1817年，法国比较教育学家朱利安发表了《关于比较教育的工作纲要和初步意见》，一般将这一著作视为比较教育诞生的标志。比较教育研究的出现与19世纪欧洲的社会、经济发展紧密相连，工业革命的进行促进了一些资本主义国家的工业发展，工业发展一方面需要有知识的技术工人，同时也需要设立机构来帮助照看父母均在外工作的儿童，这样，公共教育开始发展起来。比较教育的出现与19世纪欧洲民族主义运动有关，这一时期民族国家纷纷独立，为了维护民族意识和增强国家的实力，各个国家都十分重视教育，公立学校纷纷建立。国家从教会手中取得教育的领导权，加强了国家对教育的控制，很多国家也试图了解和学习其他国家在教育方面的经验和做法。正是在这样的背景下，比较教育的研究开始兴盛起来。

第一节 比较教育的定义

以1817年朱利安发表《关于比较教育的工作纲要和初步意见》为标志，比较教育已经走过了整整 200 年的历史,在漫长的历史发展中,比较教育形成了自己独特的研究视角和研究方法,学科的独立性不断增强。但是,比较教育由于其学科的边缘性和开放性,在回答"比较教育是什么"这样的问题时,总是仁者见仁、智者见智,目前还没有达成一个共识。

"比较教育之父"朱利安在《关于比较教育的工作纲要和初步意见》中,并没有为比较教育这一概念下一个明确的定义,而只是指出了比较教育大致的研究范围。他从实用的角度出发,认为比较教育应该对欧洲各国当前的主要教育机构、教育制度、教育目标和教学方法等进行比较分析,吸取各国的经验,从而为教育改革提供改进的意见。

美国著名的比较教育学家康德尔(Isaac Leon Kandel)在其《比较教育》一书中认为,"比较教育的研究是教育史研究的继续,它把教育史研究延伸到现在,以阐明教育和多种文化形式之间必然存在的密切联系",① 这种教育历史研究是以各国现行的教育状况,而不是以理论为基础来比较各国教育制度的原理,而研究外国教育制度的目的就是要分析并且评价本国的教育制度,从而加深对本国教育制度背景和基础的理解。

英国比较教育学家汉斯(Nicholas Hans)在其《比较教育:教育的因素和传统研究》中认为,"用历史的观点分析研究这些因素,比较各种问题的解决办法,是比较教育的主要目的"。②

日本比较教育学者冲原丰认为,"比较教育学是以整个教育领域为研究对象,把两个以上国家的教育,以现代化为中心进行比较研究,是一门包括外国教育学在内的学科,这种看法似乎比较恰当"。③

苏联的比较教育学者索科洛娃(M.A.Sokolova)等人在《比较教育学》中认为,"可以对马列主义比较教育学的对象下这样的定义:比较教育学是研究当前世界中教学和教育的理论和实践的共同的和个别的特点和发展趋势,并揭示他们的经济、社会政治和哲学基础,以及民族的特点"。④

中国学者吴文侃、杨汉清在其主编的《比较教育学》一书中认为"比较教育学是以比较法为主要方法,研究当代世界各国教育的一般规律与特殊规律,解释教育发展的主要因素及其相互关系,探索未来教育的发展趋势的一门教育科学"。⑤

1955 年,联合国教科文组织教育研究所在汉堡召开国际会议,此次会议也就"比较教育"的定义进行了讨论,提出了很多不同的意见。由此可见,回答"比较教育"是什么并不是一个容易的问题,每个学者往往从不同的角度对这一问题进行理解。

但是,综合各家意见,我们认为,比较教育是以比较法为主要研究方法,以当代世界上不同国家、民族和地区以及国际社会的教育为研究对象,在分析比较的基础上,建构关于外国教育和国际教育的文化理解,探讨教育发展的规律和经验的教育研究领域。

---

① I.L.Kandel.The New Era in Edcuation[M].Boston:Houghton Mifflin,1955:46.
② 吴文侃,杨汉清.比较教育学[M].北京:人民教育出版社,1998:3.
③ 冲原丰.比较教育学[M].刘树范,译.长春:吉林人民出版社,1984:4.
④ 索科洛娃.比较教育学[M].顾明远,译.徐州:文化教育出版社,1981:4.
⑤ 吴文侃,杨汉清.比较教育学[M].北京:人民教育出版社,1998:1.

第二节 比较教育的学科性质和领域

一、比较教育的学科性质

正如对"比较教育"概念的理解多样化一样,对比较教育的学科性质和归属,学术界仍然没有达成一个统一的认识。比较教育的研究领域到底是什么?比较教育究竟是一门学科,还是一个研究领域或一种研究方法?"比较教育"与"比较教育学"是什么关系?这些问题一直是比较教育学者试图解决和回答的。

有些学者认为,比较教育其实就是对别人的教育进行研究,因而它就是研究外国教育的学科。有的学者则不认同这种说法,认为将比较教育等同于研究外国教育,没有覆盖比较教育的研究范围,换句话说,比较教育研究的内容、方法不能直接等同于仅仅对外国教育进行介绍。在比较教育是不是一个独立的学科问题上,至今仍然存在很多争议。一些人认为比较教育有自己独立的研究领域和方法,因此是一门独立的学科。但也有人认为,比较教育只不过是一个研究领域或一种教育研究方法,例如法国比较教育学者黎成魁(Le Thanh Khoi)就认为,"比较教育不是一门'学科'(Discipline),而是一个'研究领域'(Field of Study)"。他认为构成一门学科应当有自己独特的目的、概念和方法,而比较教育尽管有自己独特的研究对象,却没有独特的研究方法,因为其他学科几乎也都会应用到比较的方法。从国际上来看,一些国际性机构的报告,例如联合国教科文组织的报告中的教育文献,和一些比较教育学者还是倾向于将比较教育看作是一门独立的学科。他们的理由包括,比较教育学不仅有自己的学科方法论,也有自己独特的研究对象和研究任务,而且正在形成并终将建立和完善自身完整的学科体系,因此应当将其看作是教育科学体系中的一门分支学科。① 还有学者倾向于认为比较教育是教育科学的一种方法论,这是比较教育的一大特征。此外,一些学者试图调和这两种不同的观点,认为比较教育既是一门学科,也是一种方法论。这些观点从不同的角度揭示了比较教育的学科性质和归属,有助于深化我们对比较教育的认识,对我们理解比较教育的概念、特征等具有重要意义。总之,要明晰比较教育的性质,弄清楚比较教育到底是什么,还需要比较教育学者的进一步研究。

二、比较教育的学科领域

学科的综合和分化是一门学科的研究领域扩大和知识总量增加的必然结果,而学科分化会产生新的研究领域,产生新的分支体系。至今,比较教育历经近200年的发展,它的研究领域和知识总量发生了相当大的扩大和增加,因此,其内部也分化出了不同的研究领域和分支体系。

1990年,联合国教科文组织出版了霍尔斯(W.D.Halls)的《比较教育:当代的问题与趋势》一书。该书认为比较教育内部已经分化出比较研究、外国教育、国际教育和发展教育四个研究领域,形成了如图1-1所示的研究领域分支体系。

在霍尔斯的比较教育研究领域分支体系中,比较研究和外国教育是两个较为基础性的

---

① 王英杰.比较教育[M].广州:广东教育出版社,1999:22.

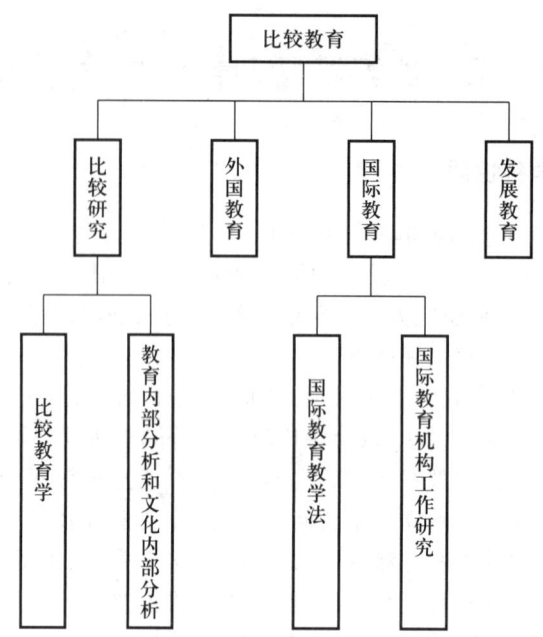

图 1-1　霍尔斯的比较教育研究领域分支体系图①

研究领域,而国际教育和发展教育则是两个应用性较强的研究领域。

比较研究(Comparative Studies)分为比较教学法(或比较教育学)(Comparative Pedagogy)和教育内部分析与文化内部分析(Intra-educational and Intra-cultural Analysis)两个亚领域。比较教学法主要是对各国学校教学过程的比较研究;教育内部分析与文化内部分析,是系统地研究影响教育制度的历史的、文化的、政治的、宗教的、经济的力量,以及教育又如何反作用于这些社会子系统。

外国教育(Education Abroad)领域主要包括除本国以外的一个或多个国家教育制度、教育改革和发展情况的研究,还包括教育的区域研究,例如北美教育、亚洲教育等。外国教育研究一般是以民族国家为单位,了解一个国家的整体教育现状,而区域教育研究的范围大到跨国的文化圈、地理圈、政治圈,小到一个国家的某个特定区域,例如美国迈阿密的学校改进计划研究。

国际教育(Internation Education)分为国际教育教学法(International Pedagogy)和国际教育机构工作研究。国际教育教学法研究主要对国际学校或跨国学校中多国、多文化和多种族学生群体,或少数民族的教育进行研究,例如对目前很多国家都存在的、以招收国际学生为主的国际学校的课程和教学所进行的研究;还包括对国际理解教育、和平教育、国际人口与生态环境教育的研究以及建立国际课程和教学常规、解决国家间有关争议的教材问题的研究等等。国际教育机构工作研究主要包括不同国家学历互认、教育交流、教育和文化协定等国际教育问题的研究,例如欧盟、联合国教科文组织以及世界银行等工作中面临的教育问题。

发展教育(Development Education)是 20 世纪 60 年代以来新分化出来的研究领域,主要

---

① 王英杰.比较教育[M].广州:广东教育出版社,1999:25.

与国家的发展相联系来研究和分析比较其教育发展问题,从而为各国政府或国际社会制定平衡的教育发展战略。

此外,我们还可以从其他的角度对比较教育的研究领域进行划分,例如,我们可以根据研究内容和研究对象,从比较教育自身的逻辑结构出发,将比较教育的研究领域划分为外国教育研究、区域教育研究、国家间教育比较研究、国际教育研究、比较教育史研究、比较教育方法论研究和比较教育基本理论研究等。具体见图1-2。

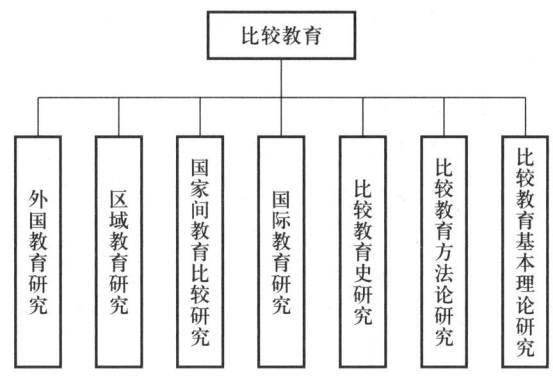

图1-2 比较教育研究领域和分支体系图

外国教育研究是对除本国以外其他一个或若干个国家的教育现象、现状、特征等的研究和比较分析;区域教育研究是指对世界上某个或某些在地理、经济、政治和文化等方面存在某种联系或具有共同特征的地区的教育发展现状进行研究和比较分析,例如对北美洲、亚洲或非洲的教育现状进行研究;国家间的教育比较是指将国与国之间的教育现状,包括宏观的教育政策、教育管理模式等进行对比分析,也包括对微观课程、教育方式等所进行的对比分析。国与国之间的比较是比较教育自其产生开始就有的最传统的研究领域,也是比较教育产生的主要动力;国际教育研究是指从全球化的视角出发,对人类面临的共同的教育问题进行研究分析,例如教育公平问题等;比较教育史研究是指对比较教育自身的发展历程和历史沿革进行研究和分析;比较教育方法论研究是对比较教育的研究方法问题进行专门研究,例如问题法、因素分析法等;比较教育基本理论是关于比较教育的一些基本原理和基本理论问题的研究。这几个研究领域既相互联系,又彼此独立,承担着比较教育研究的某个独特的功能。在我们的实际的研究工作中,不同的研究领域之间常常会出现交叉,而且比较教育研究与教育科学体系、甚至其他学科体系的研究也会出现交叉,比如在对各国政治制度进行比较研究时,其中就包括了对这些国家的教育制度进行比较研究,而这也是比较教育需要研究的领域或内容之一。

伴随着时代的发展和比较教育自身的完善和发展,比较教育的研究领域会继续分化,出现其他不同的研究领域和新的研究分支,而研究领域的丰富和研究分支的增多,也体现了比较教育自身的成熟和完善。

第三节　比较教育的基本特征和作用

一、比较教育的基本特征

尽管对比较教育的概念和性质还存在诸多争论，迄今没有达成一致的看法，但从对比较教育的不同描述来看，对比较教育基本特征的认识并没有太大的分歧。很多学者都认为，比较教育具有以下几个特征：

第一，比较教育的跨国性和国际性。比较教育的主要研究对象一般都是两个或两个以上国家的教育，而不是限于某个单独国家的教育。比较教育自产生开始，比较教育的研究就是跨越国界的，主要研究别国的教育现象，以达到了解和借鉴的目的。例如朱利安在《关于比较教育的初步意见和纲要》一书中希望"收集起准确理想的'关于欧洲国家目前状况的教育比较表'，以便人们可以判断……哪些部分的工作所提供的改进经验可以引用到别国，并由该国的社会环境和地区情况确定是否适合而加以修改和变革"。可见，朱利安时代的比较教育主要是了解欧洲其他国家的教育状况。

现在，比较教育在跨国性的基础上，又出现了国际化的趋势。对人类面临的共同问题进行比较研究成为当前比较教育研究的新趋势之一，尤其是在全球化的今天，这一趋势和特征更为明显。因此，跨国性和国际性是比较教育最重要的特征，尽管其他学科的研究也会有国别或国际问题的研究，但其他学科的这一特征都没有比较教育突出。比较教育的这一特征在一些重要的著作和文件中都有比较突出的表现，如康德尔的名著《比较教育》就对英、法、德、意、美、苏等国的教育制度分别进行了比较研究，马林森（Vernon Mallinson）的《比较教育研究导论》对美国、英国、法国、德国、比利时、荷兰、丹麦、瑞典、挪威、瑞士、意大利和苏联等国家的师范教育、中小学教育和职业技术教育进行了比较分析。中国的一些以《比较教育》或《比较教育学》命名的著作也强调了国别的研究，例如王英杰主编的《比较教育》对美、英、德、法等国家的幼儿教育、初等教育和高等教育等进行了比较分析。

第二，以比较为主的研究方法。比较研究法是比较教育的主要研究方法，尽管还存在到底什么是"比较教育研究法"的质疑和争论，但不可否认，比较教育研究法的应用在比较教育中是最广泛的，虽然其他学科也会应用这一方法，但却没有像在比较教育中这样突出。目前，虽然比较教育的研究范式也在逐步发生改变，许多方法也开始在比较教育中得到应用，比如质性研究方法、实证分析、文化研究和人种志方法等，但比较研究法仍是其最主要的研究方法。

第三，比较教育的研究对象涵盖了所有的教育研究领域，并兼有理论研究和应用研究两种特性。每一个学科都有自己特定的研究领域，教育学科也是如此，例如教育史主要关注教育的历史沿革和发展，教育管理关注的则是教育的行政管理和学校管理等，这些学科的共同特点就是它们所关注的只是教育领域中的某个特定方面。比较教育则不同，其研究对象几乎涵盖了所有的教育研究领域。从宏观上，它要关注教育行政、教育制度、教育政策、教育发展战略等；从微观上，它还关注学校管理、学校改进、课程建设、教学方式、教师教育等。不仅如此，比较教育的研究既包括理论研究，例如各个国家比较教育本身的研究、探索比较教育的研究方法、理论范式等，还包括对各个国家的具体教育实践进行的比较研究。可见，比较教育的研究范围非常广泛,同时也兼具理论研究和应用研究两种特性。

第四,比较教育的民族性与国际性并存。比较教育自其产生开始,它的国际性特征就非常明显。直至现在,比较教育的国际性特征比其他任何教育学科都更加突出。在教育现代化和全球化发展的今天,了解其他民族国家的教育现状,明晰其他国家教育的优势与不足,是促进本国教育发展的重要策略。但是,任何国家的教育都是植根于本国的经济、文化之中,因此,比较教育的研究往往也具有民族性的特点。研究者往往从本国的历史文化出发,来了解他国的教育,即使在学习借鉴的过程中,也要从本国的经济、文化和政治背景出发,客观地、批判地研究其他国家的教育。此外,一国教育的特点是有其历史文化根源的,是其民族特性的凝聚,因此,理解其教育及其发展变革,也必须把握其历史的、文化的和民族的特点。从这个意义上来说,比较教育的民族性特征也较为明显。

第五,比较教育总是与时代的发展同步,具有时代性。比较教育的最大特点,就是要求比较教育学者能够根据时代的发展,了解其他国家教育发展的最新动态和改革趋势,尤其是在知识经济和全球化的今天,各个国家面临着更多相同的教育问题,在寻找解决途径或方法时就需要研究其他国家在解决同类问题时所采取的措施和策略。一方面,如果这些措施或策略具有可推广性,那么它就能够为我们提供经验和做法;另外,如果这些做法没有很好地解决问题,也可以为我们提供启示,使我们在此类问题上少走弯路。因此,比较教育研究的一般都是当前教育领域内出现的各种问题,比如教育创新问题、国家发展与教育战略问题等等。

同时,在知识经济背景下,各个国家也加强了彼此的教育合作,以此来共同面对教育发展的问题,这也是比较教育研究的重要领域。当然,关注其他国家教育发展的最新趋势并不意味着我们忽视了历史,任何国家的教育都有其独特的经济、文化与政治土壤,在具体分析相关的研究问题时,往往还需要我们根据他国的历史传统,客观地分析教育现象。

第六,比较教育的跨学科特征。有人认为,比较教育是任何人都可以学习的,因为我们只要能够叙述清楚他国的教育现状即可。这种看法将比较教育置于一个可有可无的位置,忽视了比较教育自身的学科体系和它在教育科学体系中所能发挥的无可替代的独特作用。了解他国的教育现状只是一个基础,最重要的是需要我们运用经济学、社会学、政治学甚至历史学等其他学科的理论方法去分析他国的教育现象,从而解释某个国家的教育制度为何是这样的,为何与其他国家不同,这种制度存在的合理性到底在哪里等等问题。这就需要比较教育学者具有广泛的学科素养,能够运用多学科的视角理解和分析各个国家的教育现象。因此,比较教育不是一个简单的对外国教育的平铺直叙,而是利用多学科的视角对教育问题进行跨文化的分析。

二、比较教育的作用

比较教育的价值在当前各个国家都得到了广泛的重视,这种价值的被认可说明我们学习比较教育是非常必要的。不论对教育理论工作者,还是教育实践者而言,了解比较教育在教育学科体系中的作用是非常重要的。

(一)比较教育在教育科学体系中的作用

比较教育在教育科学系统中发挥着无可替代的重要作用。我们在分析任何教育问题的解决策略时,总是试图去寻找最好的问题解决之道,这时候"比较"就成为最重要且有效的方式。只有比较，我们才能发现不足，也才能通过寻找到最好的问题解决方法而发生改进。因此，在一个信息化的社会，由于获得其他国家教育信息变得更加便捷，比较教育的作用和功能在当前教育体系内就体现得更加明显。

第一，比较教育研究可以更好地解释教育现象，揭示教育规律。教育既有普遍的规律，同时也受到各个国家政治、文化和经济发展的影响，因此，研究和比较各个国家的教育现象，有助于我们了解教育与政治、教育与文化以及教育与经济的关系，从而更好地揭示教育发展的一般规律。

第二，比较教育研究能够深化我们对本国教育的认识。教育作为重要的社会子系统，它与其他社会系统都有紧密的关联，因此，研究其他国家的教育现象，能够加深我们对本国教育现象和教育规律的认识，从而为探索本国教育的健康发展提供启示和借鉴。

第三，比较教育在教育科学体系中发挥着无可替代的作用。尽管比较教育似乎和其他教育研究领域，比如外国教育研究有些重合之处，但比较教育的某些研究领域是其他学科所没有，或没有涉及的，正是有了比较教育，才使得教育学科体系变得更加完整，也使得对某些问题的研究变得更加可行和客观。例如在论述当前一些国家教育改革的最新趋势时，比较教育就发挥了重要的作用，它能够及时关注各国的教育动态，通过多学科视角的分析，为本国教育政策的制定和执行提供可操作性的建议或意见，尤其在时效性方面是其他学科所无法比拟的。

（二）比较教育在国家发展和教育实践中的作用

比较教育不仅对探索教育的本质、解释教育的一般规律具有重要的作用，在实践中，通过比较教育的研究，也能够为具体的教育实践提供更多的经验和启示。

第一，"比较—借鉴"是比较教育重要的实践意义。对他国的教育事实和经验的了解并非比较教育的最终目的，我们的研究目的是通过了解探求经验，从而为本国面临的教育问题寻找解决的途径或方法，因此，借鉴是比较教育重要的实践价值。正如前面所提到的，在一个全球化的今天，各个国家面临的问题都具有共性，因此，问题的解决往往需要我们学习彼此的经验和做法，从而得出更好的问题解决之道。尽管有时候人们会质疑"借鉴"的可能性问题，但不可否认，通过各国教育的比较研究，能够更好地为本国教育的改革与改进服务，即使最后的研究结果不能直接"借鉴"，但也可以从中了解到问题的多样性，启发我们从不同的角度寻求问题的答案。

第二，比较教育可以为本国制定教育政策或进行教育改革提供经验性资料，而这些资料或经验往往具有预测的性质，保证我们的教育政策制定或教育改革的科学性。上面我们说到，比较研究可以更好地解决各个国家面临的共同的或相似的教育问题，同时，比较教育研究更有助于从各国的教育实践中预测或推演出教育发展的一般规律，从而指导本国的教育实践，使我们少走弯路。可以说，比较教育研究的日益科学化，使它的指导、借鉴作用得到了加强。一方面，一些发达国家在解决某些教育问题方面走在了我们前面，因此，我们在制定相关教育政策时，可以研究他国制定教育政策的过程、内容以及实施的效果，通过对比分析，使我们能够得出一个政策的"框架"，在此框架下，制定符合本国国情的教育政策和制度。另一方面，研究其他国家，尤其是发达国家的教育政策以及教育变革的历史与现状，可以使我们明确未来教育发展的趋势，统筹安排，及时调整我们的教育方针和政策。例如，在当前知识经济背景下，各个国家都意识到了培养高层次人才的重要性，"人才战争"愈演愈烈，我国也适时地开始了高等教育强国和人力资源强国的建设,以便提高国家的竞争力。事实上,很多国家的教育政策都是通过比较研究他国的做法和经验而制定的,这也是比较教育研究在实践中最重要的意义。

第三,比较教育研究不仅能够促进教育事业的发展,对推动整个社会的进步也具有重要意义。在今天,任何国家都站在不同的起点上寻求实现国家现代化的方式或策略,很多发展中国家纷纷效仿发达国家的教育经验,以此来提高国家的综合实力,尤其随着教育与国家发展之间关系的日益密切,这一趋势更加明显。当然,不仅是发展中国家学习借鉴发达国家的经验,发达国家有时也会从发展中国家的教育实践中得到启发。例如,美国通过绩效管理和改进落后学校等方式,提高学生的数学成绩,缩小美国孩子与其他国家,尤其是亚洲国家孩子的成绩差距,而联邦政府在近些年也逐渐加强了对教育的干预,试图通过提高学生的学习成绩而为未来培养高质量的劳动力。可以说,比较教育在未来将发挥更加重要的作用,各个国家都需要学习彼此好的教育经验,这是教育国际化背景下比较教育面临的新的机遇,更需要比较教育研究在国家发展中承担更多的使命。

第四,比较教育架起了各国教育沟通和理解的桥梁。任何一个国家的教育都与其独特的历史文化传统紧密相关,因此,各个国家的教育既有相似点,但更多的却是差异。因此,如何理解彼此的差异,加强各个国家的教育交流和合作,就成为比较教育研究的出发点和目的。通过比较研究,可以为我们理解不同国家的不同教育制度以及不同教育方式提供一个平台。由于各个国家的经济发展阶段不同,一些国家的教育相对发达,而一些经济尚不发达国家的教育则显得滞后了很多,通过比较教育的研究,可以消除我们对他国教育现状的误解,增强合作和宽容,从而共同促进人类教育事业的不断进步。因此,比较教育还发挥着教育沟通和理解的桥梁的作用,它不仅要关注发达国家的教育,更要关注经济落后国家的教育现状和问题。

三、学习比较教育的意义

我们拿到《比较教育》这本书时,首先想到的就是为什么要学习比较教育,它对我们的研究和实践而言究竟有什么意义或价值?只有了解学习比较教育的意义,才能激发我们的学习的动力。

第一,开阔眼界,加强理解。各个国家由于历史的、文化的或政治的差异,教育也呈现出各自不同的形式和内容。作为教育研究者或实践者,我们需要了解其他国家不同的教育实践,从而开阔我们的视野,使我们对教育问题的探讨能够摆脱狭隘的视域,将其放在国际背景下进行讨论,这样我们对教育现象和教育问题就能够形成更加清晰的理解。同时,教育作为社会的子系统,它与整个社会的其他系统紧密相连,了解不同国家的教育现象,可以促进彼此的交流与合作,消除误解,在差异中寻求共同点,这是全球化时代学习比较教育的重要价值。

第二,促进我们多学科、多角度地思考教育问题。学习比较教育,还能够促进我们多角度地思考教育问题,我们在了解某个国家的教育现象时,总是试图去寻找"它为什么是这样"的答案,而教育又受到经济、政治和文化要素的影响,因此我们就必须跳出单纯的"用教育去解释教育"的观点,站在历史、文化或政治的角度去审视教育问题,提高问题解决的科学性。因此我们经常说,作为一个比较教育研究者,必须要有广泛的学科背景和综合的研究素养。

第三,放眼世界,立足中国。我们学习比较教育的目的到底是什么?了解各国不同的教育现象是学习比较教育的初步阶段,我们的最终目的是要为本国的教育实践服务。前面我们曾经提到,我们在面对一些教育问题时,需要通过了解其他国家在解决或应对相似问题时所采取的策略,从而使我们少走弯路,促进教育更加健康平稳地发展。因此,我们学习比较教育的最终落脚点是中国的教育现实和教育问题。一方面要从中国面对的教育问题出发去比较研究,另一方面也需要及时了解其他国家最新的教育实践和教育改革,为中国教育发展战略提供预测和启示。

第四,深化对教育规律的认识。尽管各个国家的教育千差万别,但是,纷繁的现象背后存在某些共同性,同时,随着教育国家化趋势的加强,各个国家又面临着共同的全球问题,因此,对比研究不同国家的教育实践,可以深化我们对教育规律的认识,探索适合本国国情以及国际化趋势的教育发展战略,从差异中寻求同一。

总之,在一个全球化、知识经济以及教育国际化的时代,比较教育研究的意义和价值从来没有像今天这样重要过,国家的发展、教育的进步以及国际问题的应对都需要比较教育研究承担更多的使命,扮演更加积极的角色。

拓展阅读

1. 王英杰.比较教育[M].广州:广东教育出版社,1999:第二章。
2. 顾明远,薛理银.比较教育导论——教育与国家发展[M].北京:人民教育出版社,2002:第二章。
3. 王承绪.比较教育学史[M].北京:人民教育出版社,2003:第一章。
4. 项贤明,马健生.比较教育自学辅导[M].广州:广东高等教育出版社,2000:第一章。
5. 吴文侃,杨汉清.比较教育学[M].北京:人民教育出版社,1998:第一编。
6. 贝磊,鲍勃,梅森.比较教育研究:路径与方法[M].李梅,译.北京:北京大学出版社,2010。

问题与探究

1. 简述对比较教育概念和学科性质的不同争议。
2. 比较教育的基本特征有哪些?
3. 比较教育研究的价值体现在哪些方面?
4. 学习比较教育的意义是什么?
5. 在一个全球化与知识经济迅速发展的今天,比较教育应该承担什么样的使命?

第二章 比较教育的历史沿革——我是如何成长的？

本章提要

- 比较教育自19世纪初产生以来历经了200年的历史。比较教育在其发展历程中，一般认为经历了"史前阶段""借鉴时代""因素分析时代"和"系统科学分析阶段"四个发展阶段。

- 严格来说，借鉴时代应该是比较教育发展的第一个阶段，它的开始就是以1877年朱利安在巴黎《教育杂志》上连续发表的《关于比较教育的工作纲要和初步意见》为标志，"比较教育"这一术语也是在这部书中首次被正式使用，因此朱利安也被称为"比较教育之父"。

- 从20世纪初到第二次世界大战，是比较教育学科体系的形成时期。在这一阶段，比较教育的研究已经突破了对他国教育经验的直接移植，开始密切联系各国的社会文化和民族特征等因素来分析研究各国的教育，在比较教育史上一般把这一时期称作"因素分析时代"。1900年，英国特别调查和报告办公室主任迈克尔·萨德勒（Michael Sadler）发表了一篇著名的比较教育学论文，题为《我们从对别国教育制度研究中究竟能学到什么有实际价值的东西？》，这可以看作是比较教育史上"因素分析时代"的开端。

- 从第二次世界大战结束到现在，是比较教育发展的第四个阶段。在这一阶段，由于受到整个社会科学界在研究方法上从注重哲学思辨向强化量化分析和重复验证的实证方法转变的影响，比较教育也从以往人文的历史研究方法，逐渐向以自然科学和社会科学的实证性的科学研究方法为主的方向发展。与此同时，社会学、行为科学和文化人类学等学科的研究方法和理论范式也对比较教育产生了深刻地影响，比较教育尝试运用结构功能理论、冲突理论、人力资本理论、世界体系理论、依赖理论和后现代理论等理论范式对比较教育进行研究，比较教育的学科发展也呈现出学科交叉的情形。

比较教育自19世纪初产生以来，历经了200年的历史，比较教育在其发展历程中，一般认为经历了"史前阶段""借鉴时代""因素分析时代"和"系统科学分析阶段"四个发展阶段，其中第二次世界大战以来的"系统科学分析阶段"又可划分为"发展期""高原期""反省期""扩展期"和"深化期"五个时期。

第一节 比较教育的"史前阶段"

一般认为，法国比较教育学家朱利安在1817年发表的《关于比较教育的工作纲要和初步意见》是比较教育史的开端。但是，比较教育的产生并不是一个偶然的历史事件，它是人们在长期的历史过程中以不同方式对不同地区的教育进行描述和比较的活动中逐步发展而来的。在比较教育的学科史发生以前,这些对不同地区和国家教育的描述和比较,就是比较教育得以产生的历史前提,一般将其称之为比较教育的前科学阶段。

比较教育的史前阶段,可以一直追溯到古希腊和古罗马时代。早在古希腊和古罗马时代,就有不少人由于各种原因和目的出访别国,他们往往把在别国的所见所闻记述下来,其中别国的教育就是非常重要的一部分。当然,这些记述一般只是现象的描述,缺乏解释和分析,他们的目的也只限于让别人去了解别国奇异的、不同于其他国家的事件,因此,其中也包含了满足人们的猎奇心态。基于此,美国比较教育学家诺亚(Harold J. Noah)和埃克斯坦(Max A. Eckstein)将这一时期的教育比较称之为"旅行者见闻"(Travelers' Tales)。

公元前5世纪,被称作"历史学之父"的古希腊著名历史学家希罗多德(Herodotos,公元前484—公元前425)在对波斯战争的评论中,就以文化比较的观点提及并评述了当时波斯的教育状况。古希腊历史学家色诺芬(Xenophon,约公元前430—公元前354)在他的《波斯国王塞勒斯传》(the Cyropaedia)一书中,通过对波斯和希腊教育的观察和比较,间接地赞扬了斯巴达教育的优越性。值得一提的是,色诺芬在某种程度上还把波斯的教育制度与当地的社会生活联系起来加以考察,提出了诸如教育机会均等、英才教育、品格教育等教育问题。柏拉图(Plato,公元前427—公元前347)在他的《国家篇》中也曾经拿斯巴达的教育与雅典的教育作比较,认为雅典的教育应当效仿斯巴达。古罗马哲学家、雄辩家西塞罗(Cicero,公元前106—公元前43)在他的著作中也讲述了古希腊和古罗马的教育情况,并对两者在教育方法等方面的差异进行了比较。

在我国,从汉代起,就与邻近的朝鲜、日本、印度等国家有着密切的文化、教育交流。中国汉武帝时在中央创立太学,以五经博士为教官,"以养天下之士",成为中国当时的最高学府。公元372年,这种教育制度和教育内容传到了朝鲜,高句丽开始模仿汉朝的太学,以教育子弟,传授中国的儒家经典;公元4世纪前后,百济建立了比较完善的儒学教育制度,培养了大批名儒,这些名儒还把《论语》《千字文》等传到了日本。中朝文化教育交流在唐朝尤为兴盛,公元640年,朝鲜三国向唐朝首次派遣了留学生,进入国学学习,这些留学生学成归国后把中国文化带回了本国,促进了本国文化教育的发展。

从7世纪开始,日本开始向中国派来遣隋使、留学生等,把中国的政治、文化和教育带回日本。唐朝以后,中日文化教育交流达到高峰。日本派遣的遣唐使在中国全面学习之后,把中国的各种文化教育制度及教育内容引进本国。此外,唐朝也派遣一些僧侣、学者到日本讲学,传播佛学和儒学,极大地影响了日本的文化教育。

7世纪中叶,中国的玄奘(602—664)旅行16年,最后来到佛教圣地印度,在世界闻名的那兰陀寺受学五年。回到中国后,他根据个人旅行见闻撰写的《大唐西域记》一书,详尽介绍了印度、尼泊尔、巴基斯坦、孟加拉国、中亚等地的人文、历史、地理以及教育,还专门描述了这些国家和地区,特别是印度的教育制度、教师、校舍和课程等。

在中世纪,由于贸易、旅行、外交活动的频繁,特别是十字军东征时期联络信息的往返,出现了许多关于其他国家民族的报道,其中有不少关于不同文化和风俗的论述。

13世纪中叶,法国的路易九世下令远征鞑靼和中国,这些远征军对鞑靼和中国的状况及其居民的文化和知识进行了报道。不过,对东方国家文化、民族特征进行描述的最有代表性的人物是意大利旅行家马可·波罗(Marco Polo)。他访问了一些东方国家,并在中国元朝供职达17年之久。他撰写了《马可·波罗游记》一书,广泛地介绍了东方国家,特别是中国,包括教育在内的各方面情况,开启了欧洲人对中国的启蒙性认识。

威尼斯最高议会从1268年起就要求所有驻外使节详细撰写各自所在国和他们访问过的国家的报告,这一工作一直延续到16世纪。这些大使们所撰写的报告牵涉对教育情形的描述、分析和评论。[①] 被称为比较教育的真正先驱的赫勒敦(Khaldun,1332—1406)就认识到研究文化和教育差异的重要性,他极力主张进行史学研究。在关于地理和历史哲学的巨著《历史学导论》中,他强调要研究各民族以及各个地域文化和教育的重要性,并分析了东西穆斯林的文化和教育差异。

16世纪的地理大发现在一定程度上刺激了人们的海外贸易、探险、履行和传教等活动,其中对他国教育的报道也大大增加。1520年,博伊莫斯(Joanner Boemus)描述了欧洲、亚洲和非洲各民族的民俗和生活特点,其中也涉及了教育现象。德国学者米登多普(J. Middendorp)受派遣去收集了法国、意大利、丹麦、波兰和波西米亚大学的信息。文艺复兴时期尼德兰的人文主义者、教育家伊拉斯莫(Erasmus,约1466—1536)在法国、德国、英国、意大利等国游历和任教,并对这些国家的教育做过比较,其中在英国旅居时,对英格兰的学术情况以及牛津大学和剑桥大学的教学、教育作了评论,并与意大利做了一些比较。

到了17世纪,国际交流和接触也更为频繁,旅行者们也更加有意识地对各国的教育情况进行描述和报道。文化和教育的比较在这一世纪也逐渐步入正轨。英国克伦威尔圆颅党(Roundhead)[②]军队中指挥官威廉·布协拉顿(William Brereton)在1634年访问了德国的莱顿大学,将它与牛津大学进行了比较,他虽然十分赞赏这所在欧洲享有较高声望的大学,但认为莱顿大学的物质条件逊于牛津大学。牛津大学解剖学教授、皇家学会缔造者威廉·佩蒂爵士(Sir William Petty,1623—1687)在《调查国家状况的方法》一书中阐述了有关国外观察的更学术化的方法,使后来采用他的方法的旅行者更为严密地调查了学校和学生的数量、学校和课程组织等。[③]

到18世纪末19世纪初,出现了相对成熟的教育比较。德国旅行者伯克托尔(L.Berchtold)发表的论文《爱国旅游者调查研究》中不仅有关于异国教育比较的描述,而且还就旅行者感兴趣的问题设计出一份问卷。他认为,教育对人们的行为具有强有力的影响,以至于它应该被视为人类及整个社会幸福或痛苦的源泉,因此,它将引起旅行者的注意,使他们去调查形成儿童健全体魄和促进他们心灵与理解力的不同方法。[④] 在这一时期,法国也出现了一些对教育进行比较考察的文献。1763年,拉沙洛泰(La Chalotais)在他的《论国民教育》一书中,报告了俄国科学教育的进步状况,同时也描述了英、德等国教育的优越方面,以期法国的教育也能够进行变革。1776年法国哲学家狄德罗以法国的教育制度为基础,设计了一份旨在提高俄国教育质量的计划提交给了叶卡捷琳娜二世;法国大革命以后,吉伦特派领导人孔多赛代表公共教育委员会向议会提交了一份报告。根据对英国、意大利和德国的教育考察和比较,他在报告中提出了法国教育发展的建议。同时,法国的巴赛(C. A. Basset)在《对国外教育和教学的不同模式考察结果的利用》一文中,对欧洲各国的教育进行了比较研究,

---

[①] 王承绪.比较教育学史[M].北京:人民教育出版社,2003:17.
[②] 圆颅党是英国1642—1652内战期间的议会派分子,与保皇党相对。他们多为清教徒,其最大特色是成员皆将头发理短,在样貌上与当时权贵极为不同。因为没有卷发,头颅相较之下显得十分的圆,因此以此名命名。
[③] 王承绪.比较教育学史[M].北京:人民教育出版社,2003:18.
[④] 王英杰.比较教育[M].广州:广东教育出版社,1999:5-6.

认为法国大学的人员应该广泛出访，收集有用的教育信息。他们的这些卓有成效的工作对朱利安发表《关于比较教育的工作纲要和初步意见》有着直接的影响。

第二节 比较教育的"借鉴时代"

国际间的交流促使人们开始关注与自己国家完全不同的社会状况，而作为社会生活重要组成部分的教育一直都是关注的核心。不过，这种简单的描述和报道更多的是满足人们的猎奇心态，而通过对比分析他国的优缺点并为本国服务的意识还没有完全发展起来。严格来说，这些教育比较还没有真正形成相对完整的理论体系和方法论体系，还不能看作是真正意义上的比较教育。直到19世纪，欧洲民族国家运动的兴起和产业革命的爆发，促使欧美各国争先恐后地推行富国强兵的政策，而通过教育来提升国家实力被认为是可能的。人们更加相信把一个国家的教育制度移植到另一个国家是完全可行的。在这一时期，各国都积极向国外派遣专家，从教育先进的国家学习经验以改进本国的教育制度，增强国家的实力，比较教育从而也得以产生和发展起来。尽管这一时期人们是有意识地对不同国家的教育进行了解和比较，但多数考察是表面化的，仅限于百科全书式的描述，没有将别国教育与当地社会生活的实际情况联系起来，因此，在借鉴的可行性方面没有进行深入的思考，将教育独立于各国的文化、政治和经济的传统和发展现状。在比较教育史上，这一时期被称为比较教育的"借鉴时代"。

严格来说，借鉴时代应该是比较教育发展的第一个阶段，它的开始就是以1817年朱利安在巴黎《教育杂志》上连续发表的《关于比较教育的工作纲要和初步意见》为标志。"比较教育"这一术语也是在该书中首次被正式使用。因此，朱利安也被称为"比较教育之父"。

《关于比较教育的工作纲要和初步意见》是一部仅有56页的未完成的著作，有一半以上是问卷，其中前120个问题（A组）涉及初等和普通教育，后146个问题（B组）是关于中等和古典教育；而问卷所列的问题纲要中关于高等教育、师范教育、女子教育以及"与立法和社会制度相关的教育"这四个部分在正文中始终没有出现。

朱利安认识到，当时欧洲的教育无论在私人家庭还是在公立学校中都是不完善的，有缺陷的。他认为，只有"通过更适合人的本性的影响，回复他原始的纯洁性……通过给儿童更好的指导，使人类社会获得新生"，才能"有希望结束战争给个人和国家教育带来的不幸"。① 因而，他认为教育改革势在必行。朱利安深受卢梭自然主义思想的影响，以及裴斯泰洛齐（Johan Heinrich Pestalozzi）教育实验的影响，在《关于比较教育的工作纲要和初步意见》中他接受了裴斯泰洛齐关于人的发展的观点，即关于人类集体及其"智、体和德三个不同的方面"，这三个方面分别对应于"头、手和心"。当时的教育学认为，每一项均以自身特殊的方法发展，并取决于某些可识别的法则和规律。朱利安认为，缺乏宗教、道德和伦理价值的教育是没有前景的，将无助于先前建立的制度的进步。他希望公共和私人生活中宗教和道德的复兴将为法国从目前状态下解脱出来，为阻止已经瓦解欧洲的灾难提供所需的必要的再生力量。他认为，欧洲各国政府已经开始关心教育的改革和发展，但他们对教育知之

---

① Fraser S.Julian's Plan for Comparative Education 1816—1817[M].New York：Teachers College Press，Columbia University，1964：34-35.转引自王承绪.比较教育学史[M].北京：人民教育出版社，2003：22.

甚少，因而有必要提出一个满足这一需要的最可靠、最有效和最迅捷的办法。为此，他的《关于比较教育的工作纲要和初步意见》是以欧洲教育的所有方面的系统的、比较的调查为前提的，他引用了各种在别国已经引起注意的教育改革的例子，如瑞士的裴斯泰洛齐的教学制度、英国贝尔—兰喀斯特（Bell-Lancaster）的初等教学新法等。

由于教育信息交流的零散和混乱，以及这些信息多是个人的行为，朱利安建议，要把事实和观察结果收集起来，并将他们制成分析图表，使他们能够互相联系、便于比较，从而演绎出一些原则和明确的法则，使教育成为实证的科学。他还建议建立一些独特的机构，来收集、分析和传播这些信息。这些机构在促进国际合作和改良欧洲教育方面发挥作用。

在《关于比较教育的工作纲要和初步意见》中，朱利安提出了几个建议。第一个建议是呼吁成立"特别教育委员会"（Special Educational Commission），由少量研究者组成，通过问卷的方式，来收集足够的关于欧洲教育现状的资料。朱利安希望该委员会建立后三年之内，收集起准确的关于欧洲国家目前状况的教育比较表，以便人们可以判断哪些部分的工作所提供的改进经验可以移植到别国，并由该国具体的社会环境来确定这些经验是否适合此国而加以修改和变革。第二个建议是用问卷的方式向各国收集教育资料，将比较表作为整理信息的工具。第三个建议是建立一所"师范学校"，希望借此使欧洲教学方法标准化，采用唯一最佳的实践、技术、教师和教材，各国之间互相帮助从而寻找到适合自己的方式。第四个建议是创办一份教育杂志，并且如果可能的话，可以翻译成多国文字来发行，使其成为交流各种教育观点的媒介。近200年来，朱利安的梦想已经以不同形式得以实现。例如联合国教科文组织、世界银行等国际机构都在分享不同国家教育经验方面发挥了桥梁作用；比较教育研究所或中心在各个国家的大学中纷纷设立，它们在研究不同国家的教育状况、沟通各国教育经验方面发挥了积极的作用；同时，国际性的研究机构也纷纷成立，来自不同地区的研究者共同合作，为世界面临的共同的教育问题献计献策。除了比较教育研究机构以外，比较教育的著作、期刊等纷纷出版，使人们在获得比较教育资料方面变得更加便捷。

《关于比较教育的工作纲要和初步意见》一书的产生与当时法国以及欧洲的社会现状紧密相连。18世纪的欧洲资产阶级科学家在数学、物理、化学、植物、动物、天文学等自然科学方面做出了卓越的贡献，牛顿就是其中杰出的代表。英国哲学家洛克（John Locke）继霍布斯（Thomas Hobbes）之后发展了经验主义，推动了这一时期唯物主义和自由思想的传播。自然科学的成就和经验主义思想促使中世纪以来充斥欧洲的经院哲学彻底失去了立足之地，人们开始以实证的态度强调对事物进行观察、比较和实践。18世纪的法国还处于封建专制统治下，但资本主义生产有了长足的发展。随着资本主义经济因素的增长，法国资产阶级对改革社会的要求也日益强烈。在自然科学和唯物主义哲学的影响下，开始探索社会、政治、宗教等问题，逐渐形成了法国启蒙思想体系。在自然科学、唯物主义以及法国启蒙思想的共同驱使下，18世纪末的法国正酝酿产生实证主义的哲学思想。受这些思想的影响，朱利安把教育科学看作是一门实证科学，正如比较解剖学的研究促进解剖科学的发展，教育的比较研究也必然会为教育科学的日益完善提供新的研究范式。

此外，法国大革命后，政治斗争异常尖锐，国内有保皇党的阴谋破坏，国外有欧洲封建联盟国家的武装干涉，同时，革命阵营内部也有派别斗争和政权交替。朱利安正是在这样的时代背景下开始探索教育的。他认为，当时欧洲的教育在指导学生体、德、智等方面的发展非常不协调，学校与社会的发展不相适应，也不符合青少年的身心发展规律和特点，更不适应国家和政府的普遍需要,因此,他希望通过对儿童进行良好的教导来结束个人和国家的不幸命运。可见,朱利安将教育置于国家和社会发展的基石的地位。他积极投身于法国的教育体制改革运动之中,希望通过教育体制的改革来为刚刚确立的法国资本主义制度服务,这正是朱利安撰写《关于比较教育的工作纲要和初步意见》的初衷。① 1792 年,朱利安受吉伦特党领导人孔多赛的指派出访英国。作为法国资产阶级革命家和哲学家的孔多赛,曾积极参与大革命后的政治活动和法国教育体制改革,他也希望建立符合法国人口需要的教育体制,强调教育体制的建立必须更加符合欧洲科学的现状。与启蒙主义思想家们一样,孔多赛所设想的国民教育制度方案是以国家为考虑对象的,希冀通过教育来改善和促进国家的发展。作为孔多赛的代表,朱利安的教育思想与孔多赛是一脉相承的。他认为,要使民族繁荣昌盛,确立广泛的政治基础,必须给予宗教和道德上的必要稳定性。而社会风俗、个人性格和民族性的完善,仅仅依靠常规的政治手段是不够的,必须改革公共教育制度,从而恢复人们的宗教和道德信念。教育科学要发展,则必须和其他科学一样需要几个国家共同致力于它并耕耘于其中。因为,"任何一位开明而有见识的政治家都能从别国的发达和繁荣中发现可使本国兴旺的办法。这样,才能使人类重新振奋起来,并使老一代所体验的社会道德风尚对年轻一代发挥有益的感化教养作用。"② 总之,在一个充满矛盾、前途未知的社会,朱利安将教育视为一种社会改良与道德改善的工具。

事实上,《关于比较教育的工作纲要和初步意见》发表后,在当时并未引起广泛的关注,对当时的实践也没有产生任何的作用,不久便被遗忘,最终被束之高阁。1885 年,一位年轻的匈牙利研究生弗兰西斯·凯梅尼(Francis Kemeny)在巴黎找到了一本《关于比较教育的工作纲要和初步意见》。凯梅尼后来成为"国际教育组织的先驱"之一,他将这本小册子交给了国际教育研究所。此后,直到 1942 年,美国比较教育学家康德尔(Isaac Leon Kandel,1881—1965)在《教育论坛》杂志上撰写了《教育的国际合作:19 世纪早期的设想》,才使朱利安的这部开启比较教育研究先河的著作受到各国教育家们的重视。虽然朱利安的《关于比较教育的工作纲要和初步意见》对比较教育作为大学的一门学科进行系统研究似乎没有起到直接的推动作用,甚至朱利安的传记作者德方登(Charles Defondon)也认为《关于比较教育的工作纲要和初步意见》是一部混乱而不系统的著作,过于理想化,但它确实是一部诚实而开明的作品。20 世纪 40 年代以来,比较教育研究基本上是按照朱利安设定的基点向精确分析的方向发展,《关于比较教育的工作纲要和初步意见》也被广泛认为是最早把有关比较教育的设想整理成具有潜在重要性的序言性草案。朱利安的《关于比较教育的工作纲要和初步意见》使教育学者从几个世纪来松散的、猎奇式的教育描述走向今天比较教育学者们进行的各种科学的以及跨学科的研究。

继朱利安之后,法国的库森(Victor Cousin,1792—1867)、英国的阿诺德(Matthew Arnold,1822—1888)以及美国的霍勒斯·曼(Horace Mann,1796—1859)和巴纳德(Henry Barnard,1811—1900)都是借鉴时代著名的比较教育学家。

19 世纪 30 年代,法国人把眼光投向了近邻的德国,特别是普鲁士,试图从那里找到理

---

① 王承绪.比较教育学史[M].北京:人民教育出版社,2003:31.
② Fraser S.Julian's Plan for Comparative Education 1816—1817[M].New York:Teachers College Press, Columbia University,1964:34-35.转引自王承绪.比较教育学史[M].北京:人民教育出版社,2003:32.

想国家的典范。1831年,身为外国教育情报调查人的库森,受法国教育部长的委托考察普鲁士的教育,并撰写了《关于德意志各邦,特别是普鲁士公共教育状况的报告》的考察结果。他对德国,特别是普鲁士的初等教育作了描述和专论。该报告对普鲁士的教育制度、家长和社区的教育责任,教师的培养、任命和薪俸,以及学校课程内容等进行了描述,并就有选择地学习外国经验以改进本国教育的必要性,以及在教育比较研究中运用参观、访问和搜集、阅读资料的方法等,提出了自己的见解。这个报告为法国政府制定初等教育制度的基本法——1833年的基佐法(Loi de Guizot)提供了重要参考。拿破仑时代的法国,初等教育相当薄弱,缺乏一个完整的初等教育体制。1833年之后,法国的初等教育得到了极大的扩展,到1848年,初等学校数及学生数增加了近两倍,师范学校从1830年的13所增加到86所,①形成了一个相对完善的初等教育体制。可以说,法国1833年初等教育基本法的颁布以及初等教育的完善,与库森的努力和研究不可分割。朱利安在比较教育中很强调国际的合作,但库森则更加注重介绍国外教育的成功经验为发展本国的教育提供借鉴,因此说,库森的研究更加体现了比较教育的"教育借鉴"的特征。

除了法国,作为年轻的资本主义国家的美国,也非常重视对外国教育经验的学习,多次派专家考察欧洲教育,希望为本国教育发展提供可资借鉴的经验。1843年,马萨诸塞州的教育督察长霍勒斯·曼出访了英格兰、苏格兰、爱尔兰、德国、比利时和法国,他用了整整五个月的时间研究了这些国家的教育制度和教育发展状况,其研究的结果发表于当年的《第七年报告》上,是涉及比较教育领域的教育研究活动。《第七年报告》也成为他的12个年报中最有影响、最著名的一个。在这份报告里,霍勒斯·曼特别对裴斯泰洛奇派教学法和欧洲各国,特别是普鲁士的教育研讨班、学校教学方法以及师生关系等进行了论述,并对普鲁士学校的优良教学法和反对权威主义的办学思想大为赞赏,并根据它来帮助马萨诸塞州的教师改进教学法,使教师树立"教育爱"的精神。

霍勒斯·曼把师范教育视为教育改革的一个理想的手段。1839年,霍勒斯·曼在马萨诸塞州创办了3所美国最早的师范学校。他特别关注普鲁士的师资培训自治结构和教师职业在普鲁士的地位。此外,霍勒斯·曼还对教育移植的可能性进行了思考。他认识到普鲁士与美国在政治、社会理想等方面有着很大的差异,这就给教育移植带来了问题。为此,他提出了有限度借鉴的观点。

美国教育家巴纳德在1835年到1836年间第一次出访欧洲。与霍勒斯·曼一样,他对欧洲教育,特别是普鲁士的教育实践和思想留下了深刻的印象。1839年,他在一份年报中描述了他在欧洲教育考察的见闻。一方面,他高度赞赏欧洲的就学制度和教师培养制度的优越性;另一方面,他也对盲目地照搬他国经验的做法给予了批评。他指出,欧洲难以培养有实践能力的人才,因此,美国的学校要根据自己国家的宗教、社会、政治制度来培养有实践能力的人才。②

1855年,巴纳德担任在他的推动下成立的"美国教育促进会"的主席,开始编辑出版《美国教育杂志》(American Journal of Education)在全国范围内宣传教育信息,《美国教育杂志》先后出版了30多年,达32卷之多。他还把北欧各国的教育文献翻译成英文,加上欧美教育

---

① 滕大春.外国教育通史(第三卷)[M].济南:山东教育出版社1990:102.
② 王英杰.比较教育[M].广州:广东教育出版社,1999:8.

学者的注释,在《美国教育杂志》上发表。在巴纳德的比较教育思想中,比较研究的民族性问题已经萌芽了,研究者们开始用历史的眼光关注外国的教育问题。

英国的阿诺德是"借鉴时代"的另一位重要的比较教育学家。他担任过英国督学,致力于英国的学制改革。1868年,他发表了对学校审议会的考察报告书《欧洲大陆的学校》,对法国、意大利、瑞士,特别是对当时处于国家管制之下的普鲁士的学校教育作了较为详细的评述。他在集中评述欧洲大陆各国教育制度的优越之处时,也间接表达了对英国教育的不满,主张要借鉴欧洲大陆各国的教育经验,但同时也去除不适合英国国情的做法,从而对英国的教育进行改革。在《法国的平民教育》和《德国的高等专门学校》报告中,他分析了国民教育制度的各种因素,特别强调了教育与历史传统和国民性之间的关系。总之,阿诺德的研究和巴纳德一样,都透露出了比较教育发展的第三个阶段——"因素分析时代"的端倪。

第三节　比较教育的"因素分析时代"

从20世纪初到第二次世界大战,是比较教育发展非常重要的一个阶段,可以称之为比较教育学科体系的形成时期。在这一阶段,比较教育的研究已经突破了对他国教育经验的直接移植,开始密切联系各国的社会文化和民族特征等因素来分析研究各国的教育。在比较教育史上一般把这一时期称作"因素分析时代"。1900年,英国特别调查和报告办公室主任迈克尔·萨德勒(Michael Sadler,1861—1943)发表了一篇著名的比较教育学论文,题为《我们从对别国教育制度研究中究竟能学到什么有实际价值的东西?》,这可以看作是比较教育史上"因素分析时代"的开端。

萨德勒是英国比较教育的先驱者之一,曾经担任英国政府教育委员会委员、政府特别调查局局长等职,访问过欧美等很多国家。1895年,英国教育部建立了一个调查机构,即特别调查报告局,萨德勒被任命为第一任主任。在1895到1903年任职期间,他主持考察了欧洲各国、当时大英帝国的领地和美国的教育,撰写了28卷的《教育问题专题报告》,自1897年至1914年陆续发表。这些报告详细地描述了欧洲各国、美国以及英属领地的教育状况,分析了不同地区教育的社会文化背景,总结了教育经验,并指出了教育发展的趋势。在萨德勒的研究中,他反对孤立地研究教育,提出了民族性概念以及研究校外事务的主张,对20世纪比较教育研究产生了深刻的影响。在《我们从对别国教育制度研究中究竟能学到什么有实际价值的东西?》一文中,他认为比较教育"最好先从总体上去研究外国教育制度中所蕴涵的精神,然后再去从别国对待所有熟悉的教育问题的不同解决办法的思考和研讨中获得见解的启发,而不应期望从外国教育制度中直接发现有多少可实际模仿的东西"。[①] 在他看来,任何富有成效的教育制度都是深深根植于民族的历史文化之中,因而总是反映出一定的民族特性,理解这种反映在教育中的民族性,可以促使我们更好地研究和理解我们自己的教育制度,从而也更有效地吸收、借鉴国外的教育经验。萨德勒的这些观点对20世纪以后比较教育的发展产生了深刻的影响,为以历史法为主要特征的因素分析理论奠定了方向,使比较教育学科体系开始形成,从而标志着比较教育学科进入了一个新的发展阶段。

这一时期美国的比较教育学家康德尔(Issac Kandel,1881—1965)深受萨德勒的影响,

---

① 王英杰.比较教育[M].广州:广东教育出版社,1999:9.

他的研究工作更加典型地反映了"因素分析时代"比较教育的特点。1923年康德尔担任美国哥伦比亚大学国际研究所教授兼《教育年鉴》主编,他的思想集中体现在他于1933年出版的代表作《比较教育》一书中,在他50余年的学术生涯中,一直鲜明地坚持和运用他的比较教育思想。康德尔认为,对各国教育制度进行比较研究可以采用多种方法,这首先取决于研究的目的。在《比较教育》中,教育与民族—国家(Nation-State)的关系是一条贯穿始终的基本线索,他不断论及教育与国家所面临的政治社会问题之间的关系,反复强调基本的历史、政治问题,即民族主义、民族国家以及他们对教育制度的决定性作用,"民族性"(National Character)和"民族主义"(Nationalism)是其重要的基本概念。他吸取了萨德勒倡导的因素分析法,并强调联系各国社会、文化和国民性的历史比较考察,来对其教育制度的"国民性特质"进行类型分析。康德尔认为,民族主义在教育制度的发生发展过程中发挥着重要作用,教育制度实际上就是为了保持、维护和促进民族主义而组织起来的,"民族性"和"民族主义"是其比较教育的核心概念。康德尔是比较教育史上第一个系统阐述理论与方法的学者,他提出的"民族性""民族主义"和"力量与因素"的概念,对比较教育的发展作出了非凡的贡献。

在这一时期,德国的施奈德(Friedrich Schneider,1881—1974)和英国的汉斯(Nicholas Hans,1888—1969)也是因素分析法的重要代表人物。其中,汉斯的思想与康德尔更加相近。1947年,汉斯在英王学院撰写了代表作《比较教育:教育的因素和传统研究》一书,他认为影响教育制度的决定性因素可分为三类:自然因素、宗教因素和世俗因素,并对每一种因素又做了进一步的细致分析。在研究工作中,汉斯把因素分析法和历史法紧密结合在一起,形成了自己独特的研究方法。与康德尔、汉斯一样,施奈德也提倡并运用因素分析的研究方法,但与前者强调注重教育以外的影响因素不同,施奈德还特别强调教育的内部因素在国民教育制度形成中的重要作用。1947年,他发表了《各国教育的动力》一书,在书中,他除了指出影响教育的各种自然、宗教、历史和文化等外部因素外,还进一步分析了教育发展的内部动力。因此,有人将萨德勒和汉斯等人的研究方法叫作"外部因素分析法",而把施奈德的研究方法称为"辩证法的因素分析法"。①

除了出现几位对比较教育研究产生重大影响的比较教育学者外,在这一时期,比较教育学科也得到了长足的发展,例如,比较教育正式成为高等学校的课程,各种有关比较教育的国际组织和学术刊物也获得了相当发展。1898年。罗素(J. Russell)首次在美国哥伦比亚大学讲授比较教育,其后由康德尔负责开设这门课程,他的《比较教育》一书广为流传。在欧洲,国际教育局(IBE)于1929年成立,开始以国际组织的形式研究比较教育,并定期出版刊物。在我国,庄泽宣(1895—1976)于1929年出版《各国比较教育论》,燕京大学在1930年也开始在文学院教育学系开设比较教育课程。

第四节 比较教育的"社会科学方法时代"

从第二次世界大战结束到现在,是比较教育发展的第四个阶段。在这一阶段,由于受到整个社会科学界在研究方法上从注重哲学思辨向强化量化分析和重复验证的实证方法转变

---

① 王英杰.比较教育[M].广州:广东教育出版社,1999:10.

的影响,比较教育也从以往人文的历史研究方法,逐渐向以自然科学和社会科学的实证性的科学研究方法为主的方向发展。与此同时,社会学、行为科学和文化人类学等学科的研究方法和理论范式也对比较教育产生了深刻的影响,比较教育尝试运用结构功能理论、冲突理论、人力资本理论、世界体系理论、依赖理论和后现代理论等理论范式对比较教育进行研究。比较教育的学科发展也呈现出学科交叉的倾向。除了康德尔和施奈德继续采用历史法进行研究外,多种多样的科学方法已经占据了主流。比较教育史上将这一时期称为"社会科学方法时代"。

在这一时期,比较教育在世界范围内获得了长足的发展,主要表现在研究规模的迅速扩大、研究方法层出不穷、研究成果大量增加以及研究领域的扩大等。根据比较教育发展的阶段性特征和各阶段研究的核心问题的变化,我们可以将"社会科学方法时代"大致分为五个时期:

一、发展期(20世纪50至60年代)

20世纪50至60年代,由于科技革命对社会生产生活的巨大影响,各国在科学技术方面展开了竞争。由于科学技术的发展需要人才,因此,教育逐渐成为各国展开竞争的重要方面。各个国家都相继开展了从20世纪50年代末开始贯穿整个20世纪60年代的规模巨大的教育改革。比较教育也迎来了发展的良好契机。

在这一时期,很多国际性的教育研究机构和学术团体先后成立。1951年,联合国教科文组织成立了汉堡教育研究所;1956年成立了国际教育成绩评定协会;1961年,欧洲比较教育学会成立。1963年,联合国教科文组织又成立了国际教育规划研究所;1968年,联合国经济合作与发展组织附设了一个教育研究与革新中心。这些国际性教育研究机构的成立,为开展跨国界的教育比较研究提供了制度上的保证。在这一时期,比较教育的教学和科研工作在各国的普通大学和师范学院都得到了前所未有的重视,比较教育研究得到了更多的政府和国际组织的财政支持。美国、英国、西德、法国、加拿大、澳大利亚、荷兰、西班牙和日本等国家又先后成立了比较教育学会。世界各国从事比较教育研究的队伍也迅速壮大,比较教育的学术活动在这一时期也比较活跃。康德尔(Issac Leon Kandel)于1955年出版的《教育的新时代》、埃德蒙·金(Edmund King)于1958年出版的《别国的学校与我们的学校:今日比较教育》,施奈德在1961年出版的《比较教育》,贝雷迪(George Z. F. Bereday)于1964年出版的《教育中的比较方法》,以及诺亚(Harold J. Noah)和埃克斯坦(Max A. Eckstein)在1969年出版的《比较教育的科学探索》等,都是这一时期优秀的比较教育学术成果,它们甚至仍然是当前比较教育课程中的重要教材和必读书目。自20世纪50年代中期起,联合国教科文组织出版了多卷《世界教育调查》《教育年鉴》等国际性的教育调查与统计资料。1954年,联合国教科文组织汉堡教育研究所主办的《国家教育评论》创刊。美国的《比较教育评论》和英国的《比较教育》也分别于1957年和1964年创刊。

这一时期比较教育在研究方法方面也得到了丰富和发展。盛行于二战前的历史法到20世纪50年代已经丧失了其支配地位,成为比较教育众多研究方法中的一种。在比较教育的研究方法中,贝雷迪提出的"比较四步法"、霍尔姆斯的"问题法"、埃德蒙·金的"教育洞察法"、诺亚和埃克斯坦的"量化科学分析法",以及从社会科学和其他科学中引入的结构功能理论、冲突理论等分析框架,都对比较教育的研究产生了深远的影响,丰富和深化了比较教育的研究范式。

在这一时期,我国的比较教育研究也取得了长足的发展。1961年,北京师范大学率先成立了外国教育研究室。1964年,华东师范大学的西欧北美教育研究室、东北师范大学的日本教育研究室和朝鲜教育研究室、河北大学的日本教育研究室等纷纷设立。1965年,北京师范大学外国教育研究室编辑出版的《外国教育动态》创刊。1966年文化大革命对刚刚起步的比较教育研究造成了致命的打击,直到20世纪70年代后期我国的比较教育研究才逐步恢复。

二、高原期(20世纪70年代)

20世纪70年代,比较教育的发展开始有所减缓,出现的主要原因是多方面的:首先,在20世纪60年代,各国都将国家的发展寄希望于教育,急切希望通过教育来发展国家,但进入20世纪70年代后,教育和社会的实际发展状况使得"教育万能论"遭到质疑;其次,是对传统的学校教育的激进批判,例如伊利奇(Ivan Illich)的"学校消亡论"等;第三,教育学和社会学、经济学等学科的相关研究认为,教育投资在社会发展中具有滞后性,它的经济效益不会立竿见影地显现出来;第四,20世纪60年代民族国家纷纷独立,他们意识到完全借鉴宗主国的教育制度并不完全会适应本国经济、政治和社会的发展;同时,以往靠教育输出影响新独立国家的宗主国也意识到了这样的做法很难取得成效。在这些因素的综合影响下,比较教育的经费投入开始减少,有些大学甚至不得不关闭比较教育的研究部门,很多比较教育研究计划也就此搁浅。

当然,这一时期比较教育也在艰难中取得了一些进步。例如,很多第三世界国家开始意识到教育的重要性,将眼光投向了那些教育比较发达的国家,通过研究这些国家的教育制度来为本国的教育发展服务。另一方面,这些新成立的民族国家也开始探索适合本国的教育体系,比较教育研究的范围逐渐扩展到第三世界国家。1970年,美国、加拿大、日本、韩国的比较教育学会和欧洲比较教育学会共同创立了世界比较教育学会(WCCES),并每隔三年举行一次年会,会员国也在不断增加(我国于1985年加入该学会)。在这一时期,联合国教科文组织、世界银行和福特基金会等也开始运作一些国际性的教育研究项目,开始国际比较教育的研究工作,这些组织的研究重点主要在发展中国家。

三、反省期(20世纪80年代)

反省期从20世纪70年代开始,贯穿整个20世纪80年代。"反省"主要的表现就是一系列关于比较教育理论和方法的争论在比较教育界广泛开展。这些争论既有总体性的问题,也包括一些具体的理论和方法问题。其中,具有广泛影响的一些争论主要围绕以下问题展开:

其一是关于结构功能理论分析框架的争论。20世纪50年代以后,康德尔、汉斯和施奈德等人所坚持的"历史法"开始受到批判,诺亚、埃克斯坦等学者认为,历史法是非科学的,因为它们不能揭示可以实际验证的因果联系,因而也不能为教育改革提供实际的依据。此后,一系列"科学方法"的探索和应用在比较教育学界得以展开。本书的最后一部分将对这些争论进行详细的论述。

其二是关于比较教育中意识形态的争论。1983年2月,美国《比较教育评论》发表了爱泼斯坦(Erwin H. Epstein)于1982年在美国比较教育学会学术年会上的主席讲话《左和右的思潮:比较教育中的意识形态》,以及卡诺伊(Martin Carnoy)、福斯特(Philip Foster)、李(Vandra Lea)、梅斯曼(Harold Masenann)、诺亚和霍尔姆斯等比较教育学者对这篇讲话的评论。1987年,爱泼斯坦在英国的《比较》杂志上发表了对这些评论的反批评,从而掀起了比较教育中意识形态的争论。

其三是关于依赖理论的争论。依赖理论(Dependency Theory)产生于20世纪50年代后期至60年代,它主要是经济学和国际政治学从反省现代化理论的角度出发,用世界体系中的"中心—边缘"关系对第三世界国家"低发展"(Underdevelopment)现象的一种解释,认为第三世界国家在经济、政治和文化方面过度依赖发达国家,从而造成了第三世界国家长期以来的低速发展。依赖理论在20世纪70年代逐渐成为比较教育研究的重要理论,但到了20世纪80年代,诺亚等学者也对这一理论进行了批判。

四、扩展期(20世纪90年代)

历经20世纪80年代的反省之后,自20世纪90年代以来,比较教育开始出现了新的发展。所谓"扩张",既指研究组织和研究工作的开展,也泛指理论和方法的多元化发展。其中,最重要的是比较教育研究领域在20世纪90年代的一次较大范围的拓展,即在国际化的背景下将"国际教育"也纳入比较教育研究的理论视野。

"国际教育"(International Education)是近年来教育国际化和教育全球化在比较教育理论界的一种表现。比较教育的本质特征就是从不同国家的视角研究教育。随着国际化和全球化的发展,教育现象也越来越表现出全球化的特征,于是,比较教育的研究领域也开始从对一般的不同国家教育的比较走向了对各个国家都面临的全球问题进行国际比较的研究。国际教育更加侧重不同国家或地区之间教育的联系,在全球化以及国际化趋势日益明显的现在,各国所面临的问题也越来越具有共同的特征,比如教育公平、教育与经济、教育与社会等方面,各国都面临着共同的挑战,将"国际教育"纳入比较教育的范畴,充分显示了比较教育范围的拓展。正因为如此,很多比较教育研究机构都将其名称改为"国际与比较教育所"。

另一方面,在20世纪90年代,比较教育的研究方法和研究内容也得到极大地扩展,各种社会学、经济学以及政治学理论都融入了比较教育的研究之中;在国际学术组织的发展方面,欧洲比较教育学会、美国国际与比较教育学会和世界比较教育学会的学术活动十分频繁,亚洲比较教育学会(CESA)也在1996年创立并开始开展国际学术交流活动。总之在这一时期,解释学、人种志、后现代理论等都不断被引进到比较教育的研究之中。在一个全球化和知识经济的时代,比较教育必将在世界教育发展和教育变革中发挥更加积极的作用,同时也承担了更多的新的使命。

五、深化期(21世纪至今)

21世纪以来,受到社会科学研究的实证以及政策决策的科学化影响,教育研究中的定量与混合研究方法日益受到研究者的追捧。定量研究方法在比较教育研究领域有其重要性、必要性和独特性,使得比较教育研究更加规范和科学。因此在日常的研究中,要注意养成收集数据、建立数据库的习惯。

从数据获得来看,国际比较常用的数据库有 UNESCO 统计局的《世界教育指标》、世界银行的《世界发展指标》、OECD 的《教育概览》(Education at a Glance)等。我国与教育相关的宏观数据包括《中国教育经费统计年鉴》《中国教育事业统计年鉴》《中国统计年鉴》《中国劳动统计年鉴》等。这些数据为比较教育研究提供了完整的数据库。此外,还包括主要针对个体家庭和企业的微观调查数据。国外的微观调查数据常用的有美国的综合社会调查(GSS)、欧洲社会调查(ESS)、英国家庭追踪调查(BHPS)、英国社会态度调查(BAS)等。我国的微观调查数据常见的有国家统计局的入户调查数据、北京大学的中国家庭动态跟踪调查(CFPS)、中国人民大学的中国综合社会调查(CGSS)、北卡大学与原中国卫生部联合的中国健康与养老调查(China Health and Nutrition Survey,CHNS)等。

从研究主题来看,21 世纪以来,随着全球化及其所带来的国际竞争的加剧,卓越和世界一流成为这一时期的主要研究主题。为了能对世界各国的大学和科技创新能力进行对比,以世界大学排名为代表的定量评价指标体系的影响日渐广泛,通过构建量化指标对研究和教学绩效进行评估和测量,从而影响资源分配和国际声望。目前全世界最具有影响力的大学排名体系主要包括《泰晤士高等教育》(Times Higher Education,THE)世界大学排名、国际高等教育研究机构(Quacquarelli Symonds,QS)世界大学排名、上海交通大学世界大学学术排名(Academic Ranking of World Universities,ARWU)和《美国新闻与世界报道》(US News & World Report)的全球最佳大学排名。

拓展阅读

1. 王英杰.比较教育[M].广州:广东教育出版社,1999:第一、二章。

2. 顾明远,薛理银.比较教育导论——教育与国家发展[M].北京:人民教育出版社,2002:第一章。

3. 王承绪.比较教育学史[M].北京:人民教育出版社,2003:第二、三章。

4. 项贤明,马健生.比较教育自学辅导[M].广州:广东高等教育出版社,2000:第二章。

5. 鲍·里·伍尔夫松.比较教育学——历史与现代问题[M].肖甦,等,译.北京:教育科学出版社,2007.

6. 罗伯特·阿诺夫,卡洛斯·阿尔伯特·托雷斯.比较教育学:全球化与本土化的辩证关系[M].冯增俊,等,译.北京:人民教育出版社,2012.

7. 薛理银.当代比较教育方法论研究[M].北京:人民教育出版社,2009.

8. 唐·亚当斯.比较教育与国际教育[M].朱旭东,等,译.重庆:西南师范大学出版社,2011 年.

9. 菲利普·G·阿特巴赫.国际高等教育的前沿议题[M].陈沛,张蕾,译.上海:上海交通大学出版社,2014.

10. 伯克·约翰逊,等.教育研究:定量、定性和混合方法[M].马健生,等,译.重庆:重庆大学出版社,2015.

问题与探究

1. 简述比较教育的历史分期。
2. 试评教育借鉴时代的主要比较教育思想。
3. 试评比较教育的因素分析时代的主要代表人物及观点。
4. 促进比较教育像科学分析阶段转变的因素是什么？
5. 比较教育理论的发展趋势是什么？

第三章 比较教育的重要思想和方法——我的家族都有谁?

本章提要

- 在比较教育的发展史上,出现了一些先驱式的人物:库森、萨德勒、康德尔和汉斯等,他们为比较教育的发展奠定了坚实的理论基础。
- 库森(Victor Cousin)是比较教育"借鉴时代"的典型人物,给后来研究者的影响是跨时代的。他主张比较研究应该在比较对象之外有参照物,比较研究的目的就是借鉴,比较研究必须按照一定的步骤收集资料。
- 萨德勒(Michael Sadler)是一个在"借鉴时代"和"因素分析时代"之间起着桥梁作用的人物。他认为比较研究的目的是为了更好地理解我们自己的教育,因此他的方法论强调校外发生的事情比校内发生的事情重要。
- 康德尔(Isaac Leon Kandel)是"因素分析时代"的代表人物,1933年出版的《比较教育》是比较教育领域的经典之作。他强调比较研究要探索教育问题的成因,重视以民族性和民族主义的概念为切入点来考察影响一国教育的因素和力量。
- 汉斯(Nicholas Hans)提出了历史—因素分析法,将历史法和因素分析法结合起来,使得因素分析法更加精致和完善。
- 进入20世纪50年代以来,以贝雷迪(G.Z.F.Bereday)的四步法、诺亚(Harold J. Noah)与埃克斯坦(Max A.Eckstein)的量化方法、霍姆斯(Brian Holmes)的问题法和埃德蒙·金(Edmund J.King)的方法论为代表,比较教育界在研究方法上取得了长足进步,迎来了质性研究和量化研究双管齐下的局面。

第一节 比较教育的重要思想

比较教育的成就依赖于许多重要的比较教育专家的贡献。熟悉其中杰出代表的思想有助于我们领会和掌握比较教育的精髓。

一、库森的比较教育思想

(一)生平简介

维克多·库森(Victor Cousin,1792—1867)于1792年11月出生于法国巴黎一个贫穷的钟表匠家庭。库森年少时从斗殴的学生中解救了后来成为巴黎高等师范学校(后简称巴黎高师)校长的奥古斯特·维古阿(August Vigua),因此得到了维古阿母亲的帮助,得以进入了当时有名的查理曼高级中学学习。中学学习期间,库森勤奋刻苦,终于在18岁的时候进入巴黎高师深造,从此开始了与巴黎高师的不解之缘。

库森在巴黎高师学习期间的主要研究方向是哲学,并且深受洛克(John Locke)、孔狄亚克(Condillac)、莱布尼茨(Gottfried Wilhelm Leibniz)、康德(Immanuel Kant)等近代哲学家的影响。1815年,库森被聘请为巴黎高师哲学史讲师,开始了其哲学教学生涯。此后,他在德国游历,进而结识了黑格尔(Georg Wilhelm Friedrich Hegel)、谢林(Schelling)、施莱格尔(August von Schlegel)、施莱尔马赫(Friedrich Schleiermacher)等一大批伟大的哲学家。1815年至1830年间,库森在法国各大高校教授哲学课程,名望颇深,后被选入慕尼黑皇家学院。

1830年,库森的生活轨迹发生了巨大的改变,他被任命为公共教育高级委员会的官员,从此结束了他的哲学教师生涯,开始了其漫长的教育研究生活。可以说,这一年是他生命的分界线,1830年之前的库森为哲学而生,之后的库森为教育而生,而最终使其青史留名的恰恰是他在比较教育事业中做出的杰出贡献。

(二) 对普鲁士与法国教育的比较研究

库森生活的年代,许多法国人都将目光投向了他们的邻国普鲁士,希望能从中寻找到治国的灵感,库森也是其中之一,不过他对普鲁士的研究兴趣主要集中在教育领域。

1. 初等教育的比较研究

1831年,库森受当时法国教育部长基佐的指派赴德国考察教育状况,并于当年递交了其考察结果——《关于德意志各邦,特别是普鲁士公共教育状况的报告》,其中详细介绍并分析了普鲁士的初等教育,为法国之后制定的《基佐法案》(Loi de Guizot)提供了许多意见。

在报告中,库森归纳了德国1819年《舒芬法案》(Suvern's Bill)中关于初等教育的主要内容,从而提出了七个具体的"不容置疑的论点"(Incontestable points)。他认为普鲁士在初等教育方面的这七个措施应该写入法国的初等教育法中。这七个论点是:①每个村镇建立一所小学;②每个县建立一所初等师范学校,培养本县小学教师;③模仿德国的市民学校,建立介于初、中等学校之间的培养工商业人才的高级小学;④依照普鲁士的模式,行政管理结构应为分权制;⑤宗教和教士在初等教育中应担负部分责任;⑥大学在初等教育方面管理的作用应重新界定;⑦应由法律来规定和管理教学自由和私立学校。① 库森研究报告中的这七个论点除了第六点以外均被1833年著名的《基佐法》所采用,而关于大学不再插手初等教育这一点,基佐和库森有不同的看法,因而未被纳入《基佐法》之中。

1833年以后,法国的初等教育得到了极大的发展,一改过去的凋零局面,形成了一个稳固、合理的初等教育体制,而这些改变都与库森的报告息息相关。可以毫不夸张地说,库森的报告造就了法国这一时期的初等教育体制。

2. 中等教育的比较研究

相比举世闻名的《关于德意志各邦,特别是普鲁士公共教育状况的报告》,库森对于普鲁士中等教育的研究并不为多数人所熟悉,但这并不能抹杀其研究的重要性。1831—1834年间,库森先后发表了一系列有关普鲁士中等教育的论文,全面研究了普鲁士的中等教育,并与法国中等教育做了对比。

在研究中,库森建立了一个包含五个论点的框架,认为关于中等教育的大多数研究问题都可以归入此框架中。这五个论点包括:(1)私立中学;(2)公立中等教育的行政管理;

---

① Brewer W.Victor Cousin as Comparative Educator[M].New York:Teachers College Press, Columbia University,1971:51.

(3)中等学校的课程和内部运转;(4)师资培训;(5)毕业考试。①

库森分别对比了法国和普鲁士的中等教育在这五个方面的情况,认为法国应该从各方面学习普鲁士的做法,主要有:(1)引入普鲁士"办学自由"的理念,允许在法国自由地开办私立学校,而不受教育部和议会的干涉;(2)严肃法纪,保证州政府和市政府向所有法律上应该受到国家财政资助的学校提供资助;(3)在中学课程的设置上,采取将现代课程与宗教教学相结合的做法;(4)教师必须在三年制大学里学过一年的实用教育学;(5)模仿普鲁士的毕业考试成绩划分方法,将成绩分成三等。

3. 比较教育的主要思想

库森关于比较教育的理论思想主要来源于其对普鲁士和法国的比较研究,了解了库森关于这两个国家的教育研究内容,也就大概掌握了库森比较教育的主要思想。

(1)比较研究的标准

库森在其对普鲁士中等教育的研究中,提出了比较的标准。他认为在进行两个国家的比较时,应该有一种比较对象之外的参照物,作为衡量二者孰优孰劣的标准。

在他的研究中,库森的参照物是他理想中的中学体制。他心目中理想的中学体制应该是:①每一个人,包括城镇和乡村的男孩和女孩均入初级小学,或者是免费的,或者是缴费的;②城镇的所有中产阶级子女均入高级小学;③有足够多的中上层阶级子女入初级中学;④这些学生通过适当的考试,依据他们的努力和天赋,让他们进入高级中学,然后进入大学,最后进入社会上层。②

从这个例子中可以明显看出柏拉图理念世界的影子,可见库森早年的哲学学习对他后来的教育学研究依然有着深远的影响。今天的比较教育学者当然可以不严格搬用库森的方法,在头脑中构想一个理想教育的原型,但是在进行两国的比较教育研究中参照第三国的标准却不失为一个好的方法,可以帮助比较教育学者们更加客观地分析教育现象。

(2)借鉴经验的前提

库森是比较教育发展到借鉴时期的典型代表人物,作为借鉴时期的先驱,他为借鉴工作确立了四个步骤:①确定当地的问题;②发现国外的解决方法;③描述当地的先例;④提出借鉴的建议。③ 库森认为比较教育研究的目的就是借鉴,而且必须通过立法来实现,但是法律的制定必须要顾及人心的向背,不可悖逆人民的意愿。鉴于此,库森提出了借鉴的两个重要前提:其一,要确定法国人已清楚地认识的特定的需求;其二,要描述国外满足类似需求已证明是成功的东西。④

正如库森自己所说,他在进行比较研究的过程中"研究的是普鲁士,而思考的始终是法兰西。"⑤ 也正是因为如此,在提出借鉴意见时,库森时刻不忘记法兰西与普鲁士不同的国情,采取了因地制宜的做法,而不是生搬硬套。

---

① 王承绪.比较教育学史[M].北京:人民教育出版社,1998:41.
② Brewer W.Victor Cousin as Comparative Educator[M].New York:Teachers College Press, Columbia University,1971:95.
③ 王承绪.比较教育学史[M].北京:人民教育出版社,1998:44.
④ 王承绪.比较教育学史[M].北京:人民教育出版社,1998:45.
⑤ Brewer W.Victor Cousin as Comparative Educator[M].New York:Teachers College Press, Columbia University, 1971:50.

(3) 资料收集的程序

库森在收集普、法两国中等教育资料的过程中采取了三个步骤,基于此,他提出了收集资料的程序①:

①外国学校制度的组织,包括结构、法律和课程。

②并置两国的统计数字。

③得出结论,并提出本国改进的建议,即所谓的"借鉴"。

同时,库森还说明了如何获取教育信息以及如何区分信息的重要性。他将教育信息的来源分为三类:官方文件、亲身访问的学校以及与学校有过直接接触的各个阶层的人士,②从这些地方和人士中可以获取许多不同类型的教育数据,如法律条款、学校类型、行政管理信息等。

总之,库森带给后来研究者的影响是跨时代的。

二、萨德勒的比较教育思想

(一) 生平简介

迈克尔·萨德勒(M.Sadler,1861—1943)于 1861 年出生于英格兰北部,早年深受激进主义的影响,支持克伦威尔和清教徒革命。1880 年,年轻的萨德勒进入牛津大学三一学院学习,师承当时著名的历史学家 T.H.格林(T.H.Green)和阿诺德·汤因比(Arnold Toybee)。在牛津学习期间,艺术评论家约翰·罗金(John Ruskin)也对萨德勒产生了很大的影响。萨德勒接受了罗金的观点,认为"对教育制度的每一种持续影响,都要求社会的经济结构与它的伦理理想相协调"③。这一观点在萨德勒的比较教育方法论上得到了全面体现。

1885 年,萨德勒从牛津大学毕业,担任地方考试事务牛津大学常务委员会的秘书。在此期间,他显示出了高涨的工作积极性。在他的推动下英格兰成立了皇家委员会,萨德勒的工作是向欧美各国发放中学教育主要问题的问卷,这是萨德勒首次涉足比较教育领域。1895 年,在萨德勒的推动下,英国教育部建立特别调查报告局,萨德勒就任该报告局的第一任主任。1895—1903 年在任期间,萨德勒组织完成了 11 卷报告,涉及欧美各国的教育状况,为后人提供了翔实的史料。

1903 年,萨德勒辞去行政职务,应曼彻斯特大学之邀担任教育史和教育管理课程的兼职教授,研究兴趣主要集中于农村中等教育、工薪族教育和道德教育。1911—1923 年间,萨德勒出任利兹大学副校长,并在一战结束后受英国印度事务大臣张伯伦的委任担任加尔各答大学事务调查委员会主席。1923 年,退休的萨德勒当选为牛津大学学院院长,他在这一岗位上又工作了 10 年。1943 年,萨德勒在牛津与世长辞,走完了其充满激情的一生。

(二) 比较教育思想

1. 比较教育目的论

萨德勒在其著名的演讲报告《我们从对别国教育制度研究中究竟能学到些什么有实际

---

① 王承绪.比较教育学史[M].北京:人民教育出版社,1998:46.
② 王承绪.比较教育学史[M].北京:人民教育出版社,1998:46.
③ Higgingon J.Selections from Michael Sadler:Studies in World Citizenship[M].Livepool:Dejall and Meyorre International Publisher Ltd,1980:13.

价值的东西?》中明确指出,比较教育的目的就是要"以正确的精神和严谨的治学态度研究外国教育制度的作用,以促使我们更好地研究和理解我们自己的教育制度"①,即通过调查和研究外国的教育状况,从他国的经验中寻求改进本国教育的方法。

萨德勒还进一步说明,虽然在外国教育制度中存在的一些特点有可能无法引入本国,但至少对改进自己的实际工作方面具有一定的建设性意义。萨德勒举例说,"如果考察一些欧洲说德语国家的教师对文学名著审美鉴赏教育的重视,就会发现文学水平堪称世界一流的英国,却有许许多多人缺乏热爱、崇敬和运用这些文学作品的教育;如果考察一下美国学校在促进自然研究方面的措施,就会发现英国对此的短缺,自然教科书和我们的生活原则不相协调;如果考察一下德国、比利时、荷兰,就会发现英国现代语言的教学方法非常落后;如果参观一下柏林的夏洛滕堡技术学校和麻省理工学院,就会感到英国应当拥有数量更多、质量上乘的技术教育院校。"②对照他国,从而发现本国在教育方面存在的弱点,并且予以改进,就是萨德勒所认为的比较教育的根本目的。

当然,萨德勒还强调,教育的比较研究过程绝不是妄自菲薄的过程,我们固然可以从他国的教育中看到自身存在的弱点,但有时也会有意外的发现,即更好地认识并且理解本国教育制度中所蕴含的美好的东西。萨德勒还指出,尽管比较教育的目的是为了从别国教育中寻找可以改进本国教育的方法,但这并不意味着一种教育制度可以在其他国家任意复制。基于此,萨德勒提出了自己的比较教育方法论,对比较教育过程中的研究方法加以规范,从而使研究者能够更好地进行比较教育研究。

2. 比较教育方法论

在比较教育史上,萨德勒是一位跨时代的人物,他所阐述的比较教育方法论为以历史法为主要特点的因素分析理论奠定了基础,标志着比较教育研究进入了一个崭新的阶段。

萨德勒在研究中极力反对从他国的直接借鉴。他认为比较教育应该首先从"总体上探究国外教育制度所蕴含的精神,然后再去从别国对待所有熟悉的教育问题的完全不同的解决办法的研讨、思索中获得间接启发,而不是期望从外国教育制度中直接发现有多少可以实际模仿的东西"。③ 萨德勒强调,在研究他国教育制度时,不能把眼光仅仅停留在教育的外在表现上,学校建设、教师和学生仅仅是比较教育所要研究的一个方面,更重要的是要深入到学校之外的社区、家庭之中去寻求那些"维系着实际上的学校制度并对其取得的实际成效予以说明的那种无形的、难以捉摸的精神力量"。④ 可见,萨德勒将教育视为社会的一个组成部分,要求将教育放到整个社会历史的大背景下去进行研究,反对将别国教育制度拆分为一个个"零件",生搬硬套地直接应用于本国的做法。

基于这种思想,萨德勒反对在比较教育研究中运用纯粹的统计方法。他认为教育统计数据仅仅是用简单的运算法则得出的一个个数字而已,不能反映教育背后所蕴含的民族、文

---

① Sadler M. How Far Can We Learn Anything of Practical Value from the Study of Foreign Systems of Education? [J]. Comparative Education Review, 1964, 7(3): 307-314.
② 王承绪. 比较教育学史[M]. 北京: 人民教育出版社, 1998: 63.
③ Sadler M. How Far Can We Learn Anything of Practical Value from the Study of Foreign Systems of Education? [J]. Comparative Education Review, 1964, 7(3): 307-314.
④ Sadler M. How Far Can We Learn Anything of Practical Value from the Study of Foreign Systems of Education? [J]. Comparative Education Review, 1964, 7(3): 307-314.

化等更深层次的因素。在萨德勒看来,教育统计主要是针对学校教育体系方面的,但是在许多国家,学校教育在整个国家教育体系中占据的地位微不足道,因此这些国家的教育统计数据根本没有任何意义。更重要的是,在研究学校本身的时候,也应该将其放入整个社会文化背景中,否则得出的结论必然是片面的。萨德勒提倡纯粹的质性研究,这固然与他的比较教育思想有直接的关系,也与当时较低的量化研究水平有关。在量化研究手段得到极大发展的今天,我们应该对萨德勒的这一观点有自己的判断。

在谈及教育制度本身时,萨德勒指出:"任何出色的真实有效的教育都是民族生活与特点的写照。它根植于民族的历史中,适合于它的需要。"① 萨德勒由此首次提出了比较教育中的民族性概念,这一概念进而成为萨德勒分析教育资料的核心,在萨德勒的多篇论文和著作中都得到了体现。

总之,萨德勒的比较教育方法论可以用一句话予以概括:校外发生的事情比校内发生的事情更重要。萨德勒认为,在研究别国的教育制度时要时刻关注与教育有密切联系的社会文化和民族特性,正如他在演说《我们从对别国教育制度研究中究竟能学到些什么有实际价值的东西?》中所提到的:"在研究外国教育制度时,我们不应当忘记,学校之外的事情甚至比学校内部的事情更重要,它们制约并说明校内的事情。我们不能随意地漫步在世界教育制度之林,就像小孩逛花园一样,从一堆灌木丛中摘一朵花,再从另一堆中采一些叶子,然后指望将这些采集的东西移植到家里的土壤中便会有一棵有生命的植物。一个民族的教育制度是一种活生生的东西,它是遗忘了的斗争和艰难,以及'久远以前的战斗'结果。"②

三、康德尔的比较教育思想

(一)生平简介

艾萨克·康德尔(Issac Leon Kandel,1881—1965)于 1881 年出生于罗马尼亚一个犹太家庭。他早年在英国接受教育,并在曼彻斯特大学获得学士和硕士学位。1908 年,康德尔在老师萨德勒的劝说下前往哥伦比亚大学师范学院攻读比较与国际教育专业,并于 1910 年获得博士学位。

1913 年,康德尔被任命为哥伦比亚大学师范学院讲师,并于两年后升为副教授。1920 年,康德尔加入美国国籍,1923 年晋升为哥伦比亚大学师范学院教授,之后他一直在哥伦比亚大学任教,直到 1946 年退休。在哥伦比亚大学工作期间,康德尔发表了一系列重要作品,其中很多成为比较教育史上的经典。1924—1944 年间,康德尔担任《教育年鉴》的编辑,该年鉴以介绍当代各国教育为主,其中的文章均由各国著名的教育家撰写。1930 年,康德尔出版了《比较教育论文集》,汇集了 20 世纪 20 年代他撰写的论文和发表的演说,包括对法国、英国、德国、意大利、墨西哥和其他几个拉美国家教育问题的探讨。1933 年,《比较教育》一书出版,立刻成为比较教育领域中的经典之作,康德尔在这部著作中论述了比较教育研究的基本原理。1955 年,这本著作经康德尔修订后重新出版,更名为《教育的新时代:比较研

---

① Sadler M.The Unrest in Secondary Education in Germany and Elsewhere in Board of Education[R].Special Reports on Education Subjects,London:HMSO,1902(9):162.

② Sadler M.How Far Can We Learn Anything of Practical Value from the Study of Foreign Systems of Education? [J]. Comparative Education Review,1964,7(3):307-314.

究》。1944年,康德尔的著作《国际合作:国内和国际范围》一书得以出版,他在书中提出了建立国际教育组织的建议。

1946年康德尔从哥伦比亚大学退休,但他并未因此中断比较教育的研究。1947—1949年间,他在英国担任《大学季刊》的主编,之后就任曼彻斯特大学美国研究教授和研究所所长。1946—1949年间,他还主编了教育周刊《学校与社会》。

1946—1952年间,康德尔以编辑和顾问的身份为联合国教科文组织的一个特别委员会工作。1947年,康德尔主持编写了一份题为《关于在教科文组织成员国学校中进行国际理解教育的研究的建议》。1949年,康德尔为《人权——意见与解释》一书撰稿,建议将教育权规定为一项基本人权。1951年,康德尔编写了《提高高校年龄》一书,此书是教科文组织发行的有关义务教育的丛书中的一本。1962年,康德尔为世人献上了他的最后一本著作——《走向教师专业》。就在此书出版的次年,康德尔与世长辞,走完了著述辉煌的一生。

贝雷迪在悼念康德尔时说道:"艾萨克·康德尔教授的逝世给比较教育界投下了一片阴影。我们失去了一位伟大的学者,一位伟大的国务活动家,一位伟大的人。康德尔教授是属于人文主义者的一代,这种人在我们这个更为技术化、更急进、更局限于具体应用的时代是很难再现了。没有人能达到逝去的这一代所达到的精神境界,没有人能具有他们所唤起的那种灵感。"①

(二)比较教育思想

1. 比较教育目的论

康德尔对比较教育目的的认识是一个发展的过程。早在康德尔于1924年开始编纂《教育年鉴》时,他就指出比较教育的目的是"要使学习教育的学生得以获取世界各国的教育理论和实践经验"。② 早期康德尔主持年鉴编纂工作的一个主要目的就是收集各国的年度教育发展资料,以此阐明教育问题,从而积累知识,促进教育经验的交流。

经过长期对比较教育的研究,康德尔逐渐改变了最初对比较教育目的的看法,提出比较教育研究的根本目的应该是"发现教育问题,探讨问题产生的原因及其在特定背景中的解决方法,以及发展教育的原理或原则"。③ 康德尔列举了一系列可供比较研究的普遍的教育问题,认为每个国家都面临着类似的教育问题,这就为比较教育研究添加了新的研究任务,对教育机构、学校组织、课程和教学的单纯研究已经显得过于肤浅了,比较教育研究的真正价值在于分析各种教育问题的成因,比较不同国家的制度并分析产生这种差异的原因,进而研究尝试解决问题的方法。可以说,康德尔将比较教育的目的定位为对一国的教育不仅要"知其然",更要"知其所以然",即探究教育背后更加深层次的内容。

综上所述,康德尔对比较教育目的的认识主要包含以下三个方面④:

(1) "报道—描述"的目的,即提供事实,发展教育思想。康德尔认为,比较教育研究的第一步就是"提供关于各国教育制度的情报"。他将各种教育事实分为国家教育的组织、教育管理、初等教育、初等教育教师的培训、中等教育与中学教师等几大类别。

---

① Kandel I.Education Yearbook 1942[M].New York:Teachers College Press,Columbia University,1942:335.
② 王承绪.比较教育学史[M].北京:人民教育出版社,1998:70.
③ Kandel I.Education Yearbook 1939[M].New York:Teachers College Press,Columbia University,1939:436.
④ 王承绪.比较教育学史[M].北京:人民教育出版社,1998:72.

（2）"历史—功能"的目的，即了解教育问题在特定民族背景下的原因。康德尔认为掌握事实是比较研究的必要前提，但却不能停留于此。教育制度是在各国的历史、文化和传统影响下产生的，比较教育要探索的是产生这种教育制度的根源。基于这种观点，康德尔指出："比较研究首先要求理解形成教育的无形的、不可捉摸的精神和文化力量，这些校外的力量和因素比校内事务更重要。因此，教育的比较研究必须建立在对学校所反映的社会和政治理想的分析之上，因为学校在传递与发展中集中体现了这些理想，为了理解、体会和评价一个国家教育制度的真正意义，有必要了解该国的历史与传统，统治其社会组织的力量与态度，决定其发展的政治与经济条件。"①

（3）"借鉴—改善"的目的，即借鉴别国的经验，改善本国乃至全世界的教育。康德尔认为，比较教育研究的最终目的是要培养人类的爱国主义和国际主义精神。他希望比较教育学者们通过对国内外教育制度的研究，放眼国际，拓宽视野，从而形成自己的教育思想，进而改进世界各国的教育制度。

基于对比较教育目的的认识，康德尔提出了自己的比较教育方法论。

2. 比较教育方法论

康德尔认为比较教育的研究应该从各国的国民教育制度出发，并且放眼全世界。对各国教育制度的评价不能仅仅从主观臆断出发，而是要分析形成某种教育制度的深层次原因，即探索教育制度"何以然"的过程。基于这种思想，他建立了自己的比较教育方法论体系。

（1）比较教育研究的分析框架

在康德尔之前，比较教育界主要有两种研究范式，一种是以朱利安为代表的基于法则的分析。这种分析范式将教育视为影响社会变革的变量，通过几个孤立的社会因素确立基本的趋势和结构，然后探讨教育在众多的社会因素中的独特作用。这种宏观的分析模式有利于展现教育与社会之间复杂的相互关系。第二种分析范式是以萨德勒为代表的强调意义理解的分析模式。与前者不同，这种分析模式主要致力于探讨造成不同教育体系的社会和文化背景，注重通过理解、直观感悟等形式来界定决定教育的文化或制度性因素。②

在20世纪中期以前，强调意义理解的比较教育学者大多都是历史功能主义者，他们强调将教育放到历史、文化、政治等大的社会背景中加以理解。康德尔的过人之处就在于他试图将这两种研究范式加以融合，博取众家之长。

康德尔基于法则的分析方法的运用表现在他对国家教育制度的宏观研究上。他将学校教育同民主或极权主义相结合，探讨教育对实现和维护民主的巨大意义。尤其在20世纪40年代后期为联合国教科文组织工作期间，他坚持认为比较教育的终极目标是自由和民主。康德尔把教育和民主相联系的制度性研究方法受到了贝雷迪的赞扬。但是，康德尔并不固执于基于法则的分析框架。作为一个年轻的学者，他对德国教育的研究表现出了他的思想深邃之处。他认为，某一教育现象的出现是源于该国独特的历史背景和社会文化基础，每个国家都有与众不同的特性。这让他回避实证研究者所经常采用的定量方法，与他同时代的其他比较教育家一起，致力于发展由萨德勒所开创的历史功能主义分析框架。③

---

① Kandel I.Comparative Education[M].New York:Greenwood Press,1933:19.
② 徐辉,王正青.康德尔比较教育方法论述评[J].比较教育研究,2006(6):5-9.
③ 徐辉,王正青.康德尔比较教育方法论述评[J].比较教育研究,2006(6):5-9.

（2）比较教育研究的核心概念

萨德勒在研究中十分强调民族性和民族主义这两个概念，可以说这两个概念也构成了康德尔比较教育研究的基础。

①民族性

受老师萨德勒的影响，康德尔提出了比较教育中民族性（National Character）的概念。他认为由于各国历史、传统、观点和文化的不同使得不同国家的人们处理问题时倾向于采取不同的方法。同样在教育领域，不同国家也会使用不同的方式去解决类似的教育问题，由此产生了不同的教育制度。也就是说，民族性是教育制度产生的基础。

康德尔认为一个国家的民族性并不是在偶然之间形成的，而是在长期的历史发展中逐步形成的。国家的特征对教育有着深刻的影响，"这就是为什么美国教育以进步主义思想为基础，法国教育注重发展理性，英国教育有实用性和多面性的特点"。[1] 因此康德尔将民族性作为理解一国教育制度的重要途径。但是，康德尔指出"这并不意味着民族精神是固定不变的因素，也不意味着种族特征是永恒不变的。如果这一切是没有变化的，教育任务就相对简单了。然而事实是不仅教育是一种复杂而细致的事情，而且，影响着教育而教育又寻求予以影响的民族背景则是更为复杂和微妙的"。[2]

康德尔将英、法、德、美、意、俄六国作为研究对象，对其民族性进行了分析，进而剖析了每个国家的教育特点，以此阐述自己关于民族性与教育相互作用的观点。例如，他描述英国人"不喜爱思考，或不喜爱拟定行动计划"，是经验主义者，他们"宁愿踏踏实实地按自己的常识去工作"，而不依靠逻辑，他们"不相信全国性的教育计划是良策，而宁愿相信个人或团体办学的自主活动"；他们是个人主义者，但又具有"相互合作的本能"。相比之下，同样也是个人主义者的法国人喜欢思考，喜欢仅仅为思考的快乐而思考；他们重秩序，讲逻辑，会计划，因而是受着理性支配的个人主义者。而美国人特别强调自由自决，他们具有"平等主义、足智多谋以及社会群体的合作精神"等特征。[3]

同时，康德尔也意识到存在着滥用民族性这一概念的危险，因此，他反对把一个民族的所有成员都说成具有某种普遍的特性，因为对民族性的概括可能是不恰当的，而且这种概括只能反映一个民族的普遍特征，如果随意应用到个人身上则犯了偷换概念的逻辑错误。

②民族主义

康德尔在研究中十分强调民族主义（Nationalism）这一概念。他认为如果在比较教育中不能够寻求并且发现作为教育制度基础的民族主义的意义，那么这种研究就是没有意义的。与上文所介绍的民族性不同，康德尔所讲的民族主义是指"一种复杂因素的集合体——它过去、现在和将来都起着确保民族团结的作用。它意味着观念、理想和信念的一致，而这种一致性必须具有两个条件才能实现——共同的领地和政府或忠于某一政治理想或组织"。[4]它"包含着共同的语言、共同的习俗，以及共同的文化。一个国家是一个已获自主的民族——它是民族与国家的结合体，一个民族拥有自己的政治制度，并在自己的国土上以一致

---

[1] 王承绪.比较教育学史[M].北京：人民教育出版社,1998:78.
[2] 琼斯.比较教育:目的与方法[M].香港：春秋出版社,1989:52-53.
[3] 王承绪.比较教育学史[M].北京：人民教育出版社,1998:80.
[4] Kandel I.Nationalism, The Year Book of Education[M].London:Evans Brothers,1957:454.

的观念治理着"。① 在早期的研究中,康德尔将民族精神视为一种精神实质,认为民族主义决定着国家教育制度的变革,而国家教育制度变革中所产生的新经验又会增强民族主义因素的发展。

可以看出,早期康德尔对民族主义的认识是比较积极的,但是经过两次世界大战之后,康德尔亲眼目睹了法西斯主义在全球的疯狂肆虐,这种极具侵略性的民族主义使得康德尔改变了他对民族主义的乐观态度,进而对民族主义产生了敌对情绪。后期的康德尔在其《教育的新时代》一书中将民族主义视为"一个对本民族渊源持共同的谬见及对邻邦持共同的反感的社会"。② 如果任由民族主义盲目地发展下去,必然会导致社会进步受阻,并且还会引起不同民族之间的互相仇视。

康德尔认为这种带有不良情绪的民族主义是教育和民主的危机,因此,极力主张在教育中宣扬国际主义精神,强调不同民族之间的互相依存,试图通过这种方式化解民族主义可能给人类社会带来的危害。

(3) 比较教育研究的切入点

康德尔的比较教育研究的一大特点就是他试图确定那些决定民族性,进而使国民教育制度具体化的因素和力量(Factors and Forces)。康德尔认为比较教育就是要以世界教育为着眼点来考察存在于国民教育制度中的一些具体、实际的问题。③ 课程内容、教育机会均等、精英教育等都在比较教育研究的视野之内,同时比较教育的任务还在于分析决定这些问题的政治因素、经济因素、社会因素和文化因素等。

1928年,康德尔首次在其编纂的《教育年鉴》中提出了影响他后来几十年研究的问题:"什么因素在构成国民教育制度中起了作用?"④ 康德尔列举了国家的政治理论、社会哲学、地理位置和气候以及国家的各种传统作为影响国民教育制度的"因素和力量"。在《教育的新时代》一书中,他告诫比较教育专业的学生应注意那些"决定一国教育制度的力量,因为教育的原动力和策略很重要,对教育组织和管理策略很有启发"。对那些从事比较教育的专家而言,则应致力于解开那联结在"教育和文化之间的微妙的结"。⑤

康德尔多次运用他所主张的"因素和力量"分析框架进行教育的比较研究。1932年,他通过广泛的历史调查,在详细考察了美国教育的历史后,归结出了决定美国目前教育制度的影响因素:对自由和民主的热情,机会平等的信念,拓荒精神,对传统的容忍,对个人权力的信奉和对工业化的热衷。所有这些因素都塑造了美国的教育制度:强调实际和有用的知识,强调公平的受教育机会,使教育过程适合学生的智力水平等等。⑥

不难看出,康德尔强调在比较教育领域使用因素和力量以理解教育这一观点缺少可信的事实根据,有很大的主观臆测的成分,但这并不妨碍他在比较教育方法论上的建树具有承上启下的作用。他与老师萨德勒、汉斯等人开创的因素分析模式成为20世纪60年代之前比较教育研究领域的主要分析框架,在今天依然具有重要意义。

---

① Kandel I.Comparative Education[M].New York:Greenwood Press,1933:8.
② 王承绪.比较教育学史[M].北京:人民教育出版社,1998:76—77.
③ 王承绪.比较教育学史[M].北京:人民教育出版社,1998:80.
④ Kandel I.Education Yearbook 1928[M].New York:Teachers College Press,Columbia University,1928:10.
⑤ 艾萨克·康德尔.教育的新时代——比较研究[M].王承绪,等,译.北京:人民教育出版社,2001:10.
⑥ 徐辉,王正青.康德尔比较教育方法论述评[J].比较教育研究,2006(6):5—9.

四、汉斯的比较教育思想

(一) 生平简介

尼古拉斯·汉斯(Nicholas Hans,1888—1969)1888年出生于俄国喀森省的一个农庄。汉斯中学毕业后进入敖德萨大学的哲学系学习。汉斯在大学学习期间恰逢俄国国内局势混乱,汉斯生活坎坷,甚至被捕入狱。1917年,俄国十月革命爆发,汉斯随一艘英国驱逐舰离开了俄国,后来在外交斡旋之下才得以抵达伦敦。

在英国期间,汉斯曾做过杂志编辑,当过家庭教师,后终于决定前往国王学院攻读博士学位。汉斯毕业后没能顺利留在国王学院任教,而是几经波折,终于在1946年才如愿成为国王学院的一名讲师。他在那里一直工作到1953年退休。在此期间,汉斯完成并出版了其代表作《比较教育:教育的因素和传统研究》。当时,他的视力正严重下降,经几次手术治疗后效果并不明显,但是他仍然继续进行比较教育研究,《俄国教育的传统》和《18世纪教育的新趋势》就是在这期间完成的。

1953年退休之后,他又继续从事了两年的教育研究工作,终因眼疾恶化不得不停止工作。1969年5月1日,81岁高龄的汉斯走完了其坎坷而又充实的一生。

(二) 历史—因素分析法

诺亚与埃克斯坦曾指出,汉斯试图将因果理论运用于比较教育的研究之中。这里所谓的因果理论即汉斯在比较教育研究中所一直坚持的历史—因素分析法。历史—因素分析法包括两方面的内容,即历史法和因素分析法。

1. 历史法

要理解汉斯笔下的历史法,首先就要理解汉斯比较教育理论中的一个重要概念——民族性。汉斯为民族性下了一个定义,认为民族性是"种族混合、语言适应、宗教运动及一般的历史地理状况的复合结果。"[①] 他认为一个国家的民族性是根深蒂固的,其教育制度产生于民族性,同时受到民族性的影响。既然教育是民族性影响的产物,是民族性的直接体现,那么教育制度的研究必然要立足于它"深深根植"的过去。[②] 由此,汉斯提出比较教育的目的是"从历史的角度分析研究(形成教育制度)的因素,比较各国解决由这些因素产生的问题的方法"。[③] 其中,所谓的"从历史的角度分析研究(形成教育制度)的因素"就是汉斯在比较教育中所运用的历史法。

汉斯强调在比较教育研究中应用历史法,认为"历史的影响常常具有决定性的作用,即使现时代也不例外。显然宗教态度、民族抱负或所谓的'民族特性'深深根植于过去,有时下意识地决定着现在。只有历史研究才能将它们推向表面,阐明它们在民族文化生活中的潜力,并使比较教育真正具有教育作用。"[④] 汉斯尤其强调在比较各国教育制度时历史法的

---

① Hans N.Comperative Education:A Study of Educational Facts and Traditions[M].London:Routledge and Kegan Paul, 1958:10.
② 王承绪.比较教育学史[M].北京:人民教育出版社,1998:87.
③ Hans N.Comperative Education:A Study of Educational Facts and Traditions[M].London:Routledge and Kegan Paul, 1958:11.
④ Hans N.The Historical Approach to Comparative Education[J].London:Internation Review of Education,1959,5(3): 299-301.

重要性。在说明"社会"和"国家"之间的联系时,汉斯举了一个例子。他指出,一国虽然可以制订政策和法律,但是却不能阻止历史发展中形成的民族文化。国家法律起作用的范围必然受到其历史传统的制约。因此,国家的教育政策终究会与其民族的历史发展相关,"唯有历史研究才能解释种种教育政策的差别"。①

尽管汉斯极力推崇在比较教育研究中使用历史法,但是,汉斯的研究并非仅仅停留在史料的整理上,而是注意不同国家的地理环境、经济发展水平等因素对教育的影响。他曾经举例说明为何北欧诸国义务教育的入学年龄较地中海沿岸国家稍晚。汉斯认为,这是因为北欧各国地处纬度较高的地区,气候严寒,不满七周岁的儿童在冬天不宜外出,从而使得北欧国家的义务教育入学年龄较晚。②

2. 因素分析法

汉斯因素分析法的思想主要来源于萨德勒和康德尔,他将二人的观点进行综合,提出了自己的观点。汉斯根据人的发展,把一个民族的发展比作一个人的成熟过程,由此推导出相应的影响教育的因素,包括自然因素、宗教因素和世俗因素③:

（1）自然因素

自然因素包括三方面的内容:

①种族因素。从生物学的角度出发,汉斯视种族(race)为"具有一代一代流传下来并已具有永久性特征的种群"。④

②语言因素。汉斯认为一种语言就是一个民族的符号(Symbols),因为不同的生活环境和生活习惯,每个民族都有一套属于自己的语言系统,以此作为与其他民族的区别。语言是部落精神的承载者,人们通过语言的传承延续部落的传统。

③地理和经济因素。汉斯认为,地理和经济因素对教育有深远的影响。教育制度、学校设备、义务教育年限等都是由国家的气候和地形所决定的;而经济因素又极大地依赖于一国的地理特征,影响教育的内容和方法。

（2）宗教因素

汉斯并不将精神因素与物质背景对立起来。他认为二者并不相互矛盾,而是起着相互补充的作用。他认为,精神因素能够为教育活动指明前进的方向,明确教学活动的目的。受时代和欧洲宗教传统的影响,汉斯认为"在所有的精神影响中,宗教是最为有力的一个,因为它不仅对人的智力,而且对整个人都有着浓厚的感染力。因此,宗教传统一旦为整个民族所拥有,它便成为民族特征中的一个,并通过教育而永存"。⑤ 汉斯以自己最熟悉的欧洲三种宗教——基督教、新教和东正教为例来说明宗教对教育的影响。

（3）世俗因素

世俗因素主要包括四个方面:

---

① 王承绪.比较教育学史[M].北京:人民教育出版社,1998:88.
② 王承绪.比较教育学史[M].北京:人民教育出版社,1998:89.
③ 王承绪.比较教育学史[M].北京:人民教育出版社,1998:90-91.
④ Hans N.Comparative Education:A Study of Educational Facts and Traditions[M].London:Routledge and Kegan Paul.1958:17.
⑤ Hans N.Comparative Education:A Study of Educational Facts and Traditions[M].London:Routledge and Kegan Paul.1958:85.

①人文主义。汉斯认为,人文主义是指对教育问题采取人性的(Human)和人道的(Humane)观点。前者指人的特点和兴趣不应受到禁欲主义思想和对世界进行狭隘教义解释的宗教的压制;后者指儿童及其逐渐成熟的思想不应受到残酷的学校纪律和严厉的教学方法的压制。①

②社会主义。社会主义思想萌芽于早期空想社会主义者的构想。汉斯基于所处时代对社会主义的理解,认为社会主义国家的教育有着一些共同的特征,由国家统筹,将生产劳动作为教育的一个组成部分,进行身体和军事训练,并同时进行政治思想教育。②

③民族主义。汉斯对民族主义的看法并不乐观。他认为"民族主义是基于对事实有意误传所作的宣传而产生的运动"。③ 民族主义有三个来源:费希特、马兹尼和斯拉夫国家的民族主义。民族主义容易被居心叵测的政客和战争狂人所歪曲和利用,从而对社会造成不好的影响。例如,希特勒和墨索里尼就是歪曲了费希特和马兹尼的民族主义观点,将战火燃遍了欧洲大陆乃至全球。

④民主主义。汉斯对英语国家和社会主义国家所宣传的民主主义都提出了异议,甚至悲观地认为"对这一问题也许没有一种适合于所有国家的普遍解决方法"。④

汉斯在其代表作——《比较教育:教育的因素和传统研究》中历史地、详尽地讨论和分析了这些因素,阐明了它们对教育成就的影响,说明这些因素并不是独立地对教育起作用,而是交互一体共同影响的。⑤

3. 历史法与因素分析法的关系

历史法和因素分析法实质上代表了两种研究的维度,即横向与纵向的维度。历史法代表了一种考察教育问题的纵向的、动态的维度;因素分析法则代表了一种对教育问题进行横向因素解析的维度。这两种研究方法是一种纵横交错、密不可分的关系。⑥

因此,也可以说,汉斯的因素分析法是其历史法的具体操作过程,二者紧密结合在一起,构成了汉斯独特的比较教育研究方法。

第二节 比较教育的方法

一、贝雷迪的比较四步法

贝雷迪(G.Z.F.Bereday,1920—1983)出生于波兰,后入美国籍。他拥有牛津大学历史学的文学学士学位、伦敦大学政治经济学院经济学与社会学的理学学士学位、牛津大学历史

---

① 王承绪.比较教育学史[M].北京:人民教育出版社,1998:94.
② Hans N.Comparative Education:a Study of Educational Facts and Traditions[M].London:Routledge and Kegan Paul. 1958:214.
③ Hans N.Comparative Education:a Study of Educational Facts and Traditions[M].London:Routledge and Kegan Paul. 1958:215.
④ Hans N.Comparative Education:a Study of Educational Facts and Traditions[M].London:Routledge and Kegan Paul. 1958:241.
⑤ 王承绪.比较教育学史[M].北京:人民教育出版社,1998:91.
⑥ 赵明玉.比较教育中的"历史—因素分析法——解读汉斯的《比较教育:教育的因素和传统研究》[J].外国教育研究,2007(8):12-16.

学硕士学位、哈佛大学社会学与比较教育的博士学位、哥伦比亚大学法学博士学位等,可谓学富五车。同时,他还精通波兰语、英语、法语和德语,拥有长期旅居国外的经验,这些经历为他从事比较教育研究提供了很好的条件。

(一) 贝雷迪的比较观

1. 比较教育的对象

贝雷迪认为,作为起源于教育学的比较教育,其研究对象应该是"学校"。但是,由于教育的事实根植于社会情境中,因此,必须将学校置于其所发展的情境脉络中来探讨,这是比较教育特有的研究主题。

2. 比较教育的目的

贝雷迪在他的《教育中的比较方法》一书中提出了比较教育的目标,具体体现在①:(1) 跨国收集教育资料,自各国教育制度的异同中寻求意义;(2) 寻求比较教育自身的知识根基,使比较教育扎根成长;(3) 比较教育对教育实践与社会科学也有很大贡献,表现在:呈现他国教育面貌,对了解本国有所贡献;通过比较教育不仅可以从搜集的资料中探究该制度,更可以从该制度中、从其他社会脉络的角度对该制度进行观察,破除民族中心主义的盲点。

概括来说,贝雷迪比较教育的主要目的为:(1) 理论性目的。追求自身的知识根基,促进比较教育的发展;(2) 实践性目的。"了解他国,认识自己",并在此基础上构建比较教育研究的"规则",实现其最终目的。

(二) 比较四步法

贝雷迪以其四步法闻名于比较教育界。他认为比较教育应该包括四个步骤:描述、解释、并置和比较。其中,前两个阶段属于区域研究,后两个阶段属于比较研究。贝雷迪将区域研究与比较研究作了明确的区分。他认为区域研究并不是比较研究,它只是进行比较研究的必备基础,是一种提供大量生动的感性认识的研究。他认为比较教育研究人员首先必须深入研究一国或多国的教育,然后才能进入"比较研究"阶段。为了研究目的而使用两个或两个以上的区域研究时,就进入了贝雷迪所称的"比较研究",这是确定不同区域教育发展的相同性和差异性的研究阶段。经过比较研究,人们才可以认识到不同国家教育发展的异同,并对之进行总体性分析,从而更深入地把握了解教育发展的某些本质性趋向。

1. 描述

描述是比较教育研究工作的第一步,其主要任务是利用所收集的文献将要比较研究的各国教育制度或教育现象做一个周全细致的记录,不加任何个人的分析。为了描述各国的教育,研究者需要收集大量的文献资料并且进行整理。如果条件允许,还应该亲自到当地进行访问、调查和研究。因此,描述阶段包括文献资料的搜集和实地考察两个方面。

同时,贝雷迪将文献资料分为三个类别:第一手资料、第二手资料和辅助资料。第一手资料是政府部门正式的报告、会议记录、手册等,没有研究者的分析解释或意见,纯粹是原始的资料。第二手资料是个人或集体的著作、论文、评论等,这里面往往隐含着作者的分析、解释、批评意见。因此,在利用文献资料时,要先识别它是原始的第一手资料,还是已经进行过分析或解释的第二手资料。辅助资料包括文学作品、影片、一般文化读物,表面上与教育没有直接关系,但却在某种程度上隐含着与教育有关联的信息。

---

① 洪雯柔.贝瑞岱比较教育研究方法之探析[M].台北:扬智文化事业股份有限公司,2000:56.

2. 解释

在对对象国进行客观详细的描述之后,就进入解释阶段。这一阶段的主要任务是对所了解的教育情况进行解释,对在第一阶段得出的关于某一国家教育状况的资料描述进行分析,以揭示影响这些教育现象的各种因素及其相互关系。在这个阶段,需要研究者以社会科学或人文科学等多学科的知识为基础,探索教育现象"何以然"的原因,不能仅仅简单地就教育论教育。

在解释某一个教育现象时,应该结合心理学、社会学、政治学、哲学等学科的知识探讨更深层次的影响教育的因素,以达到对教育现象更加深刻的理解。

3. 并置

并置是比较研究的第三个步骤。贝雷迪认为"并置可以解释为初步配置不同国家的资料,为比较做好准备。这种配置必须包括将资料系统化,使之归并在同一类目或者可比类目之下,以便对每一个国家进行研究。这一过程中也包括探究某种假设"。①

并置的方法有两种:图表式并置和文字式并置。

图表式并置又被称为竖列式。通常来说,在描述事实或"静态"细节时比较适合采用这种方式来呈现。其形式如图 3-1 所示②:

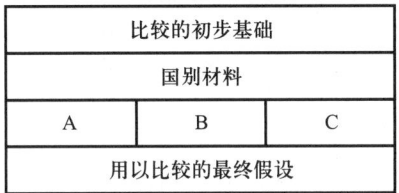

图 3-1　图表式并置

文字式并置又被称为横列式。通常来说,对"动态"细节、有关变化及趋势进行描述时比较适合使用这种方法。其形式如图 3-2 所示③:

图 3-2　文字式并置

---

① 赵中建,顾建民.比较教育的理论与方法——国外比较教育文选[C].//贝雷迪.教育的比较方法论反思(1964—1966)[A].北京:人民教育出版社,1994:174.
② 赵中建,顾建民.比较教育的理论与方法——国外比较教育文选[C].//贝雷迪.教育的比较方法论反思(1964—1966)[A].北京:人民教育出版社,1994:175.
③ 赵中建,顾建民.比较教育的理论与方法——国外比较教育文选[C].//贝雷迪.教育的比较方法论反思(1964—1966)[A].北京:人民教育出版社,1994:175.

4. 比较

作为比较研究的第四个步骤——比较,贝雷迪认为这是比较研究的核心。比较阶段的主要任务是对所有比较对象国同时进行研究,据此对并置阶段形成的假说做出验证。比较并不是罗列先前所处理的资料,而是要突出重点。

比较也可以分成两种类型。

第一种是平衡比较。平衡比较是在两个研究区域之间作对称的穿梭运动。这种方法的实质是从某一国获取的每一类信息必须同别的国家获取的可比信息相匹配。突出这一重点的做法有利于养成跨越国界获取对等材料的习惯。① 其形式如图 3-3 所示②:

假设
第一个因素
—————— A国
—————— B国
—————— C国
第二个因素
—————— A国
—————— B国
—————— C国
结论

图 3-3 平衡比较

贝雷迪认为"轮流进行平衡比较,意味着相继地依次列出每个国家,以阐明研究中的社会因素所起的作用。采用融合方式时,讨论才真正是同时的。"③ 贝雷迪以英美两国少年犯罪的比较研究为例,演示了如何在平衡比较时采用融合的方式:

"英国的那些误入歧途的少年同美国贫民窟中的头脑冷静的孩子有共同的罪行,但促使他们肇事的社会原因却各不相同。英国的'无赖少年'抨击的目标是绕越传统社会,而投身到一个以他们自己形成的价值观念为基础的世界中去。英国犯罪现象的成因是社会的,美国则是种族及民族原因所致。'无赖少年'的瘦裤子及长上衣是爱德华时代的产物,这些少年犯的绰号便是维多利亚女王的太子的名字。在美国,那些少年犯并没有穿特别的服饰。相反,他们则以黑夹克上装、蓝色牛仔裤为自己独特的标志。美国的少年犯在年满 18 岁时便销声匿迹,而不是加入成年犯罪的行列继续为非作歹。团伙头领摇身一变,成了班长或监工。他们的生活虽与社会大众疏离,但尚不足以使他们同英国那些愤怒的青年那样,对挡住

---

① 赵中建,顾建民.比较教育的理论与方法——国外比较教育文选[C].//贝雷迪.教育的比较方法论反思(1964—1966)[A].北京:人民教育出版社,1994:180.
② 赵中建,顾建民.比较教育的理论与方法——国外比较教育文选[C].//贝雷迪.教育的比较方法论反思(1964—1966)[A].北京:人民教育出版社,1994:181.
③ 赵中建,顾建民.比较教育的理论与方法——国外比较教育文选[C].//贝雷迪.教育的比较方法论反思(1964—1966)[A].北京:人民教育出版社,1994:181.

他们去路的人们进行抨击。"①

当平衡比较不可能或者不可取时可以采取另一种比较,即阐释比较。阐释比较是"将不同国家的教育实践随意取来,对资料所提示的比较观点加以说明。"② 这种比较是对各国资料进行比较分析的一种"含蓄的方式",其目的是选择一些比较事例来论证自己的观点。

同时,贝雷迪提醒比较教育的研究者应该时刻警惕民族中心主义对研究的影响。贝雷迪认为民族中心主义对比较教育的影响存在于以下三个阶段:(1)资料收集过程;(2)用其他学科解释教育现象的过程;(3)进行国家比较的过程。③

在资料收集过程中,研究者可能遇到以下问题。首先,作为社会学科里的"灰姑娘",教育领域存在资料匮乏的现象。长期以来,教育领域很难吸引到一流的人才从事这方面的工作。因此,相比哲学、社会学等学科而言,教育领域的第一手资料存在着严重匮乏的状况。这一情况与民族中心主义没有太大关系。其次,各国政府提供的教育资料因为民族荣誉感,或者为了迎合公众喜好等各种原因存在着一定程度的扭曲。同时,各国提交给国际组织的教育统计数据也有可能因为疏忽大意等原因存在一定的误差。再次,与分权制国家相比,集权国家民族中心主义泛滥更为严重,所提供的教育信息更加不可靠。

在比较研究的第二个阶段,即解释阶段也存在民族中心主义的影响。首先,不同学科在不同国家的发展阶段不同。比如一位美国研究者用社会学方法去解释英国教育现象时可能使用了一些在英国社会学界已经不使用的方法和概念,这样就会出现对教育现象的解释偏差。其次,不同学科在不同国家间存在一定的文化差异。比如东方国家在解释教育现象时更加具有理想主义倾向,而西方国家具有更强的实证主义传统。再次,民族特性也会对研究人员解释教育现象存在一定影响。每个民族都倾向于使用特定的学科去解释教育现象。例如:俄国人倾向使用经济学的方法;美国人乐于使用社会学方法;英国人重视历史方法的使用;而法国人偏爱哲学方法。教育现象本应该用多学科的视角去进行分析和解释,但是这种民族特性或者说是民族心理使研究者在解释教育现象时先天地存在一种偏好,从而对研究产生了影响。

最后,在研究者进行国家比较的过程中也难免受到民族中心主义的影响。首先,各国教育现实存在不对等的情况,难以进行比较;其次,民族自尊心和个人偏见使研究者不能客观地比较本国与他国的教育情况。

贝雷迪认为民族中心主义的影响是不可能彻底避免的,因为每个人都会存在一定的偏见,研究者只能通过自身的努力尽量减少民族中心主义的影响。首先,研究者应该对他国的文化持一种宽容、理解的态度。例如,当研究者在衡量他国的教育情况时应该尽量采用对象国的标准,而非照搬本国的标准。其次,国际合作与交流也是必不可少的。一方面,研究者们可以采取搁置偏见、小组合作的方式进行某一课题的研究;另一方面,各国的研究者们也可以分开工作,然后发表自己的成果,进行交流。

---

① 赵中建,顾建民.比较教育的理论与方法——国外比较教育文选[C].//贝雷迪.教育的比较方法论反思(1964—1966)[A].北京:人民教育出版社,1994:183.
② 赵中建,顾建民.比较教育的理论与方法——国外比较教育文选[C].//贝雷迪.教育的比较方法论反思(1964—1966)[A].北京:人民教育出版社,1994:185.
③ Bereday, G Z F.Comparative Education and Ethnocentric[J].International Review of Education, 27(4):26.

(三)评价

贝雷迪的"四步法"产生于 20 世纪 60 年代,其存在的时间虽然不是很长,方法本身也有很多不完善之处,但联系其时代背景和学术背景,这种方法在当时具有很高的学术价值。

从学术发展沿革来看,贝雷迪之前的比较教育方法论属于因素分析时代,体现了较多的人文主义因素,注重主体经验和感受。60 年代以来是科学主义占主导地位的时期,科学主义的研究对象是客观的物体。此时的贝雷迪认为,文化偏见难以避免,但可以极小化,由此提出了"四步法",试图为比较教育研究找到一种规范性的方法。可以说"四步法"确立了比较教育研究方法上的一个新的坐标,为此后的学术研究提供了一个崭新的视角,在实证主义的影响下有意识地将教育与"科学"联系起来,为学科的发展积累了一种范式。

但是,从研究方法本身的微观层面来看,贝雷迪"四步法"局限性是不言而喻的。事实上,贝雷迪"四步法"的贡献不在理论,而是与实际的教育问题关系更为密切,因为这一方法的理论根基不是很扎实。贝雷迪刻意将区域研究和比较研究划分得很清楚,这也引起一些学者的反对。区域研究与比较研究到底是否存在如此泾渭分明的界限还有待学术界进一步的探讨。此外,也有人批评贝雷迪将假说的提出放在并置阶段,使得描述阶段收集资料的工作缺乏指导,导致资料搜集过程中的盲目性。正是因为贝雷迪四步法存在着一些理论上的缺陷,导致贝雷迪的学生诺亚与埃克斯坦背弃了老师的路线,走上了一条与贝雷迪的研究方法有很大区别的研究道路。

二、诺亚与埃克斯坦的科学与量化方法

诺亚(Harold J.Noah)和埃克斯坦(Max A. Eckstein)是当代著名的比较教育学家。他俩早年均毕业于英国伦敦大学,攻读研究生期间二人师从汉斯,进行比较教育研究。在美国工作期间,诺亚与埃克斯坦在贝雷迪的指导下对比较教育的方法论问题产生了兴趣。1969年,二人结合自己的教学经验,合作出版了《比较教育科学的探索》一书,提出了在比较教育研究中采用科学、量化的方法,对比较教育方法论的发展做出了巨大贡献。

(一)比较教育研究的科学与量化方法

诺亚与埃克斯坦认为比较教育领域的研究方法存在着过于主观的问题,没有建立起一套客观、科学的标准。因此,他们倡导比较教育研究应该采用科学、量化的方法。他们认为客观性是科学方法最大的优点,科学方法是一种确实可靠的研究手段,经得起反复的检验。在讨论将量化方法应用于比较教育研究之前,诺亚与埃克斯坦首先探讨了科学方法在社会研究中的应用。诺亚与埃克斯坦将社会研究的科学方法归结为四个基本步骤:提出假说、数量测定、参照研究和理论分析。[①]

基于社会研究的科学方法,他们提出了科学方法在比较教育研究中的应用。他们将比较教育研究分为六个程序[②]:

1. 确定问题

确定研究问题是比较教育研究的开始。研究问题的来源多种多样,可以来自人们对日常生活和教育现象的观察,也可以是对一些公认的权威理论的研究,还可以是研究者的直觉

---

① 王承绪.比较教育学史[M].北京:人民教育出版社,1998:91.
② 王承绪.比较教育学史[M].北京:人民教育出版社,1998:112.

或者人们对某件事情的传统观点。例如,在比较教育研究中,研究问题可以是:为什么英国的公立学校中存在正规形式的宗教教育,而美国的公立学校却没有这种情况出现?不同地区的不同国家,在学校的组织形式和课堂形式上为何如此相似?比较教育学者可以从类似的异同点中提出研究问题,并且为这些问题寻求理论上的解释。

2. 提出假说

确定所要研究的问题之后,比较教育学者应该对研究问题有一个全面的掌握,尽管这些问题可能是比较模糊的,但是研究者对它们必须具有明确的认识,并且将这个认识确定为假说。在《比较教育科学的探索》一书中,诺亚与埃克斯坦提出的一项课题就是有关学校与经济之间关系的一种理论。根据这个理论可以得出结论:即一个国家的富强是与学校制度的发展相互依赖、不可分割的,但是,其中的因果关系还有待进一步的验证。诺亚与埃克斯坦由此提出假说:"教育发展水平相对高于经济发展水平的国家,经济将出现高速增长;而教育发展水平相对低于经济发展水平的国家,其经济增长速度将是缓慢的"。①

3. 明确概念和指标

这一个阶段的主要任务就是对概念进行操作性定义,也就是说为假说中出现的概念赋予各种可以测量的指标,使其具有操作性,进而为之后要进行的量化研究奠定基础。

以上文所提及的假说为例,它包含了三个概念,即"教育发展水平""经济发展水平""经济增长"。其中,教育发展水平的常用测量指标可以包括:一个国家的正规教育的入学率、教育经费在国民收入中所占的比例、整个国家的平均师生比、文盲率。经济发展水平的常用测量指标有:人均国民生产总值、人均能源量、每工时的工业产量。② 每年的经济增长率可以从经济发展水平的指标中计算得出。诺亚与埃克斯坦同时提醒研究者,在确定这些概念指标时,研究者应该认识到所得的数据可能不是完整的,甚至其中会包含一些错误。因此,上述指标中的数字只能是一种大概的估计,在研究中应该注意甄别这种情况。

4. 选择个案

明确假说中的概念后,诺亚与埃克斯坦认为接下来就应该选择调查研究的对象国,个案的数量至少在两个以上才能满足验证假说的需要。为了使研究结果具有普遍性,研究对象国的选择应遵循以下三个标准:(1)选择与假说有关的对象国;(2)对主要的一些额外变量进行控制;(3)研究的经济性,即要以最经济的方法利用资料对问题做出尽可能多的解释。③

5. 收集数据资料

确定研究对象国之后就要根据概念的各种可测量的指标收集这些国家的相关数据资料。诺亚与埃克斯坦将资料分成现成资料和第一手资料。他们指出,研究者在分析中应该考虑到这些资料可能存在错误,不能完全反映研究者所要研究对象的情况。虽然这些都是在研究中不可避免的问题,但是应该想办法加以克服。同时,诺亚与埃克斯坦也承认第一手资料的收集对研究者来说可能更加费时费力,但是,这些资料更适用于验证假说。因此,他们鼓励研究者尽可能多地收集第一手资料,以保证研究结果的真实性和科学性。

资料收集以后还需要进行整理,以方便进行比较。

---

① 王承绪.比较教育学史[M].北京:人民教育出版社,1998:113.
② 王承绪.比较教育学史[M].北京:人民教育出版社,1998:113.
③ 王承绪.比较教育学史[M].北京:人民教育出版社,1998:114.

6. 处理数据，说明结果

比较教育研究的最后阶段就是进行数据处理，进而得出研究结果。

进行数据处理的目的就是为了阐明数据间的关系，从而验证第二步提出的假说。假说也许成立，也许不成立。但是，在研究中所要秉持的信念应该是坚持反映真实的世界，用数据说话，绝对不能为了研究目的而篡改数据。这是所有研究者都应遵守的学术道德。

（二）评价

诺亚与埃克斯坦对比较教育研究的最大贡献就是他们将量化的科学研究方法引入比较教育研究之中，体现了当代社会科学研究从早期注重哲学和历史学的方法向注重经验和计量方法的转向。

虽然量化的研究方法可以保证研究的客观性，但是其局限性也是显而易见的。首先，毕竟人文社会学科与自然科学不同，有许多方面是无法进行量化的。尤其在教育领域中，其研究对象是人，人的思想、感情、经历都是无法用数据表示的；其次，教育与国家的政治、经济、文化、传统、宗教信仰等有着密切的关系，而用定量分析的方式很难判定教育与这些因素之间的关系。再次，诺亚与埃克斯坦在其研究中过分强调量化的研究方式。他们在研究中引入的很多数据指标的准确性与全面性都值得怀疑，并且他们对数据资料进行处理的方式也有待改进。

总之，诺亚与埃克斯坦的比较教育方法论充满了实证主义色彩，这正是其最具特色之处，也是其最受诟病之处，可谓"成也萧何，败也萧何"。

三、霍姆斯的问题法

霍姆斯（Brian Holmes，1920—1993）是当代著名的比较教育学家，1920年出生于英国约克郡。1941年，他获得伦敦大学学院理学学士学位。二战结束后，在伦敦任文法中学物理教师，后又在达勒姆大学任科学教学法讲师。1953年，霍姆斯回到伦敦大学教育学院攻读博士学位，其博士论文的主题就是比较教育方法论。霍姆斯长期在教育学院担任《世界教育年鉴》（World Year Book of Education）的编辑工作。1975—1985年，霍姆斯在伦敦大学任比较教育教授期间还担任美国、加拿大和日本多所大学的访问教授，并且是多个国际教育组织的顾问。霍姆斯一生著述甚丰，主要作品有：《教育问题：一种比较的方法》《教育的比较方法》《比较教育：对方法的思考》等。

霍姆斯在1945—1946年学习期间接触了大量科学哲学和杜威哲学方面的书籍，其中杜威和波普尔（Karl Popper）的著作对霍姆斯的影响最深。在对波普尔和杜威进行深入研究之后，霍姆斯提出了自己的比较教育研究方法，其理论来源就是波普尔的"批判二元论"和杜威的"反省思维五步法"。

（一）比较教育研究的资料分类模式理论

二战结束后，对于社会重建工作的思路问题，哲学界出现了两种完全相反的意见。以曼海姆为代表的一方主张建立一个全盘规划的、自由和民主的社会；以哈耶克为代表的另一方反对在全盘规划的基础上重建社会。在这场争论中，波普尔支持哈耶克的立场，在其《开放社会及其敌人》一书中提出了以"零星的社会工程"兴建一个"开放的社会"的理论。波普尔认为"批判二元论"实际上是人们有意识地对"人为的规范法则或习俗"与"人力所不能及的自然法则"加以区分的一种理论。由此他提出了"规范法则"（Normative Laws）和"社会学法则"(Sociological Laws)两个概念。前者指由人制定的,也可由人改变的关于一定社会的行为规范和规则;后者指的是在社会中人们无法更改和选择的一些自然规律。① 波普尔认为,在社会学法则的基础上构建社会能够加强人民对社会善恶的控制能力。他反对完全对社会发展进行长期的规划,认为这样做在理论上缺乏依据,在实践中容易导致极权主义。基于这种认识,他提出了"零星的社会工程"理论。

霍姆斯接受了波普尔的"批判二元论"思想,由此提出了四个比较教育研究收集资料的框架模式②:

1. 规范模式

规范模式(Normative Pattern)主要包括影响各国教育问题的信仰、宗教、哲学、政治观念和道德价值观等意识形态方面的资料。霍姆斯认为主要可以通过两种方法建立规范性模式。一种是经验性的方法,可以收集研究对象国各部门的统计资料,进行民意测验,通过发放问卷、访问等手段收集第一手资料,以此获得详尽的背景资料,为之后的研究提供分析验证的依据。二是哲学推理的方法,即通过对某一个国家著名学者的著作进行分析,进而了解该国的哲学、宗教和道德传统对其教育的影响。

2. 体制模式

体制模式(Institutional Pattern)包括比较研究对象国的教育制度、教育的组织结构和模式,制约教育体制的国家政治经济体制、政党组织、法律制度,以及各利益集团的组织结构。霍姆斯认为,对各国教育制度方面的资料进行收集和分析,可以使研究者了解各国的教育在其国家中所处的地位,并且明晰教育与其他社会组织之间所存在的关系,以便在整个国家这个大背景下去理解教育,从而更好地进行比较研究。

3. 精神状态模式

精神状态模式(Pattern of Mental States)主要包括传统观念、民族意识和特征等方面的资料。可以将霍姆斯所认为的精神状态理解为萨德勒笔下那种深深根植于一个国家文化、传统中的"活的精神"。霍姆斯认为要想对某国教育制度的结果进行预测,就必须了解这个国家的精神状态。

4. 自然模式

自然模式又被称为环境模式,是指不能被人力所控制的自然因素方面的资料,如某一个国家的经济资源状况、地理环境和位置、人口结构和数量、气候条件等。霍姆斯认为收集这类资料具有重大的意义,因为自然因素对一个国家的教育影响非常深远。

霍姆斯指出,如果能够按照这四个模式进行资料的收集工作,就能够保证资料的全面性、客观性,避免片面性和主观的偏见,同时还能够使教育问题在广阔的背景中加以考察,进而保证得出言之有据、行之有效的解决措施和办法。

(二)问题法

杜威思想是霍姆斯比较教育理论的另一个来源,其中,杜威的"反省思维五步法"对霍姆斯影响最大。杜威将人的思维过程分成五个步骤,通称"反省思维五步法":(1)疑难的情境;(2)确定疑难的所在;(3)提出解决疑难的各种假设;(4)对这些假设进行推断;

---

① 王承绪.比较教育学史[M].北京:人民教育出版社,1998:124.
② 王承绪.比较教育学史[M].北京:人民教育出版社,1998:127.

(5)验证或修改假设。

霍姆斯从杜威的"反省思维五步法"出发,将比较教育研究的程序分为八个步骤:(1)问题或困惑;(2)可能解决的办法;(3)思考的问题,导向分析说明问题;(4)研究所有相关资料,分析问题的背景;(5)提出精确的假设;(6)在特定的背景下检验假设;(7)得出结论性假设、办法或预言;(8)如有必要就对全过程的各阶段或某阶段进行再检验。针对比较教育研究的特点,霍姆斯尤其强调其中的四个环节[①]:

1. 问题的选择与分析

霍姆斯认为,比较教育研究最大的特点就是比较教育研究者将研究兴趣放在"当前的问题上",而不是从故纸堆中去寻找研究问题。他认为比较教育研究者应该从社会学的视角看到那些各个国家共同面临的问题。他将这些问题分为两类:一是教育内部的问题,如各国课程体制比较;二是教育与其他社会领域相关的问题,如对几国教育投资问题的比较研究。

2. 提出政策建议

霍姆斯认为,比较教育研究的任务是进行教育政策和措施的分析,对不同国家的教育政策进行预测,提出解决教育问题的办法。试图找到一种适合于任何国家和地区的教育普适性政策是不切实际的。

3. 相关因素的鉴别与验证

霍姆斯指出,在对各种教育政策和措施可能出现的结果做出预测之前,首先应该对所有的相关因素做出验证。验证应注意以下几个方面:(1)对基本条件和背景的验证,即详尽地描述和分析教育制度及其相关的政治、经济、文化和社会等背景因素;(2)确定其中的决定性因素;(3)对这些决定性因素做出认真的评判。

4. 预言

霍姆斯指出,预言是问题法的最终着眼点。比较教育研究的目的就是为各国的教育决策服务,为教育发展和改革提供合理的建议与方案。因此,作为比较教育的研究者,其基本职责就是综合分析各国的教育问题,在此基础上为某一国家或者地区教育问题的解决献计献策,做出合理的预言与分析。在霍姆斯眼中,预言是比较教育最重要的目的,分析问题的成因和各种解决办法之后所提出的问题最佳解决方案就是预言。

但是,应该特别指出的是,霍姆斯所谓的预言并不是指去验证一种假说,相反,他接受了波普尔"证伪"思想的影响,主张运用社会学法则对假说进行证伪或做出反驳。简单地说,他认为比较教育学者的一个重要工作就是进行政策批评,指出某些政策的不可行或不明智之处。

(三)评价

经过大半生的努力,霍姆斯在波普尔和杜威哲学的基础建立了一个较为完整的比较教育研究方法论体系,他所提出的问题法对比较教育的发展产生了深远的影响。

霍姆斯所建立的资料分类四模式与因素分析学派有一定的相似之处,如他重视宗教观念、政治哲学思想、民族性等因素对教育的影响。他在四模式理论中糅合了波普尔"批判二元论"的思想,为诸多因素的收集设定了一个明确的框架,这是他相比前人的进步之处。同

---

① 王承绪.比较教育学史[M].北京:人民教育出版社,1998:129-130.

时,霍姆斯重视发挥比较教育研究在教育决策制定中的作用,强调比较教育学者的任务是对政策进行批评,而非为当局论证某项教育政策的可行性,这正是霍姆斯不落俗套之处。这种"证伪"的思想不仅在学术上具有重要意义,而且也体现了学者的独立人格。

但是,由于霍姆斯所建立的理论体系过于庞大,而且其理科出身的背景使得他的语言功底稍嫌不足,导致许多话语艰涩难懂,不能清楚地表达他的思想内涵,从而影响了其方法论的推广。同时,霍姆斯在四模式的建构和问题解决法的每一步骤中都存在着实际问题或逻辑上的困难;而且其问题解决法具有很强的个性化色彩,人们不一定愿意遵循他的方法去做①;而且他在问题解决法的操作化和结构化过程中忽视了反馈这个因素的作用,而反馈可以说是问题解决法的内在属性。②

四、埃德蒙·金的比较教育方法论

埃德蒙·金(Edmund J. King,1914—2002)是当代比较教育领域最著名,也是最多产的学者之一。他于1914年出生在英国兰卡郡,早年在曼彻斯特大学获得文学学士和硕士学位,之后在伦敦文法中学教授古典文学。1953年,他接替汉斯,在伦敦大学国王学院讲授《比较教育》,直到1979年退休。其主要著作有:《别国的学校和我们的学校:今日比较教育》《从世界的角度看教育》《教育与社会变革》《比较研究和教育决策》《师范教育比较研究》《西方教育史》《教育的重组》等。

(一) 生态背景理论

埃德蒙·金继承了萨德勒的思想,注重校外的事情对教育的影响,强调进行比较教育研究时必须考察各国背景和所处的历史环境。他提倡生态学的比较研究。在此基础上,埃德蒙·金将社会划分为三个阶段,并且提出了三种与之相对应的教育语言③:

1. 前工业社会

在这一阶段,社会上的大多数人都是农业和手工业劳动者,统治者占所有人群的极少数,从事高级专业的人员也是凤毛麟角。

对应这一阶段的教育语言是:正规的学校教育制度占教育体制的主导地位。贵族子弟和富家子弟垄断了教育权,穷人的孩子根本没有机会接受正规的教育;学校教育的目的就是进行阶层的复制,为贵族子弟和富家子弟日后进入上流社会做准备;教育内容是被认为高尚的博雅知识,学校注意培养学生养成高贵、傲慢的举止,以使这些贵族学生从言行举止上与平民相区别。师生之间是师徒制关系。

2. 工业社会

这一阶段是科学技术迅猛发展的时期,新兴的工业,如铁路、钢铁等发展迅速,机器化大生产是这一时期的典型特征。由于社会生产力的大幅度提高,工厂需要更多的受过教育和培训的人来充当工人,因此,普及教育成为这一阶段各国的主要任务。

与社会发展相对应,这个阶段的教育语言是:教育为工商业的发展服务,不再体现贵族的要求,而是更多地关心城市中产阶级的利益。在这一阶段,各主要工业国家的职业技术教

---

① 顾明远,薛理银.比较教育导论——教育与国家发展[M].北京:人民教育出版社,1998:103.
② 孔令帅.试论霍尔姆斯的比较教育研究方法——问题解决法[J].外国教育研究,2005(5):15-20.
③ 王承绪.比较教育学史[M].北京:人民教育出版社,1998:134-135.

育得到了快速发展,工厂学校和训练学校遍地开花,为城市发展培养了大批实用的文职人员、行政管理人员及商业界的精英,并且为工厂培养了大量工人。随着时代的进一步发展,高科技教育也在这一阶段得以出现,大学中开设了更多的研究生课程,系统研究也初现端倪。

3. 后工业社会

后工业社会以信息技术的发展为标志,世界各地的联系达到了前所未有的紧密,地球逐渐变为"地球村",社会的发展也呈现出快速变化的特点,这使得对教育政策的预测和对教育体制的规划变得越来越困难。

埃德蒙·金将这个阶段的教育话语概括为三点:(1)科技的进步使得人们更换工作变得具有必然性和可能性,这直接导致了教育对象的扩大。终身学习不再是一个理念,而逐渐转为现实。教育不再仅仅局限在学校里,也不再仅仅是青少年的专利,大量的成年人重新走入校园,为职业生涯进行"充电"。(2)当今教育的出发点和一个重要原则就是要承认未来的不确定性。教育不能仅仅停留于向学生传授知识,而是要进一步培养学习者终身学习的意识和能力。概括地说就是"授之以鱼不如授之以渔"。(3)教育体制突破了过去单一化的局面,向综合化方向发展,为成人学生继续学业提供了方便。

与此同时,埃德蒙·金还从横向指出了当前世界各国教育存在不平衡性。虽然欧美一些国家已经率先进入了后工业社会,但是还有许多落后国家至今依然停留在工业社会乃至前工业社会阶段。因此各国的教育发展既要适应未来社会的要求,又要与本国的社会发展阶段相适应。

(二)比较教育研究的三层次理论

埃德蒙·金认为不应当为比较教育研究规定一种特定的研究方法。他认为比较教育研究的具体方法应该视研究的具体目的和课题而定。基于此种认识,他将比较教育研究分为三个水平,并且提出了每级水平不同的研究内容与方法[①]:

1. 比较教育的初学者

埃德蒙·金认为,作为比较教育的初学者,其目的主要是了解别国的教育,因此,应该采用区域研究的方法。处于这级水平上的学生,除了要学习教材中所描述的各国教育制度的情况,还应该通过看电影、阅读小说和实地访问等方法对研究对象国的实际生活进行了解。

为此,埃德蒙·金特别撰写了《别国的学校和我们的学校:今日比较教育》一书,对比较教育的最新发展进行了深入探索。埃德蒙·金在书中向读者介绍了丹麦、法国、苏联、英国、印度和日本等国的教育情况,还探讨了在当今时代教育所面临的问题。总之,这是一本比较教育初学者的经典入门参考读物。

2. 对比较教育有一定背景知识的人

经过上一阶段的区域研究,初学者就成为了对比较教育有一定背景知识的人。这一阶段应该针对教育领域反复出现的一些专门问题进行跨文化研究。

埃德蒙·金的《从世界的角度看教育》一书就是为这一水平上的学习者而著。书中选取了科技变革的影响、观念和控制体系、变化中世界的教师、谁应当受教育等教育领域反复出现的问题或比较棘手的问题进行跨文化研究。同时,埃德蒙·金认为,如果人们能够拥有

---

① 王承绪.比较教育学史[M].北京:人民教育出版社,1998:132.

开放的视野,在广阔的国际背景之下审视教育问题,将会对国家和个人的发展带来更好的影响。

3. 比较教育的研究者

比较教育的研究者代表了比较教育研究的最高水平。这一阶段的研究者有必要对某一问题进行跨学科的集体研究。同时,埃德蒙·金将这一水平的研究分为两类:一类是在论文和研究课题中所做的比较详尽的研究;另一类是为了解决某一教育问题而进行的政策性研究。

在深入地研究了比较教育发展的历史之后,埃德蒙·金提出了当前比较教育研究的三项职能①:(1)向教育研究者提供广泛的背景信息,使他们看待问题更为敏锐;(2)对教育的各种现象、趋势和问题作辅助性分析;(3)指导教育的决策和发展。其中,最后一点日益成为比较教育研究的最新趋势。

(三)比较教育研究的理论框架

在早期的研究中,埃德蒙·金由于其比较教育方法论缺乏比较分析的基本理论而受到人们的指责,这使得他在后来的研究中为建立一个明确、可证实的框架而努力。他认为,无论处于比较教育研究中的哪一个层次,研究都应该在一个由背景、概念、体制、操作、决策和执行五个方面组成的理论框架下进行②:

1. 背景

背景(Context)包括纵向和横向两个方面的含义。纵向的背景是指在进行比较教育研究的过程中,将教育置于其发展的纵向历史过程之中,并且探讨其历史形成及传统的影响。横向的背景是指进行比较研究时要考虑本国当前的实际发展水平。

2. 概念

埃德蒙·金认为在比较研究中要明确概念(Concept)。金尤其强调比较研究中的可比性问题。他指出,只有在比较研究中注意各种抽象概念在不同社会环境、不同的语言习惯中的差异,才能保证比较研究的可比性和有效性。

3. 体制

体制(Institution)是指研究对象国的教育体制及其结构。埃德蒙·金认为,在从事比较教育研究的过程中,不仅要理解教育问题存在的"生态背景",还应该对不同国家的教育机构进行比较研究。

4. 操作

上述三个阶段的工作完成之后就要对这些结构方面的因素进行比较分析,研究活动就进入了操作(Opertation)阶段。在分析的基础上,比较教育研究者可以为教育决策者提供政策建议,以便其做出正确的选择。

5. 决策和执行

决策和执行(Decision and Implementation)指教育决策者们根据比较研究所得出的几种可行性方案做出决策并且付诸实施。

以上就是埃德蒙·金所提出的比较教育研究框架。埃德蒙·金认为,在比较研究中应

---

① 王承绪.比较教育学史[M].北京:人民教育出版社,1998:133.
② 王承绪.比较教育学史[M].北京:人民教育出版社,1998:135-136.

该根据实际情况选用适当的社会科学和自然科学的研究方法,并且就教育问题进行背景、概念、体制等多方面的深入分析,这样才能更加全面有效地对各国教育进行研究。

(四) 评价

埃德蒙·金的比较教育方法论的最大特点就是将比较研究与教育决策紧密结合起来,突出比较研究的实用价值。埃德蒙·金指出,比较教育研究除了提供信息、分析教育现象及其趋势之外,更重要的任务就是指导教育的政策制定和发展方向。埃德蒙·金强调比较教育的参与性,这使得比较教育根植于教育实践的土壤之中。唯有这样,比较教育才能够以更加敏锐的触角对教育实践做出反应,服务于各国的教育发展需要。这也是比较教育的根本宗旨所在。

埃德蒙·金建立的比较分析框架包括五方面的内容。他认为影响教育决策的因素是复杂的,在看待某一决策问题时,不能只将其看作当代的一个问题,而是要看作是一系列"事件"之一。也就是说,要用历史的、发展的眼光来看待教育决策问题,而非用孤立、静止的眼光来对待。他曾说过:"在你认识教育上的某些特点或问题以前,必须了解有关教育和教育背后的基本事实。你不能单纯从对甲国的教育的认识,来评论乙国的教育。"① 虽然在决策思想方面,埃德蒙·金过于重视教育系统的外部影响和作用,从而在某种程度上忽视了教育系统本身的运行规律,但总的来看,埃德蒙·金建立的比较分析框架能够从国际的大背景出发,对各国的教育情况进行较为客观和详细的分析,这种方法是值得后人学习的。

埃德蒙·金提出的社会发展三阶段理论是其比较教育方法论思想的一个重要基础。这一理论较好地解释了西方社会的教育发展,为教育问题的背景研究提供了纵向和横向的维度,进而发展了早期因素分析时代比较教育学者们的思想。

总之,埃德蒙·金的比较教育思想体现了比较教育研究领域的范式转换,为比较教育的进一步发展开创了一种新的理论视角与研究方向。

拓展阅读

1. 王承绪.比较教育学史[M].北京:人民教育出版社,2003:第一章、第二章、第三章、第四章。
2. 王承绪,顾明远.比较教育[M].北京:人民教育出版社,1999:第一章。
3. 吴文侃,杨汉清.比较教育学[M].北京:人民教育出版社,1998:第二章。
4. 埃德蒙·金.别国的学校和我们的学校——今日比较教育[M].北京:人民教育出版社,2001。

问题与探究

1. 简述库森、萨德勒、康德尔和汉斯的比较教育思想。
2. 简述贝雷迪的四步法。

---

① [英]埃德蒙·金.别国的学校和我们的学校——今日比较教育[M].北京:人民教育出版社,2001:533.

3. 简评诺亚与埃克斯坦的量化方法。
4. 试评霍姆斯的问题法。
5. 试评埃德蒙·金的比较教育研究方法论。

第四章 学前教育——至善的起点

本章提要

- 福禄培尔(F.W.A.Froebel)学前教育理论和实践推动了世界学前教育理论体系的形成和发展,促进了各国学前教育的迅猛发展。以福禄培尔的学前教育理论与实践为开端,以1854年英国伦敦教育博览会为中介,以欧洲和北美为对象,福禄培尔的学前教育思想迅速从德国本土向欧洲其他国家和美国扩散,促使这些国家和地区学前教育快速发展。这些国家和地区的学前教育经过发展又逐渐影响了亚洲国家学前教育的发展,由此,世界学前教育产生与发展的初步框架已经形成。

- 20世纪上半叶,世界学前教育出现了以下几个特征:科学儿童观开始形成;儿童期的价值被认识和承认,早期教育开始备受重视,学龄前儿童的心理与教育问题成为科学研究的对象;学前教育的理论与实践开始多样化,学前教育机构基本实现了保育、教育结合;各国学前教育的架构初步形成;国家开始重视对学前教育的管理,一些国家将学前教育纳入学制。

- 随着社会的发展,学前教育日益受到重视,各国政府纷纷出台有关的政策、法令,积极推动学前教育事业的发展。总体来说世界各国的学前教育开始将教育目标从过去以智育和知识教育为中心,转向重视幼儿的全面发展,树立幼儿全面发展的整体观。这使得学前教育目标的制定越来越具有全面性。

- 伴随着幼儿全面发展的整体观的树立,学前教育内容也得到扩展,从原有比较重视知识性教学,转向重视生活性的教育内容对儿童发展的价值。时代的发展和社会的需要,也使得各国的学前教师队伍逐步走向高学历、专业化的发展道路。

近代以前,正规的学前教育机构还没有建立,但其学前教育实践的宝贵经验却为日后正规学前教育的出现奠定了基础。学前教育的发展经过初创时期、本土化时期到达"二战"后的普及与提高期。随着社会的进步,学前教育日益受到人们的关注,各国政府纷纷出台有关的政策、法令,积极推动学前教育事业的发展。各国虽然在学前教育实践过程中走出了不同的发展路线,但是学前教育的发展还是显现出一些共同的发展趋势。

第一节 学前教育的历史沿革

一、学前教育的初创时期

古希腊哲学家柏拉图在他的《理想国》中提出了这样一种设想,所有3—6岁的儿童都要受保姆的监护,并集中于神庙附近的场院。但是这种教育设想直至1816年在空想社会主义者罗伯特·欧文(Robert Owen)(后简称欧文)的"性格形成学园的准备学校"中才得以体现。英国空想社会主义学者欧文在新拉纳克正式创办了英国第一所幼儿学校——性格形成学园的准备学校,开创了近代史上对6岁以下的儿童实施专门的、真正意义上的幼儿公共教育的先河。幼儿学校由招收1—3岁幼儿的第一预备学校和招收3—6岁幼儿的第二预备学校构成,但第一预备学校的设想没有实现。幼儿学校的教育目的是形成"合理的性格的基础",是为实现合理的社会制度做准备。幼儿学校的教育内容是全面的、非家教性质的,注重游戏和体育活动,还格外重视智育和训育,形成非常强烈的小学化倾向。[①] 幼儿学校的成功不仅在英国引起了强烈的反响,在世界范围内也产生了重要影响,促进了世界幼儿教育的产生。

福禄培尔(F.W.A.Froebel,1782—1852)是德国著名的教育家,幼儿园的创立者,近代学前教育理论的奠基人,被人们誉为"学前教育之父"。19世纪30年代,随着福禄培尔学前教育思想的形成,学前教育在德国诞生。1837年,他在卡伊尔霍开办一所教育机构,专门招收3—7岁儿童,并在以往研究成果的基础上,创制出一套被称作"恩物"的教学用品。1840年,这所学前教育机构被正式命名为"幼儿园"(Kindergarden)。福禄培尔指出,幼儿园工作的任务是通过各种游戏和活动,培养儿童的社会态度和民族美德,使他们认识自然与人类,发展他们的智力与体力以及做事或生产的技能和技巧,尤其是运用知识与实践的能力,从而为下一个阶段的发展做好准备。此外,幼儿园还应担负起训练幼儿园教师,推广学前教育经验的任务。[②]

福禄培尔运用直观的方法培养幼儿,使他们参加各种必要的活动,发展体格,锻炼外部感官,正确地认识人和自然以增长知识,让儿童在游戏、娱乐和天真活泼的活动中,做好升入小学的准备。他在继承裴斯泰洛齐的直观性教学原则的同时,又提出自我表现作为补充和发展。为了更好地帮助儿童认识自然及其内在规律的重要性,福禄培尔创制了一套供儿童使用的教学用品。该套"恩物"仿照大自然事物的性质、形状和法则,体现了从简单到复杂、从统一到多样的原则,客观上有助于增长幼儿的知识,发展他们的创造力和想象力。福禄培尔学前教育理论和实践推动了世界学前教育理论体系的形成和发展,促进了各国学前教育的迅猛发展。以福禄培尔的学前教育理论与实践为开端,以1854年英国伦敦教育博览会为中介,以欧洲和北美为对象,福禄培尔的学前教育思想迅速从德国本土向欧洲其他国家和美国扩散,促使这些国家和地区学前教育快速发展。这些国家和地区的学前教育经过发展又逐渐影响了亚洲国家学前教育的发展,由此,世界学前教育产生与发展的初步框架已经形成。[③] 福禄培尔所创立的幼儿园也成为日后最重要的学前教育机构。

二、学前教育的本土化时期

福禄培尔学前教育思想迅速走向世界后,当时美国、英国、法国、俄国、日本等国在福禄培尔幼儿园的影响下,纷纷建立幼儿园,并实施福禄培尔的教育理念。到19世纪末,世界上

---

① 王小英,蔡珂馨.国内外幼儿教育改革动态与趋势[M].长春:东北师范大学出版社,2004:178.
② 吴式颖.外国教育史教程[M].北京:人民教育出版社,1999:332.
③ 白乙拉,李素梅.世界幼儿教育发展历程[J].中国民族教育,2008(6):41-43.

的许多国家都已出现了学前教育机构,学前教育事业已初步建立。20世纪初,各国的学前教育事业步入了发展期,使学前教育向更深入的方向发展。因此,有人将19世纪末到"二战"这段时间称为教育的觉醒和抱负时期。①

儿童学是产生于19世纪末、普遍发展于20世纪初的一门研究儿童的学科,它是在实验心理学、实验教育学以及其他自然科学发展的基础上产生的。在儿童学的研究中,采用了传记法、谈话法、问卷调查法和智力测验法。随着19世纪末儿童研究的迅速发展,一场以儿童中心主义的教育思潮为基本特征的幼儿园教育改革运动在欧美迅速兴起并蓬勃展开。

杜威是美国20世纪前期的实用主义哲学家与教育学家。作为现代"儿童中心主义"思潮的集大成者,杜威在批判并吸收前人思想的基础上,形成了"儿童中心论(将儿童放在教育的中心)""教育本质论"(教育即生长、即经验的改造、即生活)"学校即社会""做中学"等独特的儿童教育理念,被各国当作学前教育的指导思想,对学前教育实践也产生了很大影响。

蒙台梭利(Maria Montessori,1870—1952)是儿童中心主义运动的一个典型代表人物,是20世纪杰出的学前教育家,也是西方教育史上与福禄培尔齐名的两大学前教育家之一。1907年,蒙台梭利在罗马贫民区开办了一所招收3—6岁贫民儿童的幼儿学校——"儿童之家"。蒙台梭利非常关注儿童的心理发展,认为儿童心理发展是天赋能力的自然表现,存在"敏感期"并具有"阶段性"。在"儿童之家",蒙台梭利进行了包括环境设置、纪律培养、实际生活练习、感觉训练、读写技能教学和教师培养等几方面的实验,在实验中探索学生"自我教育"和"自动学习"的新途径。1909年,蒙台梭利对其进行了3年之久的教育实验进行了较全面的总结,用意大利文写成了《运用于"儿童之家"的学前教育的科学研究方法》一书。1912年,英文版《蒙台梭利方法》出版,该著作的基本原理构成了蒙台梭利教育理论体系的基干。

这一时期,影响较大的还有公立幼儿园运动。随着社会进步和经济发展,美国一些社会人士和教育工作者希望使幼儿园教育与公共教育制度联系起来,于是创立了公立幼儿园,并使之成为适应美国社会生活的一种学前教育机构。1873年夏天,美国第一所公立幼儿园在圣路易斯市德斯皮斯学校中开设,并成为公立学校的一部分。此后美国各州纷纷效仿,兴起了一个公立幼儿园运动。截止到1880年,全美30个州都设立了属于学校教育系统的公立幼儿园。1901年,公立幼儿园的数量已超过私立幼儿园。公立幼儿园入园人数占幼儿园适龄儿童总数的比率也越来越大,1920年为25%,1940年增至49%。②

1911年,雷切尔·麦克米伦(Rachel McMillan)和玛格丽特·麦克米伦(Margaret MacMillan)姐妹在英格兰建立了第一所保育学校。这所保育学校不同于在它以前就有的日托中心。它最初被认为是2—7岁儿童的单独学校,其设立的目的是扶助穷人的育儿环境,向穷孩子提供富裕家庭孩子成长所得到的有利条件。保育学校的办学糅合了欧文、裴斯泰洛齐、福禄培尔、蒙台梭利的教育方法,反对一切形式主义的教学,注重对幼儿的手工、言语教育和感官训练。英国保育学校的成功创办,受到英国社会各界的赞誉,并向全世界范围推广。

---

① 王小英,蔡珂馨.国内外幼儿教育改革动态与趋势[M].长春:东北师范大学出版社,2004:183.
② 王小英,蔡珂馨.国内外幼儿教育改革动态与趋势[M].长春:东北师范大学出版社,2004:188.

到 19 世纪后半叶,西方各国的学前教育进入了自上而下与自下而上相结合的发展阶段,学前教育得到了迅猛发展。自上而下保证了学前教育的有序发展并获得极大的推动力,自下而上保证了学前教育发展的群众基础并获得了民众的支持。由于各国政府的介入和不同国家民众的不同需求,使得各国学前教育的发展很快走上了本土化发展之路,随之迅速在各国学前教育发展中得到反映和体现。①

20 世纪上半叶,世界学前教育出现了以下几个特征②:科学儿童观开始形成;儿童期的价值被认识和承认,早期教育开始备受重视,学龄前儿童的心理与教育问题成为科学研究的对象;学前教育的理论与实践开始多样化,学前教育机构基本实现了保育、教育结合;各国学前教育的架构初步形成;国家开始重视对学前教育的管理,一些国家将学前教育纳入学制。

三、学前教育的普及与提高期

第二次世界大战后,科技极大进步,经济快速发展,学前教育也随之进入普及与发展的时期。这一时期,在联合国的主持下制定了一些专门保护儿童权益的宣言和公约,具体阐述并规定儿童的权利。例如,1959 年联合国大会第 1386 号决议通过了《儿童权利宣言》,提出了十项保障儿童权利的原则。其中包括不受歧视,获得机会与便利,获得姓名和国籍等权利以及儿童应有言论自由,思想、信仰和宗教自由,结社与和平集会的自由。这是至今为止最全面的关于保护儿童权利的法律文件。1989 年,联合国代表大会又通过了《儿童权利公约》,从此,儿童不再仅仅被看作是被保护对象,而是权利的主体,其独立的人格和一切权利都受到尊重。这也成为学前教育史上的一道里程碑。

在各国学前教育实践中,也纷纷制定各种政策,确立学前教育在国家整个教育系统中的基础地位,促进学前教育的普及化。随着学前教育的普及,学前教育机构的办学形式也日益多样化和灵活化。20 世纪 80 年代至今,学前教育法规与政策调整方向受"终身教育"大潮的冲击,认为学前教育是整个人生的奠基教育,教育目标重点转向对整个人生发展都将发生重大影响的智力开发、道德修养、人格形成、人际关系以及基本生活习惯的培养上,重视幼儿的整体发展,同时重视面向全体儿童的学前教育。学前教育的教学目标从偏重智育转向重视儿童的全面发展,教育内容紧跟时代发展,增加了许多同现实生活相联系的内容。各国学前教师队伍也逐步走向高学历、专业化的发展道路。新世纪随着世界学前教育改革的浪潮,各国幼儿教育也必然进入全新的发展阶段。

第二节 学前教育的当代发展

一、美国学前教育的当代发展

一般而言,学前教育是指 0—6 岁儿童进行的教育和保育活动。美国针对 0—6 岁儿童的教育分为两部分,包括 5 岁之前的教育,称为"Early Childhood Education";而 5—6 岁是儿童入读小学一年级之前的一年教育,称为"Kindergarten"。Kindergarten 已成为美国正规的

---

① 白乙拉,李素梅.世界幼儿教育发展历程[J].中国民族教育,2008(6):41-43.
② 王小英,蔡珂馨.国内外幼儿教育改革动态与趋势[M].长春:东北师范大学出版社,2004:190.

国民教育的起点,而 6 岁儿童已经是小学一年级,自 Kindergarten 到 11 年级高中毕业的教育,主要称为 K-12 的教育制度。

(一) 学前教育的立法颁布

近年来美国联邦政府与国会对学前教育越来越重视,联邦政府陆续出台了多部法律,对学前教育的多方面内容做出明确规定。美国有若干个全国性的学前儿童保育与教育计划,其中,持续时间最长、影响最大的是开始于 1965 年的《开端计划》(Head Start Project)。开端计划初期只是 1964 年《经济机会法》中的一个社区行动,旨在向贫困家庭的 3—5 岁儿童(以 3—4 岁为主)与残疾幼儿免费提供教育、营养与保健。① 从 1965 年起由联邦政府与地方当局合作实施,延续至今。

1979 年,美国国会通过了《儿童保育法》(Child Care Act),1990 年通过了《儿童早期教育法》(Early Childhood and Education Act),同年还通过了《儿童保育和发展固定拨款法》(Child Care and Development Block Grant Bill),该法于 1995 年做了修订。1994 年,克林顿政府通过了《美国 2000 年教育目标法》(Goals 2000: Educate American Act),将学前教育位列六大教育目标的第一项。1998 年,克林顿还提出了一个"幼儿教育五年计划"(President Clinton's Initiative for Child Care),投入了 200 亿美元到学前教育的七个方面。

进入 21 世纪以来,小布什政府在 2001 年正式签署了《不让一个儿童落后》法案(No Child Left Behind)。法案中对联邦政府,特别是教育部、健康与人类服务部在"阅读优先(Reading First)""早期阅读优先(Early Reading First)""同一起跑线(Even Start)"等幼儿教育项目科研中的联邦管理职责做出相应规定。还拟定了《良好的开端,聪明地成长》动议(GoodStart,Growsmart),确保学前儿童接受高质量的教育和保育,为中小学教育奠定良好的基础。奥巴马政府制定了"零岁—五岁教育计划"(Zero to Five Plan),每年由联邦政府拨款 100 亿美元,资助各州普及学前教育。② 还拟定了"力争上游——学前教育挑战"计划(Race to the Top-Early Learning Challenge Program),增加对学前教育的财政投入,确保幼儿获得优质教育,加快学前教育的发展。这些立法对提高学前教育的水平,推动幼儿教育事业发展起到了至关重要的作用。

(二) 学前教育的机构设置

近代美国学前教育体制的建立与发展是以公共教育运动影响下的公立幼儿园运动(19 世纪 70 年代至 20 世纪初)为分水岭。此运动之前,美国幼儿园尚处于开创期,主要特点是原封不动照抄欧洲学前教育的理论与实践方法,而且局限于局部地区,属于自发的、民间私营性质,规模小,未引起当局足够重视。美国的学前教育机构主要有以下两种:

1. 幼儿园。这是公立学校的一部分,从 1870 年开始就有一些州把幼儿园看作是正规学校体系的一部分。从幼儿园入园年龄看,不仅有前幼儿园、初级幼儿园、高级幼儿园,还有为至少接受过一年以上特殊教育训练的 5—6 岁儿童的发展幼儿园。还有以运用蒙台梭利理论对儿童进行教育的蒙台梭利幼儿园。幼儿园以半日制为主,重点是对幼儿进行良好习惯的培养。一般以对 5 岁幼儿进行入学准备教育为主,但有时也招收一些 4 岁甚至 3 岁的

---

① 王小英,蔡珂馨.国内外幼儿教育改革动态与趋势[M].长春:东北师范大学出版社,2004:7.
② 郭玉贵.布什执政八年的教育遗产与奥巴马教育政策走向的推测.[N/OL].(2008-12-29)[2011-10-20]. http://www.douban.com/group/topic/4998748/

幼儿。

2. 保育学校。主要以私立为主，种类繁多。有的保育学校归于早期儿童教育的分部行政单位内，属于基础学校的一部分。中学附设的保育学校，是家政、社会研究班级的实习场所。大学和学院附设的保育学校，是保育学校教师的训练场所，或者是儿童照顾、家政、儿童发展、心理学等科系教学实习的场所。还有就是独立的保育学校，由私人企业的福利机构、捐赠基金、教会、家长或其他私人工会、私人所设立，这种独立性的保育学校占大部分。① 保育学校主要招收3—4岁的幼儿，有时也招收5岁的幼儿。一般来讲，保育学校以半日制为主，主要培养儿童讲究卫生的习惯，通过游戏、音乐、绘画和律动等活动促进儿童各方面发展。

3. 其他机构。除此之外，美国学前教育机构还有其他一些类型：儿童保育中心，招收从出生到6岁的儿童，以全日制为主；学前教育中心，招收2.5—5岁儿童，为他们进入幼儿园和小学做准备；家庭日托，是在家庭中的自然状态下为一些儿童提供服务；游戏学校，这是一种以游戏活动为主的组织形式，一般是把邻近的孩子组织起来，由教师带动做一些有益的游戏。

除专业人员外，一般由小学教师兼任学前教育机构的教师。对儿童的入园年龄的规定，由各州教育委员会自行决定。州教育当局还要协助私立的学前教育机构提高教育质量，委派学前教育的专业人员去工作，帮助组织业务进修，改善它们的设备。

（三）学前教育的课程体系建设

美国联邦政府不制定具体的《教育大纲》，只负责向各州、各地区提供有关学前教育的资料。州教育当局则对学前教育做出具体的规定。州或地方的教育委员会大都由教师组成。在课程设计上，美国学前教育界认为多元文化教育的课程对象是所有儿童，课程应考虑每个儿童的兴趣和经验，反映每个儿童的家庭背景和语言文化。课程内容大致包括以下一些方面，描画、演剧游戏、科学小实验、讨论会话及诗歌朗诵活动、搭积木、用黏土制作模型、音乐、纪律教育、游戏等。

1990年，美国正式颁布面向21世纪的《美国教育目标》，而相应的"美国教育目标专门小组"也于1991年成立，以督促实现目标并监督其进展情况。克林顿上台后，将此目标由原来的六条扩展为八条（以下简称"八条"），并通过立法写进了克林顿政府2000年目标体系里。"八条"中，和学前教育密切相关的是第一条目标："到2000年，所有儿童在上小学前就已经为学习做好了准备（Ready to Learn）。"美国教育界根据制定的标准来为每门学科裁定一套"国家标准"。美国学前教育课程标准应该包括内容标准和执行标准两个方面的内容。这种全国性学前教育课程标准的制定对于学前教育课程发展来讲，有五大好处：(1)它为每一门学科都指明了其中最重要的、最值得儿童学习的内容；(2)它为教师、家长和幼儿在每门学科发展方面的交流和对话提供了最基本的框架；(3)由于国家标准内容的内在连贯性，教师在把由专家编订的各科课程内容转化成小班、中班和大班的教育活动时，也不会出现遗漏与错误；(4)它可以统一美国各州或各地方学前教育的水准，使各地儿童所受的教育不至于差异太大；(5)逐渐消除各地方各版本课程和评估之间的巨大差距，使它们渐趋统一到国

---

① 霍力岩.学前比较教育学[M].北京：北京师范大学出版社，1995：42-43.

家标准上来。①

(四)学前教育的师资培养与教师培训

美国没有专门培养幼儿教师的学校,高等院校设有学前教育专业,学前教育专业在任教科目领域通常不作区分,准备将来当幼儿教师的学生,除一般课程外,还必须学习幼儿教育的专业知识。学生在修完教育方法和学科内容课程,考试合格并取得教师资格后,可在3—8岁儿童的班级任教,即可以教授年级为学前到小学三年级儿童的所有课程。目前,美国各州学前教育教师所要求的资格证书,以早期儿童教师证书(Early Childhood Teacher Certification)的名称为主。但各州对这种证书的使用年龄和年级的规定有差异。目前,在美国不仅有各州颁发的教师资格证书,还有国家颁发的国家标准和适合地区间流动的教师资格证书。每个州有各种不同的教师资格证书,各大学可自行设立,但必须由州一级或国家一级学术委员会批准。州教师资格证书由各州教育行政部门颁发,多限于在本州范围内使用。

美国形成了相当完备的幼儿教师入职培训与在职培训体系。从20世纪80年代开始,重视新教师的入职培训,主要由各州教育部门管理,具体由学前教育机构来负责实施。主要采用教学导师制的形式,具体内容包括教学示范、目标介入式培训、督导评价,还可加入一些专业团体机构,通过与专业成员的互动得到相应支持,帮助自己解决新入职工作中的问题。② 在职培训由幼教机构与社会各教育机构合作实施,还包括一些教育行政部门,学区以及社区大学机构来推动,具体培训内容有专业发展学校培训、个人导向专业发展、观察与评价、教学探究活动以及各种技术和教学支持培训等形式。

(五)学前教育质量评估与保障体系

为提高学前教育质量,美国建立了完善的质量评估与保障体系,包括严格的教师准入制度、幼儿教师的在职培训、质量评估体系。美国政府从幼儿教师的学历和专业素养上做出明确要求,从历年的发展历程来看准入门槛越来越高。《提前开端法案》规定,在2013年9月前,全国至少50%的学前教育教师必须获得学士或更高学位,或者相关专业的学位并拥有学前教育的教学经历。所有的指导教师在2013年9月前必须获得学士学位或更高学位。③加强幼儿教师的在职培训,制定相应的政府强化教师培训,拨付专门的经费用于教师培训,延长培训的时间。主要有两个大的项目,一是针对助理教师的联邦劳工部的学徒方案,另一个是针对保教人员的教学方案。美国还建立了一系列评估制度对学前教育机构进行定期评估与审查,主要有两种评估:第一是幼儿学校进行自评,每年评估一次;另一种是政府主导的统一评估,每三年评估一次。主要评估标准包括:生师比、教师入园资格、班级规模、教学内容与形式等,在进行评估之后将信息与结果进行公开,以供监督。

二、英国学前教育的当代发展

英国政府不断明确和强化中央政府在学前教育发展中的职责,并制定了多项法律加以保障。《1988年教育改革法》是英国强化中央政府职责的一道分水岭。1988年以前,英国

---

① 李辉.美国幼儿教育课程标准化运动及其启示[J].学前教育研究,1998(5):43-46.
② 袁军,毕诚.美国职前、入职和在职教师教育评估体系简介[J].外国教育研究,2004(11):56-60.
③ US.Department of Health and Human Service.Head Start Act[EB/OL](2011-12-18).http://www.acf.hhs.gov/programs/ohs/legislation/HS_act.html.

政府对教育事业发展实行较为放任的政策,学校、教师的自主性和灵活性非常大;而1988年以后,学校自主权得到一定程度的限制,中央政府的管理和调控得以加强。

(一)学前教育的立法颁布

20世纪90年代以来,英国政府颁行了一系列学前教育政策和方案,如1998年实施的"国家保育方略"(The National Childcare Strategy)旨在提高就业率、为家庭提供支持,1999年针对贫困家庭幼儿实施的"确保开端计划"(Sure Start)和"幼儿保育税案"(Childcare Tax Credit)。1999年,英国政府还颁布了具有政策法规效力的《早期学习目标》(Early Learning Goals),2000年又颁布了配套性国家课程标准《英国基础教育(3—5岁)课程指南》(Curriculum Guidance for the Foundation Stage)。[1]

进入21世纪以后,英国政府对已有的学前教育政策进行升级。2003年颁布了《每个儿童都重要》(Every Children Matters),试图构建并完善跨部门合作的儿童服务体系,为学前教育提供更好的环境与条件。2004年,教育与技能部、工作和养老部联合出台了"父母的选择、孩子最好的开端——儿童保育十年策略(Choice for Parents, the Best Start for Children—a Ten-year Strategy for Childcare and Consultation Responses)",到2005年完善并颁布,主要是对学前与保育教育制定长期的战略规划,为幼儿提供全世界最好的教育。2005年,英国政府还推行了"早期奠基阶段规划(The Early Years Foundation Stage)",为0—5岁的儿童学习、发展及保育确立了标准。

2006年,英国通过了《儿童保育法案》(Childcare Act),是第一部专门关注早期儿童和保育的法律,对各地方政府的责任进行了规定,为双职工父母提供足够安全的儿童保育服务,提供给家长更好的信息服务。2008年,英国政府颁布了《早期基础阶段法定框架》,提出了儿童学习和发展的目标,在其中设置标准、提供均等的机会、为合作团体设置框架、提高质量和一致性。2012年,英国政府颁布了《早期基础阶段法定框架》,强调每一个儿童都应该获得人生的最佳开端,对0—5岁的儿童给予良好的早期阶段教育,提供良好的教育和优质的早期学习。

(二)学前教育的机构设置

首先,依照财政来源的不同,英国学前教育机构分为非营利性公立幼教机构;由民间团体、个人兴办,接受政府财政资助及监督的幼教机构;符合政府办园标准,自筹经费,自行管理的独立幼教机构。其次,根据幼儿在园时间长短,英国现有幼教机构可分为寄宿制、全日制、半日制、计时制等多种类型。最后,从提供服务的类型来看,英国现有幼教机构的多样性特征日益突出,除了为一般幼儿开办的以保育和教育为主的保教机构外,还有专门照顾残障儿童的特殊教育中心、为超常儿童开办的"天才儿童教育中心"、为家长开办的"亲子中心"以及为准备入学的幼儿开办的"预备班"等。[2]

1. 幼儿学校(班)

幼儿学校(班)附设在小学里,是英国最主要的学前教育机构,经费由国家提供,由教育科学部和地方教育当局共同负责管理。幼儿学校(班)招收3—4岁儿童免费入学,分全日制和半日制两种。教职员由经过学前教育训练的合格教师和保育员承担。活动内容都是教

---

[1] 胡福贞.英国学前教育发展现状及启示[J].幼儿教育(教育科学),2007(12):34-38.
[2] 胡福贞.英国学前教育发展现状及启示[J].幼儿教育(教育科学),2007(12):34-38.

师根据孩子的身心特点和各方面发展的需要有目的、有计划安排的。

2. 日托中心

公立日托中心由健康和社会安全部、地方当局共同负责管理,私立日托中心也需要经过地方社会福利部门的定期检查,当教师资格、环境设施都符合要求后,才能注册、招生。这些托儿所全年开放(除两个星期打扫卫生外),每天开放时间为上午八时至下午六时。招收8周—5岁的儿童。教职员通常是合格的保育员,负责的官员一般都持有社会工作证书或保育员证书。日托中心要收取学费,但对大多数父母实行全部或部分减免,只有极少数父母按实际支付费用。

3. 联合保育中心

为了将幼儿的保育和教育两者有机结合起来,1974年出现了第一所联合保育中心,为0—5岁儿童提供全年全日制保育和教育。儿童也可以在3岁时从日间托儿所等机构直接转到保育中心,直到进小学为止。联合保育中心开放时间长而且非常灵活,接送孩子的时间完全按父母的工作需要而定。

4. 学前游戏小组

第二次世界大战以后,英国办起了许多学前游戏小组。它的建立,一是为了弥补当时公立保育设施的不足;二是针对儿童没有"游戏场所"的现实问题。学前游戏小组主要设在农村及没有幼儿学校和幼儿班的地方。学前游戏小组主要接收2—4岁幼儿,游戏小组通常设一名游戏辅导员为儿童及时提供各种类型的游戏活动,还把鼓励父母参与列为一项明确目标。

此外,还有社区中心婴儿室、亲子小组等计时性为主的幼儿教育机构,满足家长随时接送孩子的需要。

(三)学前教育的课程体系

英国学前教育考虑到幼儿园与小学衔接的问题,学前教育一般都设有九方面的学习内容:英语、数学、科学、美育与创造、体育、信息技术、精神、道德、人类与社会。有些幼教机构还设外语(主要是法语)。英国早期教育课程目标可概括为:为所有儿童提供能充分开发他们最大潜能的生活、学习环境,注重培养儿童的语言能力独立性及基本生活、沟通技能,促进每个儿童的发展。一般而言,英国学前教育的教学活动偏向以幼儿为中心。教师拟定一个开放性架构的学习活动,利用非正式的教学方法,引导学生学习,获得经验。教学活动范围的划分方法,各地方教育当局略有差异。不过,一般都包括认知的、操作的、教学的、生理的、音乐的、自然的、社会的、游戏的等八个范围。① 教师组织活动的形式以个别、小组活动为主,集体活动为辅。尽管在英国的幼儿教育史上也曾经历过"幼儿园就是孩子的游戏乐园"与"幼儿园应该是孩子们学习的场所"之争,但随着幼教改革的不断深入,人们越来越认识到不该把游戏与学习等活动机械地、人为地割裂开来,而是应该赋予预设的学习以游戏化,在游戏中生成更多的学习内容。

(四)学前教育的师资与培训

英国政府对学前教师的素质培训较为重视,采用了各种富有实效的方法来保障教师素质的提高。学前教育工作者都持证上岗,但证书的种类却多种多样,有的保教人员同时还拥

---

① 霍力岩.学前比较教育学[M].北京:北京师范大学出版社,1995:110.

有几种证书：

1. NNEB（Nursery Nurse Examination Board），即 0—8 岁儿童健康和教育的两年课程的毕业证书，许多教师都持有的证书属于此类；

2. PLA（Pre-School Learning Alliance），相等于 DPP（Diploma in Pre-School Practice），即 2—5 岁儿童发展和教育的 1 年课程证书；

3. CERT ED.（Certificate in Education），即初等教育的 3 年课程证书；

4. CCE（Certificate in Child Care and Education），相当于 NVQ（National Vocational Qualifications）Level 2（初级），即 0—8 岁保育和教育的 1 年学院课程证书；

5. DCE（Diploma in Child Care and Education），相当于 NVQ（National Vocational Qualifications）Level 3（中级），即 0—8 岁儿童保育和教育的两年学院课程毕业证书。

此外，还有的保教工作者具有 MCW（Maternal and Child Welfare）证书（即 0—5 岁儿童健康和发展的 1 年课程证书）、CQSW（Certificate of Qualification in Social Work）证书（即社会工作的两年课程证书），少数教师拥有 BAHons（早期教育课程 360 学分）证书，个别高级教师持有 B-Ed（360 学分）教育学士学位证书，而个别园长持有 M.A.（Master of Arts）硕士学位证书。①

在教师培养过程中，国家职业资格证书组织（NVQ）除为老师提供理论学习进修的机会外，还制定一套实践评估考核标准。当教师经过一段时间的进修、实践后，认为自己已达到教师资格，则随时向所在区的 NVQ 组织提出考核申请。评估人员则采用现场跟踪评估的方式对教师的教育实践能力进行考核，其中要由教师所在园的见证人对其进行评价，考核合格者发给证书。② 为了不断更新保教人员的专业知识，提高保教人员的教育能力，学前教育机构都做出了保教人员在职必须定期参加专业培训的决定。对在职教师的培训采用讲、看、做三结合的方式进行。有的学前教育机构要求全日教师制定个人的职业发展计划，有的学前教育机构还规定了在职幼儿教师的培训日，此时机构关闭不对儿童开放，以保证员工有足够的时间和精力参加培训。

（五）学前教育的质量评估与保障

英国为了保障学前教育的质量，构建了比较完善的质量督导与质量保障机制，实施全面、细致的质量评估。以课程标准为主要依据，政府聘请相应的学前教育专家对学前教育机构进行评估，主要针对教育计划、课程实施、学习环境等方面进行评估。尤其在保障儿童受教育的质量公平上，拟定统一的儿童发展标准，在儿童发展的评价上注重促进儿童学习能力的发展、身体的健康发展、社会性和情感性发展，加强家庭和社区建设。③ 英国政府还加强了学前教育质量的督导工作，建立了专门的教育督导部门，由教育标准局来负责。将所有的保教机构都纳入到统一的督导体系中来，为早期阶段不同机构的督导提供了一致的标准。建立以儿童发展为核心的学前督导评估体系，关注儿童的健康、安全、快乐和成就、做出积极的贡献。督导的主要功能评价、监督与反馈，从而促进机构的改进与发展，并且借助于市场竞争机制来建立督导运作模式。

---

① 李生兰.英国学前教育的特点及启示[J].外国教育研究,2004(11):20-24.
② 徐书芳,宁征.英国学前教育考察见闻[J].山东教育,2001(3):21-23.
③ 江夏.英国现行学前教育督导制度的内容、特点及其对我国的启示[J].外国教育研究,2014(4):50-57.

三、法国学前教育的当代发展

法国是最早制定旨在保护和教育幼儿法令的国家。第三共和国时期,法国政府颁布《费里法令》,把学前教育机构统称为"幼儿学校"(母育学校),并规定由幼儿学校招收男女儿童,实行免费、统一的学前教育。至此,法国近代的学前教育制度基本确立,为学前教育的进一步发展奠定了基础。

(一)学前教育的立法颁布

进入20世纪80年代以后,法国幼儿进入到一个新的发展时期,这一时期颁布的有关幼儿教育的法案主要是关于幼儿学校的办学目标。1986年,颁布了《幼儿学校:作用与任务》,1989年,颁布《教育方针法》。为了加强学前教育及其与小学教育的衔接。1990年颁布的法令又重新规定了幼儿学校的总目标。1995年,法国教育部出台了《幼儿学校大纲》。该《幼儿学校大纲》把儿童学会共同生活作为首要目标,任务在幼儿学校中,儿童首先应该学习的是在成人以及儿童群体中生活,并从中学习交际和构筑公民的初步知识。

进入新世纪后,法国学前教育的发展注重与小学教育的衔接。2004年颁布的《地方自由和责任法案》中,对学前教育的重要性与奠基性加以强化和明确规定。在2005年颁布的《教育法》中,对学前教育的目的进行重新界定,主要是掌握学习基础知识的工具和方法,为孩子在小学学习核心知识做好准备,教会他们社会生活的基本原则。[①] 在2005年还颁布了《学校远景计划与发展方针法》,对学前教育与小学教育的衔接提供完备的法律支持与保障。2008年,法国颁布了新修订的《教育法典》,在其中规定幼儿园的设立需要经过地方代表议会通过,每隔3公里必须设立一所学校,并保障幼儿园的硬件设施。

(二)学前教育的机构设置

法国是当今学前教育发展水平较高的国家之一。法国幼儿的入园率很高,早在1970年,5岁幼儿的入园率就已达到100%;1980年,4岁幼儿的入园率达到100%;1989年,3岁幼儿的入园率达到97%,2岁幼儿的入园率达到33.7%。[②]

法国的学前教育机构有公立、私立之分,虽然都不属于义务教育,都不免费,却遍及城乡各地。学前教育机构主要有五种形式:

1. 幼儿学校,这种形式的学前教育机构同其他国家的幼儿园相似,是法国学前教育的主要形式。幼儿学校招收2—6岁的儿童,一般按年龄组分成三个班:小班2—4岁,中班4—5岁,大班5—6岁。

2. 幼儿班,附设在小学,一般招收3—5岁儿童,主要任务是为儿童进入小学做好准备。

3. 托儿所,一般招收2—5岁儿童,其主要任务是对儿童进行良好的礼貌和行为教育。

4. 保育室,为有急事的家长临时照看孩子,解除家长的后顾之忧。

5. 流动车,针对偏远地区的儿童,实行到家中服务,送教上门。[③]

附设在小学的幼儿班同小学一样有具体的教学计划和时间安排(但不是强制性的);其次它才是幼儿园,因为它的主要教学手段还是以游戏为主。儿童以"玩"为主,这在形式和

---

① 周琴,荀顺明.法国学前教育均衡发展的保障措施及启示[J].比较教育研究,2012(5):17—21.
② 李圣南.改革中的法国的幼儿教育[J].幼儿教育,1996(2):21—23.
③ 王小英,蔡珂馨.国内外幼儿教育改革动态与趋势[M].长春:东北师范大学出版社,2004:70—71.

内容上都有利于学前教育和小学教育的衔接,使得小学教育和学前教育就实现了一体化。

(三)学前教育的课程体系

法国学前教育与其他国家学前教育的目的旨在促进儿童在体力、社会性、智力、艺术能力等方面得到全面和谐的发展,为儿童适应未来的社会生活做好准备。法国学前教育的目标主要包括以下几个方面:

1. 锻炼儿童的身体,发展儿童的动作,增强儿童的体力,促进儿童身体的健康发展;

2. 培养儿童自我服务的能力,发展儿童的独立性,提高儿童的交往能力,使其学会关心别人,友爱别人,能与人分享、协商和合作;

3. 激发儿童的求知欲,培养儿童的学习兴趣、学习习惯、探索精神和口语表达能力,为读写算做好准备,发展儿童解决问题的能力和创造力,提高儿童的思维水平,充分发展儿童的各种潜能;

4. 培养儿童的乐感、绘画能力和手工制作能力,发展儿童对美的欣赏能力和表达能力;

5. 增强儿童适应环境的能力,使儿童懂得民主、科学,学会遵纪守法,发展健康的人格,以增进人类的幸福。[1]

法国学前教育课程的目的是使幼儿在体力、社会性、智力、艺术能力等方面得到全面发展,为儿童适应未来的社会生活做准备。因此,法国学前教育课程的内容主要包括:

1. 体育活动:训练幼儿走、跑、跳等基本动作的活动,提高幼儿机体的平衡性及协调性的活动。

2. 表达和交往活动:经常开展木偶戏表演、听讲故事角色游戏等活动,帮助幼儿习得新概念,扩大词汇,理解词义,掌握句法,发展幼儿的口语表达能力,使他们能正确表达自己的思想、情感和需要,促使幼儿积极地与教师、同伴相互交往。

3. 绘画和艺术活动:让幼儿使用不同的材料与工具自由探索、独立创造,发展幼儿的艺术表现能力和创造力,提高他们的审美能力。

4. 科学和技术活动:让幼儿在制作、创造、敲打、拼拆、修补等动手动脑的活动中,了解事物的不同属性、特征,理解事物之间的关系,获得有关科学技术方面的粗浅知识与技能。[2]

在教学过程中,学前教师适当选择、运用合理的教学方法指导幼儿开展各种活动,使幼儿在轻松愉快的气氛中学习,获得发展。

(四)学前教育的师资与培训

在法国,教师职位的竞争很激烈,师范学校的招生考试很严格,考生要经过初试、复试和自选考试几道关口。学前教师至少要经过四年的高等教育及职业培训才有资格担任。法国最早的学前师资培训机构叫作"学习之家",是由一家慈善机构于 1847 年在巴黎创办的。1848 年,"学习之家"改名为"幼儿师范学校",并升格为国立学校。法国的幼儿园教师主要由师范学校培养。近几年来,师范大学也发挥着重要的作用。中学毕业生通过考试进入师范院校学习,时间为 2 年。学习的课程主要有:哲学、历史、心理学、教育学、课程教学法、教育科学、法律等。除了学习教育理论课程外,学生还要在师范院校教师和幼教机构教师的指导下,参加教育实践活动,做到理论与实践相结合,学以致用。学生在校学习期间,享受教师

---

[1] 曾莉.法国学前教育的特点及启示[J].教育导刊(幼儿教育),2008(2):58-59.
[2] 李圣南.改革中的法国的幼儿教育[J].幼儿教育,1996(2):21-23.

的待遇,带薪学习,毕业后马上任教,但至少必须工作10年。执教期间,每年要接受政府部门的评估定级,每5年轮训一次。职前教育和在职教育的有机结合,提高了法国幼教师资队伍的质量,壮大了幼儿园教师队伍。①

法国幼儿学校教师培训的主要目标是:

1. 使学生理解、掌握学习理论和教学理论,并获得相应的实践能力;

2. 使学生掌握教育体系中各级学校的知识,以及在当时的经济、社会和文化条件下运作的知识;

3. 培养学生的语言交往能力和获取信息的能力。②

为了提高教学能力,更新学前教育知识,了解当前社会经济发展的情况,法国学前教师除了接受严格的职前培训外,还要接受在职培训。法国教育部规定每个初等教育教师(包括学前教师),从工作第5年起至退休前5年止,有权带工资接受1学年的继续教育。

(五)加强学前与小学教育之间的衔接

法国在幼小衔接上做得很好,建立了比较独特的衔接制度,主要体现在教育行政组织的衔接、教学组织与课程规划的衔接、师资聘用与培训的衔接上。③ 法国的教育行政体制具有中央集权的特征,在幼儿园与小学的行政制度上安排较一致,幼儿园的师资聘雇与培养和小学教师完全相同,教育行政和人员组织运作开始完全相同,甚至在教育督导上也比较一致,将学前教育与小学的质量督导工作合并。法国将学前与小学阶段的教学分为三个阶段,按照学生的能力实行同学科、同水平的分组教学,从而将两者结合在一起。在课程安排上,教育部根据不同的需求来制定课程纲要,将两阶段的课程衔接在一起,幼儿园和小学都按照纲要来拟定教学计划。幼儿园和小学教师都具有国家公务员身份,都由省立初等师范学校培养,在培养方式上完全相同,有助于两阶段教师培养的统一。

四、德国学前教育的当代发展

随着德国学前教育的发展,关于学前教育的法规与体制也逐渐发展起来。从学前兴起的时候就开始颁布相应法律,推动学前教育管理体制的建立,形成完善的课程与教学体系,着重强调幼儿教育师资的养成与培训。18世纪的德国学前教育政策具有强迫教育特征,将5—6岁的学龄前儿童提前纳入到了学龄期。

(一)学前教育的立法颁布

二战后,为尽快着手教育事业的恢复与重建,德国制定了一系列的教育政策。《关于德国学校民主化的法律》规定,幼儿园作为非义务的教育机构,属于国民教育体系。《德国教育民主化的基本原则》中称,保证一切儿童享有同等的教育机会,在一切教育机构里实行免费教育,并为生活困难的学生提供生活补助。《教育结构计划》中要求:大力发展学前教育,将其列入学校教育系统,3—6岁的学前教育被纳入教育体系的基础部分,属于初等教育范围,其中5—6岁的学前教育被列入义务教育,作为初等教育中的入门阶段。此后,不仅5岁

---

① 李圣南.改革中的法国的幼儿教育[J].幼儿教育,1996(2):21-23.
② 戴莉.法国幼儿教育师资的培训[J].幼儿教育,1998(9):21-22.
③ 胡春光,陈洪.法国幼小衔接教育制度的内涵与启示[J].学前教育研究,2011(9):23-27.

以上幼儿普遍入学,3—5岁幼儿入园率也不断提高。①

1990年,《社会福利法典》(第八部)赋予了儿童日托机构以教育使命;1992年,修订后的《刑法法典》第218款规定,自1996年8月1日起,从法律上保障3—6岁的儿童入托的权利,幼儿园随即经历了跨越式的发展。相反,面向3岁以下儿童的保育机构却遭到抑制。由于历史遗留的原因,德国东西部(民主德国和联邦德国)在托幼设施建设方面有着天壤之别。2005年,联邦政府推出《日托扩充法案》,提出要保证学前教育的数量和质量,扩大学前教育服务范围,照顾到3岁以下儿童。2007年,联邦政府推出了《儿童托管财政法案》,并在同年投入21.5亿欧元用于3岁以下儿童日托机构的建设。② 2008年,联邦政府修订了《儿童促进法案》,在其中提出要从法律上保障更多3岁以下儿童享受日托机构服务的权利。

(二)学前教育的机构设置

第一次世界大战以后魏玛共和国成立,开始对幼儿教育进行整顿。1922年,德国政府制定《青少年法》,其中强调要设立"白天的幼儿之家",包括幼儿园、托儿所及幼儿保护机构等。在此期间,幼儿园得到极大的发展,成为德国幼教的主流。第二次世界大战以后,德国的学前教育机构多元化,主要有普通幼儿园、学校附设幼儿园、学前班、特殊幼儿园等。

1. 普通幼儿园。它指的是相对独立的幼儿园,这是德国的传统形式,也最普及。幼儿园分为全日制和半日制两种。大部分家长将其子女送往半日制幼儿园。如果父母是双职工,才将孩子送入全日制幼儿园。德国所有的公立、私立托幼机构全部接受政府补助。德国的幼儿园实行收费制,公私立幼儿园收费大致相同。儿童入园根据自愿原则,国家不做强制规定,但要求入园者,必须保证家庭教育的内容与幼儿园一致。幼儿园招收3—5岁儿童。而且幼儿园在年龄编班上,有一个非常鲜明的特点就是混龄编班,即将不同年龄组的儿童编在一个班级(德国称之为小组)中游戏、生活和学习,每班至多不超过20人。混龄编班在德国全国范围所有幼儿园中实施。

2. 学校附设幼儿园,也称学校附设的学前班。这种幼儿园通常与小学联为一体,由国家教育行政机构管辖,绝大多数为公立,儿童入园免费。第一所学校附设幼儿园于1939年创立于汉堡。目前学校附设的幼儿园数目较少,适合那些已达6周岁,或下半年将达6周岁,但体格与智力均未达到入学标准的儿童入园。学校附设幼儿园是为了向这些儿童进行训练以便为进入基础学校做好准备,以便为幼儿顺利上学提供帮助。

3. 学前班。与学校附设幼儿园一样,与小学相连,但它们是为年龄不到6岁但心理发展已经可以读小学的孩子准备的,以帮助他们顺利过渡到小学。它是真正的幼儿园到小学衔接的过渡,有很明确的针对性。

4. 特殊幼儿园。它是为使各种有残障的幼儿能够顺利融入社会而提供必要教育的场所。这类幼儿园按残疾人情况进行分类,提供专家照顾。实施融合教育,在公共教育中将残疾孩子的特殊教育与正常孩子的普通教育结合为一体。

5. 托儿所。主要接收双职工的0—3岁儿童,为这些儿童实行保育。

6. "白天的母亲"。这是一个是由联邦青年、家庭、健康部于1974年核准设立的幼儿保教计划。主要是由政府提供少量经费,让一些年轻妇女在照管自己小孩之余,再帮助邻近的

---

① 陶金玲.德国学前教育特色[J].基础教育课程,2006(11):30-33.
② 王兴华.德国学前教育的发展状况和未来趋势[J].比较教育研究,2015(3):107-111.

职业妇女在白天照管1—2个小孩,以解决其实际困难。这些"白天的母亲"须参加短期培训,以获得科学育儿的知识才能担任保育工作。

7. 林间"幼儿园"。这是在20世纪90年代末出现的一种托幼方式。这里没有房屋、围墙,教师在树林里对幼儿进行没有教室的幼儿教育。入托的孩子每天上午9点到这里集合,然后他们分成几个小组,进行自由活动。午饭时,大家席地而坐,摆上在老师帮助下准备的食品,就像在郊外野餐一样享用自己亲手做的午餐。

(三)学前教育的课程体系

德国是一个地方高度自治的国家,学前教育的改革也以地方或幼儿园为单位,没有全国统一的课程改革方案或《课程大纲》,甚至连州一级也没有统一的《教学大纲》。学前教育目标与方案在很大程度上是幼儿园开办者自主决定的。德国的托幼机构不进行分科教学,孩子都是从游戏中学习。幼儿在进入小学之前不进行读、写、算等基础知识的教学,而且幼儿回家后不必做作业。幼儿教学活动多以游戏等自由活动为主,幼教工作者认为对孩子们来讲最重要的是玩,通过玩来教他们,老师只是一个观察者、帮助者,要充分发挥孩子们的天性。有组织的教学活动包括由教师讲故事、教唱歌、做劳作、会话和带领儿童接触自然界等。

尽管如此,一般幼儿园都通过适用于所有儿童的课程设置来向儿童提供教育帮助,使他们接受早期学习,提高儿童的学习能力和发展能力。德国幼教界一致认为幼儿在混龄的班组里可以熟悉各种社会行为,有利于幼儿之间的互相学习以及发展幼儿的社会交往能力,有利于儿童的全面发展,尤其是社会适应能力的发展。托幼机构不以认知教育为主要的教育目标,所以混龄编班不至于影响课程的安排。

(四)学前教育的师资与培训

德国对学前教育工作者的要求是相当严格的,因而幼教师资力量雄厚。德国每一类学校的教师都必须是受过高等教育的,而且还专门受过从事教育工作的培训。只有通过所学专业和教育学两种国家考试,才能取得教师资格,被国家聘为终身职员。当前,德国培养学前儿童教师的机构主要有以下三种:

1. 技术学院

在培养学前教育的教师方面,技术学院担负着主要的责任。未来的学前教师,需要在中学或职业学校毕业后,获得一年以上的工作经验,再在技术学院进修3年。前两年主要学习体育、德语、社会学、宗教教育、卫生保健、心理学、教育学、教学理论与方法、儿童文学、美术、手工、音乐、律动、游戏等教育理论性较强的课程,后一年要参加学前教育实践活动。为了提高学前教师的培训质量,在课程建设中,非常重视学前教育理论与实践的紧密联合。

2. 大学

从大学毕业的学前教师所占的比例较小。这些大学生在校的前三年,主要是学习学前教育基本理论,进行深入的专题研究;后一年需要参加学前教育实践活动。大学毕业后往往到规模较大的学前教育机构中执教、担任行政领导等要职。

3. 培训学院

培训学院主要培养学前教师助手,培训时间灵活多样,根据具体情况,对学生进行1—3年的培训,毕业后在学前教育机构担任教师的助手①。

---

① 李生兰.比较学前教育[M].上海:华东师范大学出版社,2000:112—113.

此外,德国还通过其他的一些形式来培养保教工作者。在重视对未来的教师进行职前教育的同时,还强调教师的在职进修,以提高师资队伍的水平,增强教师的适应能力。

(五)学前教育的均衡发展

德国长期以来都面临着统一带来的学前教育均衡发展问题,着重于从财政补助、师资培养以及倾斜性政策,加强对于东部地区的发展力度。学前教育在东西部之间呈现出质量发展的不均衡状况,原东德地区教育质量较差,德国在推进均衡发展上,着重提高东部地区的教师队伍素质,在西部地区主要扩大学前教育的服务范围。在实施过程中,主要通过一系列倾斜性政策的制定以及财政补助支持,来促进东部地区学前教育质量的有效提升。学前教育注重向0—3岁孩子倾斜,尤其是东部落后地区的支持,加强这一阶段孩子的教育。还有注重提升学前教师队伍的素质,主要存在保教人员专业素质与水平过低的问题,着重提升教师的学历水平,改进教师的专业素养。与大学或学院开展密切合作,开设培训与进修课程,加强对于东部地区教师的继续教育与培训工作。

五、日本学前教育的当代发展

日本很早就认识到学前教育的重大作用,早在1889年,日本就制定了幼儿园规则,明确规定了学前教育的目标。在这些法规的指引下,建立了比较完善的机构体系与课程体系,对学前教育教师进行培养与培训,提升整个学前教育的质量水平。

(一)学前教育的立法颁布

二战以后,随着经济的迅速恢复和社会、政治、教育的重大改革,学前教育很快复兴,这期间也颁布了许多涉及学前教育的法律法规。1947年颁布的《学校教育法》将幼儿园分为国立、县(市)立和私立三种。幼儿园的目的在于养育幼儿阶段的幼儿,为其提供适应的环境,以发展其健全的身心。同年12月公布了《儿童福利法》,在该法中规定,为对缺乏保育条件家庭的幼儿提供保育服务,设立保育所。1948年颁布了《儿童福利法施行令》和《儿童福利法施行规则》,进一步对保育所的具体事项做出规定,并于同年12月公布《儿童福利设施最低标准》,就设立保育所提出最低标准。在《宪法》和《教职员许可法及其实行法》中也有对幼儿教育的规定和要求。

1989年,日本颁布了新的《幼稚园教育要领》,提出了教育要领的五大领域,具体包括:健康、语言、人际关系、环境、表现。① 进入90年代后,为了解决学前教育发展中面临的少子化、核心家庭化等问题,日本先后在1994年和1999年颁布了《天使计划》《幼儿期开始进行心灵教育》,主要是调动各方力量来发展学前教育,形成群策群力的局面。近年来,为了促进幼儿教育事业的发展,文部科学省针对从幼儿园数量的增加到幼儿教育质量的提升采取了一系列措施,如2001年出台了《幼儿教育振兴计划》(2001—2005年),该计划涉及幼儿园教育活动与教育环境的充实、幼儿园育儿援助措施的充实、幼小衔接的推进以及家庭教育与社区育儿援助措施的充实等多方面内容②。2006年,日本对《教育基本法》进行了修订,对学前教育目的进行了调整与完善。2008年,日本公布了修订后的《幼儿园教育要领》,主要强调"生存能力"的形成。

---

① 王幡.论日本学前教育中的"五个领域"[J].外国教育研究,2014(1):84-92.
② 文部科学大臣.幼儿教育振兴计划[Z].初等教育资料(临时增刊),2004(12):19-22.

(二) 学前教育的机构设置

日本的学前教育机构主要有两大类：一类是根据文部省颁布的《幼儿教育法》设立的幼儿园机构系统；另一类是根据厚生省颁布的《儿童福利法》设立的保育所机构系统。从法律意义上讲，前者的主要任务是教育，后者的主要任务是保育。随着社会政治、经济的发展，两者的教育内容都发生了很大变化，有相互融合的趋势。日本的学前教育不属于义务教育范畴，幼儿的父母要负担学费，学费具体数额视机构的性质而定。国立、公立园所学费相对较低，私立的相对较高。

1. 幼儿园

幼儿园主要以3—6岁幼儿为招收对象。在日本，3岁幼儿绝大部分集中于私立园，随着年龄的上升，公立园幼儿比率逐渐增大。原则上规定幼儿园每天的教育时间为4小时，但根据幼儿身心发展程度及季节特点还可进行适当的调整。现在，根据工作的母亲们的强烈要求，实行长时间（每天6~9小时）保育的幼儿园（私立）有所增加。幼儿园每年的教育日数一般在220天以上，有些幼儿园实行与孩子母亲工作时间相吻合的长时间保育。

2. 保育所

主要招收年龄在0—6岁的乳儿及幼儿。乳儿保育所从何时开始招收乳儿没有专门的规定，特别是私立所，非常自由。公立所，招收出生六个月以后的乳儿比较多。作为国家方针，希望两岁以下的乳儿都能在家庭里得到保育，在不得已的情况下才送乳儿保育所。国家规定每天保育时间是8小时，但各地情况有所不同，也有实行12个小时保育的保育所。

(三) 学前教育的课程体系

日本文部省于1990年3月公布的《幼儿园教育要领》(以下简称《要领》)规定，幼儿园应根据幼儿年龄特征及幼儿园所在地区的特点制定出符合幼儿身心发展状况的教育课程，在健康、人际关系、环境、语言和表现五个领域中通过综合活动对幼儿进行指导，以完成《要领》提出的要求。日本幼儿园重视开展游戏活动，这成为了日本幼儿园教育的特色，具体表现为：1. 幼儿在园生活从游戏开始，一日中游戏时间充分；2. 游戏环境材料简易、朴实、自然，有利于激发孩子的兴趣和便于操作，创造性地运用；3. 活动类型多样，注重让幼儿在户外进行运动性游戏和接触自然的活动；4. 游戏中幼儿自主自由，教师积极参与共享游戏快乐。[①]

《保育所指南》则指出，接纳的儿童年龄不同，教育内容应有所区别。2岁以下婴儿注意生活游戏，2—3岁增加了社会科目，3—4岁分化出语言科目，4岁以上要按《要领》进行教育。教学组织方法多以小组活动为主，自由活动时间长，教师干涉控制少，尽量让幼儿通过自我管理解决自己的问题，培养个性健康发展。总的来说，日本学前教育机构的课题设置重视家庭、环境（社会和社区）的配合，注意发展儿童的个性，体现了日本对人才培养的新观念。

(四) 学前教育的师资与培训

日本历来重视教师的素质，认为只有高质量的教师才能培养出高质量的人才，对于学前教师的要求也是非常严格的。日本幼儿园的教师称教谕，一般应在大学里学完一般教养科目和专门科目，具有视野开阔、专业知识深厚的资质，在文部大臣认定的大学、短期大学及其

[①] 张燕.日本幼儿教育的特色及其启示[J].教育科学,2003(4):62-64.

他培养机关学完规定学分,并取得幼儿园教谕资格证书,才能从事幼儿园教育工作。幼儿园园长必须取得教谕一级普通免许状。附设在大学或小学里的幼儿园,一般由大学教授或小学校长兼任园长,私立幼儿园也一样。保育所的教师称保姆,应在厚生大臣指定的保姆培养机关学习人文科学、社会科学、自然科学方面的三十多门课程,并经保姆考试合格后,可取得保姆证明书才能从事保育所的教育工作。

随着社会的变革,在尝试利用新的教育理论和方法去培养学前教师的同时,日本不断提高幼儿园教师的水平,还建立了在职教师进修制度。日本将在职教育作为学校教育的延长,对教师的培训更为重视,认为在职教育是不断提高幼儿教师资质的重要措施和保障。由于日本幼儿园教师的学历起点本来就高,加上在职教育,这样就保障了日本学前教育的师资力量。

(五)促进学前教育与小学教育的衔接

日本很强调学前教育与小学教育之间的衔接,要求幼儿园、保育所和小学开展合作。日本实施幼小衔接的基础就是尊重孩子的发展特点,幼儿园、保育所与小学应该根据学生的不同特点,具体开展不同的保育和教育工作,并根据现有的发展特点对下一个阶段进行很好的规划。主要通过游戏和生活体验,让幼儿感同身受,接受现有的学习形式,改变让幼儿坐在教室里听课的方法。在具体实施上,不能将保育所和幼儿园作为小学教育的前期准备,而是根据幼儿的特点来分别实施教养。在实施的过程中,包括通过做游戏、在院子里嬉戏、读故事书等活动,帮助幼儿逐步养成小学阶段的一些习惯,不是按照45分钟来上课,[1] 而是灵活地掌握时间,充分调动幼儿的积极性。其中做得比较好的学前教育机构包括清雅森林保育所、品川区立第一日野幼儿园和新宿区立四谷小学,取得好的经验,包括尊重孩子发育的特点,需要从长远的角度看待幼小衔接问题,在小学阶段也要做好准备。

六、俄罗斯学前教育的当代发展

在分析俄罗斯学前教育发展中,主要分为苏联阶段和俄罗斯阶段。二战后,苏联先后进行了三次大的学前教育改革。在苏联解体后,俄罗斯对学前教育实施了新型改革,引入了一些新的元素,促进了学前教育的新型发展。

(一)学前教育的改革政策

在苏联时期,第一次改革是以"托幼一体化"为重点的幼儿教育改革。1959年,苏共中央和前苏联部长会议在《关于进一步发展学前儿童教育机构和改善学前儿童的教育及医疗服务措施》的决议中提出:"参照地方的条件与可能,将托儿所和幼儿园这两种儿童教育机关合并为统一的学前儿童教育机构。"[2] 在原有幼儿园和托儿所的基础上,融合形成了第三种学前教育机构,即"托儿所—幼儿园",招收从出生到6岁的学前儿童。

第二次改革是以《幼儿园教育大纲》修订为主要内容的改革。1978年的第8次修订本,将学前儿童分成4个年龄阶段:学前早期(0—2岁)、学前初期(2—4岁)、学前中期(4—5岁)、学前晚期(5—7岁)。1984年的第9次修订本,增加了体、智、德、美、劳等各项任务的

---

[1] 王幡,白健,王建平.日本学前教育中"幼小衔接"的实践与启示[J].浙江师范大学学报(社会科学版),2015(2):80-85.

[2] 王小英,蔡珂馨.国内外幼儿教育改革动态与趋势[M].长春:东北师范大学出版社,2004:82.

难度,提高了为小学做准备的要求,促进幼儿个性的全面协调发展。①

第三次改革是在戈尔巴乔夫主导的"社会人道化"思想指导下,开展的以《学前教育构想》为主要内容的改革。但随后的"八月事件"导致了苏联解体,《学前教育构想》也不得不在中途流产。

苏联解体和俄罗斯联邦成立之后,在 20 世纪 90 年代开展了以"多元化、民主化、人道主义化地发展教育"为目标的新一轮教育改革。1992 年,俄罗斯前总统叶利钦签署颁布了《教育法》。将学前教育机构推向了"市场化"的进程中;规定了以民主化、多元化思想为指导的幼儿教育工作目标;规定了政府把办学权交给教育机构,而政府建立以经济、政策、法律和市场信息为调控手段进行宏观调控。

进入新世纪以后,俄罗斯联邦教育部在 2003 年通过了《连续教育内容构想》政策,加强学前教育和小学教育之间的衔接,制订和提出了学前与小学儿童不间断教育的目标与任务。此后俄罗斯在 2011 年对《教育法》中关于学前教育的条例和规定进行调整,采取了一系列举措来促进学前教育的发展。包括增加财政投入以加大学前教育的普及性,促进对非公立学前教育的支持,改善学前教师的工资待遇,增加学前教育的收费服务项目,鼓励私人资本办园等措施。②

(二) 学前教育的机构设置

1. 托儿所

这是俄罗斯学前教育机构体系的第一个层次,大都是私立机构,主要招收 2 个月至 3 岁的儿童,每天的开放时间为 8~12 个小时,每周工作 6 天,但生源极不稳定。其一,俄罗斯的低出生率和高死亡率是导致生源奇缺的直接原因;其二,俄罗斯政府对婚育妇女的一系列优惠措施,使得母亲可以在家抚育孩子;其三,俄罗斯父母们受教育程度的提高,也使他们认识到早期亲子接触对子女健康成长的重要性。这三点是造成幼儿园生源极不稳定的主要原因。③

俄罗斯的托儿所对幼儿承担的主要是"看管""监护""保养"的任务,目的是保护孩子的身体不受意外伤害,教育职责居于次位。当然,由于 3 岁前是儿童语言发生和发展的时期,5 岁是儿童学说话的关键时期,因此,托儿所也会结合日常生活中的具体实例来教孩子说话。托儿所的保育员一般是已婚并生育过的俄罗斯妇女。要求保育员必须具有高中以上文化程度,并且要具有爱心和强烈的责任感。当然对保育员的思想品质、身体健康状况和心理素质等也有一定的要求。

2. 幼儿园

这是俄罗斯学前教育机构的主要类型。现行俄罗斯的幼儿园主要分为公立和私立两种类型,通常招收 3—7 岁的儿童。俄罗斯幼儿园的工作时间通常是 8 点半至 19 点。近年来,根据俄罗斯人的生活习惯以及应家长的要求,幼儿园的班级设置更为合理,设有 24 小时的全托班以及 14 小时的全天班等。目前,80%的年轻父母们为孩子选择全托班。④

---

① 王小英,蔡珂馨.国内外幼儿教育改革动态与趋势[M].长春:东北师范大学出版社,2004:83.
② 王凤英.21 世纪俄罗斯学前教育发展及特色探析[J].外国教育研究,2011(5):57-61.
③ 冯勇刚.俄罗斯学前教育机构体系的第一个层次——托儿所[J].教育导刊(幼儿教育),2007(5):57-58.
④ 冯勇刚.幼儿园——俄罗斯学前教育机构的主要类型[J].教育导刊(幼儿教育),2007(6):59-60.

俄罗斯公立幼儿园由政府创办,收费较低。公立幼儿园分为小班、中班和大班,每班有儿童 15~30 人不等,配有两名学前教师和一名助手。大多数的俄罗斯幼儿园没有固定的教材。经验丰富的幼教工作者往往从俄罗斯民族文化尤其是社会科学和自然科学中选择大量有益于幼儿心智发展的优秀作品,对儿童施加教育影响,让他们从小受到本民族优秀文化的感染和熏陶。在劳动中进行思想教育,培养儿童的良好品德和行为习惯,是俄罗斯幼儿园品德教育的重要、有效和生动的途径。

俄罗斯的私立幼儿园由各单位、企业、社会团体组建。这种私立的幼儿园收费颇高,只有经济条件较好家庭的子女方能进入,贫困家庭的孩子欲入无门。私立幼儿园的月平均收费为 300~500 美元,此种幼儿园可称为地地道道的贵族幼儿园:家长们每月最多要交纳 15 000 卢布,约合人民币 4 300 元。在莫斯科,收费最高的私立幼儿园竟达 1 000 美元,这对工薪家庭,不能不说是一笔巨大的开支。但是,私立幼儿园优越的教学环境、先进的教学设备、高素质的师资队伍还是吸引了不少家长的目光。

3. 托儿所—幼儿园联合体①

这是俄罗斯学前教育机构的重要组成部分,2 个月至 7 岁的儿童均可入学。这是深受幼儿家长喜欢的一类学前教育机构。为了能使孩子受到一贯、连续的教育,免除后顾之忧,更多的俄罗斯家长们将注意力转向托儿所—幼儿园联合体,也就很自然了。此外,托儿所—幼儿园联合体在办学思想、管理体制、教学体制、托幼衔接、资源整合、师资建设等方面的独特之处,也是吸引家长的重要方面。在俄罗斯托儿所—幼儿园联合体内把 2 个月至 7 岁的儿童看作是一个整体,坚持整体的教育。具体做法是从教育的整体性出发,无论在教育目标、课程实施、教育方法、教学形式和教育资源共享上,都体现出了整体性和综合性,以达到各因素协调发展和优势互补,促进儿童身心健康成长。坚持整体性原则并不意味着对 2 个月至 3 岁和 3—7 岁儿童同等对待、一视同仁。这对托儿所—幼儿园教师的专业素养提出了更高的要求。

此外,俄罗斯还有专门培养幼儿体育兴趣和发展运动能力的幼儿体育学校;有在经济不发达的俄罗斯各山区和城镇,能充分利用家长资源的家长管理中心;有专门为贫困家庭、残障儿童、孤儿等开办的社会服务性学前班。这些教育机构组成了俄罗斯形式多样的幼儿教育体系。

(三)学前教育的课程体系

根据《教育法》的规定,学前机构可以在国家《标准大纲》的指导下,结合本地、本机构的具体情况,制定新的《大纲》。因此,学前教育机构仍按统一的《标准大纲》进行或以它为参照自编了《教育大纲》,改变了以往那种统一大纲、统一教材、统一上课的局面,教育内容丰富灵活又有特色。在改进学前教育内容的过程中,遵循综合性原则,即教育过程要包括儿童发展的所有方面,比如身体、认知、艺术审美、了解周围世界、发展语言等,注重保护和增强儿童身体方面的发展。②

从俄罗斯学前课程改革的历程中可以看出,如何贯彻发展性教育的精神以促进儿童的自我发展是其核心问题。在课程方案设定上,以"为 4 至 7 岁儿童创造性发展创造条件,并

---

① 冯勇刚.托儿所——幼儿园联合体:深受家长欢迎的学前教育机构[J].教育导刊(幼儿教育),2007(7):60-61.
② 王晓艳.改革中的俄罗斯学前教育[J].内蒙古教育,2001(1):39-41.

为入学做准备"为目的。其教育任务包括发展儿童的想象力,激励儿童独特的认知动机和智力情绪,扩展儿童的发展潜能,培养儿童的身心健康。① 与此相应,课程方案的内容主要包括涉猎社会文化经验的四个领域:发展运动素养和健康工作、发展审美素养、发展认知素养及发展社交素养。除了上述主要的领域外,方案还包括将四个领域相互对接与联系的亚领域,如"运动和音乐",是将发展运动素养和审美素养相对接。

(四)学前教育的师资与培训

在苏联解体后,俄罗斯出现一系列危机,学前教育领域的教师职业威望的下降,导致师资队伍人才大量流失,师范院校毕业生跳槽严重等。如1994年40%的师范毕业生没有去学校工作,直接的后果是造成教师数量的严重匮乏。② 为了吸引更多大学生能走上教育岗位,政府对师范学院的学生实施了一系列的优惠政策。为了提高幼儿教育机构教师的素质,在提升教师工资、社会地位,吸引更多人投身教育事业的同时,政府着重提高了幼儿教育机构、普通教育机构教师的从业标准。2001年颁布的《俄罗斯联邦关于教育兴国思想的决定》规定,幼儿教育、普通教育机构的各类教师不再由高中毕业生担任,而一般应为大学毕业生。

俄罗斯高等师范院校担负着培养幼儿教师的重任。学生在校学习的科目主要有:生理学、心理学、外语、儿童文学、儿童语言发展、儿童身体训练、儿童音乐活动、律动、学前教育学、各科教学法等必修课和选修课,每门课程都强调知识的系统性和实用性。通过学前教育理论知识的学习,使未来的教育者对职业有浓厚的兴趣,对儿童有爱心,并能把理论知识运用于实际工作之中;有较高的职业道德水准和较强的教育能力,注重自身修养和自我完善;把职前教育作为工作的起点,并重视在职进修和业务提高。③

(五)学前教育质量的改进与提升

由于受制于经济发展以及政府投入过低的影响,俄罗斯学前教育面临着质量低下的问题。比如,幼儿教师力量薄弱,教育手段僵化,科学研究进展缓慢,存在"吃老本"现象,无法提供给孩子更高质量的教育。近些年来,俄罗斯政府重视改进学前教育的质量状况,解决优质教育资源分布不均的问题,在质量改进的前提下普及学前教育。2013年,俄罗斯政府批准了教育工作者(幼儿教师和小学教师)的专业标准,对幼儿教师提出更高的要求。④ 在实施过程中,对将要进入幼儿教师岗位的候选人采用严格测试的专业标准,要求所有基础学校及幼儿园的教师工作成效评价统一标准,以帮助教师专业成长,提高工作质量。对学前教育教师进行质量评估,对教育过程与教育结果进行有效评估,评价标准也由知识的传授逐步转变为孩子的个性发展。

第三节 学前教育的改革与发展趋势

第二次世界大战后,学前教育进入普及与提高期,从世界各国来看,取得了很大的发展成就。各国虽然在幼儿教育实践过程中走出了不同的发展路线,但是幼儿教育的发展还是

---

① 郑三元.儿童期的发展观与俄罗斯学前课程改革[J].比较教育研究,2001(10):43-48.
② 吴永忠.俄罗斯教师教育的现状、问题与启示[J].黔东南民族师范高等专科学校学报,2003(2):71-73.
③ 李生兰.比较学前教育[M].上海:华东师范大学出版社,2000:89.
④ 王艳艳,张丽.近年来俄罗斯学前教育发展的现状、问题与改革措施[J].比较教育研究,2015(3):96-100.

显现出一些共同的发展趋势。注重普及学前教育的规模,让更多的适龄儿童都能够接受合适的教育。在学前教育和小学教育之间建立衔接机制,让学前教育成为小学教育的准备阶段。更重要的是改进学前教育质量,尤其在师资培养与在职培训上,加强幼儿园教师队伍建设,对学前教育质量进行有效评估。

一、加强学前教育与小学教育的衔接

世界各国意识到学前教育在整个教育体系中的重要地位,可以为以后的教育阶段提供准备,保障优秀的生源质量。因此,很多国家都很重视学前教育与小学教育之间的有效衔接,为儿童接受小学教育做好准备,又不能把学前教育办成小学教育,重视两者之间的差别。法国主要在教育行政组织的衔接、教学组织与课程规划的衔接、师资聘用与培训的衔接上为幼小衔接做准备。在幼儿园的师资聘雇与培养方面和小学教师完全相同,教育行政和人员组织运作开始完全相同,甚至在教育督导上也比较一致。将学前与小学阶段的教学分为三个阶段,按照学生的能力实行同学科、同水平的分组教学,从而将两者结合在一起。日本要求幼儿园、保育所和小学开展合作,实施幼小衔接的基础就是尊重孩子的发展特点,幼儿园、保育所与小学应该根据学生的不同特点,具体开展不同的保育和教育工作,并根据现有的发展特点对下一个阶段进行很好的规划。

二、注重对学前教育质量的改进

从各国的发展趋势来看,提升教育质量成为学前教育发展的核心,成为目前普遍实施的重心,主要是通过质量评估与保障机制来促进学前教育质量的改进。美国建立了完善的质量评估与保障体系,包括严格的教师准入制度、幼儿教师的在职培训、质量评估体系,对幼儿教师的准入提高了要求,包括学历标准和能力要求,从师资上予以有效保障。同时还建立了一系列评估制度对学前教育机构进行定期评估与审查,对幼儿园的硬件与软件层面进行有效提升。英国在学前教育质量保障上,以课程标准为主要依据,针对教育计划、课程实施、学习环境等方面进行评估,还加强了学前教育质量的督导工作,建立了专门的教育督导部门,由教育标准局来负责。俄罗斯政府主要为解决优质教育资源分布不均的问题,在质量改进的前提下普及学前教育,主要是在教师的专业发展标准以及师资培训上,以帮助教师专业成长,提高工作质量。

三、树立幼儿全面发展的整体观

不同的社会、不同的时代和不同的生产力发展水平下的教育,对人才的培养有着不同的目标。然而,当历史进入到生产力高度发展的现代社会以后,各国均把教育的目标定位于人的身心的全面和谐发展上,这是社会发展到一定阶段的必然结果。日本非常重视幼儿全面素质的培养。在1998年颁布的《幼儿园教育纲要》中明确规定,学前教育应为培养与完善贯穿人一生的人格奠定基础,并提出五项具体的教育目标:培养健康安全的幸福生活所必需的基本生活习惯和生活态度,为培养健全的身心状态打下基础;培养对人的爱心和信赖感,培养自主和协作精神以及道德心之萌芽;培养对自然周围事物的兴趣和关心,培养丰富的情感和思维能力的萌芽;培养在日常生活中对语言的兴趣和关心,养成愉快的、愿意听与说的

态度和对语言的感觉;通过各种各样的生活体育,培养丰富的感性能力并增强创造力。① 世界各国的学前教育都开始将教育目标从过去以智育和知识教育为中心,转向重视幼儿的全面发展,树立幼儿全面发展的整体观。这使得学前教育目标的制定越来越具有全面性。

四、扩展学前教育的内容体系

伴随着幼儿全面发展的整体观的树立,从原有比较重视知识性教学,转向重视生活性的教育内容对儿童发展的价值,学前教育内容也得到扩展。幼儿时期是人的认知发展最为迅速、最重要的时期,在人一生认识能力的发展中具有十分重要的奠基性作用。学前教育阶段的主要任务是培养儿童学习的兴趣、愿望、积极的情感和态度。为着这一使命,终身教育思想提出教育应围绕学会认知、学会做事、学会共同生活、学会生存四种基本学习加以安排,认为这四种学习将是每个人一生中的知识支柱。这四大支柱丰富了学前教育的内容和形式,也是终身教育思想在幼儿教育阶段的体现。很多国家都强调学前教育内容的全面性,主张把学前教育内容分为几大领域,并注重各领域的互相渗透和综合发展。美国的学前教育内容加入了许多富有时代性的内容。日本的学前教育更加关注与现实生活的紧密联系。

五、提高学前教育师资水平

时代的发展,社会的需要,使各国的学前教师队伍逐步走向高学历、专业化的发展道路。从目前情况来看,美国、英国、日本等国家正规学前教育机构的教师都是要通过大学来培养,学生毕业时取得学士学位,并且对教师资格的要求越来越高。美国20世纪90年代以来,越来越多的州要求学前教师必须具有硕士学位证书。日本在《改革教师培养与资格检定制度》中提出把原来的小学、幼儿园教师的一、二级教谕,改为具有硕士学位的"特别级",具有学士学位的"标准级"和具有短期大学毕业证书的专业课最低标准。英国培养保育教师的任用同小学相同,通过3年的教育证书课程学习之后,还必须参加实习,合格后方可成为学前教师。法国把学前教育师资培养时间由3年改为4年,并且通过控制其师范教育的招生对象的性质来提高幼儿教育的水平,将原来面向高中毕业生的师范教育,改革成招生对象为持有两年或两年以上高等教育文凭者,以此保证学前教育师资的质量。为使教师不断更新知识,许多国家不断完善对学前教师在职培训的制度,并且配合学前教育内容的革新,为学前教师培养的课程编写新教材,补充最新教育学和心理学的理论,以期提高教师的理论水平和实际能力。

拓展阅读

1. 吴式颖.外国教育史教程[M].北京:人民教育出版社,1999.
2. 李生兰.比较学前教育[M].上海:华东师范大学出版社,2000.
3. 霍力岩.国内外幼儿教育改革动态与趋势[M].长春:东北师范大学出版社,2004.
4. 王小英,蔡珂馨.国内外幼儿教育改革动态与趋势[M].长春:东北师范大学出版社,2004.

---

① 王小英,蔡珂馨.国内外幼儿教育改革动态与趋势[M].长春:东北师范大学出版社,2004:196-197.

问题与探究

1. 简述世界学前教育发展的历史过程。
2. 请你谈谈美国 NCLB 法案对美国学前教育的影响。
3. 法国学前教师教育的师资培训对你有什么启发？
4. 请你查找德国幼儿园的混龄教育的相关资料，谈谈你对幼儿园混龄教育的看法。
5. 你如何看待世界学前教育改革与发展的趋势？

第五章　基础教育——幸福的基石

本章提要

- 基础教育的发展特别是义务教育的普及经历了漫长的过程。到19世纪末20世纪初，资本主义国家逐步从教会控制教育过渡到了国家管理教育，并全面实现了义务教育。各国宪法和法律普遍做出了义务教育的规定，接受最低限度的教育已经成为公民的一项基本义务。在之后的发展进程中，各国基础教育的制度逐渐建立，普及义务教育的年限不断延长。主要发达国家都是用立法形式保障其基础教育的实施，并且在基础教育的机构、内容、师资与培训方面走出了丰富多彩的发展道路。

- 21世纪的到来，伴随着社会经济和科学技术的发展，对人才素质的要求越来越全面，越来越完善。各国课程目标也日益完善，并最终指向终身学习。课程目标的变化也预示着，课程类型逐渐走向多样化、综合化和个性化。

- 追求教育的公平成为社会的普世价值观。但是与此同时，也有相当一部分儿童由于环境限制不能接受平等的基础教育，输在了起跑线上。为了使公平权利得以实现，必须确保每一个儿童都有均等的就学机会。各国政府在推进教育公平的过程中，认识到制度是关键，法律是保证，并都将推进基础教育公平问题作为本国教育实践中的重中之重。

国民素质已经成为现代国家发展的重要条件之一，而基础教育的发展水平是影响国民素质的决定因素。基础教育，按照《教育大辞典》的界定，"基础教育(basic education)亦称'国民素质教育'，是对国民实施的基本普通的文化知识的教育，是培养公民基本素质的教育，也是为继续升学或就业培训打好基础的教育。"[1]

狭义的基础教育包含着丰富的内容。从教育对象上看，基础教育的对象是儿童和青少年，是一个人成长的基础时期；从教育结构上看，基础教育处于最底层；从教育内容上看，基础教育是对学生进行一定时代和社会所必需与可能的基础文化的培养；从教育的民族性上看，基础教育是建立在一定的民族传统文化之上的，它要传承的则是这种文化最核心部分；从教育目标上看，基础教育是培养学生具有一个国家的普通公民所应具备的素质；从教育发展上看，基础教育是包括职业技术教育、高等教育在内的整个教育事业的奠基阶段。[2]

---

[1] 顾明远.教育大辞典[M].上海：上海教育出版社，1998：627.
[2] 马健生.比较基础教育[M].南京：江苏出版社，2008：3.

第一节 基础教育的历史沿革

一、二战以前的基础教育发展状况

欧洲普及义务教育思想渊源可以追溯到古希腊雅典、斯巴达奴隶制城邦时代。柏拉图在《理想国》中就强调儿童成长到一定年龄必须进入公立学校接受正规的学校教育。16世纪文艺复兴后期,德国的宗教改革领袖马丁·路德(Martin Luther)从宗教改革的立场出发,提出了普及义务教育的主张,其信徒建立起包括男女学生在内的本国语小学校,对民众实施读、写、算和宗教教育。受此影响,德意志各邦先后颁布了有关国家办学和普及义务教育的法令。

16—17世纪,德国是制定强迫教育法的先进国家。1557—1559年,萨克森公国和威丁堡公国就相继宣布了强迫教育法令。1619年,魏玛公国颁布强迫教育法令,明确规定牧师和学校教师应将6—12岁男女儿童的名单造册报送学校,以便地方政府督促或勒令家长履行送子女入学的义务。①

费里(Jules Francois Camille Ferry 1832—1893)在任教育部长期间,于1881年和1882年颁布的两项初等教育法案,史称《费里教育法》,也称《费里法案》。《费里法案》确定了法国国民教育发展的义务、免费与世俗化三大原则,并具体规定6—13岁为法定义务教育年龄,儿童可以进入公立小学、中学接受义务教育,也可以在家庭和中学预科班中接受教育,然后升中学、大学。这一法案废除了教会学校的监督权和神职人员担任教师的特权,重申教师必须获得国家颁发的证书才可以任教。虽然《费里法案》确定的义务、免费、世俗性三个原则是符合资本主义发展需要的进步措施,但是它也强化了法国"双轨制"的教育传统。

1870年,英国议会通过了《初等教育法》(又称《福斯特法案》),对5—12岁的儿童实施强迫的初等教育。1918年,通过了彻底普及初等义务教育的新的《初等教育法》(又称《菲舍法案》),规定对5—14岁的儿童实行免费的义务教育。这一法案,标志着英国正式确立了义务教育制度。

在日本,明治天皇为了培养忠顺的臣民,造就爱国与守法的国民,于1872年颁布了《学制令》,规定6—14岁的儿童必须接受8年的义务教育。1907年,又颁布了《再改正小学校令》,将私立小学一律改为公立小学,并确立了小学阶段6年义务教育体制。到20世纪初期,日本完成了普及义务教育的任务。

总之,19世纪末20世纪初,资本主义国家逐步从教会控制教育过渡到国家管理教育,并全面实现了义务教育。各国宪法和法律普遍做出了义务教育的规定,接受最低限度的教育已经成为公民的一项基本义务。

二、20世纪中叶到末期的基础教育发展

第二次世界大战前后,各国普遍强化了义务教育。1944年,英国通过了《巴特勒法案》,把义务教育年限延长至5—15岁,公立学校免费。到60年代,基本实现了普及10年义务教

---

① 袁桂林.基础教育改革与发展[M].长春:东北师范大学出版社,2002:32.

育的目标。1936年,法国将义务教育年龄延长到14岁,适龄儿童如果不能入学,家长可能受到刑事和被剥夺家长权力的处分。1959年颁布《教育改革法》,将义务教育年限延长到16岁。1964年,德国各州州长签订了《汉堡协定》,规定所有儿童接受9年制义务教育,义务教育阶段应是全日制学校的教育。1947年,日本公布了《教育基本法》,规定全体国民接受6—15岁的9年制义务教育。

在第二次世界大战期间,大量美国青年应征参军。战争结束后,除进行复校和复课以外,要解决的最迫切问题便是这些退役军人的就学和就业问题。1945年8月日本投降后,美国数百万从战场上归国的军人由于缺乏职业训练,在就业问题上出现了巨大的困难。为了避免大批军人重新转入平民生活和返回劳动力市场引起的大规模失业现象,美国国会通过了《退伍军人就业法》。该法案规定由政府贷款,使退伍军人能安家立业,并得到在职训练,帮助他们顺利地转入平民生活。通过这一法案,不仅避免了大规模失业的可能性,而且培养了几百万专门人才,大大增强了美国在"冷战"中的实力。1957年苏联的人造地球卫星上天后,标志着苏联在空间技术方面已处于世界领先地位。这在美国朝野引起极大反响,人们普遍抱怨美国的科学技术落后于苏联,并指责美国的学校教育水平低下、落后,特别是忽视对学生进行科学和技术的教育。因此,国会通过了《国防教育法》,以立法的方式拨款资助美国教育事业,并且主要以专项拨款的形式资助理科教育,由此开创了美国理科教育的"黄金时代"。为了防止专款他用,政府对拨款的使用分门别类地做了详细的规定。1964年国会决定将《国防教育法》延长3年,并增加拨款,改善阅读、英语、地理、历史、公民学等课程的教学质量。这一法案的实施,促进了美国科技的发展。

1992年7月,俄罗斯联邦制定了《俄罗斯联邦教育法》,这一法案奠定了俄罗斯国家教育政策的法律基础。该法无论是在各级各类教育体系的整体构建还是教育适应新时期发展的需要上都进行了大幅度的卓有成效的改革。

三、新世纪以来的基础教育发展状况

进入21世纪以后,世界各国基础教育的发展目标便是优质与均衡,一方面要促进基础教育质量的有效提升,另一方面推进基础教育的均衡发展,让更多的人能享受到优质的教育资源。美国政府于2002年正式签署颁布了《不让一个孩子掉队法案》(No Child Left Behind Act, NCLB),以期通过强制性的联邦法律在全国范围内推行教育改革,提高美国公立中小学的教学质量。美国政府还在2009年颁布了《力争上游》(Race to the top)教育革新计划,总共投入金额达40亿美元,解除了对特许学校数量限制,要求大量兴建"政府特许学校",以此来提升教育质量状况。这些法案从经费保障、课程建设、师资培养、补偿教育、学校管理等方面,对基础教育阶段的学校进行质量改进。

英国基础教育非常注重质量的提升,通过特色学校的建立和优秀师资的建立来改进学校教育的质量状况。2000年初,英国政府鼓励扩大特色学校建设的规模,让学校选择各自的特色发展学科,通过政府的额外补助和私营部门的合作,提高学校的特色办学质量。2008年,英国发布了《国家挑战:提高标准,支持学校发展》(The National Challenge: Raising Standards, Supporting Schools)政策,为改造薄弱学校而提供全方位指导,帮助学校提高学生学习质量。法国颁布了一系列的政策措施,主要围绕课程改革、质量改进等维度。2005年,法国政府出台了《学校未来的导向与纲要法》,在其中强调"共同基础"保证每个学生掌握基

本的知识与能力,具体包括七个方面的目标。旨在改善学校环境以帮助每个学生取得学业成功,并加强教师队伍的稳定和促进机会平等。

德国在2003年决定引入国家教育标准,教育标准已经覆盖了从小学到高中的整个基础教育阶段,包括全部核心课程科目。文教部长联席会议于2004年通过了《教师教育标准》,确定了教师专业学习、见习阶段、继续教育和培训方面的统一标准。进入21世纪后,日本基础教育改革的步伐加快。2002年开始实施《学习指导纲要》,确定了基础教育阶段的课程结构、体系和内容,提出了建立综合学习课程。2008年,日本颁布了新课程标准——《学习指导要领》,将培养学生的"生存能力"定为义务教育的基本目标,促进学生全面发展。2002年,俄罗斯制定了《俄罗斯基础教育标准》,旨在保障促进俄罗斯学校现代化、保证国家教育空间的统一、增添新的教育内容、保持本国学校教育的优良传统、使大众接受高质量的教育、保证经济拨款的连续性,使国家和地方在人力和物力上享有自主权。

第二节 基础教育的当代发展

一、美国基础教育的当代发展

美国以地方管理教育为主,以税收来支持当地的办学。由于各州经济发展水平的差异,州政府在办学上拥有较大的自主权,各地在教育发展上呈现出差异性。因此,为了提高全民素质,促进教育机会均等,联邦政府加强了对基础教育发展的干预,颁布了一系列的政策措施。同时,基础教育在自身的发展中形成了自身的特色,包括课程体系建立,保障教育选择权利以及质量改进等。

(一) 基础教育的立法

联邦政府于1965年通过《中小学教育法》,主要涉及为低收入家庭儿童提供及改善教育设施等内容。这标志着联邦干预教育达到一个顶峰,从此以后,联邦政府对教育的投资迅猛增加。1994年,美国国会通过了《2000年目标:美国教育法》(Goals 2000:Education American Act),这是克林顿政府教育改革的核心。通过对州与地方社区的资助确定了联邦政府新的合作地位,该法案授予联邦政府支持教育改革的立法动议权,还提到扩大选择和加强责任制的最具前景的策略。[1] 这一时期,还有一系列的教育立法,包括1991年的《国家文化补习法》《教育委员会法》,1993年的《学生贷款改革法》,1994年的《国家教育进步评审法》等。

为了提升基础教育质量,布什政府于2002年1月正式签署颁布了《不让一个孩子掉队法案》(No Child Left Behind Act,NCLB),以期通过强制性的联邦法律在全国范围内推行教育改革,提高美国公立中小学的教学质量。该法案提出要让"每一个儿童都必须通过受教育使其潜能得到充分的发挥",[2] 几乎对美国义务教育质量控制的各个方面都做出了明确

---

[1] Clinton Bill.A Call to Action for American Education in 21st Century[EB/OL].(1997-02-13)[2009-06-24].http://www.ed.gov/updates/PresEDPlan/part6.html.
[2] The White House President George W Bush. No Child Left Behind Art[EB/OL].(2002-01-08)[2009-07-17].http://www.whitehouse.gov/news/reports/nochildleftbehind.pdf.2009-07-17.

的规定,成为美国近年来最重要的教育改革法案。美国教育部在 2007 年于《NCLB 法案》的基础上又构筑了一项教育行动计划《建设基于成效:加强不让一个学生落后计划的蓝图》(Building on Results : A Blueprint for Strengthening the No Child Left Behind Act)。提出到 2014 年,基础教育阶段每个孩子的学习成绩达到或超过国家规定的等级水平。[①]

奥巴马政府于 2009 年颁布了"力争上游"(Race to the Top)教育革新计划,总共投入金额达 40 亿美元,解除了对特许学校数量限制,要求大量兴建"政府特许学校",以此来提升教育质量状况。这些学校着重采用创新的教学方法,让学生有更多的受教育选择机会,满足了不同学生的教育需求。同年还提出了被誉为"奥巴马教育计划"(Obama Education Plan)的《美国复兴和再投资法案》(American Recovery and Reinvestment Act)。联邦政府总共要投入 77 亿美元,用于各州招聘高质量的教师,开展严格的学业评估,促进低质量学校的发展等。[②] 2015 年,奥巴马政府还签署了基础教育新法案《每个学生都成功》(Every Student Succeeds Act),对"初等与中等教育法"和"不让一个孩子掉队"进行修订与重新授权,主要包括九个方面:(1)改进由州和地方教育部门实施的基础项目;(2)培养、培训及聘任优质教师、校长和学校领导者;(3)英语学习者及移民学生的语言教学;(4)21 世纪学校;(5)各州创新与地方灵活性;(6)印第安土著、夏威夷及阿拉斯加本土教育;(7)影响援助;(8)总则;(9)无家可归子女教育及其他法律。[③]

(二)基础教育的机构设置

美国多数州实施从学前到高中 12 年级的免费义务教育。学生只要到公立学校就读,从小学 1 年级开始到中学 12 年级毕业都享受免费教育。美国各州学制不同,小学学制一般为 6 年制、5 年制,有的地方是 8 年制。小学生的入学年龄,各州也有所不同,但是一般为 6 岁。美国普通教育基本学制为学前教育 3 年,小学 5~6 年,初中 3~4 年,高中 3~4 年,各地有所不同,但都已普及了高中阶段教育。高中除必修课程外,有大量选修课程可供学生自由选择。实行学分制,修满一定学分可以跳级。学有余力的高中学生还可以进修大学课程,所进修的课程获得学分的,进入大学后可以免修,甚至得到加分。[④] 美国的初等教育机构为公立小学和非公立小学。中等教育的机构为公立中学和非公立中学,具体有综合中学、一般中学、特科中学、教会中学、独立中学等,其中以综合中学为主体,兼施普通教育和职业技术教育。美国政府为了保障家长与学生的教育选择权,丰富教育服务的供给类型和差异,激发学校之间的竞争,保证充分的教育服务供给,允许在公立学校系统内外建立特许学校(Charter school)、磁石学校(Magnetic school)、家庭学校(Home School)等教育机构。

在美国基础教育质量低下和教育不公平问题成为社会和政府关注的焦点问题之际,特许学校在教育市场化浪潮和政府的大力支持下产生了。特许学校在美国积极推进基础教育改革的过程中产生,它试图通过教育体制改革、充分发挥学校自主权和绩效责任制等方式缓解美国基础教育领域存在的严重问题。特许学校是在美国兴起的众多公办民营学校之中的一种学校类型。1991 年明尼苏达州通过了第一个特许学校法,1992 年两位教师在明尼苏达

[①] 杜爱玉.美国"NCLB"法案的主要内容及其启示[J].安徽教育,2008(1):15-17.
[②] 凡勇昆,邹志辉.美国基础教育改革战略新走向——力争上游计划述评[J].比较教育研究,2011(7):82-86.
[③] 滕珺,王杨楠.美国基础教育体系真的要大改?[J].比较教育研究,2016(3):8-14.
[④] 林琳.美国基础教育的主要特点及启示[J].继续教育与人事,2003(5):43-44.

州圣保罗市开办了第一所特许学校。特许学校是经由州政府立法通过,特别允许教师、家长、教育专业团体或其他非营利机构等私人经营、公家负担经费的学校,不受例行性教育行政规定约束。特许学校在享受特权的同时必须承担一定的责任,这种责任以合同的形式定下来,一旦学校不能履行合同,或达不到商定目标,提供经费的政府有权终止合同。学校在性质上仍属公立学校。特许学校奉行公立教育的基本原则:不收费,面向所有学生,没有入学考试,不附属于任何宗教,每个学生同其他公立学校一样接受同样的生均经费,大致相当于州每生的平均费用或学生学区的平均费用。虽然有公立学校的性质,但是特许学校却拥有办学自主权,重视经营绩效。美国的特许学校现已成为美国新世纪学校的典范。

磁石学校又称"有吸引力的学校",是指以自身独特的设施和专门化课程吸引本学区或本学区外学生的学校。美国"磁石学校"大致从20世纪60年代后期至70年代前期开始发展,进入80年代后急剧增长。起初,它是以种族融合政策为目的而设置的一种学校选择类型,期待通过父母选择而不是强迫、控制的方式送孩子上学,以实现种族融合的目的。为了吸引白人父母,这类学校往往奉行某种特定教育理论或者在课程设计方面独具特色。它们往往提供丰富的特殊课程,如艺术、科学和技术、外语、基本技能等课程。有的也以提供某种独特的教学方法为特色,比如蒙台梭利教学法。[1] 目前,磁石学校的主要任务已经由原来的消除学校的种族隔离转向创建具有专门课程、重视备考大学、强调激励学生、鼓励家长和社区的支持与参与的学校。这种新型的磁石学校目前有三种主要形式:小规模高中、高科技高中、虚拟学校或网络学校。[2]

家庭学校教育指对学校教育体系不满的家长,可以通过向地方政府申请,不将孩子送到学校,而由自己为孩子设计课程,在家对孩子实施教育。19世纪中叶以前,家庭学校一直是美国教育的支柱,但随着公立学校的普及,家庭学校逐渐"消失"在人们的视野中。到了20世纪60年代才伴随着家庭学校运动重新出现。目前全美国50个州在法律形式上都认可了家庭学校教育。各州还制定了相应的法令法规以指导、规范家庭学校教育。至于具体的规定,各州不尽相同,甚至可以说差异很大。有的州对家庭学校教育中,家长、学校、州或学区教育管理机构的责任义务并没有进行明确的规定,有的州则对家庭学校教育制定了极为严格细致的规定。[3] 可以说它的重新兴起既有理论上的背景,又是社会发展的必然产物。

目前,美国公立中小学的数量和学生容量(88 000多所,占全美中小学校的76%左右,承担了89%的学生容量)都远大于私立学校,相对低廉的费用和完善的设施也为几乎所有家庭的孩子提供了接受基础教育的可能。[4] 然而,得到政府大力支持、办学条件相对更好的公立学校,在一些标准化测试中,成绩明显不如私立学校的学生好。这也使得公立学校在竞争生源时经常处于较为不利的地位。

(三)基础教育的课程体系

美国公立学校课程设置由州和地方教育当局决定,法律规定联邦政府无权过问。各级教育皆无全国性的统一课程设置。但是联邦政府会通过一定方式对课程设置施加间接影

---

[1] 贺武华,李承先.美国"磁石学校"的特色创新及其成效分析[J].比较教育研究,2009(6):57-61.
[2] 马健生.公平与效率的抉择:美国教育市场化改革的研究[M].北京:教育科学出版社,2008:63.
[3] 马健生.公平与效率的抉择:美国教育市场化改革的研究[M].北京:教育科学出版社,2008:64.
[4] 王盈.美国公立和私立中小学的竞争[J].基础教育参考,2007(3):31-32.

响。美国小学的教育目标,主要是培养儿童健康的体格和健全的人格,发展儿童对社会和科学世界的理解,获得有效参与民主社会的技能。因此美国现行小学课程重视培养学生掌握各种基本知识、基本技能,发展学生的思维能力。各校普遍开设的科目主要有英语、数学、科学、社会、音乐、美术、体育等课程,有的学校还会开设家政、卫生保健等课程。课程形式主要以综合课为主,教学内容也比较灵活。美国中学的教育目标概括起来有两个:一是为部分学生作升学准备;二是要帮助那些不准备升学的学生准备就业、选择职业,并为他们进入成年、做尽责的公民和继续学习或达到其他教育目标打下基础。美国的中学教育都是采取单轨制,即让统一学区所有学生都可以在一所学校按自己的能力、兴趣、志向进行学习,学校既开设普通教育科目又开设职业教育科目。一般来说,美国中学的课程大致可分为两类:一类是普通科目,如英语、社会科学、理科、数学、外国语、人文学科;一类是非普通科目,如卫生与体育、家政、美术、音乐、工艺、安全教育、消费教育等,学生可自由选择。中学的教学组织形式灵活多样,从单一的班级授课向多种教学组织发展。

(四)基础教育的师资与培训

美国现在已经没有专门培养教师的师范大学,中小学教师主要由文理学院和综合大学培养,在获得了4年制的非教育学科的学士后,如果要从事教师职业,必须专攻1年的教育专业,选修30个学分的教育心理学、教育管理学和教育法等相关课程,获得教育硕士学位,并通过考试获得教师资格证书才能应聘上岗。美国教师培养模式也呈现出多样化态势,主要有以下三种模式:

模式Ⅰ:"4+0"模式。这种模式又分为两种,第一种为新生入学后同步学习教育课程和其他课程,且随着年级的提高而逐步增加教育类课程的比重,这使学生在入学初期就接触教育类课程,使教育课程、通识课程和专业课程有机地结合起来;第二种常见于规模较大的院校,学生在第三年才开始学习教育课程,第三、第四年的教育课程均占年总课程的75%。

模式Ⅱ:"4+1"模式。大学新生入学后,先在各文理学院专修4年专业课程,取得学士学位后,经过考试选拔有志从事教育事业者进入教育学院,进行为期一年的教育专业训练。这种培养模式有利于加深学生的学科理论功底,提高学生的素质。[①]

模式Ⅲ:"5+0"模式。这种模式学制为5年,在这5年中,通识课程、专业课程和教育课程同时进行,强调这三类课程的平衡和有机结合。

(五)基础教育问责制与质量评价

美国为了改进与提升基础教育的质量,尤其是促进学生学业水平的提升,着重加强了对于学校以及教师的评价与问责制度建立。从20世纪末期以来,兴起了大规模的教育标准化改革,对学校以及学生的发展状况进行评估。从《不让一个孩子掉队法案》颁布以来,质量评估与问责制比较完善地被建立起来,按照各州颁布的学科标准来对学生的发展水平进行评估,根据评估结果对学校实施严厉的处罚。加上特许学校运动的发展,对部分没有达标的学校进行转型,对没有达到适度年度进步的学校进行警告,如果一直没有表现出改善的水平则会直接转型为特许学校。同时,联邦政府为了应对州教育部门故意降低学科标准的做法,还有改变各州基础教育质量参差不齐、学术标准不统一的现状,在2010年颁布了"核心标准",旨在统一美国K-12年级课程标准,以确保学生为升学和就业做好准备,从而提升美国

---

① 徐魁鸿.美国教师培养模式的演变及其启示[J].现代教育论丛,2006(5):31-33.

的国际竞争力。主要包括：一是二元性评价体系结构，形成性评价和终结性评价，二是英语和数学两大核心学科的评价模块，三是以教师专业发展和学生成长为指向的形成性评价工具。[①] 通过问责机制与质量评价模式的建立，以外在的压力来推动基础教育质量的改善。

二、英国基础教育的当代发展

对于英国基础教育来说，1918年颁布的《费舍法案》具有里程碑的意义，因为从此以后英国实行了免费的初等教育。从20世纪中期开始，英国的基础教育发展步入了正轨，取得了很多重要的成就，培养了大批优秀人才。在推动基础教育的发展过程中，英国基础教育构建了比较完备的学校体系，建设了课程与教学体系，注重学校师资的培养，尤其是关注到教育公平问题，保障了弱势群体的受教育机会。

（一）基础教育的立法

在20世纪前半期，英国在普及初等教育的基础上又开始了普及中等教育的努力，并在《1944年教育法》颁布后最终实行免费的中等教育。在二战后实施普及义务教育的过程中，坚持实行基础教育免费的政策。英国历来是由各中小学自行安排课程，直到20世纪80年代，仍是整个欧洲唯一不设置国家统一课程的国家。这种情况引起了英国政府和教育界人士的思考，英国政府颁布了《1988年教育改革法》，在中小学实施国家统一课程，从而打破了以往教育法案从来不对学校课程做出具体规定的惯例。该法案还规定设立"国家课程委员会"，在全国范围内采用国家统一课程。在实施之后，针对存在不同意见的情况，英国于1992年发表教育白皮书再次强调指出，国家统一课程就是保证所有儿童打好主要学科的共同基础。此外在20世纪90年代英国政府还关注学校标准化的建设，工党政府于1998年出台了《学校标准和组织法案》(School Standards and Frame Work Act)，对学校的入学标准进行规范，注重招生中的公平与透明，调节学校与家长之间的矛盾。

进入21世纪以后，英国基础教育非常注重质量的提升，通过特色学校的建立和优秀师资的建立来改进学校教育的质量状况。2000年，英国政府鼓励扩大特色学校建设的规模，让学校选择各自的特色发展学科，通过政府的额外补助和私营部门的合作，提高学校的特色办学质量。2006年，英国颁布了《教育与督导法案》(Education and Inspection Act)，实施信托基金学校计划，与企业、高校以及其他机构开展合作，有效利用校外资源来提高学生的学业成绩。2008年，英国发布了《国家挑战：提高标准，支持学校发展》政策(The National Challenge：Raising Standards，Supporting Schools)，为改造薄弱学校提供全方位指导，帮助学校提高学生学习质量，对教育领导提供支持，把家长作为提高学校教学质量的密切伙伴。2009年，英国发布了教育白皮书《你的孩子，你的学校，我们的未来：建设一个21世纪的学校制度》(Your Children，Your Schools，Our Future：Building a 21 st Century School System)，主要从教师维度来提升学校教育质量，要求每一所学校都要拥有受过好的培养和有高的技能的教师。[②] 在2013年，英国公布了基础教育国家课程改革框架文件，阐明了国家课程的目标以及有关学科及学习领域的教学要求，强调课程的设置注重未来发展倾向，突出分科教

---

① 栾慧敏，刘学智.美国基础教育中PARCC评价体系的研制模式及其特点[J].外国教育研究，2016(2)：95-103.
② 杨登伟，刘义兵.英国基础教育均衡发展的政策透视[J].教学与管理，2014(11)：79-82.

学、科学与技术以及外语能力的培养。①

(二) 基础教育的机构设置

联邦制的英国,英格兰、威尔士和北爱尔兰的教育体系大致相同,苏格兰则是一种完全独立的教育体系。英国的教育体制繁杂,即使是同一地区,同一城市,不同学校的办学体制也不尽相同。一般说来,5—16岁为义务教育阶段,这是法律规定的每个公民必须享有的最低教育年限。总的来说,英国基础教育实行的是十一年制的义务教育,大致分为以下几个学段:小学教育:第一阶段(Key Stage One),5—7岁,为1—2年级,7岁参加第一阶段考试。第二阶段(Key Stake TWO),7—11岁,为3—6年级。学生小学毕业时为11岁,参加第二阶段考试。中学教育:第三阶段(Key Stage Three),11—14岁,为7—9年级,为初中教育。学生初中毕业年龄为14岁,参加第三阶段考试。第四阶段(Key Stage Four),14—16岁,为10—11年级,为高中教育。学生高中毕业年龄为16岁,参加第四阶段考试即全英高中毕业统考(GCSE考试)。学生高中毕业考试后仍留校学习,可根据自己的意愿,选择学习有关课程,为接受高等教育做准备;或学习其他应用型课程,为就业做准备。这一阶段称为六级学院(Sixth Form College)16—18岁,18岁参加A级水平考试(A-Level),即大学的入学考试。频繁的全国性统考是英国教育的一个特色。英国基础教育实行的是就近入学(家长也可选择学校),除了政府开办的公立学校外,占学校总数约8%的英国私立学校在基础教育中发挥着重要作用。公立学校面向全体国民,全部免费;私立学校实行排他教育,面向中上社会阶层,学费高,但教学条件优于公立学校。②

从办学主体来看,英国的中小学又分为公立学校和私立学校。公立中小学由政府出资,私立中小学由私人和民间团体出资。一般来讲,私立中小学的办学条件和经费来源均优于公立学校。英国公立学校的种类繁多。在英格兰和威尔士主要有以下几个种类:(1)地方教育部门拥有并提供办学经费的郡属学校;(2)自愿团体开办的民办学校。地方教育部门提供办学经费,但校理事会拥有并管理固定资产;(3)英格兰有一类专门学校,包括城市技术学院、技术学院、语言学院、体育学院和艺术学院。这类学校是公立公学,有专门的办学特长,但也要提供国家教学大纲中规定的所有课程;(4)特殊学校由地方教育部门开办,学生是有特殊教育需求的残障儿童,但大多数的残障儿童进入普通学校上学。北爱尔兰的学校分为3类:公立学校、民办学校、民办文法学校。苏格兰的学校主要有受地方教育部门管理的公立学校,和享受特殊补助的学校包括特殊学校。③

除了作为教育主体的公立学校外,大量的私立学校及相当数量的教会学校在英国的教育领域中发挥了重要作用。这些不同类型的学校各有自己不同的办学目标、办学理念和办学模式,为各种教育思想的产生和发展提供了肥沃的土壤。

(三) 基础教育的课程体系

英国教育体制的多样性,为多种形式的教育发展模式提供了有利条件。英格兰、威尔士和北爱尔兰的所有公立学校都必须使用国家统一的教学大纲。大纲规定了学生必须学习的科目,以此确保学生能够学到广泛平衡的知识,帮助学生从今后的教育中获得未来生活和工

---

① 黄海燕,李文郁.英国基础教育2014年国家课程计划述评[J].课程.教材.教法,2014(9):114-119.
② 宋立泽,杨晓蓉.英国基础教育状况简介及随感[J].山东教育,2003(6):17-19.
③ 教育部国际合作与交流司.世界62个国家教育概况[M].北京:首都师范大学出版社,2001:404.

作所需的品质和技能。苏格兰没有统一的教学大纲,但苏格兰教育大臣向学校和地方政府颁布统一的建议和准则,内容包括学生学习的目的、内容和学习成绩评测方法等。

英国中小学从2000年9月起开始实施新的国家课程。此次课程调整,英国政府特别强调的是课程的精神价值,以及着眼于下个世纪挑战的重要问题,诸如商业和个人资金的重要性,为学生及将来的工作生活做准备等。新的国家课程确保每个儿童接受广泛和平等教育的权利,这样的教育是建立在知识学习和对本国文化遗产重要特征赏析之上的,同时也包括其他国家的和传统的相关知识。小学课程着力于保障学生对所有科目进行完整的学习。中学课程将让学校致力于提高质量,扩大选择性和研究性,特别是在第三阶段,由此为第四阶段与工作相联系的学习奠定基础。

(四)基础教育的师资与培训

英国中小学教师主要是由师范学院、技术教育学院和大学教育学院来培养。1989年,英国政府推行新的"教师证书制度"和"教师试用期制度",目的在于使培养的教师能够胜任所承担的国家课程。英国政府规定,教师资格的获取必须经过三年相关专业的基础知识学习,加上一年的教育学专业基础知识的培训,合格后并获学士学位后方具备教师的在职资格。教师取得资格之后才能在中小学任教,未取得资格证书的教师只能当助理教师,待以后通过在职进修取得资格证后才能上岗。小学教师往往每人教一个班的所有课程,中学则采取教师固定、学生轮换制,即:教师固定授课的教室,不同班级的学生按不同的课时到不同的教师那儿去上课。每班有一名主要教师进行授课,另有一名助理教师负责管理学生和提供各种教学用具。[1] 英国学校的教师分这样几个等级,普通教师,各科负责人,年级负责人,副校长和校长。如果要担任学校的领导或学科带头人,则必须获得教育学硕士才有在职资格。教师的在职继续教育也形成制度,政府规定教师每年必须到相关的教育研究机构脱产学习6天,学习最新的教育法规、教育教学理论和方法、现代教育技术等相关内容,获取教育教学发展的最新信息。[2] 目前,从事教师在职培训的机构有大学、高等教育学院、教师中心等机构。教师在职培训的主要形式有短期学习、中期进修和长期课程培训等。

(五)对薄弱学校进行质量改进

英国在促进基础教育质量的提升上,主要采取的措施就是对薄弱学校的质量进行改进,加上特色学校的建设,将教育质量的改进放在首位。从近些年颁布的政策来看,英国对薄弱学校的质量改进,在实施措施上具有很多共同特征。首先是全方位扶持薄弱学校,尤其是在经费资助上予以保障,包括在国家挑战项目中,给予学校大笔资金支持,吸引优秀的领导者与师资到学校开展工作;其次是调动优势的教育资源帮助提高学生学习质量,将薄弱学校与优秀学校、社区建立密切的伙伴关系,对薄弱学校的学生学习进行干预,提供优势资源以及营造良好的外部环境等;再次是提供优秀的师资支持,一方面是吸引优秀的师资到学校工作,另一方面是提升现有教师队伍的学历与能力水平,给予教师更多的指导与培训;最后是提高家长参与学校教育的热情,将家长视为提高学校教育质量的重要伙伴,在学校教育政策制定中广泛听取家长的意见,让家长及时了解学生的发展情况,让家长对孩子的状况进行监督,促进教师与家长之间的信息沟通与交流。

---

[1] 刘玉祥.英国基础教育透析[J].山东教育,2004(Z5):22-26.
[2] 宋立泽,杨晓蓉.英国基础教育状况简介及随感[J].山东教育,2003(6):17-19.

三、法国基础教育的当代发展

法国是欧洲文化的交汇点,教育历史悠久。19世纪末的法兰西第三共和国实现了法国大革命对教育的诺言,使公共教育与宗教分离,确立了"免费、义务、世俗"的教育三项原则。自此以后,基础教育的发展步入正轨,法国政府通过立法与政策颁布,自上而下推动基础教育的改革。其中包括建立了一套学校教育体系,完善了现有的课程模式,强调在自由与平等的理念下支持基础教育的发展。

(一)基础教育的立法

法国建立了一套自上而下的管理体制,国家和政府通过的法律和政策对地方有很大的约束力,地方政府根据法律与政策来推动实施。1833年颁布的《基佐法案》规定建立乡镇一级小学,实行部分免费教育。1881年颁布了《学校法》,在其中规定公立小学和幼儿学校实行7年免费教育。1882年出台的《费里法案》,规定了公立小学要全部免费(7—13岁),要求在义务教育阶段逐步实现"教育面前人人平等"。1936年颁布的法令规定义务教育年限为8年。1959年通过的《贝尔通法令》,规定义务教育延长到16岁,一直到1967年才得以施行,基本建立了完善的基础教育体系,实施10年的义务教育。① 1975年,通过了《初等与中等教育改革方案》,提出建立"统一中学",才取消了初中第一、二学年的专业分流。1981年,法国政府制定了"优先教育发展区"计划,并率先在小学实施,主要针对学校教育中的弱势群体,实施有倾斜性的补助措施。1990年颁布的法令对基础教育阶段的目的进行了规定,将小学教育定为义务教育的初级阶段,带有强制性。② 在1998年,法国教育部提出了建设"2000年的中学"的口号,要求实行混编班级的办法,将成绩不同的学生混编在一起,避免过早分专业。

进入新世纪以后,法国颁布了一系列的政策措施,主要围绕课程改革、质量改进等维度。2001年,教育部长雅克朗(Jack Lang)提出了建立"共和国的中学"的口号,即建设"为了所有人也是为了每一个人的中学"。2005年,法国正式颁布了新的发展框架——《面向未来学校的方向与计划法》。对今后教育的使命做了规定。在义务教育阶段,学校必须保证所有学生掌握构成基础知识整体的核心要素,其核心是每个学生开展学校学习、完成学业,应付个人与职业生活以及公民生活时必不可少的知识和能力的整体。③ 2004年发布的《为了全体学生成功》报告中,提出两大支柱和两大能力的理念,其中:两大支柱是指语言和数学,两大能力指的是英语和信息技术。2005年,法国政府出台了《学校未来的导向与纲要法》,在其中强调"共同基础"保证每个学生掌握基本的知识与能力,具体包括七个方面的目标。2011年开始实施的"中小学创新与成功计划",旨在改善学校环境以帮助每个学生取得学业成功,并加强教师队伍的稳定和促进机会平等。2013年颁布的《重建共和国学校方向与规划法》指出,一是设置了新型的教师培训机构——"师资与教育高等学校";二是调整了学校的作息时间,使得学校的年课时量大幅减少;三是要让学校进入数字时代,为学生提供适当

---

① 高迎爽.法国基础教育:从平等、自由达至和谐[J].基础教育,2010(1):11-16.
② 教育部国际合作与交流司.世界62个国家教育概况[M].北京:首都师范大学出版社,2001:342.
③ 李丽桦.统领未来20年法国基础教育改革新法出台[J].上海教育,2005(23):38-40.

的辅导,使他们更加有效地利用数字化手段学习。①

(二) 基础教育的机构设置

法国小学教育学制为 5 年,分为两个学习阶段。基础学习阶段(包括预备班和初级班Ⅰ),教学重点是让学生掌握法语和数学的基本知识,掌握公民教育中的基本概念,同时发展运动机能和感知能力;深入学习阶段(包括初级班Ⅱ、中级班Ⅰ和中级班Ⅱ),此阶段在前一阶段的学习基础上,引入初中学习科目的初步知识。

法国的初中教育仍为义务教育阶段,学制为 4 年,设有为普通教育类型的"单一初中"。学生小学毕业时年龄不超过 12 岁,均可进初中阶段学习。初中分 4 个年级(分别为第 6 年级、第 5 年级、第 4 年级、第 3 年级,依次相当于我国的初一、初二、初三和高一)。教学分为三个阶段进行,适应阶段(第 6 年级):强化小学所学知识并开始尝试中学学习的新方法和新学科,使小学教育与中学教育较好地衔接。深入阶段(第 5 年级和第 4 年级):深入学习,进一步扩大知识面。导向阶段(第 4 年级和第 3 年级):完成初中学业,实行初步分流。②

法国的高中阶段是学生学习方向的实际分流阶段。高中教育包括普通教育、技术教育和职业教育三类,由普通高中、技术高中及职业高中实施。普通高中和技术高中学制三年,主要颁发高中毕业会考文凭,可直接进入大学学习。但是报考工程师学校、商业学校、高等师范学校等大学学校,须经在高中内的大学小预备班的两年学习,并通过严格的竞争考试才能入学。职业高中教育学制两年,一般学生毕业做普通技术工人。

法国的教育管理体制可以概括为:中央、学区、省纵向成为三级,行政、督导、咨询部门横向成为三个系统。③ 自 20 世纪 90 年代以来,中央权力的分权、放权一直是法国教育管理改革中的一个热点。法国以往主要的咨询机构包括国民教育高级理事会、全国高等教育与科学研究理事会、课程大纲委员会等。在《面向未来学校的方向与计划法》中,则规定设立一个新的教育独立咨询机构:教育高等委员会。该委员会的 9 名成员分别由总统、议会和社会经济委员会的长官任命,下设专家组。委员会负责向总统和议会提供意见和建议。

(三) 基础教育的课程体系

法国小学课程主要包括法语、数学、历史地理、科学技术入门、公民意识教育、艺术教育、体育。教学大纲由教育部统一制定,教材的编写和出版由有关专家和出版社负责。学校可以从多种版本的教材中选择适合本校教学的教材。在普通和技术高中一年级设有公共课,到高中二年级开始为分流准备了不同的课程。普通教育类的课程有文学、经济与社会科学、自然科学;技术教育类的课程有第三产业科技、工业科技、实验室科技、社会医疗科学。职业高中在教授普通课程如法语、现代世界知识、体育等以外,主要以职业技术培训课为主。在两年的学期期间,学生需要参加在企业的培训。

法国目前正在进行的基础教育改革是从 20 世纪 90 年代开始的,从某种角度来说这也是法国首次在中央水平进行的真正的整体课程改革。在法国新颁布的各科(包括主要学科)教学大纲中,教学内容和方法一体化,比如学科课程与研究性课程(或综合性的公民教育课程)的结合。法国国民教育部在关于研究性课程的文件中,明确规定研究性课程首先

---

① 王晓辉.法国加强基础教育改革 欲重建共和国学校[N].光明日报,2016-7-3.
② 教育部国际合作与交流司.世界 62 个国家教育概况[M].北京:首都师范大学出版社,2001:344.
③ 李丽桦.统领未来 20 年法国基础教育改革新法出台[J].上海教育,2005(23):38-40.

要考虑对两门主要学科进行综合,从而将研究新的学习方法纳入到主要学科的教学中。法国政府仍然为基础教育的课程设置了框架,使得从具体的实施水平来看法国课程具有框架性,框架可以理解为一种限制,但是从另一个角度来说,它也是一种支撑和骨架。

(四)基础教育的师资与培训

为了保证各地区基础教育师资质量的统一,为了能给每一个儿童提供获得良好教育的机会,法国从19世纪末开始,教师就由中央直接统一管理。国民教育部人事司中专门设有小学处和中学处,主要管理范围包括教师的职前培养、教师的定编与招聘、教师的工资等方面。

作为国家公务员,法国义务教育教师的培养和选拔也相当严格。自1992年开始,法国统一了小学和中学教师的任职资格,规定中小学教师的受教育水平为高中毕业之后再加上5年高等教育。法国义务教育教师的3年普通高等教育学历资格,主要在综合性大学里获得,而两年的教师专业培训,则在大学级教师培训学院(IUFM)里完成。但是,在第一年学习结束时,学生必须参加由国家组织的教师资格的竞争性考试,教师资格考试往往由预选考试和录取考试两部分组成。小学教师资格考试中,预选考试主要是法语和数学两门笔试,录取考试包括笔试和口试及教育学。中学教师资格考试中,预选考试为专业学科考试,录取考试为口试。只有通过这项考试者,才能获得实习教师资格,才有可能继续教师培训学院第二年的学业。一年的教育实习,并提交论文。教育实习情况和论文必须经过大学和学区两方面的评审委员会审核通过,才能获得教师资格证书,并由学区或教育部统一分配到全国各中小学。

法国国民教育部对这种资格考试的名额做出严格限制,每年均根据国家财政能力和对教师的实际需要定额录取。被录取者在完成第二年的学习、培训和实习后,还需要通过答辩和相应考试,合格者方被授予小学教师资格证书或初中教师资格证书。[①] 事实上,每年获得教师职位的人数并没有完全达到国家所提供的教师职位数量。例如,1997年报考中等教师资格的人数为56 054人,录取了7 620人,录取率仅为13.59%,而国家提供的教师职位数量是8 955人。[②] 法国政府之所以对教师资格的获得采取严格控制,其中一个很重要的原因在于,法国政府充分认识到基础教育的发展和改革需要良好的、高素质的教师队伍,通过严格控制教师资格证书的获得,从根本上促进教师队伍质量的提高。从20世纪70年代以来,随着终身教育理念的提出,教师的继续教育和终身教育也逐渐得到法国政府的重视。

(五)基础教育质量监测与评估体系

从20世纪80年代开始,法国就着手实施具有科学基础的教育评估,主要通过测量学生掌握的知识和学习成果来评估学校所表现出的绩效。通过长时间的发展与完善,对基础教育的质量监测与评估建立在小学生、初中生所具备的基础知识与核心能力上,2006年法国政府颁布的《共同基础法》成为最重要的依据。同时,将质量监测与评估结果作为经费管理的基础,明确提出要制定目标合同,把各政府部门、行政部门的经费与绩效挂钩。在具体实施中,包括教育系统监测、学生学业诊断和学校发展评估,[③] 这三部分相互关联,互相补充,

---

① 李丽桦.统领未来20年法国基础教育改革新法出台[J].上海教育,2005(23):38-40.
② 钟文芳.法国基础教育改革中的教师政策[J].教育评论,2004(1):100-101.
③ 杨涛,辛涛,董奇.法国基础教育质量测评体系探析[J].比较教育研究,2013(4):56-60.

共同构成了基础教育质量监测体系。教育系统监测包括国家测评和国际测评两方面,根据国家制定的教育发展目标来进行施测,对小学、初中阶段的毕业生进行质量评价,同时还参加国际背景的PISA考试测验,了解法国在国际上的地位。学生学业诊断是由教师对学生个体实施学业成就诊断的评估,以掌握学生的发展水平与存在的问题。学校发展评估是对学校整体办学力量和水平的综合评估,以促使学校进行质量改进。

四、德国基础教育的当代发展

德国的教育法规被认为是世界上最完备的、数量最多的,甚至德国教育界有相当多的人认为,教育法规体系过于烦琐。1949年,被占领的德国分裂为两个共和国:德意志联邦共和国与德意志民主共和国。由于两个共和国分别实施不同的社会制度,所以尽管基础教育改革政策的制定与实施围绕同一个目标,却具有不同特点,并产生不同的结果。从20世纪90年代东西德统一以后,由于基础教育改革的方向与政策基本以原来的联邦德国为主,换言之,民主德国放弃原有的教育政策与教育制度,采取与联邦德国基本一致的教育政策与教育制度。

(一)基础教育的立法

在两德统一之前,联邦德国的基础教育得到了飞速发展,所制定的教育政策以促进教育均衡发展为主。1955年,联邦德国签订了《杜塞尔多夫协定》,对基础教育各阶段的组织形式与年限进行了规定,确立了多轨制的学制。1959年,联邦德国颁布了《总纲计划》,主要目标是创建为新时代培养英才的新教育:即要改革学校体制结构,尽可能为社会发展开发培养人才的途径。1964年,联邦德国各州的州长共同签署了《汉堡协定》,将各州普通义务教育至少延长到9年,废除考试作为基础学校升入中学的选拔方式,所有儿童通过"观察或定向阶段"再分流入二类不同的中学。[①] 1969年,联邦德国审议通过了《建立综合中学的实验学校》,将综合中学作为实验学校建在农村地区,也应建在城市,可以由州、地方或私立学校开办者等创办和承担。1970年,联邦德国颁布了《教育结构计划》,强调了公民的教育权利和教育平等,把德国普通义务教育年限确定为10年,规定儿童入学年龄为5周岁等。

为了实现东德和西德在教育事业上的"内部统一",1993年年底,各州文化教育部长联席会议通过《关于中等初级学校类型和课程设置的协议》,1994年颁布《关于小学工作和关于促进特殊教育的建议》《关于普通学校职业教育的框架协议》以及《关于外语教学基础草案的思考》,在结构、教学大纲和各类毕业文凭方面对东西德各州基础教育事业的发展进行协调。联邦政府修订了原有的《基本法》,规定中央一级的教育行政领导机构是联邦教育与科学部。联邦政府一级只有有限的立法权,如全国教育总法,以及关于对教育机构资格审核、教师培训和任职资格、教育经费分配比例等全局性问题的法规。教育的全权在州政府一级,各州对教育一般分三级管理,中小学实行校长负责制。[②] 德国在2003年决定引入国家教育标准,教育标准已经覆盖了从小学到高中的整个基础教育阶段,包括全部核心课程科目。德国文教部长联席会议于2004年通过了《教师教育标准》,确定了教师专业学习、见习阶段、继续教育和培训方面的统一标准。2008年,文教部长联席会议又通过了《各州通用的

---

① 李爱萍,杨梅.20世纪德国基础教育改革政策的演进与启示[J].外国教育研究,2007(5):48-49.
② 黄亚妮.德国基础教育特点分析[J].外国中小学教育,2002(3):18-20.

对于教师教育的专业学科和专业教学法方面的内容要求》。①

（二）基础教育的机构设置

德国是世界上最早设立国民教育系统的国家之一，实行十二年制全免费的义务教育，年满6岁的儿童必须依法上学。因为教育是由各地方政府管理，因此不同地区有不同的教育制度。德国基础教育体制比较复杂，学段划分不一，学校类型较多。除柏林州和勃兰登堡州的小学实行6年制外，德国其他各州的小学均为4年制。中小学普遍采用半日制，这就留给学生很多的自主活动时间。在小学结束时对全部学生进行分流。一般由学校教师根据学生成绩等实际情况提出建议，由学生家长和学生个人做出决定，通常分为三轨：一是敞开入学的普通中学；二是开展职业训练的实科中学；三是开展升学预备教育的文理中学又叫文法学校。实科中学（5—10年级）是应较高等的职业教育需求而生，实科中学为社会培养不同层次的职员，而且也一直是德国教育体系中的典范，具有良好的教育成效。其学生的来源背景主要是社会的中产阶级，毕业的学生可获得中级文凭，并具有许多选择发展的可能。如学生毕业后可进入技术学校和为以后进入高等专科学校做准备的高级技术学校实习，也可以在企业或国家公共机构做中级职员。

所以，实科中学在德国为教育体制中发展较成功的学校类型。文理中学是德国传统的九年制完全中学，有着浓厚的人文主义背景。从第11年级开始进入文理中学的高年级阶段，学生可以依据其喜好与发展方向自由选择学习课程与重点科目，并以此作为进入大学院校的准备。如果获得"有升入普通高等学院（校）资格证书（Abitur）"文凭，可以直接申请进入所有类型的大学学习。② 2007年巴伐利亚州36%的小学毕业生进入普通中学，45%进入实科中学，其余的19%升入文理中学。③ 德国没有统一的高考，录取主要是看高中毕业会考成绩。中学毕业会考有四门必考，即数学、物理或化学、德语、两门外语。高中毕业会考成绩，以高中毕业时的集中考试成绩为主，同时将平时考试成绩折算进来。这样做，有利于拓宽学生视野，发展学生的综合素质。在各州，不同类型的中学都不再是死胡同，均有继续深造的机会。④

（三）基础教育的课程体系

德国没有统一的教育体制，各州的文化自治权受宪法保护，各州都设有教育部，称为文化事务部。由于德国采取地方分权制的课程管理制度，没有统一的教育体制，反映在课程设置上也就不可能是统一的。各州根据宪法、学校法和教育部制定的教育目标和教学大纲，以及州内政治、经济与人文情况编写，反映各州不同的观点和州情。各州的教学大纲由每个州的文化事务部制定并在各州和教师之间起到一种媒介作用，它是一个州对教学最有效的控制方法。教学大纲规定了学校教育的原则，各科的课时分配、目标和内容等，它只划定了学校教育的框框，给教科书的编写和教师的发挥留有余地。德国不是全国都使用一套教材，也不是一州一套教材，他们是一纲多本，学校有一定的自主权。在经过20世纪70年代的改革以及80年代的修正之后，德国教育部门一直非常谨慎地进行进一步的改革。为了改善学

---

① 孙进.德国促进基础教育均衡发展的政策分析[J].教育发展研究，2012(7)：68-73.
② 蒋德仁.对德国基础教育的印象与思考[J].中国校外教育（理论），2007(5)：48-49.
③ 王定华.德国基础教育质量提高问题的考察与分析[J].中国教育学刊，2008(1)：10-16.
④ 王定华.德国基础教育质量提高问题的考察与分析[J].中国教育学刊，2008(1)：10-16.

校教育的质量,学校有权发展自己的教学计划,这样学校就可以根据当地条件进行教学改革。教学计划可以不按照课程大纲来实施,具体的实施由学校而不是个体教师负责。教学计划也被称为管理策略。

尽管各州之间的具体课程有所不同,但是核心课程还是大体一致的:德语、一至三门外语(取决于学校类型)、历史、地理、数学、自然科学(生物、化学、物理)、美术、音乐、体育、政治等。同时,作为选修课程的有宗教教育和哲学。这个原则在二战后从未受到严重挑战,仅有的变化发生在选修课程上,学生可以选择各种课程,诸如健康教育、法律、外语、自我防卫、医疗等。尽管人们承认传统原则落后于时代发展,但是这种原则在学术界仍然享有难以动摇的权威。德语课程的大纲在未来不可能发生显著变化,因为它深深地根植于教育传统中。[1]

(四)基础教育的师资与培训

众所周知,要提高教育教学质量,教师是一个十分重要的因素。德国中小学教师在社会上享有崇高的地位,职业性质是终身制的公务员。教师工作稳定,社会福利和工资待遇较高,其平均工资比全国在职人员的平均工资高出约30%。[2] 德国教师的职前培养有一套有效的、完整的体系,加盟教师队伍以后,每一位教师仍然有不断进修、提高的义务,以确保学校的教育教学质量。因为教师属于国家公务员,根据宪法,国家有培训教师安排教师进修的义务。

德国没有专门的师范学校培养教师,但学生可以选择就读师范专业。一般的大学生读完6~7年后,完成毕业论文,可获得硕士学位,而想做教师的人不必交毕业论文,但必须修习教育学、心理学和教材教法等课程。师范专业毕业时不参加大学毕业考试,而是参加国家初级考试。[3] 通过国家初级考试(也叫"第一次国家考试")后,学生被推荐到学校担任见习教师,由见习指导教师进行指导,见习期间主要使学生获得教育教学能力和实践经验。见习期结束时,见习生参加国家二级考试(也叫"第二次国家考试")。考试合格意味着见习生具有了在所选定的学校类型中被聘为教师的资格。正式成为教师后,学校还会根据平时听课和家长意见等信息,每年由校长给每位教师写一份鉴定书。这份鉴定书不仅直接关系到教师的职称晋升和工资待遇,而且是教师劳动价值的认同。[4] 在德国,教师必须定期参加进修,由国家提供进修费用。教师进修的内容主要可以分为三个方面,即执教学科方面、教育科学方面和社会问题方面。最重要的教育进修机构是各州都建立的州一级的教师进修机构。

(五)基础教育质量评估与改进

德国近些年来非常关注基础教育的质量问题,确立了质量发展标准,为质量改进创造良好的外部环境。从内外部角度来构建质量改进机制,包括制定学校质量评价标准,开展教育督导评估,促进学校提升自己的质量状况。从2005年开始,德国政府组织优秀课程专家、学科专家、教育专家等设计问卷,积极尝试制订主要学科的基本标准。到2011年正式颁布了

---

[1] 刘丽丽.德国基础教育的课程改革[J].比较教育研究,2005(7):23-26.
[2] 黄亚妮.德国基础教育特点分析[J].外国中小学教育,2002(3):18-20.
[3] 王定华.德国基础教育质量提高问题的考察与分析[J].中国教育学刊,2008(1):10-16.
[4] 蒋德仁.对德国基础教育的印象与思考[J].中国校外教育(理论),2007(5):48-49.

学科质量标准,包括外语、物理、化学、生物等。① 在制定学科标准的基础上,还拟定了学校评估标准,具体包括六个维度,分别是教育过程方面、学校成绩和结果、学习和工作条件、学校领导、质量管理和合作情况。依据制定的学科与学校质量标准,重点实施教育督导评估,对学校教育开展督导与评估,具体包括内部和外部评估,内部评估是对学生的考试成绩、自身情况进行评估分析;外部评估是对学校的办学目标、教学行为以及教师队伍进行评价。根据评估的结果,给学校定分数等级,反映学校的真实状况,同时向全社会进行公布。在评估结果的基础上,给予学校具体的工作指导意见和学校发展建议,以评估来促进学校教育质量的提升。

五、日本基础教育的当代发展

日本如今已是个发达国家,其经济发展得以成功的因素很多,但重视和发展基础教育是其中十分重要的一环。日本基础教育相关法规比较完善,基本上覆盖了基础教育的各个维度,各方面工作的开展能做到有法可依。日本的基础教育所取得的成就突出,为社会经济发展做出了很大贡献,目前建立了完善的机构设置、课程教学以及师资培训体系。

(一) 基础教育的立法

日本在二战前建立了较完善的法律体系,主要通过政府的力量推动基础教育的发展,尤其在义务教育的发展上比较显著。二战结束后,日本的教育系统面临着重建,还需要消除掉军国主义对学校教育产生的消极影响。1947年,日本颁布了《教育基本法》,首次以国民的名义和法律的形式公开宣布教育民主、教育主权在民。该法规定国民负有使其保护的子女接受九年普通教育的义务,免收学费。同年还颁布了《学校教育法》,对日本各级各类学校的性质、培养目标、修业年限、课程和教科书内容等做了一般性规定。同时还颁布了《社会教育法》和《私立学校法》等重要法律,对学校条件、教师状况以及教育行政管理提出了很多要求。正是在此努力下,日本的教育法逐渐成熟起来,并反作用于立法与执法,推动和促进了教育法制的建设。

从20世纪50年代到70年代,日本果断地确立了"教育先行"的发展战略,推行九年义务教育,努力增加对义务教育的投入,从而为国家的发展创造了良好的国民素质条件,为各种人才的造就奠定了坚实的基础。② 从1977年开始,对教学大纲进行了修订,强调教育内容不能一味偏重知识,而要重视个体多样性,使得教育内容比较丰富而充实。1996年,日本颁布了《关于展望21世纪我国教育的理想状态》的教育改革提案,提出基础教育的目标是培养学生的"生存能力"。1988年,日本颁布了《教师资格法》,其中规定了普通教师资格证书具有永久有效性,只有在法规上失效或撤销规定时其资格证书才会无效。1998年,日本修订了《教师资格法》,并于7月正式实施。修订的内容包括:改善大学的师范教育;培养使命感与业务能力兼具、有能力解决实际问题的教师。③

进入21世纪后,日本基础教育改革的步伐加快。2002年开始实施《学习指导纲要》,确定了基础教育阶段的课程结构、体系和内容。提出了建立综合学习课程,使课程结构由原来

---

① 王定华.德国基础教育质量提高问题的考察与分析[J].中国教育学刊,2008(1):10-16.
② 张永彪,金学芳.日本基础教育的特征及其启示[J].人民教育,1994(3):139-140.
③ 龙培民.日本基础教育的突出特点[J].基础教育参考,2004(8):21-23.

的"学科、道德、特别活动"三大板块增加到"学科、道德、特别活动、综合学习"四大板块。2006年,日本修改了《教育基本法》,加强了国家在课程内容选择方面的控制权,一线教师选择教材的权力被弱化了,在其中渗透了右翼势力的影子。2007年,日本颁布了《教育职员修正法》,标志着教师资格更新制正式付诸实施,主要是提高教师必要的资质与能力,对知识技能进行更新,提升教师的职业胜任力。2008年,日本颁布了新课程标准——《学习指导要领》,将培养学生的"生存能力"定为义务教育的基本目标,促进学生全面发展,尤其是在德、智、体、美、劳等方面综合素质。① 主要是加强课程改革与师资培养,希望通过这些改革来有效提升基础教育的质量状况。

(二)基础教育的机构设置

在日本,受教育的机会是均等的。日本的学校,不管是国立、私立,教育资源的配置基本均衡,在教学设备、设施及师资力量上差别不大,这为均等教育提供了保障。日本实行六三三四学制,即小学6年,中学3年,高中3年,大学4年。全国的小学基本实现了午餐免费供给制。私立中小学,学费昂贵,但教学质量相对较高,甚至能保证考上名牌大学,社会出路广,所以上私立学校者依然很多。日本实施九年义务教育,小学满6周岁开始入学,义务教育阶段的公立的中小学都实行免费。同时,还有为残疾儿童设立的育人学校、聋哑人学校、保险学校和设置了特殊班级的中小学。完成义务教育阶段学习后,97%的毕业生升入高中阶段学习。②

日本之所以能提供机会均等、质量优良的义务教育,主要原因有:首先是政府保证了充足的义务教育经费,各校教学条件、教学设施都达到了规范化。日本的中小学校每个班级以40人为限,如果达到41人,则分设20人和21人两个班。这样的办学规模及班级编制,便于管理,有利于开展教育教学工作,保障了国民接受均等教育的权利。其次,执行统一、规范的教学要求。每到新学期,都由国家免费发给学生教科书。教学内容与教学要求的规范化,为良好的教育质量提供了保障。公立学校的教员属于国家公务员,一般3~5年内,各校进行师资轮换,保证了各中小学教学水平的均衡性,有利于各校办学经验的交流。

(三)基础教育的课程体系

日本在近些年积极推动课程改革,在课程体系的建立中渗透了很多新的发展思维,着重养成学生的多样化能力。2002年开始实施的《学习指导纲要》明确提出以培养学生的"生存能力"为目标,即培养学生自己发现问题,自己学习,独立思考、判断、行动的能力,以及更好地解决问题的能力和应变能力,培养学生具有健康的身心,自律意识,关心、体贴、同情他人的感情与品格,以及与他人合作的能力。

小学课程有国语、地理、政治常识、公民权利、算数、理科(生物、化学、物理、天文、植物花草、电器的用途等)、生活(地域的历史和地理,学校、父母的工作)、音乐(唱歌、舞蹈、钢琴、手风琴等乐器的使用并体验)、图画工作(图画、手工、雕塑、模型仿制等)、家庭以及体育(包括身心健康知识、男女的性知识)、道德教育、特别活动(年级文化活动、俱乐部活动、趣味性活动、学校与地域的文化活动)。中学课程分为必修科目和选修科目。必修科目有国语(语文)、社会(历史、地理、政治常识、公民权、法律常识等)、数学、理科(物理、化学、生物、

---

① 杨静.新世纪以来日本基础教育课程改革及其启示[J].河北师范大学学报(教育科学版),2014(5):61-67.
② 黄兰.日本基础教育的特征及其启示[J].广西师范大学学报,2000(1):139-140.

天文常识)、音乐、美术、保健(卫生常识、性知识,近年在部分学校设立了艾滋病知识教育课)、体育、技术(木工用具和一些工具的使用方法等)、家庭(裁缝、编织、中西餐烹调方法),选修科目有外国语等。① 在教学方法方面,日本注重改革灌输性的教学方法,实行创造性教学方法,改变给予性学习方法,让学生在教师指导下自主学习,培养学生独立解决问题的能力。学生完成高中学业后,公立高中学生几乎都参加由各市设立的考试中心按文部省规定的范围设计的大学考试,私立学校则选择定向大学的考试。

(四)基础教育的师资与培训

日本高质量的教育是由高质量的师资作保障的。日本法律规定教师属国家公务员,享有优于其他公务员的待遇。日本非常重视教师的职前教育和职后继续教育,相继制定了很多制度,在《教师公务员特别法》中对涉及教师继续教育方面的所有问题都做了明确的规定。教师必须持有与小学、初中或高中相应的教师许可证。教师许可证是由都道府县(相当于我国省级行政单位)教育委员会授予的。授予对象必须是在文部科学省承认的大学里修满一定学分的毕业生。教师许可证的种类有:专修许可证,以硕士毕业为基本资格;一类许可证,以本科毕业为基本资格;二类许可证,以大专毕业为基本资格。教师的培养是在文部科学省确认其师范课程的一般大学以及师范大学中进行的,不同的大学各具特色。

国家制定培训任务和目标,教师的培训在都道府县完成。对于新任教师的培训,任职第一年为培训期,培训的方法有两种,一是到县培训中心参加培训,每年两次,一年培训时间为30天。第二种是校本培训,每月一次,一年培训时间为60天。所有的新教师都必须参加这样的培训。对于公务员教师,工作5~10年以后要重新培训。② 教师在培训过程中接受班级管理法,各科教学、辅导方法及社会生活方面的辅导方法等辅导。在日本,只有获得教师资格证书的人才能被录用为教师,公立学校的教师聘任由都道府县或指定的市教育委员会通过有关聘任选拔考试从持有教师许可证的人员中筛选。聘任选拔考试一般包括笔试、面试、实际技能、论文、适应性考查等。但近年来由于人口的逐年减少,导致在校生人数减少,日本录用新教师不多,有不少获得教师资格的人也没有机会当教师。

(五)基础教育质量评估与保障机制

除了依靠师资培养来提升基础教育的质量外,日本还构建了一套完善的质量保障机制,包括教育质量标准的建立,教育管理体系的规范,教育质量的监测与评估等,从而有力地改进了基础教育的质量状况。③ 从具体的实施状况来看,首先是建立教育质量标准体系,日本每隔10年都会对教学大纲和课程体系进行改革,在其中规定了中小学教育内容的深度和广度,让全体学生必须统一达到的教育课程的最低标准。按照这套标准来构建教育质量的评价标准,拟定具体的计划与实施细则;其次是规范现有的教育管理体系,制定了非常完善的法律政策体系,对学校办学条件和卫生条件、教师的地位和待遇、教育行政管理及教育经费投入等方面进行详细规定;最后是深入开展学校教育质量的评估,对学校进行评价时照顾到教育的各方面,包括学校教育目标、课程计划、学校人事管理、学生生活指导、学生日常管理、教职员及其进修情况等。通过评估结果来对学校总体状况进行有效评价,能够充分鉴定学

---

① 冉毅.我观日本的基础教育[J].基础教育参考,2005(1):54-57.
② 杨昌甫.走马日本基础教育[J].基础教育课程,2006(10):30-32.
③ 吴遵民,赖秀龙.日本基础教育的质量保障机制及启示[J].外国中小学教育,2009(3):1-6.

校的绩效与成就,保障学校教育质量。

六、俄罗斯基础教育的当代发展

俄罗斯的基础教育在教育现代化和社会发展中产生着重要作用和巨大意义。苏联解体后的十多年来,俄罗斯的基础教育一直在动荡的社会环境中维护和保持着传统的开放性,努力让所有人都能受到良好的教育。但随着社会的快速发展,西方的思潮、价值观念、行为模式渗入俄罗斯的各个角落,基础教育远远不能适应社会发展的需要。出现了很多迫切需要解决的问题,比如教育经费不合理、学生的学习负担过重、过时的教育内容以及全球化的冲击等。

(一) 基础教育的立法

俄罗斯在独立后,针对基础教育存在的问题,先后颁布和实施了若干法律与政策,促进了基础教育的改革与发展。20世纪90年代,俄罗斯主要是调整基础教育的培养目标,扭转原有的教育体系,以新理念来重塑基础教育。1992年颁布了《俄罗斯联邦教育法》,强调了教育的分权制和教育的多样化,提高公民的觉悟和爱国主义教育,提倡教育的自由与多元化。1993年拟定了《俄罗斯普通教育基础计划》,为各级普通教育学校制定了十个教学计划,将普通教育阶段划分为小学、初中和高中,再确定每一学习阶段的各学科以及学科的必修内容最低限度、培养水平和要求等。① 同时还通过了《俄罗斯教育必修内容最低限度》和《普通基础教育国家教育标准》,实现了课程管理由高度统一向三级管理的转变,在基础教育领域实行人文化、个性化和区别化教学。可以说在这些法律基础上,独立后的俄罗斯教育虽然从整体上来说有一些损失,但是基本上还是保持了应有的规模,并且在有些方面发生了深刻的变化。

进入21世纪后,俄罗斯加快了基础教育的改革与发展的节奏,将法律与政策颁布渗透到诸多领域。2001年,俄罗斯通过了纲领性文件《2010年前俄罗斯教育现代化构想》,提出旨在2010年前实现各领域各层次教育的现代化。将现代化分为三个阶段来实施,包括2001—2003年、2004—2005年和2006—2010年。② 2002年,俄罗斯制定了《俄罗斯基础教育标准》,旨在保障促进俄罗斯学校现代化、保证国家教育空间的统一、增添新的教育内容、保持本国学校教育的优良传统、使大众接受高质量的教育、保证经济拨款的连续性,使国家和地方在人力和物力上享有自主权。③ 2006年,俄罗斯联邦国家委员会发布了题为《教育的创新发展——提高俄罗斯竞争力的基础》的政策报告,旨在形成统一的俄罗斯教育创新发展和超前发展的国家战略。2011年,俄罗斯联邦政府通过《2011—2015年联邦教育发展目标纲要》,将"我们的新型学校"作为优先发展的战略方向,要推广基础教育的现代模式,保障其普及性和优质性。2013年新修订了《教育法》,再次确定联邦集权与地方分权相结合的教育管理原则,延续联邦、联邦主体、地方三级管理模式。

(二) 基础教育的机构设置

基础教育是俄罗斯教育体系中的重要环节,目前正处于多样化的过程之中,逐渐形成着

---

① 王希秀.俄罗斯普通基础教育改革新举措[J].教学与管理,2007(1):76-77.
② 刘淑华,刘辉.俄罗斯基础教育现代化的若干新举措[J].外国中小学教育,2005(10):1-5,15.
③ 肖杰.俄罗斯基础教育面临的问题实践对策[J].外国中小学教育,2003(8):13-15.

俄罗斯新型的基础教育体系。俄罗斯基础教育学制为11年,基础教育分为三个阶段:普通初等教育3~4年,普通基础教育5年,普通完全教育2~3年。俄罗斯的基础教育由七种类型学校构成:(1)普通学校;(2)深化教学课程学校;(3)重点完全中学;(4)重点高中;(5)普通夜校(包括半日制学校),此类教学网在缩小,主要原因是学校类型变化的大趋势使此类学校要向体现专业特点的深化教学课程学校过渡;(6)特殊教育学校;(7)私立学校。①

学生6岁入学,多数学校是中小学连在一起的普通学校,实行11年一贯制,1—4年级为普通初等教育阶段(小学),5—9年级为普通基础教育阶段(初中),10—11年级为普通完全教育阶段(高中)。除普通学校外,还有侧重某些学科的专门学校和不设小学的重点中学与不设初中的高级重点中学。

2001年,俄罗斯政府制定并通过的教育改革方案,决定将中小学以12年学制取代11年学制,并且从每个联邦内选取5~15所学校进行实验,以逐步接近初等教育的国际标准。在12年的学制中,前10年为基础义务教育,后2年为分科教育,让学生根据自己的意愿和才能选择分科,为升入大学做准备。

(三)基础教育的课程体系

20世纪90年代初,俄罗斯调整了基础教育的培养目标和教学内容的设计。俄罗斯《联邦教育法》指出:"教育目的是造就独立的、自由的、有文化的、有道德的人,使之意识到对家庭、社会和国家的责任。尊重他人的权利和自由,遵守宪法和法律,在人与人之间,在各国人民之间,以及在不同的人种、民族、宗教和社会群体之间,能相互谅解和合作。"② 俄罗斯教育内容包含三个层面,即知识、体验和关系三种复杂结合的因素。俄罗斯教育内容的确立,目的是从教育内容中体现出俄罗斯普通学校通过汲取俄罗斯和世界人文、自然科学的宝贵财富及主要成就,促进学生形成科学的人生观,增进人与人之间、人与世界的相互理解,培养和谐全面发展的个性。

2004年,第二代普通教育课程标准正式颁布。俄罗斯教育现代化的基本任务是提高教育质量和效率。基础教育要和现代需要相适应,教育内容必须更新,主要方式是实施基础教育国家课程标准。基础教育国家课程标准要求保证:公民平等的受教育权利;学术的自由;选择教育机构的权利;学生的身心健康和学习负担的减轻;教育工作者的社会和职业保障;公民获得关于国家对教育内容的规定和要求的完整、可靠信息的权利。③ 新的基础教育国家课程标准包括三个方面的内容:联邦国家的标准、地区标准和教育机构的标准。基础教育国家课程标准对基础教育的每个阶段的总体标准、总的能力、技能和活动方法分别做出规定。在此基础上俄罗斯教材改革也随之开始,新教材的编写要"以学生为中心",教材内容与实际生活相联系,课程教材管理由集权化转向分权化,引入教材竞争机制。

(四)基础教育的师资与培训

俄罗斯历史中已经形成了为中小学培养教师的国民体系。俄罗斯是世界上把培养教师作为高等教育的独特任务,并由专门的高等师范教育机构来实施的为数不多的国家之一。这样的专门化教育教学使培养的学生深入地掌握学科领域知识、心理学、教育学、教学论和

---

① 教育部国际合作与交流司.世界62个国家教育概况[M].北京:首都师范大学出版社,2001:520.
② 陈光齐.从俄罗斯修改家语法看俄教育改变方向[J].比较教育研究,1997(4):50-51
③ 白美玲.当代俄罗斯基础教育课程改革研究[D].上海:华东师范大学,2006:14.

分科教学法的知识,最大限度地适应学校工作的特殊性,从而在总体上保障了教师队伍的高专业水平。

俄罗斯通过不少途径培养学校教师。小学教师1—4年级通常由3—4年制中等专业教育机构(中师和师范专科)毕业生担任。同时,5年制师范大学的学前教育系也为小学提供了相当数量的教师。初中(5—8年级)和高中(9—11年级)的学科教师由在师范大学相应学科专业分别接受了5年培养的毕业生担任。综合大学的一些毕业生也可成为教师,他们需要为获取师范教育才能接受教育心理学和教学法方面的教育。[①] 在今后的执教生涯中,教师还要定期参加脱产进修课程的学习,以此掌握最前沿的学科知识和教学法等培训内容。

但是俄罗斯学校教师一般待遇低,工作量比较大。因此,目前俄罗斯年轻人不愿当教师,教师流失和匮乏的现象相当严重。2002年俄罗斯教育部根据教育领域的行业特点,着手制定新的行业薪酬支付制度。这种新的教师薪酬支付制度将所有教师的职位分在不同类别内,教师工资因其学历的高低、教学和科研工作的年限以及技能的高低分为几个不同的档次。实行新的薪酬制度,将保证在入学人数显著下降、教师教学量相应减少的情况下教师的工资水平不会下降,反而将有较大增长。新制度将在促进教师提高教学技能和集约劳动方面发挥激励作用。同时,教师的退休金保障、医疗保险和社会保险体系正在得到完善。[②]

(五)基础教育的信息化发展

俄罗斯为了应对全球化与知识经济的发展,发挥现代信息技术媒介的作用,逐步推动基础教育阶段的信息化建设,以技术手段来推动基础教育的发展。2002年,俄罗斯颁布了《2010年俄罗斯信息化发展纲要》,指出要把教育的信息化工作放在首要位置。2005年,俄罗斯还启动了"教育专项计划",共计投入460亿卢布(约合17.7亿美元)用来推进国家教育信息化的建设。[③] 2008年,俄罗斯发布了《2020年前的俄罗斯教育——服务于知识经济的教育模式》报告,力主推动基础教育的信息化建设。主要措施包括:首先是进行数字化资源建设,高等院校和科研机构研究开发资源信息交流平台,并免费向全国的中小学校开放,学校教师利用互联网资源开发自己所需要的资源和课件;其次是培养和提高中小学教师的信息技术能力,中小学教师至少5年内会有一次为期6个月的培训,帮助其提高教学能力,包括信息化教学能力;最后是开设信息技术课程,在中小学广泛开设信息技术兴趣班,帮助孩子们提高信息技术能力。

第三节 基础教育的改革与发展趋势

发达国家在基础教育的实践过程中走出了丰富多彩的发展道路。20世纪后20年,各国教育改革都把目标锁定在培养21世纪的人才。21世纪里社会、经济、文化的发展也必然给各国的基础教育带来新的挑战和发展的机遇。在一个强调创新与竞争的时代,教育逐渐成为在促进国家发展和提高国际竞争力方面的重要推动力,各个国家在新的历史背景下都展开了轰轰烈烈的教育改革,纵观这些改革,创新、绩效、效率、公平仍然是其核心概念。

---

① 罗佐夫.俄罗斯的教师教育:过去与现在[J].张男星,译.大学·研究与评价,2007(1):69-78.
② 刘淑华,刘辉.俄罗斯基础教育现代化的若干新举措[J].外国中小学教育,2005(10):1-5.
③ 章雪梅.俄罗斯基础教育信息化考察报告[J].中国电化教育,2009(3):29-32.

一、教育公平权利的保障

受教育者之间的教育机会不可能是完全相等的,有着程度不同的差别。在基础教育阶段,应该是允许差别教育机会的存在的,但在义务教育阶段必须体现共享教育机会的平等。各国政府和国际机构都认识到基础教育是现代人成功走向社会的起点,寄托着人们美好的社会理想,因而追求教育的公平成为社会的普适价值观。相当一部分儿童由于环境限制不能接受平等的基础教育,输在了起跑线上,还有许多适龄儿童由于经济、文化方面的处境不利以及学业失败等原因而辍学。各国政府在推进教育公平的过程中,认识到制度是关键,法律是保证,并都将推进基础教育公平问题作为本国教育实践中的重中之重。美国在民权运动中保证处于困境的儿童享受正当教育权利,包括:黑人儿童补偿计划、更高视野计划、头脑启迪计划、免费午餐计划、残疾儿童补偿计划等。在《不让一个孩子掉队法》中,力求能缩小各文化群体学生成就的差距。日本的基本教育政策是维护教育机会均等,政府保证充足的义务教育经费,各校的教学、教学设施实现规范化。执行统一、规范的教学要求,实现各校之间的教育教学资源均等。教师和校长由政府机构进行轮换调整,保证了各校的师资力量和管理水平的相对均衡性。俄罗斯在促进教育的现代化进程中,以农村学校为重点,以提高质量、缩小差距作为农村教育改革的主要目标,出台了一整套优化结构、整合资源、提高教学效果的农村学校结构改革设想和措施。希望借此来完善公共教育资源的公正分配与高效管理机制。

二、教育绩效与问责机制建立

从目前世界各国基础教育的改革来看,提高学生的学习成绩,为所有孩子提供高质量的学校教育是当前各个国家基础教育改革的总体趋势。在实施的案例中,主要以美国的《不让一个孩子掉队法》为主,其实施的力度和范围都比较广,取得了不错的效果。自法案颁布以后,质量评估与问责制比较完善地建立起来,按照各州颁布的学科标准来对学生的发展水平进行评估,根据评估结果对学校实施严厉的处罚。法案要求学校为所有的学生提供高质量的教学服务,并通过每年的测试、为改善教学方法投资、为父母提供新的学校选择以及增加州和学区的灵活性来强调州和学校的绩效责任。将绩效的观点置于课程体系中,教师要利用年度的评价报告来制定他们的教学,为成绩的稳步进步负责。通过测试将那些处于危险边缘的孩子甄别出来并及时采取措施。加上特许学校运动的发展,对部分没有达标的学校进行转型,没有达到适度年度进步的学校进行警告,如果一直没有表现出改善的水平则会直接转型为特许学校。美国教育部建议要关闭那些运行不好的学校,移植或复制成功的模式来代替它们。鉴于特许学校对整个公立教育的积极影响,所有的特许学校都应该坚持在互相学习中提高成绩,从而对整个国家的公立教育系统改进发挥积极地影响。

三、课程内容体系的改革

随着社会经济和科学技术的发展,人才的素质要求越来越全面,越来越完善。基础教育是为学生的成长和发展打基础的阶段,要为学生的可持续发展提供不竭的动力,课程目标就必须指向终身学习,把眼光放在培养学生现代生活意识以及态度、决策、交往、创造、应变等方面的素质,使学生得到适应未来社会生活需要的发展,并且能创造美好的生活。基础教育课程既有国家统一的课程标准,体现出要求的共同性,同时也要适应学生个体差异的需要,适应地方和学校的不同特点,允许课程多样化、个性化。美国在课程改革上强化联邦政府对各地教育的统一控制和管理,以扭转地方分权带来的偏差。其中颁布全国统一的课程标准就是重要举措,所以把这次课程改革称为"基于标准的课程改革",使课程既适应社会、科学发展的需要,又适应学生发展的需要。法国在课程体系上秉持中央集权的原则,在目前的改革中开始增加了分权思想。在课程改革中提出"共同基础——共同文化"的概念,试图通过对这两者的追求来实现课程的统一。而同时,这也为学校课程的个性发展提供了机会,提供了相应的政策保证。英国在课程改革中也强化了统一要求,并且将一些新发展趋势融入进来,英国政府特别强调的是课程的精神价值,以及着眼于未来挑战的重要问题,诸如商业和个人资金的重要性,为学生将来的工作生活做准备等。

四、薄弱学校与学校质量改进

纵观发达国家对于基础教育质量的发展,主要集中于学校质量的改进上,强化从学校基层来提升整个教育体系的质量。美国在推行基础教育的问责制中,将一部分绩效不好的学校进行转换或者关闭,在促使学校转型的过程中实施特许学校运动。在对学校质量的改进中,创建新型的特许学校,维持已有的高质量的学校,改善特许学校的运营环境,积极发展人力资源,发挥特许学校自身的影响和关闭表现欠佳的学校。在具体实施中,需要继续改善特许学校运行的政策环境,联邦政府在全国范围内继续扩展和提高对有活力的、高质量的特许学校的支持。提高服务和资助水平并扩展对于高质量学校的支持程度,当然特许学校自身也需要更加努力地去追求卓越。英国主要是对薄弱学校的质量进行改进,加上特色学校的建设,将教育质量的改进放在首位。对薄弱学校进行全方位扶持,尤其是在经费资助上予以保障,包括在国家挑战项目中,给予学校大笔资金支持,吸引优秀的领导者与师资到学校开展工作。同时调动优势的教育资源帮助提高学生学习质量,将薄弱学校和优秀学校、社区建立密切的伙伴关系,对薄弱学校的学生学习进行干预,提供优势资源以及营造良好的外部环境等。

五、教育质量监测与评估的构建

基础教育领域的质量与公平是永久探讨的主题,为了实现更大程度上的公平,最重要的是推动教育质量保障机制的建立,促进各阶段学校都能达到优良的质量标准,实现教育优势资源的均衡分布。美国在2010年颁布了"核心标准",旨在统一K-12年级课程标准,以确保学生为升学和就业做好准备,从而提升美国的国际竞争力。该标准主要实施二元性评价体系结构,英语和数学两大核心学科的评价模块,评价教师专业发展和学生成长。法国对基础教育的质量监测与评估建立在小学生、初中生所具备的基础知识与核心能力上,同时将质量监测与评估结果作为经费管理的基础,明确提出要制定目标合同,把各政府部门、行政部门的经费与绩效挂钩。在具体实施中,包括教育系统监测、学生学业诊断和学校发展评估。德国近些年来非常关注基础教育的质量问题,确立了质量发展标准,为质量改进创造良好的外部环境。从内外部角度来构建质量改进机制,包括制定学校质量评价标准,开展教育督导评估,促进学校提升自己的质量状况。日本构建了一套完善的质量保障机制,包括教育质量标准的建立,教育管理体系的规范,教育质量的监测与评估等,从而有力地改进了基础教育的质量状况。按照这套标准来构建教育质量的评价标准,拟定具体的计划与实施细则。通过评估结果来对学校总体状况进行有效评价,能够充分鉴定学校的绩效与成就,保障学校教育质量。

拓展阅读

1. 联合国教科文组织国际教育发展委员会.学会生存——教育世界的今天和明天[M].北京:教育科学出版社,1996.

2. 教育部国际合作与交流司.世界62个国家教育概况[M].北京:首都师范大学出版社,2001.

3. 袁桂林.基础教育改革与发展[M].长春:东北师范大学出版社,2002.

4. 顾明远.中、美、加、英四国基础教育研究[M].北京:人民教育出版社,2005.

问题与探究

1. 简述世界基础教育发展的历史过程。
2. 请你谈谈美国基础教育教师培养的模式对我国基础教育教师培养的启发。
3. 请你谈谈当代基础教育课程改革的趋势。
4. 请你结合我国实际,谈谈对基础教育公平问题的看法。

第六章 高等教育——智慧的灯塔

本章提要

- 现代意义上的大学产生于中世纪后期的欧洲。意大利的萨拉尔诺大学,波隆那大学,法国的巴黎大学,英国的牛津大学、剑桥大学是最早一批诞生的大学。
- 文艺复兴时期,大学得到迅速发展,各国的大学数量急剧增加,特色日渐鲜明。
- 由于民族国家的政治、经济、文化传统的差异,各国近现代高等教育的发展路径各不相同。随着高等教育功能的日渐丰富,对社会经济和科技进步的影响日渐增强,各国政府对高等教育的发展也日益重视。尤其是二战以来,各国高等教育都得到了长足发展。
- 强调科学研究的洪堡理念和强调大学社会服务的威斯康星思想,促进了大学的发展和功能拓展,也为大学成为社会的"轴心"奠定了基础。时至今日,大学的科学研究和社会服务,是促进国家经济、科技进步和提升国家竞争力的有力工具。
- 随着高等教育由社会的边缘走向社会的中心,其"探究高深学问"的使命、大学自治、学术自由的传统,以及出世的"象牙塔"的角色都受到了来自外部世界的挑战,大学日益成为集教学、科研、服务三大使命于一身,国家社会经济发展必不可少的"服务站"。

第一节 高等教育的历史沿革

在人类发展的历程中,大学的存在与发展有着悠久的历史。大学是时代的产物,它的起源最早可以追溯到中国的先秦时代以及西方的古希腊与古罗马时代。早在古希腊、古罗马时代,就已经存在着研究和传播高深学问的教育机构,如古希腊的雅典大学,古罗马的亚历山大里亚大学、罗马大学,拜占庭帝国的君士坦丁堡大学等。但从严格意义上讲,这些古典大学尚不是真正意义上的大学,真正意义上的大学产生于中世纪后期的欧洲。

一、近代中世纪大学的产生

现代意义上的大学产生于中世纪的欧洲并非偶然,有其政治、经济、文化等多方面的原因。从政治上看,从公元 10 世纪开始,作为世俗封建势力代表的王权与作为宗教势力的教皇之间的矛盾和斗争趋于激化,教会对世俗社会的控制减弱,产生了各种自治性的行会组织,这就为学者的聚集提供了条件;从经济上看,公元 10 世纪和 11 世纪,随着欧洲手工业和商业的发展,出现了早期的中世纪城市。城市的发展增加了对牧师、律师、医生、教师等受过高等学问训练的专业人才的需求,同时也为师生的聚集提供了充足的空间;从文化上看,欧洲人的知识视野也因为十字军东征而产生的东西文明碰撞而得以扩大,古希腊时期的理性精神开始复苏,探讨高深学问、传播高深学问逐渐成为一种风尚。在这种时代背景下,大学应运而生了,可以说是当时社会需求的反映与结果。

最早产生的中世纪大学有意大利的萨莱诺大学、波隆那大学,法国的巴黎大学,英国的牛津大学、剑桥大学等。其中最具代表性且影响最大的是萨莱诺大学、波隆那大学和巴黎大学,她们有"母大学"之称,当时被欧洲人视为大学的样板,后来的大学多数是以他们为样板来建立的。

意大利是欧洲中世纪经济较为发达的地区,最早的中世纪大学首先在这里孕育形成。意大利南部那不勒斯附近的萨莱诺(Salorno)是一座港口城市,风光旖旎,气候宜人,是地中海沿岸驰名的疗养胜地,也是古罗马医生们公认的理想居所。十字军东征时期,不断有伤员被送到该地疗伤或接受治疗,在那里活跃着一批名医,一些有志学医的青年也纷纷慕名来此。这里原有一所医学院,11世纪中期在这所医学院的基础上成立萨莱诺大学,成为欧洲有影响的医学教学研究中心。1231年,弗里德里希二世授予该大学正式资格。

波隆那大学位于意大利北部城市波隆那(Bologna,又译作博洛尼亚)。该城地处意大利商业要地,往来商旅络绎不断,贸易纠纷和诉讼案件时有发生。这里原有一所以教授和学习罗马法为主的法律学校,为满足法学人才培养之所需,1088年在其基础上建立了最早的大学——波隆那大学。1158年,波隆那大学正式为政府承认。教会看到波隆那大学发展很快,影响力日增,就通过各种途径来控制它,让其为自己服务。12世纪中期以后,波隆那大学不仅是欧洲研究罗马法的中心,也成为讲授教会法、训练教会管理者的重要机构。

1160年,法国人创办了在中世纪以神学闻名于世的巴黎大学。其前身原是巴黎圣母院附属的一所天主教学校。欧洲著名的学者阿伯拉尔(Abelard)曾在这里任教。最初,圣母院附属学校的校长想把追随阿伯拉尔而来的青年人控制在手,但受到教师和学生的共同抵制,他们自行组织起大学。1200年,法国国王把大学交给教区主教来管理,大学师生对此不满,向教皇申诉,教皇趁机插手,宣布巴黎大学受教皇保护,巴黎主教无权过问。以后教皇把他宠信的教士学者大批派往巴黎大学任教,使巴黎大学成为欧洲正统神学理论研究的中心。1208年,巴黎大学得到教皇英诺森三世的认可,获得了"学者与师生行会"的资格,取得了合法地位和相应的权利,现代大学的最初雏形逐步出现。

中世纪大学是一种教师与学生的组合,具有行会的性质,即教师和学生为了"探讨高深学问"这个共同目的组织起来而形成的一个学习机构性质的团体。最初的中世纪大学可以分为两种基本类型,一种是"学生大学",另一种是"教师大学"。学生大学由学生来管理学校,包括聘请教授和安排课程。学生几乎决定了大学所有的活动,除了考试,教师没有发言权。这种模式后来扩展到欧洲其他国家,如意大利、法国(巴黎大学除外)、西班牙、葡萄牙等,其典型代表是波隆那大学。教师大学则由教授管理学校,欧洲北部的大学,如英格兰、苏格兰、瑞典和丹麦等地的大学,多属此类,其典型代表是巴黎大学。后来由于大学生年龄渐小,学生大学遂被教师大学所取代,并最终形成了现代大学的模式。

通过利用教会、世俗政权以及地方当局之间错综复杂的矛盾,中世纪大学争取到许多特权,如内部自治权、免除赋税和免除服兵役权、罢教和迁移权、行乞权等。在当时动荡不安的社会环境中,如果没有这些特权的保护,大批师生集团的存在是不可能的,很多师生就是为了享受这种特权才进入到大学的。可以说正是由于这些特权,大学才得以发展繁荣。这些特权也为后来大学的相对独立地位奠定了基础。中世纪大学所体现出来的追求高深学问、探索真理、追求自治和学术自由等传统至今仍然得以继承和保留,并对现代大学的发展产生着深远的影响。

二、大学的本质功能——纽曼的理念

文艺复兴以后,由于大学在社会生活中发挥了重要作用,原先由学者们自发形成和组织的大学日益减少,而由国家或教会创建的大学迅速增加。巴黎大学建立后,法国许多城市在原主教学校、法律学校和医学学校的基础上也相继成立了大学。这一时期创办的大学有卡奥大学(1332)、奥朗日大学(1365)、普瓦提埃大学(1431)、南特大学(1461)等。德国大学起步较晚,直到14世纪中叶才建立自己的大学,创办最早的大学有布拉格大学(1349)、海德堡大学(1385)、科隆大学(1388)、艾尔富特大学(1392)、莱比锡大学(1409)等。随着文艺复兴运动的发展,从15到16世纪,德国又出现了弗莱堡大学(1457)、杜宾根大学(1477)、法兰克福大学(1506)等第二批大学。15世纪的苏格兰也先后建立了3所大学,加上英格兰的牛津大学和剑桥大学,英国共有5所大学。上述大学都是以当时公认的巴黎大学为榜样。①

在大学初创时期,教学是大学的主要功能。约翰·亨利·纽曼(John Henry Newman)是19世纪英国维多利亚时代的著名神学家、教育家,成为基督教圣公会内部牛津运动领袖,倡议恢复圣公会早期传统,严守纪律,恪遵教义,维护圣事及教会礼仪。后为罗马天主教会所吸引后改奉天主教,升任神父和红衣主教。1851年,纽曼应邀出任新创办的都柏林天主教大学校长,他在都柏林为宣传这所新办的大学做了一系列演讲。这些演讲后经修改,再加上在其他场合所做的有关大学教育的演讲,合成《大学的理想》一书。纽曼经过了长期的潜心研究教育,对大学教育的本质进行了探讨,认为大学是讲授普遍知识的场所。大学的目标一方面是理性的,而非道德的;另一方面是知识的传播与推广,而非进步。纽曼认为大学具有自身的特殊性,在一定条件下是相对独立的,不应屈就于任何事物。所以将大学作为传播普遍知识的地方,既是知识的集中地,也是讲授知识的中心。纽曼提到了巴黎大学的案例,认为巴黎大学是一所真正意义的大学,其关键是容纳并教授了所有的普遍知识。其所教授的学生来自世界各地,不会因为国家、种族、阶层因素而受到歧视,在对学生的培养上,注重养成人的理性,重视人的因素。所以,在大学中应倡导自由教育。纽曼认为自由教育是"心智、理智和反思的操作活动",注重以心智训练、性格修养和理智发展为目标。

在大学教育的具体实施中,纽曼主张教学和科研相分离,研究所才是知识创新与产生的重要地方。大学教育面对的对象是未受智力训练的学生,所以学生的主要任务是接受普遍知识的学习,因此要更关注学生的教育。教师的主要职责是进行教学工作,教师要与学生相联系,将知识传授给学生,注重日常的教授任务。在教学实施中,以学生为中心,在教学中采取因材施教的方法,重视教师的教学技能训练,促进教师和学生的积极交流。学生进入大学进行学习的主要任务是进行智力训练,学生在学习中积极主动地掌握知识、发展理性。教师在教学中,注重采用回答式学习,进行积极的师生交流讨论。一方面教师不断地引导、启发学生,另一方面学生主动地进行思考。纽曼提出的大学教育本质功能,奠定了现代大学教育的核心内容,将大学定位于传授知识的场所,主要任务是发展学生的智力。此后,自由教育

---

① 杨萌恩. 海德堡大学[M]. 长沙:湖南教育出版社,1991:16.

的理念得以传承,提倡培养人的理性和发展人的智力。

三、大学功能的发展——洪堡的理念

在大学初创时期,教学是大学的主要功能,而将科学研究引入大学则大大促进了大学的发展和变革。在高等教育史上,德国大学的成功与洪堡(Wilhelm von Humboldt,1767—1835)的名字紧密联系,洪堡不仅建立了柏林大学,同时还奠定了柏林大学的精神,并由此开启了德国大学的一个辉煌的世纪。也就是说,洪堡的大学思想支配了19世纪的德国大学,所谓传统的德国大学观念也就是洪堡的大学观念,科学研究与大学的联姻得益于洪堡的努力。

1806年10月,当时德国最大的公国普鲁士在耶拿战役中被拿破仑击败,并被迫与法国签订了屈辱的梯尔西特和约。普鲁士全国上下群情激愤,要求进行全面的改革,以重振德意志民族。在这种形势下,普鲁士进行了著名的施泰因—哈登贝格改革,教育改革也是这一政治大改革中不可分割的一部分。洪堡由于其卓绝的才学和良好的从政经验,被普鲁士政府从国外请回,并于1809年2月,正式被任命为普鲁士的教育厅厅长,具体主持教育改革工作,这既是洪堡个人生活中的一件大事,也是德国民族之大幸。[①] 洪堡担任了一年多的普鲁士教育主管人。他在短暂的任职期间,促成了柏林大学的建立,由此开创了德国大学史上的一个新的时期。

洪堡在进行改革的同时,特别是围绕柏林大学的建立,写了若干文稿,这些文字为了解洪堡大学观念提供了第一手材料,从中可以大致看出洪堡关于大学的观点。洪堡理念最核心的内容首先是他是大学功能的看法。洪堡指出,大学兼有双重任务,一是对科学的探求,一是个性与道德的修养。洪堡所说的科学即所谓的纯科学,纯科学建立在深邃的观念之上,不同于历史和自然科学这些"经验科学",能够统领一切学科,是关于世上万般现象知识的最终归宿。纯科学不追求任何自身之外的目标,只进行纯知识、纯学理的探求。大学所从事的便是这种纯科学。[②] 其次,是关于大学组织的原则。洪堡从"大学是从事纯科学的机构"这一核心观念出发,认为大学的组织原则应建立在纯科学的观念之上。大学的基本组织原则有二,一曰寂寞,一曰自由。在洪堡看来,对于纯科学活动,"自由是必需的,寂寞是有益的";大学全部的外在组织即以这两点为依据。第三,关于大学与政府的关系上,洪堡认为大学应保持独立的个性,自由能够促进大学的繁荣,而繁荣的大学及发达的科学正是国家的利益所在。[③] 所以国家应当为大学创造保障其繁荣所需的条件并任其发展,而不是让大学直接地服从于国家的种种实际需要。

洪堡大学理念赋予大学理念新的内容,使大学发展具有了新的逻辑。其所倡导的大学以科研为主的使命与责任以及大学与国家利益的一致性,使得科学研究,尤其是基础研究成为大学的合法性来源。作为柏林大学的创建者,洪堡将"大学是研究之所"的理念广泛传播,改变了大学提供广博教育为学生在教堂和政府工作做准备的传统观点。洪堡认为,教授既是学者和研究者,也是教师。在接下来的一百多年,洪堡理念扩散到了世界的各个角落,

---

① 苏杨.洪堡的高等教育思想新探[J].华东师范大学学报(教育科学版),1994(4):69-78.
② 陈洪捷.什么是洪堡的大学思想[J].中国大学教学,2003(6):24-26.
③ 陈洪捷.什么是洪堡的大学思想[J].中国大学教学,2003(6):24-26.

大学逐渐成为科技和智力孵化的中心。

四、大学功能的拓展——威斯康星思想

在大学理念史上，英国的纽曼突出了高校在教育教学中所担负的重要使命，而洪堡建立的柏林大学将科研引进教学中，结束了传统大学将教学与科研分离的状态，同时也发展了大学的第二项职能——科学研究。1862年，美国颁布了《莫雷尔法案》，规定联邦政府按各州在国会的议员人数，以拨给每位议员三万英亩的标准向各州拨赠土地，各州应将赠地收入开办或资助农业和机械工艺学院，后来这类学院被称为"赠地学院"。受此影响，成立于1848年并在后来得到赠地而发展起来的威斯康星大学在服务社会方面成绩卓著，为其他高校树立了榜样，也建立起了大学的第三项功能——社会服务。

赠地学院有着与传统大学根本不同的理念，以服务地区的农业发展为主要使命，但这并不代表它不关心研究的发展。在1894年，威斯康星大学的董事们就写下了一句在该校历史上流传至今的名言，表明这个学府一开始就毫不犹豫地追求真理："在其他地方，无论束缚探索的障碍是什么，我们相信，伟大的威斯康星大学都鼓励持续和勇敢的研究活动，并据此发现真理。"① 从研究型大学的创立来看，它源自19世纪独具特色的三大教育传统：历史悠久的新英格兰文理学院的通识教育传统；赠地学院蕴含的平等和务实传统；德国大学研究生教育注重基础研究的传统。威斯康星思想的出发点是促进地区经济的进步，不过这一功能的实现途径除了直接致力于地区的农业生产，更重要的是通过与农业生产息息相关的农业科学的基础研究来实现的。威斯康星大学非常提倡前沿性研究，特别是提倡那些与高深的学习紧密联系的具有原创性的科学研究。

第二节 高等教育的当代发展

一、美国高等教育的当代发展

（一）美国高等教育概况

自1636年哈佛学院创立至今，美国高等教育已经走过了三百多年的发展历程，不仅建立了完善的高等教育体系，培育了具有国际一流的科研水平和创新人才培养能力，同时也在国际范围内取得了卓越的声望，成为对国际学生最具吸引力的国家之一。

迄今为止，美国共有高等教育机构三千多所，机构类型主要包括研究型大学、州立大学和二年制的社区学院。其中，大部分的大学，尤其是研究型大学是私立大学，而州立大学和社区学院主要以公立为主。《美国新闻周刊》则将美国大学分为四类，分别是：全美大学（National Universities），全美文理学院（National Liberal Art Colleges），地区性大学（Regional Universities）以及地区性学院（Regional Colleges）。根据2014年的统计，美国全国性大学共281所，其中173所公立大学、101所私立大学和7所盈利性大学；全美文理学院提供文理全面发展的通才教育，主要专注于本科生教育，拥有较高的教学质量和声望。美国共有248所

---

① 沃德.令人骄傲的传统与充满挑战的未来：威斯康星大学150年[M].李曼丽，等，译.北京：清华大学出版社，2007：161.

全国性的文理学院,其中 220 所私立学校、27 所公立学校和 1 所盈利性学院;同全国性大学一样,地区性大学提供广泛的学士和硕士课程,但博士课程比较少或者没有。美国共有 621 所地区性大学,其中 347 所私立学校、262 所公立学校和 12 所营利性学校;地区性学院主要指提供本科教育的专门学院,美国共有 367 所地区性学院,其中 256 所私立学校、94 所公立学校和 17 所盈利性学校。

(二) 美国高等教育的主要发展阶段

从发展历程来看,美国高等教育发展史可以分为殖民地和建国初期的早期发展阶段、南北战争到 20 世纪 40 年代的扩展与转型期、二战至 20 世纪 80 年代的大学发展期,以及 20 世纪 90 年代以来高等教育改革和创新期四个发展阶段。

1. 美国高等教育的早期历史阶段

从 1636 年哈佛学院建立到 1862 年《莫里尔法》颁布之前的两百多年,是美国高等教育的早期历史阶段,是美国高等教育发展奠定基础的时期。这一时期美国高等教育经历了异常艰难的过程。宗教信念支配下建立的殖民地学院与社会环境的实际需要和所能提供的支持之间的巨大差距,剧烈变化的社会条件及错综复杂的社会关系造成了美国高等教育在早期发展的困难和曲折。① 这一时期可分为两个主要阶段,即殖民地时期和美国建国初期。在英属殖民地时期(1636—1776),美国大学深受英国传统大学办学模式的影响,主要是仿照英国牛津大学、剑桥大学而设立的,到 1769 年时,已有 9 所殖民地大学。其中最著名的除了哈佛学院(Harvard College),还有建于 1701 年的耶鲁学院(Yale College);1755 年由富兰克林中学院改组的菲列得尔菲亚学院(Philadelphir College),后来又发展成为宾夕法尼亚大学(University of Pennsylvania);以及 1754 年建立的纽约皇家学院(King's College)等。创立这些大学的主要动机也是宗教性质的,目的在于培养具有高深学问的传教士、教会工作者和虔信宗教的政府官吏。九所大学基本都由教会开办,主要课程有拉丁文、希腊文、希伯来文、伦理学、修辞学、初步数学知识以及简明的历史和自然科学知识等。

1776 年的美国独立战争,是美国历史上的重大转折期。独立战争后,结束了英国的殖民统治,美国开始建立联邦制资本主义国家,高等教育也向分权化、世俗化、自由化方向发展。原有的九所大学皆属教会开设的私立大学,规模小,招生不多,教学内容脱离实际,例如 1828 年的《耶鲁报告》就是一篇旧势力的宣言书,该报告认为大学教育应是文化修养的教育而非专业教育或职业教育。这些原有的教学内容不能满足独立后经济与政治的新需要,发展新的高校成为重要课题。由于独立战争的冲击和欧洲启蒙运动的影响,殖民地时期旧的高等教育传统观念开始改变,要求政府组建新的更为实用的高等学校的呼声日益高涨。在这种背景下,联邦政府曾试图创建国家大学,但是遭到各州的抵制,最终采取鼓励开办州立大学的办法。到美国南北战争前夕,全美 27 个州已有 25 个州相继建立了州立大学。与此同时,教会也运用自己手中的特权,建立了许多高等学校。这一时期,美国的一些民主主义思想家和教育家积极尝试打破殖民地学院崇尚的"自由教育",重视实用知识的教学,增设了自然科学、现代语言及农业、商业等实用课程。

这一时期美国高等教育的特点,可以视为欧洲大学制度在英属北美殖民地的传入、移植和"变异"时期,也是学术法人制度和董事会制度形成以及州立学院和州立大学开始建立的

---

① 张斌贤. 艰难的创业:美国高等教育早期历史的特征与成因[J]. 高等教育研究,2015(11):77-82.

时期。不过从总体来看,这个时期美国高等教育主要处于模仿、借鉴欧洲(特别是英国)大学制度的阶段,少有真正具有美国特色的因素。

2. 美国高等教育的扩展与转型期

美国高等教育的第二个发展阶段是扩张与转型期。这个时期始于1862年《莫里尔法》的颁布,持续到20世纪40年代中期,前后约大半个世纪的时间。这一时期的发展特点主要包括:一方面,以州立学院和大学等为代表的新型高等教育机构的出现丰富了高等院校的类型和结构,适应了不同人群接受高等教育的需要以及社会对不同层次和类型人才的需求。另一方面,美国的高等院校开始了从传统的"殖民地学院"向现代的"研究型大学"转型的"学术革命",促进了大学学术组织和学术管理的现代化,标志着美国现代高等教育制度的形成,奠定了美国高等院校迈向世界一流研究型大学的坚实基础。[1]

南北战争后,受进步主义教育运动的影响,美国高等教育也发生了一些变化,主要有两种发展倾向。一种倾向是继续讲求实用的原则,努力切合工商业发展的需要,广泛兴办农工学院,为国家经济社会发展服务,向大众开放,从而开始了精英高等教育向大众高等教育过渡的时代。1862年,国会通过了"莫雷尔法案(Morrill Act)",规定各州凡有国会议员一人,便由联邦政府拨给土地三万英亩,可用其收入作为开办工、农学院的基金。这种学院一般修业四年,培养发展工农业所需的专业人才。由于它适合当时生产力发展的需要,很快培养出大批人才。莫雷尔法案公布前,美国州立大学不多,法案公布后,州立大学迅速增加,对美国工农业发展起了很大推动作用。另一种倾向,则是在德国大学重视学术研究的影响下,美国也建立以科学研究和研究生教育为主要任务的研究型大学。1876年,美国仿效德国柏林大学创建约翰·霍普金斯大学,并建立大学研究院,集中精力钻研学术。它的创立标志着美国大学时代的开始,首次把培养研究生放在第一位,使教学和科学研究结合起来。在约翰·霍普金斯大学的榜样作用下,不仅促进了芝加哥大学、克拉克大学等一批新的研究型大学的创立,同时也推动了哈佛、耶鲁、哥伦比亚等著名的传统学院和州立大学向现代大学转型。这一时期,研究型大学数量不断增多,规模不断扩大。据统计,到1900年,美国开设研究生课程的学院和大学已达150所左右,其中近1/3开设了博士课程。

在这两种发展倾向的协调和撞击下,19世纪末20世纪初兴起了初级学院运动。基于集中办好大学三、四年级教育和研究生教育,同时也能使更多高中生有机会进入大学一、二年级学习的考虑,芝加哥大学校长威廉·哈珀(William R. Harper)于1892年率先把该校分为一、二年级和三、四年级两部分,前者称为"基础学院",后者称为"大学学院"。在基础学院完成两年学习的学生可以获得结业证书。1896年该校基础学院改称为初级学院,1889年把初级学院的结业证书改为副学士学位。芝加哥大学的这一做法立刻产生了重大的影响,该大学周围地区很快建立起一批初级学院,一些技术学校、农业学校逐步改造为初级学院,还有一些四年制学院改为初级学院,同时也促成了美国第一所公立初级学院的出现。1907年,加利福尼亚州议会最早通过立法,允许州内各中等教育委员会提供大学头两年教育,并授权各地区建立地方性的初级学院。三年后,该州率先建立了第一所公立社区学院。办学之初,初级学院的主要目的是为社区没有机会或能力进入高等学校的中学毕业生提供大学

---

[1] 李子江,张斌贤. 扩张与转型:内战后美国高等教育发展的路径选择[J]. 清华大学教育研究,2016,37(1):16-23.

一、二年级的教育。后来,为了满足社区的需要,初级学院的职能不断扩大,包括提供转学准备教育、职业技术教育、继续教育、补习教育和为社区服务。由于初级学院办学目的的多样性、课程的多样性、提供教育的广适性,使它成为此后美国发展最快的一类高等教育。

由于初级学院的建立,美国创建了由研究型大学、农工大学(州立大学)、初级学院构成的三级高等教育结构,基本形成了由副学士、学士、硕士和博士构成的四级学位制度,建立了以人才培养、探索知识与服务社会为核心的现代高等教育观念基本形成。这些都标志着现代高等教育制度在美国的建立。

3. 美国高等教育的大发展期

美国高等教育的第三个阶段为第二次世界大战前后至 20 世纪 80 年代,是美国高等教育大发展的"黄金时代"。在这一时期,政府把高等教育置于国家发展的战略地位,并用法律的形式固定下来。1944 年通过了《军人权利法》,资助复员军人接受高等教育。此外,这一时期美国高等教育的另一个重要事件是 1958 年《国防教育法》的颁布。1957 年苏联人造地球卫星的发射是对美国高等教育史产生重大影响的事件之一,它不仅改变了美国高等教育的发展方向,而且促使美国高等教育发生了重大改革。① 继《国防教育法》后,1970 年又发布了《高等教育法》。上至联邦政府下至普通民众都意识到,高等教育对国家安全和发展以及个人利益的重大战略作用,因此举国支持高等教育,大力投资发展高等教育。从 1945 年至 1970 年,高等学校的日常开支增长了近 30 倍,高等教育的开支占国民生产总值的百分比也持续增长。高等教育获得很大发展,不仅就学人数大量增加,将精英高等教育发展成"大众高等教育",同时全力发展研究生教育,培养高级专门人才,为美国提供了前所未有的多样化的智力资源。大学特别是主要的研究型大学极大地加强了科研,使美国在科学研究和知识创造方面走在了世界的前列。

进入 20 世纪 80 年代以来,由于经济不景气、新的科技革命的兴起,以及高等教育质量的下降,美国高等教育不断进行着改革与调整。社会公众广泛关注高等教育,展开教育大辩论,指出教育中存在的问题,并提出改革的建议,不同层次、不同范围、不同方面的教育改革此起彼伏。概括起来,改革的趋势主要体现在:努力提高教育质量,突出文理课程,强调基本知识和基本技能的培养;加强大学的科研活动,促进大学的健康发展;进一步发展高等学校直接为社会和经济发展服务的职能;变革教育观念,加强终身教育。随着高等教育在社会和经济发展中的作用和地位越来越重要,美国政府、产业界乃至整个社会与高等教育的关系越来越密切,高等教育已从社会的边缘逐步走向了社会的中心。

(三) 20 世纪 90 年代以来美国高等教育的发展及改革

20 世纪 90 年代以来,伴随着全球化和知识经济的发展,美国的相关部门和机构发布了若干政策和报告,试图加强美国高等教育的国际吸引力和竞争力,提升美国的科技创新能力,继续保持其高等教育的国际声望。例如 2005 年美国科学院发布了《未雨绸缪:为美国更辉煌的经济前景而积蓄能量》(Rising Above the Gathering Storm: Energizing and Employing America for a Brighter Economic future)的报告。报告认为,保持和加强国家对长期基础研究的传统责任是激励经济发展、保证国防和提高生活质量的潜在力量;研究生院委员会在 2005 年发布了《21 世纪的国防教育法:对研究生教育的新承诺》(NDEA 21: A Renewed

---

① 郝艳萍. 1957 年苏联人造地球卫星与美国高等教育改革[J]. 黑龙江高教研究, 2011, 4(3):9-12.

Commitment to Graduate Education)白皮书,报告认为,在过去的一百多年里,凭借着在工业和制造业方面的优势,美国成为一个空前繁荣和富强的国家。美国的教育体系,包括从幼儿园到研究生院,对促进新美国的形成贡献了重要力量,通过这一系统为美国输送了高素质的劳动力,满足了公共部门、私营机构和非营利组织的需求。然而,未来美国的经济成功以及国家的安全要求各层次教育采取新的战略,要求重构高等教育,对研究生教育而言更是如此。总之,强调绩效和卓越是美国目前高等教育改革的主要方向。

二、英国高等教育的当代发展

(一)英国高等教育概况

英国是世界高等教育强国之一,其最早的大学是分别成立于1167年的牛津大学和1209年的剑桥大学,至今已经走过了800多年的发展历程。高等教育是英国最宝贵的国家资产,是经济发展和社会进步的基石。

英国目前拥有包括牛津大学、剑桥大学等世界一流大学在内的168所高等教育机构,200多个设有学位授予权的教育机构,以及将近600多家提供高等教育课程的私立教育机构。根据英国大学协会(Universities UK)的数据统计,2014—2015年度英国的高等教育在校生大约为226.6万人,其中本科生172万人,大约占76%;全日制学生170万人,约占74.9%。①

(二)英国高等教育的主要发展阶段

总体而言,可以将英国高等教育划分为三个发展阶段:12世纪至20世纪60年代的精英教育阶段、20世纪60年代中期开始的高等教育大众化阶段以及目前正在推进的高等教育普及化阶段。就英国大学的历史演变而言,可以划分为五个发展时期:

1. 英国高等教育的精英阶段

英国的高等教育始于1167年牛津大学的建立,1209年又建立了剑桥大学。直到18世纪,英国的高等教育仍是牛津大学、剑桥大学的天下,接受高等教育的只有统治阶级的后代。当时这两所大学已各自拥有20多所专业性的学院,教学大多采用导师制。进入十九世纪以后,产业革命带来的科学技术的迅速发展,要求大学能研究、教授这些新学科。但牛津、剑桥大学仍然固守古典教育的传统,只有上层人士和国教徒才能入学。加上古典大学对非国教派教师的排斥,形成建立新大学的思潮。许多有识之士呼吁对高等教育进行改革,高等教育也相应地发生了变化,主要体现在新大学运动和大学推广运动上。

1828年,伦敦大学学院成立,后来与国王学院合并为伦敦大学,打破了传统大学垄断英国高等教育的历史,揭开了新大学运动的序幕。这所学院与传统大学不同,重视自然科学学科,不进行宗教教学。教授内容有语文、数学、物理学、经济学、工程学、历史、法律等科目,尤其重视医学教学,从而揭开了英国高等教育近代化的序幕。伦敦大学的创立打破了传统大学垄断英国高等教育的历史。

19世纪后半叶,在伦敦大学的带动下,在曼彻斯特(1851)、南安普敦(1862)、纽卡斯尔(1871)、利兹(1874)等城市纷纷成立城市学院,这些学院都是由地方城市创办,为地方工商

---

① Universities UK. Patterns and Trends in UK Higher Education 2016 [EB/OL]. (2016-07-03). http://www.universitiesuk.ac.uk/facts-and-stats/data-and-analysis/Documents/patterns-and-trends-2016.pdf.

业发展培养专门技术人才,重视科学、数学和商业科目。与中世纪传统大学不同,城市大学主要提供职业教育,培养实用人才,直接为所在城市工商业发展服务。城市大学的兴起,改变了英国高等教育的传统。从此,科学步入高等教育的殿堂,高等教育不再是贵族和上层阶级的特权,越来越多工商业资产阶级的子弟进入大学。

到20世纪初,英国的资本主义产业革命基本完成,在经济发展与军事力量上都占世界首位。随着工业化和城市化的推进,高等教育规模有所增长,但是与欧洲其他一些国家相比还有较大差距,在数量发展方面落后于其他国家,这也是二战后英国加快高等教育规模发展的重要原因之一。1919年,大学拨款委员会成立。作为英国政府与高等教育之间的中介机构,它的建立是英国政治家为解决高等教育面临的问题所作努力的结果,其主要工作就是争取和分配高等教育资金。它的建立为资助高等教育提供了一条正常的渠道。自大学拨款委员会成立后,英国政府对高等教育经费的资助逐渐增加,1919年100万英镑,到1936年,资助经费已达250万英镑。① 直到1989年撤销,大学拨款委员会对英国高等教育发展的影响长达70年之久。

第二次世界大战后,科技人才的培养备受关注,英国政府于1945年和1946年分别公布了珀西报告(Perey Report)和巴洛报告(Barlow Report)。这两个报告认为,英国技术教育的数量和质量都存在问题,对科学家的需求缺口较大,强调英国必须加快技术教育的紧迫性。在这种背景下,英国开始大力发展科技教育,培养了大批的专业技术人才。

2. 英国高等教育大扩展时期

20世纪60年代末,英国社会、政治、经济等各方面变革的压力迫使英国成立了以罗宾斯为首组建的高等教育委员会。在收集、分析大量资料,并对欧美一些国家的高等教育进行考察的基础上,委员会于1963年10月公布了《罗宾斯报告》。该报告探讨了英国高等教育如何为社会服务这一重大问题。报告建议应为所有在能力和成绩方面合格的,并愿意接受高等教育的人提供高等教育课程。该建议被称为"罗宾斯原则",为当时的英国政府和各派政治力量所接受,成为60年代高等教育大发展的政策依据。根据该报告的建议,有10所高级技术学院于1966年至1967年间改为大学,有5所大学学院升格为大学。20世纪60年代中期又兴办了7所新的大学。学生人数迅速增长,入学率显著提高。据统计,英国全日制大学生人数1965—1966年度有17.3万人,到1980—1981年度已增加到30.7万人。② 18—21岁青年的大学入学率1962—1963年度是7.2%,到1982—1983年度增至13.5%。③ 此外,这一时期还出现了开放大学,开放大学是1969年获得皇家特许状,1971年正式招生。它主要以成人为教育对象,招生无严格的年龄和学历限制,实行开放学习,采用广播电视录像作为主要的教学手段,教学方式灵活,是英国最大的大学。开放大学的成立是20世纪60年代英国高等教育最具影响的重大革新,为英国高等教育的发展注入了活力,也为许多国家所效法。

20世纪80年代以后,英国的高等教育改革更加频繁,从1981年开始,英国政府公布了一系列的文件、报告和法规,其数量之多前所未有。其中,主要的有:贾特勒报告(Jarratt Re-

---

① Shattock M. The Creation of a University System [M]. New Jersey: Blackwell Publishers, 1996:31.
② Kogan M, Hanney S. Reforming Higher Education [M]. London: Jessica Kingsley Publishers, 2000:50.
③ Stewart W. Higher Education in Postwar Britain [M]. Basingstoke: The Macmillan Press LTD, 1989:278.

port)、白皮书《高等教育:迎接挑战》(Higher Education:Meeting the Challenge)、白皮书《高等教育:一个新的框架》(Higher Education:A New Framework)、《1992年继续教育和高等教育法》(Further Education and Higher Education Act)等。这些政策是英国政府对高等教育高度重视的结果。80年代中期后,英国高等教育的大众化进程加速,尤其是《1992年继续和高等教育法》公布之后,高等教育规模空前发展。1985—1986年度时高等教育学生规模只有93.7万,1997—1998年度时高达180万,增长了一倍。适龄青年的入学率也是一路上升,1970—1986年间,21岁以下的高等教育入学率一直在15%左右,1990年上升到20%,1994年30%左右,到20世纪末时,入学率已高达33%。① 1992年时,英国只有50所左右的大学,到90年代中期已有90所左右了,大学数量也大量增加。

3. 英国高等教育扩大参与时期

自20世纪90年代以来,面对英国高等教育发展面临的新问题,例如高等教育普及率远远低于美国、澳大利亚、加拿大以及欧盟和亚洲的一些国家,对高等教育的公共资助不足,以及低收入家庭参与高等教育的比率较低等问题。为了重新审视和评估《罗宾斯报告》以来的英国高等教育发展状况,制定面向21世纪的高等教育改革框架和发展战略,英国政府于1996年2月成立了以政府教育顾问迪尔英爵士(Sir Dearing)为首的高等教育调查委员会,就英国高等教育的目的、模式、结构、规模、经费拨款及高等教育的未来提出建议。② 高等教育调查委员会经过对英国高等教育14个月的调查,在参考澳大利亚和西欧一些国家高等教育改革的做法的基础上,于1997年发表了题为《学习社会中的高等教育》的咨询报告,简称《迪尔英报告》。

这一报告回顾了《罗宾斯报告》以来,尤其是1992年的教育改革法案以来英国高等教育的发展和现状。在回顾和评价的基础上,结合21世纪国际经济发展趋势,提出了未来20年英国高等教育的发展战略和改革框架,以继续保持英国在国际竞争中的优势地位。③《迪尔英报告》的主要建议报告:一是应建立多元的高等教育经费筹措机制,加大政府投入,吸引工业部门对高等教育的资助力度并按照成本分担机制,自1998年开始向学生收取学费;其次,强化高等教育保障机制。明确在扩大高等教育规模的同时,应继续保持卓越的质量;第三,发挥高等教育在地方和区域发展中的作用,加强高校与地方的互动,包括科研成果转化、满足劳动力市场对技能人才的需求、吸引投资和提供新的就业机会、支持地方社区的终身学习等;第四,加强通讯与信息技术的广泛应用。

(三)面向21世纪的英国高等教育改革

21世纪以来,面对着全球化和知识经济带来的竞争,英国也在努力提升大学的绩效和卓越水平,其中一项重要的改革便是对高校科研评估制度的改革。2008年,英国政府委托英格兰高等教育基金委员会和其他高等教育资助机构联合制定一种新型的评估制度替代RAE(Research Assessment Exercise)评估体系,这种新的评估制度被命名为科研卓越框架(Research Excellence Frame,简称REF)。科研卓越框架(REF)是在RAE基础上经过调整和

---

① Kogan M, Hanney S. Reforming Higher Education [M]. London: Jessica Kingsley Publishers, 2000:51.
② 张建新,陈学飞. 英国高等教育改革法述评[J]. 清华大学教育研究,2004,25(2):69-74.
③ 刘晖. 从《罗宾斯报告》到《迪尔英报告》——英国高等教育的发展路径、战略及其启示[J]. 比较教育研究,2001(2):24-28.

改革后提出的一种全新科研评估体系,该体系延续了 RAE 评估的一贯原则,但是在一些具体操作上开始强调大学科研的卓越性与影响力,这种对研究的质量和创新的强调成为推动英国高校科研卓越性及国际竞争力的重要源泉。

2011 年,英国公布了高等教育改革新的白皮书——《高等教育:把学生置于体系中心》(Higher Education: Students at the Heart of the System)。作为卡梅伦政府在教育领域开展的一项革新,白皮书提出把学生置于消费者中心地位,建立物有所值的高等教育。为此,必须开放高等教育,允许新的高等教育市场主体进入,建立多元的高等教育新机制;同时必须改革高等教育行政管理体制,建立一个更加简化、更加透明的高等教育监管新体系。① 总之,这一改革试图通过市场之手的运用来缓解高等教育中政府财务窘境,竞争促进流动,提供更好的学习经验,保证毕业生质量,促进高等教育机构发展。

2016 年 5 月,英国发布了《作为知识经济体的成功:卓越教学、社会流动性及学生的选择》《Success as a Knowledge Economy: Teaching Excellence, Social Mobility and Student Choice》政策白皮书(以下简称《白皮书》),并积极推动议会通过二十多年来最重要的《继续教育和高等教育法》修改工作。② 该《白皮书》明确指出作为知识经济体,大学毕业生对英国经济的繁荣和成功至关重要,因此全球领先的大学是其最宝贵的国家资产,必须确保大学体系也可以实现它的潜力,为学生、雇主和支持系统的纳税人提供更好的价值。

总体来看,当前英国高等教育改革的主要趋势是扩大高等教育的参与度和教育公平,追求高等教育的卓越和竞争力,提升高等教育在国家经济发展、科技创新以及人才培育中的水平和能力。

三、法国高等教育的当代发展

(一)法国高等教育概况

法国高等教育具有悠久的历史,是现代高等教育的发源地之一,被称为"欧洲大学之母"的巴黎大学,亦称为巴黎索邦大学,曾经是中世纪欧洲大学的典范,英国的牛津、剑桥和德国的一些大学都是依照其模式而创办。法国人一向标榜的自由独立、洒脱自然的精神也反映在高等教育的发展理念之中。

法国高等教育机构的类型众多,除了部分专科学校,如艺术学校、时装学校、设计学校、建筑学校、医学与辅助医学学校等,法国还拥有 3 500 多所教育机构,其中有 87 所公立综合大学以及约 500 所大学校——240 所工程师学校、230 所商校及 4 所高等师范学校(提供文化科学方面的高层次培训)。

(二)法国高等教育的主要发展阶段

1. 二战前的法国高等教育

法国高等教育历史悠久,早在 13 世纪左右就出现了巴黎大学、土鲁斯大学、蒙柏利耶大学。到 1789 年大革命以前,法国至少已经有了 14 所颇具规模的大学。虽然法国高等教育已经有 800 多年的历史,但其中将近六百年都是在天主教会的控制之下,教育内容与方式深受经院哲学的影响,较少关注时代的变化和社会的需要。直到拿破仑时期法国教育才开

---

① 戴建兵,钟仁耀. 英国高等教育改革新动向:市场中心主义[J]. 现代大学教育,2012(4):50-55.
② 桑锦龙. 当前英国高等教育改革的若干趋势及启示[J]. 北京教育(高教),2017(1):82-86.

始进入国家化时代。1806年拿破仑下令设立帝国大学,1808年3月17日颁布了"大学院组织勒令",规定大学院隶属内政部,执掌全国的公共教育。通过以法律的形式规定高等教育的管理权在国家,高等教育一律由国家开办,自此奠定了法国中央集权的高等教育体制。这个时期高等教育的目的主要是培养国家精英,也就是培养政府、教育以及其他行业的领导人才,这虽然跟经院教育相比向前迈进了一大步,但是仍然忽视了技术应用课程和社会的实际需求。

1860年之后,随着工业化进程的推进,法国高等教育除了培养国家管理和军事人才之外还开始迎合工业化的需求,一方面在现有的机构中开设有关课程,另一方面设立新型高等教育机构,大量开设工科课程,并开始关注教育为地方工商业发展服务。这个时期由于受到德国近代研究型大学的影响,中央集权的管理体制开始有所改善。法国政府曾试图建立综合性大学。但是在行政管理体制、高等教育的基本构造,以及教学内容上,拿破仑时期的影响依然非常大。可以说,直到20世纪60年代末期,19世纪中期法国形成的高等教育并没有发生本质变化。

19世纪80年代到20世纪初这段时间,由于受法国国内条件变化和国际形势的影响,特别是普法战争之后,国内一批有识之士强烈呼吁复兴大学,发展科学,重振法国,从而改变了法国高等教育长期不受重视、发展缓慢的状况。1896年7月10日议会通过立法决定,每个学区里的几所学院重组为新的大学,以增强国家的科学研究力量,改变落后的局面。这个举措被认为是法国高等教育发展史上的里程碑,法国现代高等教育的开端,改变了长期以来法国"有学院,无大学"的现象。这个时期法国借鉴德国的经验,将大学引向从事科学研究的轨道,加强大学对社会和国家科技发展的参与,授予大学法人资格,扩大了大学的自主权,并增加了大学的办学经费。由于国家对教育的重视,这一时期大学师生人数都得到较快的增长。

至第二次世界大战以前,法国高等教育已经形成了大学与大学校(各类高等专业学校的通称)并行的双轨制教育体系。这两类高等学校由于各自产生的社会和历史背景不同,因而它们的办学方向和培养目标也各不相同。大学主要从事理论教学和科学研究,培养教师和学者;大学校则侧重实用性教学,培养工程师等各种应用型人才。在两次世界大战期间,由于战争和国内政权更迭的影响,高等教育的发展时进时滞。总的来看,这期间法国高等教育的发展缓慢而曲折。

2. 二战后的法国高等教育

第二次世界大战后,由于人口出生率的增加、战后社会经济的恢复和重建、教育和科学研究地位的提高,以及民众对接受教育的热情增加,法国高等教育得到空前的发展。主要表现为教师和学生人数的急剧增加,教育层次的多元化和教育结构的日渐合理。在教育管理体制上,战后初期基本上是沿袭战前传统的管理体制,直到1968年爆发的"五月学潮"引发的高等教育改革。在"五月学潮"的直接推动下,1968年11月法国议会通过并颁布了《高等教育方向指导法》,也称《富尔法》。这个法案确立了法国高等教育"自主自治、民主参与、多科性结构"三条办学原则。按照这三大原则,大学能够在较大范围内自主履行其职责,改变了以往一切由中央政府全权管理大学的传统体制;促进了教师、学生与社会力量和经济力量代表之间的对话,加强了大学与社会的合作,改变了大学长期故步自封的传统;并且促进了不同学科之间的交流与合作,有利于学科间的交叉与融合。1968年的高等教育改革,对法国大学旧有的管理体制产生了较大的冲击,使旧的大学有望变成自主的、多学科的、共同管理的新大学。然而,由于立法仓促,在执行中很快暴露出许多问题,受到许多的诟病,甚至有人批评这次改革是一次失败的改革。但是,不可否认的是,这次改革对于转变长期以来过于集中、过于僵化的管理体制,建立新的办学机制起了很大的推动作用。可以说,这次改革对于战后法国高等教育的长远发展具有重要的里程碑意义。

20世纪80年代,法国社会几经变革,高等教育也处于不断的变革之中。1984年国民议会通过并颁布了《高等教育法》,由于负责该法案起草工作的是当时的教育部长萨瓦里(Savary),因此这部新的高教法也称《萨瓦里法》。它是战后法国颁布的第二个高等教育大法,重申了1968年《方向法》有关自治、参与和多学科性的三原则,规定了高等教育的性质、任务、作用、机构设置、教师队伍等,并规定高等教育改革应在法律范围内进行。这部高等教育法的一个重要特点是强调了高等培训的职业化,变过去的教育与科研单位为"培训与科研单位",要求大学与职业界加强联系。当年《富尔法》将公共高等教育机构的性质确定为科学文化性机构,其任务是生产和传播知识、发展研究、培养人才。而《萨瓦里法》明确规定,公共高等教育机构是公立的科学、文化和职业机构,应同时进行科学、文化和职业教育。在高等教育性质和任务中添加职业性特征是1984年开始的法国高等教育新一轮改革的重要方面。1986年法国国民议会改选,右派政府开始执政,新上任的高教与科研部长级代表阿兰·德瓦盖(Alan Devacover)拟定了高等教育改革法案,即《德瓦盖法案》,其基本原则是自治、竞争、效率。由于该法案提出的改革措施冲击了传统的入学条件(凭高中会考文凭无需考试就可进入大学),也触及到学费和入学机会等社会敏感问题,因此,该法案一经提出就立即遭到广大学生的强烈反对,并宣告失败。虽然这一法案未能获得批准,但它毕竟触及了法国高等教育存在的深层问题。

(三) 20世纪90年代以来的主要改革

进入20世纪90年代后,为了保持其在欧洲的政治、经济优势,法国进一步提出依靠科技和教育,快速持续地发展经济,努力提高竞争能力,以确保其跨世纪的发展。1990年召开了"2000年大学"会议,制定"全国高等教育发展规划"确定了今后10年法国高等教育的发展方向;1996年5月,法国国民议会召开专门会议研究高等教育改革与发展;1997年4月,法国颁布大学教学改革法令,取消了神学,增加科学技术和工程师科学技术两个新的学科群,改变课程结构,在大学第二阶段增加"职业实习学分"和"欧洲大学学期"。在上个世纪末的20年间,通过立法、增加投资、扩大民主化、实行现代化、改革教育体制、改进教学内容和方法等措施,法国高等教育得到了较大的发展。

面对知识经济和全球化的发展,21世纪以来,法国也开始了高等教育卓越化运动。2011年,法国政府启动了高等教育与研究的"卓越计划",这一计划由时任法国总统的尼古拉·萨科齐提出,是其上任之初最先提上议程的计划之一。这一计划的出台经过了一段时间的准备,最终在2009年由其本人宣布,是法国总统批准的经济刺激计划"大贷款"(Grand Emprunt)政体计划的一部分。这意味着"卓越计划"在法国得到了最高层的支持。这项计划的目标是发展5—10所一流大学,使其研究和教学水平达到国际一流水准,并能够与世界一流大学竞争。总之,法国为了保持其在欧洲的政治、经济优势,并同美国和日本等经济大国抗衡,高等教育体制改革和技术创新将是法国高等教育未来改革的两大基本主题。

四、德国高等教育的当代发展

(一) 德国高等教育概况

德国大学的传统与大多数欧洲大学一样,都是起源于波隆那大学和巴黎大学。德语区的第一所大学是 1348 年在布拉格建立的,1385 年,维也纳也建立了一所大学。1809 年柏林大学的建立,使得德国高等教育快速发展,并深刻影响了世界高等教育的发展历程和走向,"教学与研究相统一""学术自由""学术自治"为代表的洪堡模式重塑了自中世纪以来的传统大学发展理念,世界高等教育正式步入了现代大学发展阶段,并促进了国际范围内研究型大学的崛起。

从类型上看,德国的高等教育机构主要分为四类,分别是综合性大学及与其同等级的高校、应用科学大学、高等艺术与音乐学院、职业学院。它们在培养目标、办学层次、专业设置、教学、科研、师资、招生等方面均有明确的区分,具有不同的办学定位和特色,并以此为基础形成一种分工合作的合理格局。[①] 从规模上看,德国有高等学校 300 多所,其中综合大学 114 所,应用技术大学 152 所,艺术、音乐院校 49 所,还包括各州行政管理学院数十所。

(二) 德国高等教育的主要发展阶段

1. 二战前的德国高等教育

19 世纪中期之前,德国高等教育机构主要包括 14 世纪以后模仿巴黎大学建立的中世纪大学、宗教改革期间建立的一些神学院以及 18 世纪建立的哈勒和哥廷根等新大学。19 世纪中期之后,像欧洲许多国家和地区一样,德国也出现了各种传授近代自然科学和技术的高等教育机构,如工科大学、地方技术学院等。总的来看,德国近代高等教育制度的形成主要可以划分为两个阶段:19 世纪 60 年代之前主要是德国近代大学理念的确立与研究型大学的建立时期;1860 年之后为技术型高等教育机构的出现与研究型大学的变化期。

19 世纪初,普法交战。1807 年普鲁士战败,蒙受割地之辱,并失去了哈勒、哥廷根等大学。为了挽救德意志,一批有识之士希望通过学术上的繁荣和精神上的胜利,洗刷军事上的失利带来的耻辱。因此,教育改革特别是大学教育改革引起了社会各界的广泛关注。当时,各种改革观点纷繁多样,其中以洪堡为代表的新人文主义教育思想影响最大,并在 19 世纪初期成为德国大学改革的基本指导思想。洪堡强调,新大学的本质是"客观的学问与主观的教养相结合"。也就是说,新型大学应该是保证学生通过探索纯粹的客观学问获得教养的机构。他指出,这个习得学问和教养的过程并不是由教师通过传统的讲课方式来传授,而主要是由学生通过学习和研究与纯粹理性认识有关的哲学知识等来获取的。在这一理念的指导下,洪堡还强调,在新型大学中必须将教学与科学研究统一起来。为此,他提出了大学"学习自由"和"教学自由"两条基本办学方针。洪堡的办学理念很快成为当时德国大学改革的主导方针,不仅 1809 年的柏林大学基本上是按照这一办学理念创立的,各国一些中世纪形成的传统大学也纷纷进行改革。洪堡的办学思想和柏林大学的改革成为近代大学一个典范,它和法国近代高等教育模式共同构成欧洲近代高等教育的两大模式,不仅影响着欧洲高等教育的近代化,而且还影响到世界其他国家。

第一次世界大战后,德国作为战败国不仅丧失了在政治、军事上的优势地位,经济、社会

---

① 孙进. 德国高等教育机构的分类与办学定位[J]. 中国高教研究,2013(1):61-67.

发展也进入了萧条阶段。但是,战后的混乱、通货膨胀、世界经济的恐慌等诸多不安定因素却并没有对大学造成太大的冲击,各大学依然维持着帝国时代的保守姿态,无论是学生团体的社会构造,还是大学教职员的政治立场,从本质上讲都并没有发生太大的变化。可以说,魏玛时代的德国高等教育制度并没有发生重大的变化。

1933年,希特勒建立了法西斯独裁政治,宣告了魏玛共和国的终结。纳粹势力掌握政权后,通过制定官吏法、在学生中设立政治组织、实施行政上的中央集权化、推行人种政策等措施,开始了对大学的大规模的侵入。一系列大学纳粹化改革政策的颁布和实施,使德国大学所具有的传统和学风遭到了彻底的破坏。然而,尽管纳粹政权给德国的高等教育带来了巨大的损失,但是,由于这一政权仅维持了十几年,因此并没有使具有悠久历史的高等教育制度产生根本性的动摇。

2. 二战后的德国高等教育

第二次世界大战后,战败之后的德国大学面临着许多严峻的挑战,例如优秀教师的流失、学生人数的锐减,以及学校建筑、实验室和藏书遭到的严重破坏。为了恢复德国大学的光荣传统,德国政府开始了复兴、改造大学的活动,采取措施留住大学教师,并废除了纳粹时期的所有命令规则。自20世纪50年代开始,在人口入学高峰、国民对高等教育需求的增加,以及当时联邦德国政府推行的高等教育扩大开放政策的影响下,德国高等教育开始进入大规模的扩张时期,入学人数增长迅速。到20世纪80年代,德国的高等教育已经从传统的精英教育跨入了大众化阶段。在高等教育结构上,70年代初,为了适应高等教育规模不断扩大的趋势,确保高等教育机会的均等性,出现了综合制大学和高等专科学院两种新型的高等教育机构。此外,技术学校等一些短期高等教育机构也升格为高等专科学院。

20世纪80年代以来,德国高等教育依然保持了不断扩大的趋势。以联邦德国为例,1980年高校在校生数占适龄人口(19—26岁)的比率是15.9%,1990年上升到22%,1995年更是超过了30%。从结构来看,高等教育与70年代相比没有发生什么变化。整个高等教育结构主要包括7种类型,分别是:综合大学(即传统型大学,包括工科大学等同等资格的大学)、综合制大学、师范学院、教会大学、艺术学院、高等专科学院和行政管理专科学院。1985年,西德政府完成了《高等教育总纲法》的修订。新的《高等教育总纲法》就高等教育的大学组织形式和管理体制提出了一些新的规定。

虽然大学入学人数在增长,但是高等教育的构造、组织以及大学教师的意识都依然停留在精英教育的传统观念上。因此,20世纪80年代末以来改革高等教育结构,重建高质量的高等教育体系的呼声越来越高。1988年德国科学审议会发表了《面向90年代的高等教育政策》,同年大学校长联席会议也发表了《大学的未来——高等教育政策研究》的改革提案。进入90年代以来,又陆续出台了一系列改革提案。如1992年大学校长联席会发表的《关于德国高等教育机构发展的构想》,1993年1月科学审议会发表的《关于高等教育政策的10条提议》,1993年10月联邦教育科学部发表的《教育政策研究的各项原则》。这一系列改革提案内容都大同小异,内容主要涉及缩短修业年限、明确划分本科和研究生教育阶段、扩充高等专科学院等。此外,从20世纪80年代中期开始,高等教育的评估问题也开始受到普遍关注。进入90年代以后,针对不同范围、层次、对象的各种高等教育评估活动日益增加,特别是对高等学校教学质量的评估已成为高等教育政策讨论的一个核心议题。

由于以洪堡为主的大学改革者们反对在大学开设应用型科学技术课程,19世纪中期之后,为了满足德国工业化的发展需要,在研究型大学之外,工科大学和一些专门学院也迅速发展起来。

(三) 20 世纪 90 年代以来德国高等教育的改革

20 世纪 90 年代以来,随着知识经济的发展以及全球人才竞争的加剧,大学作为知识创新和人才培养的主要场所,其重要性从来没有像今天这样重要。在这一背景下,德国实施了大学"卓越计划",来促进大学的发展。

2004 年 1 月,时任德国联邦教育部部长的布尔曼(Bulmann)女士首次提出在德国打造数所哈佛式的精英大学,希望借此来改变德国大学在世界高等教育乃至科学研究中的二流地位,培养大批世界一流的各类精英人才,再造德国大学的辉煌。这包含两个层面的问题:一是德国要打造一流大学,与美国顶尖大学为代表的世界一流大学竞争;二是德国大学内部要强化竞争,追求卓越,强调拓展高校的多样性和差异化,促进院校纵向分层。在此后的一年里,"精英大学"一词成了德国朝野持续热议的话题。支持的力量主要来自联邦政府和经济界,认为打造精英大学可以提高德国在全球化竞争中的实力,提升德国的国际地位。

但是,这一计划出台也受到了很多阻力。首先,德国是联邦制国家,宪法规定教育权在各州,各州反对联邦干预高等教育事务的行为,而且各州主张建立精英系,而不是精英大学。因此,负责协调联邦与各州教育政策的联邦—州教育规划和研究促进委员会(BLK)长期无法达成一致;其次,由于政治、经济、文化上的差异,德国各州之间的教育水平参差不齐。最后,德国高校的代表——德国高校校长联席会议(HRK)也认为不应该笼统地资助整个大学,而是有选择地资助大学的现有优势项目,资助后备科学人才的培养。

德国联邦政府与各州在历经长时间的博弈、谈判与妥协之后,于 2005 年 6 月 23 日最终达成一致,根据德国《基本法》第 91b 款通过了"联邦与各州促进德国高校科学与研究的卓越计划",简称"卓越计划"(Exaellenzinitiative)。联邦及各州将在 5 年内(2006—2011)对入选"卓越计划"的研究生院、研究项目及大学给予 19 亿欧元的资助,其中 75% 由联邦提供,25% 由各州筹措。[①] 自 2006 年起的第一轮申请,先后有两批次 9 所德国大学入选精英大学,其资助年限为 2007—2012。2011 年开始第二轮卓越计划的评选,其资助期限为 2012—2017,总资助额为 27 亿欧元。2010 年开始提交申请,通过第一轮评价,2011 年 9 月共确定 143 项申请进行最终竞争,其中包括 63 项精英研究生院申请计划,64 项精英研究集群申请计划,16 项精英大学申请计划。

2012 年 6 月 15 日揭晓最终结果,新增 5 所精英大学,之前入选的 9 所精英大学中有三所被淘汰,哥廷根大学、弗莱堡大学和卡尔斯鲁厄理工学院三所大学在这次精英大学的评选中被剥夺了精英大学的称号,最终总计 11 所大学重新被选为精英大学,这 11 所大学将在未来 5 年里获得 27 亿欧元的资助,其中 75% 的资助由联邦政府承担,25% 由各大学所在联邦州支付。45 项精英研究生院得到资助,43 项精英研究集群得到资助。

五、日本高等教育的当代发展

(一) 日本高等教育概况

在日本,真正意义上的大学产生于 19 世纪 70 年代。1868 年的明治维新之后,日本学

---

① 张帆.德国大学"卓越计划"述评[J].比较教育研究,2007(12):66-70.

习欧美的教育制度,建立了近现代的高等教育体系。1877年,明治政府建立了日本历史上第一所真正意义上的综合性大学——东京大学。经过百余年的发展,日本高等教育在不断的发展、改革与创新中,不仅建成了一批具有国际影响力的研究型大学,同时也日益成为社会和经济发展的引擎。

从办学主体来看,日本的高等教育机构主要分为国立、公立和私立大学;从学校的功能来看,分为研究型大学、教学型大学、研究教学型大学以及专业性大学;从规模来看,国立大学97所,公立大学75所,私立大学500多所。

(二)日本高等教育的主要发展阶段

1. 二战前的日本高等教育

日本现代高等教育开始于1868年明治维新以后,到现在已有140多年的历史。明治政府清醒认识到教育对一个国家强盛的重要性,为此,他们一方面狠抓基础教育的普及,另一方面建立了新型的高等教育机构,以培养社会急需的专门人才。明治时期,日本高等教育政策有三个显著的特点,即"拿来主义""国家主义""实用主义",也就是向西方学习,以西方高等教育为学习榜样和追赶目标;把国家利益放在优先考虑的地位,国家利益至上;重视应用科学的发展,强调高等教育要培养日本实际需要的人才。

日本政府于1872年首次公布《学制》,其中贯穿了"富国强兵"和"殖产兴业"的国家主义观,并以西方个人主义思想为基础。《学制》规定,"大学是教授各种高级专门学科的学校。其学科大体如下:理学、化学、法学、医学、数理学。"[①] 这一时期,高等教育机构的功能主要是专门教育,目标是尽快将西方先进的文化和科学技术传授给学生,培养国家领导人和各领域的骨干。除了文部省管辖的大学和专门学校等高等教育机构外,政府其他部门根据各自工作的需要,纷纷设立了专门的高等教育机构,引进现代制度和技术。此外,这个时期还设立了一些公、私立的专门教育机构。

1886年,日本颁布了《帝国大学令》,将东京大学改为帝国大学,并规定"设立帝国大学的目的是:根据国家的需要,教授学术技艺,并探讨其奥秘。"这充分显示了日本高等教育这个时期的国家主义倾向。这个时期日本高等教育的功能主要有两个,一个是对学生进行专业教育,另一个是从事科学研究。帝国大学的成立确立了战前日本大学的模式。其后,随着国内经济的发展和对外进行侵略扩张的需要,日本陆续建立了京都帝国大学(1897)、东北帝国大学(1907)、九州帝国大学(1910)和北海道帝国大学(1918)。

第一次世界大战后,日本资本主义经济发展迅速,为了增强国际竞争能力和对外扩张的需要,急需各类人才,因此日本政府对明治以后的教育制度进行了改革,促使日本教育进入现代发展时期。1918年12月公布了《大学令》,这是日本政府继《帝国大学令》之后制定的第二个大学法令。该法令对大学的目的、设置审批、内部构成、入学条件等作了详细的规定。它提出,"设置大学的目的是:教授国家所需要的学术理论及其应用,并探究其奥秘,同时应注意人格的陶冶和国家思想的培养。"1937—1942年,日本设立内阁总理大臣的咨询机构"教育审议会",提出以"皇国之道"作为基本教育目的。1942年,日本设立"大东亚建设审议会",提出教育为建设"大东亚共荣圈"的总目标服务,将教育纳入综合国策之中。综而观之,这个时期日本高等教育的目的是灌输"皇国之道"、军国主义和极端国家主义思想。教

[①] 吴式颖.外国教育史教程[M].北京:人民教育出版社,2002:413.

学围绕对外侵略战争进行调整,强化精神训练、国防训练,科学研究也根据军工生产的需要进行。

2. 战后的日本高等教育

第二次世界大战后,以美军为首的联合国军占领当局通过日本政府对日本实行间接统治。日本在占领当局主持下实行了一系列改革。1947年日本国会通过了《教育基本法》和《学校教育法》,《教育基本法》规定"教育必须以形成人格,培养热爱真理与正义、尊重个人价值、勤奋而有责任感、充满自主精神、身心健康的国民及和平国家与社会的建设者为目标。这与战前教育以服从国家需要、培养驯服臣民为目标的教育目的大不相同。根据《学校教育法》的规定,将战前双轨制的高等教育机构改为4年制的大学。20世纪60年代,日本政府为了迅速发展经济,积极实施《国民收入倍增计划》,开始将高等教育的发展纳入经济发展计划。这个时期高等教育规模扩张迅速,尤其是短期大学和高等专门学校得到长足发展。高等专门学校于1962年创建,其培养目标为"深入教授专门的学艺,培养职业上必需的能力",所设专业以工业、商船类为主。1964年又将原来的短期大学通过法律作为一种制度确认下来。短期大学的培养目标是"深入教授、研究专门学术技艺,培养职业或实际生活所必需的能力"。

进入20世纪70年代以后,日本经济的高速增长阶段已经过去,劳动力市场开始萎缩,大学生的就业也因此受到影响。另外,这个时期日本的产业结构开始出现新的变化,第三产业的振兴带来了对专门人才的需求的变化。社会不仅需要各种专业技术人员,而且需要各种受过职业训练的、适应性比较强的实业人才。于是,日本政府一方面开始限制大学和短期大学的发展,另一方面研究进一步发展职业教育的新措施。1975年,日本国会通过《专修学校法》,1976年文部省颁布了《专修学校设置基准》,从法律上承认专修学校所开设的"专门课程"具有与短期大学和高等专门学校同样的地位。由于专修学校比短期大学和高等专门学校更能灵活地适应经济和社会对专门人才的需要,所以发展更快,迅速成为日本高等教育系统中的重要一环。

20世纪80年代以来,日本的高等教育又出现了一些新的发展。1984年成立了一个为期3年的有关教育改革的总理咨询机构——临时教育审议会。1987年,该审议会提出了一份有关教育改革的报告,以终身教育的观点对战后教育体制提出了总结性反思和批评,提出了教育改革的3个基本观点:重视个性、向终身学习体系过渡、适应社会变化。根据这份报告的建议,1987年成立了大学审议会,在其成立之后的10余年间,大学审议会就高等教育改革向文部省提出了22份咨询报告。

总之,伴随着日本高等教育进入大众化阶段,这一时期的日本高等教育改革基本围绕着"民主化""大众化"和"自由化"来进行,① 以增强日本高等教育的国际竞争力。

(三) 20世纪90年代以来日本大学改革

20世纪90年代以来,伴随着日本高等教育大众化趋势的发展,对高等教育体系和大学都带来了新的挑战。日本出台的有关高等教育改革的政策和措施,都是在大学审议会的咨询报告的基础上形成的。根据大学审议会的建议,1991年7月,文部省修订了以《大学设置基准》为首的一系列高等教育法令法规。同年,创立学位授予机构,修订《学位规则》,在学

---

① 高益民.战后日本高等教育的阶段性特征[J].比较教育研究,2003(12):31-37.

士、硕士、博士三级学位之外,为短期大学和高等专门学校的学生设立"准学士"学位。2001年6月,日本文部科学省提出了三项"大学(国立大学)结构改革方针",一是推进国立大学的重组合并,二是建立国立大学法人制度,三是引入政府和大学之外的第三者评价机制,通过竞争将排名前30名的大学建成世界一流大学。从实施情况来看,目前这三项改革都已取得明显进展。

在大学管理制度的改革上,20世纪90年代的改革在深度和广度上都超过了前两次战后的大学改革,采取了许多具有突破性的改革措施,尤其是大学自我评价制度、卓越中心的建立和大学教师任期制的实施。1991年大学审议会提出的《关于改善大学教育》的报告提出了两大改革内容:一是大学设置基准的大纲化、简要化;二是大学的自我评价。在1991年修订的《大学设置基准》中,也将建立大学自我评价制度列入设置基准。此后,实施自我评价、建立自我评价制度成为各大学管理运营改革方面的重要内容。自1987年大学审议会成立后,教师人事制度问题被正式提上了改革的日程。1992年,日本文部科学省在《关于展望21世纪学术研究综合推进方案》的咨询报告中提出了创立"卓越研究中心"(Center of Excellence,COE)的计划。1995年日本文部省建立了32所卓越研究中心,其目标是建立卓越的研究者团队,开展世界一流的研究,为将来培育相关领域有潜力的研究中心。1997年,日本政府制定并颁布了《关于大学教师等任期制的法律案》。这一法案规定,大学教师的任期制是所谓的"选择任期制",将实行教师任期制的决定权授予了各大学,各大学自主决定是否实行教师任期制,在哪些部门,哪些岗位实行任期制,以及任期的时间长短。总的来看,这一时期日本高等教育的改革具有以下特点:一是确保国立大学自律性运营;二是引进民间的经营方式;三是教职员的身份向非公务员型过渡;四是引入第三者评价;五是促进大学的国际竞争力。

进入21世纪后,为了应对知识经济和全球化的挑战,日本政府与高校将建设世界一流的研究型大学作为发展目标。2001年,日本文部科学省公布了建设30所世界一流研究型大学的计划。2002年,文部科学省启动了"重点支持建立具有世界水平的教学、科研基地——21世纪COE计划"(简称COE21)。通过卓越研究中心计划的开展,日本高校形成了一批具有国际水准的研究基地,例如日本生命科学、化学与材料科学领域的研究水平有大幅提升。[1] 2012年,日本政府出台了面向未来的大学改革基本框架《大学改革实施计划》(以下简称《计划》),开启了包含国立大学、公立大学、私立大学在内的高等教育系统的新改革。《计划》以"筹划制定'大学使命'"为核心展开,提出了日本大学今后改革的两个重点方向:一是面对急剧变化的社会,重新构建大学的功能;二是为了重新构建大学的功能,必须充实和加强大学治理。2013年11月,日本政府颁布《国立大学改革计划》,这一计划的总体目标是最大限度强化国立大学的特色和优势,构建自我发展、自我完善的组织结构,建设拥有持续的"竞争力"、高附加值的国立大学。[2]

此外,为了提升日本大学的国际竞争力和声望,日本政府还于2013年实施了"超国际大学(Top Global University Project)建设支援计划",力争10年内,有10所大学能够进入世界大学排名前100名。

---

[1] 杨希,冯倩倩.日本大学全球卓越中心计划的评价机制及其对我国的启示[J].教育探索,2015(11):153-157.
[2] 施雨丹.使命再定义:日本高等教育发展进程中的国立大学改革[J].高等教育研究,2016(3):104-109.

六、俄罗斯高等教育的当代发展

（一）俄罗斯高等教育概况

1991年以前，苏联的高等学府绝大部分都是国立大学，只有少量的私立高等教育机构。苏联解体后，俄罗斯社会生活的各个领域都发生了很多的变化，其中也包括高等教育的变革。经过20多年的发展与改革历程，俄罗斯正努力通过提升教育与科研水平，驱动经济与社会的发展。

目前，俄罗斯有555所国立高等院校、110所分校和200多所非国立高等院校。有教授、教师145 000多人；在校学生300多万，其中俄罗斯学生约265万，其余为来自世界150多个国家的外国留学生；共设置89个专业方向、400多个专业。高等教育普及率为1.71%。[①] 2001年4月5日俄罗斯联邦政府批准通过的《俄罗斯联邦高等职业教育机构（高校）类型条例》，国家重点支持的高校共40所，分三个层次：享有高度自治权的联邦政府直属高校——莫斯科国立大学和圣彼得堡国立大学、9所联邦大学和31所国家研究型大学。

（二）俄罗斯高等教育的主要发展阶段

1. 十月革命前的俄罗斯高等教育

18世纪中期开始，彼得大帝仿照法国和德国，创立了若干传授近代科学技术的专门学院和大学机构。到1865年，俄国已经有7所大学，14所专门学院。1865年之后，在欧洲第二次工业革命的影响下，沙皇俄国各类高等教育机构迅速发展。"十月革命"前的1915年，俄国高等教育机构总数增加到204所，尤其是各类专门学院和独立学院增加明显。

到"十月革命"之前，俄国近代高等教育制度基本形成，主要表现为以下三个特征：首先，从高等教育机构的创建年代来看，从18世纪至19世纪初期，政府非常重视大学的发展，主要是学习德国的办学模式，创建一些研究型大学。19世纪中期之前，俄国近代高等教育的形成主要受到德国研究型大学的影响；19世纪中期之后，则更多地受到法国近代高等教育模式的影响。因此，到"十月革命"之前，俄国近代高等教育的形成过程是由注重纯研究型大学逐步转向技术学院的转换过程。其次，由于俄国整个高等教育结构包括大学与非大学两大部分，大学和非大学机构在办学目的、人才培养规格等方面存在着鲜明的区别。根据1915年沙皇俄国教育部对大学和专门学院的办学目的所作的界定，大学的目的是给年轻人传授一种科学的教育，大学是一种集科学研究与教育为一体的机构；而专门学院的主要目的则是，给学生传授知识和技能，这些知识和技能是学生进入某种特定的行业从事未来工作之前必不可少的。最后，从管理体制来看，与这一时期的法国、德国等绝大多数欧洲大陆国家一样，俄国所有高等教育机构均由国家实行严格管理。其中，大学由俄国公共教育部直接管理，而专门学院则由中央政府其他部门分别管理。

2. 苏联时期的俄罗斯高等教育

1917年，苏联十月革命取得胜利，它标志着无产阶级正式登上历史舞台。高等教育也开始进行"苏维埃"化改造：国家对高等教育实行统一管理；将高等教育的私立属性改为完全公立并实行免费入学；把发展以工科类院校为主体的专业学院作为高等教育结构发展的主要方向；改变大学的招生规则，大量招收无产阶级和贫苦农民出身的人进入高等学校；确

[①] 王凌沛.俄罗斯高等教育概况[J].发现：教育版，2016（5）：146.

立"红色专家"的人才标准,大量培养无产阶级自己的高级人才;迅速发展函授与夜校高等教育。这一时期,苏联高等教育向工农敞开大门,使高等教育的数量取得了巨大的发展。

第二次世界大战后,随着美苏之间冷战的开始,苏联高等教育紧紧围绕着与美国的争霸而进行,为了发展尖端科学技术而着重培养高素质的科学与技术人才成了这一时期高等教育的国家使命。同时,复员军人的涌入、国民经济的恢复与发展也为苏联高等教育的大发展提供了良好的外部条件。为了培养大量的科学与技术人才,苏联加大了对高等教育的投入。一方面,国家大大提高了国家财政预算对高等教育的拨款,从 1950 年的 7.21 亿卢布提高到 1970 年的 21.88 亿卢布,增长了 3 倍。[①] 另一方面,社会各企业、机构和团体提供经费以及高校自筹资金的比重也大大增加。这使得苏联高等教育在数量和结构上都得到长足的发展。

3. 苏联解体后的俄罗斯高等教育的改革与发展

20 世纪 80 年代至 90 年代初,苏联高等教育仍按前一个时期的基本政策和基本做法在发展。但是随着 1991 年苏联解体,长达半个多世纪的冷战结束了,俄罗斯联邦共和国成为苏联的主要继承者。在相继而至的政治民主化和经济自由化浪潮中,高等教育所处的生存和发展的背景发生了翻天覆地的变化——从依赖于包揽一切的政府转而直接面对由市场经济主导的、充满竞争的社会,由此带来了高等教育体制的整体性变革。高等教育开始面向市场,接受市场经济的挑战。

在 1992 年《俄罗斯联邦教育法》中,高等教育被纳入到职业教育大纲中,而且在整个法律中的用词都是以"高等职业教育"来取代以前的"高等教育"或"高等专业教育"。可见,这个时期俄罗斯政府根据市场经济的需要,把高等教育的范畴归属为"职业性"。在教育管理上,政府也将普通教育、中等教育、职业教育和高等教育统统归一个"普通教育与职业教育部"管理。这也反映了俄罗斯要转变以前高等教育过于专注科学知识的专业学习而忽视社会变化需求的状况,从而使高等教育更注重市场需要的实际。

在规模和结构上,俄罗斯自 1992 年以来一直采取的是扩大招生规模的措施,招生规模在不断扩大。这与经济危机带来的就业压力有关,为了减缓就业压力和由此带来的社会冲击,俄罗斯政府和其他许多国家一样,都采取让年轻人进一步接受高等教育来延缓他们进入劳动市场的时间。此外,苏联解体后高等教育结构也发生了很大的调整,在类型结构上,1996 年《俄罗斯联邦高等和大学后职业教育法》规定,俄罗斯联邦高等院校共分为综合大学、学术学院、专业学院三个类别;在层次结构上,除了军事院校之外,均实行多元主体的办学体制,也就是非单一主体国家办学体制。国家权力机关、地方自治机关、本国和外国各种所有制形式的企业、单位,及其联合公司和协会、已注册的各种社会组织和宗教团体、俄罗斯与其他国家的公民等都被纳入到高校举办者的范围之列。这使得俄罗斯高校出现了办学形式多样化的局面,出现了国立的(联邦的)、地方的(即各联邦主体的)、非国立的(即私立的)三种形式的大学。在层次结构上,改变了传统的单一人才培养体制,开始实行多级培养体制。根据 1992 年公布的《俄罗斯联邦关于建立高等教育多级结构的暂行决议》,俄罗斯将高等教育划分为三级:不完全高等教育、基础高等教育和完全高等教育。

在管理体制上,由于苏联时期的高等教育管理体制是按照计划经济模式来管理,采用的是行政命令的方式,由国家国民教育委员和各行业部门会对高等院校实行统一管理。这种

---

① 顾明远. 战后苏联教育研究[M]. 江西教育出版社,1991:281.

管理模式不能适应市场经济的需求。为此,俄罗斯政府对高等教育管理体制进行了改革,首先,弱化了行业的部门管理方式,将大多数高等院校由联邦部门转由地方政府管理。由于没有了部门管理的限制,许多学校都冲破原来的部门任务限制,改变了单一的培养方向和培养层次。其次,对高等教育管理机构进行分层并确定各自的权限,将中央集中统一和部门条块分割的管理变为"三层"管理,即联邦、联邦主体和地方自治机构三层。因此,国立高校有的归属俄罗斯联邦管辖,有的归属俄罗斯联邦主体管辖;地方高校归地方自治机构管辖。各管理层都有自己的管理权限。

(三)面向21世纪的俄罗斯高等教育改革

进入21世纪以来,俄罗斯开始了创建世界一流大学的意愿和行动,2006年开始陆续颁布联邦大学等政策建设国内一流大学,为创建世界一流大学奠定基础。2012年,俄罗斯明确提出创建世界一流大学的目标,并颁布核心政策及支持政策。从隐性到显性,俄罗斯已形成以提高竞争力为核心的世界一流大学政策群,并具有较强的针对性。俄罗斯以创建世界一流大学为契机,带动俄罗斯高等教育的整体发展。[①]

第三节 高等教育的改革与发展趋势

一、高等教育为谁服务——使命问题

任何一个组织为生存都必须确定自身生存的依据、生存的空间和生存的条件,也就是要确定其使命。只有明确使命才能统领全局、放眼未来、确定目标、落实任务。大学使命也就是大学的主要职责和任务,是大学所能承担的社会责任。大学使命既是大学理念的具体体现和外在形式,也是大学基于大学理念所应进行的实践,是大学的重大职责和根本任务。

随着社会的不断变革,大学的使命经历了多次的演变。中世纪欧洲的大学注重教学使命,此后,德国大学推进了研究使命的发展,20世纪美国大学又提升了大众服务使命的地位。

大学最早出现在中世纪后期的欧洲,此时的大学为罗马教堂、政府和自治地区培养神职人员、行政管理人员、律师、政治家和商业人员,明确地把教学和学问作为大学目的。教学成为大学存在的最重要、最有力的理由和根据之一。19世纪,纽曼从推崇"博雅教育"的立场出发,对"教学为大学的唯一功能"做了强有力的论证。纽曼认为,大学作为传授普遍知识的地方,应为学生和传授知识而设。"假如大学的宗旨是科学上的发明和哲学上的发现,那么我不明白大学要学生做什么。"[②] 从中世纪一直到工业革命兴起的初期,大学的使命都是为社会培养"有教养的人",是以传授专业知识(文、法、神、医)为主的场所。所以,布鲁贝克说:"中世纪的大学把他们的合法地位建立在满足当时社会的专业期望上"。[③] 可见,大学创立之初是以传递知识和培养人为主要目标。

研究使命最具有影响力的是19世纪和20世纪早期的德国模式,尤其是普鲁士新办的

---

① 赵伟.从隐性走向显性:俄罗斯创建世界一流大学政策评析[J].比较教育研究,2016(6):9-14.
② 纽曼 J H.大学的理想[M].北京:人民教育出版社,2001:1.
③ 布鲁贝克.高等教育哲学[M].杭州:浙江教育出版社,2001:96.

柏林大学。在创办柏林大学的过程中,洪堡认为,传授高深知识是大学的基础,但这种高深知识是脱离社会需要、超越社会现实的理念性知识。他主张大学不仅仅是一个教育机构,更应该是一个研究中心。大学的使命不仅是教育人,同时还要成为知识创造的源泉。柏林大学的理念和模式成为后来德国大学的典范,并逐步扩散到美国、英国以至全世界,科学研究成为大学的一项重要使命,尽管今天许多研究是在一些独立的研究机构进行的,但是大学仍然保持了研究的传统。这种传统的形成对全世界的大学产生了不同凡响的影响。例如,美国 1876 年创建的约翰·霍普金斯大学在创办之初就借鉴、采纳了德国大学的研究理念和研究生教育模式。到 1910 年的时候,研究的理念就已经在美国大学中占据了统治地位。[①] 可见,19 世纪以来,除了教学之外,大学又增添了科学研究的使命。

大学使命的第二次转型是由美国高等教育系统引发的。随着民主理念在美国大学的影响日益扩展,公共服务作为大学的使命正式走入公众的视野。1862 年和 1890 年,美国两次立法通过《莫里尔法案》,以土地赠予的方式资助州立大学,要求大学拓展其在农业和机械科学方面的教学和服务活动,从而开启了美国大学服务社会的历程。1904 年,范·海斯(Fan·Hayes)出任威斯康星大学校长。他提出,州立大学的生命力在于它和州的紧密关系中,即大学的发展必须与社会紧密联系起来,大学只有在服务于社会需要的基础上,自身才有可能走向兴盛。在他的引领下,威斯康星大学把大学为社会服务的理念发挥到了极致,并将这种办学模式的影响扩展到全国甚至世界其他国家。"威斯康星理念"的提出和践行进一步加强了大学社会服务的使命,使大学在教学和科研之外还被赋予了第三项使命——服务社会。

大学是社会发展的产物,大学使命随着社会的发展不断多元化,大学的功能和作用也随着社会的发展而不断提升。可以说,大学作为一种学术建制的独特机构得以延续到今天,成为我们生活的重要组成部分,得益于大学使命的演变和发展。大学使命的"变"与"不变"的交替,是大学永葆生命活力的秘诀。大学使命的每一次演变、发展和创新,都激发了大学的活力,推动了大学从社会的边缘走向社会的中心,确立了大学在人类文明进步中的作用和地位。

二、高等教育能否回避历史——传统问题

大学自治和学术自由是欧洲中世纪大学的传统,也是高等教育的精神所在,然而,随着时代的变迁、时光的流转,这些传统也发生了深刻的变革。

(一) 大学自治

什么是大学自治? 美国学者爱德华·希尔斯(Edward Shils)指出:"所谓大学自治是指大学作为一个法人团体享有不受国家、教会及任何其他官方或非官方法人团体和个人,如统治者、政治家、政府官员、教派官员、宣传人员或企业主干预的自由。"[②] 英国学者罗伯特·伯达尔(Robet M.Berdahl)把大学自治区分为两类,即实质性自治和程序性自治。他认为实质性的自治是指大学决定自身目标和计划的权力,而程序性自治则是指决定大学通过何种

[①] Veysey. L.R. The Emergence of the American University [M]. Chicago: Chicago and London The University of Chicago Press.1965:117.

[②] 陈学飞. 当代美国高等教育思想研究[M]. 大连:辽宁师大出版社,1996:76.

方式去追求自身目标和计划的权力。①

欧洲中世纪大学获得的自治权利主要有以下几个方面:(1)免税免役权和司法审判权。大学师生在研习期间免除各种赋税,乃至兵役。许多大学有权设立校内特别法庭,凡外人与大学师生发生诉讼,均由大学审理。(2)颁发任教特许状的权力。(3)罢课和迁校权。大学师生与教会、封建领主或市民发生冲突时,或在教学事务上受到无端干扰时,可以罢课、罢教直至举校搬迁。

自中世纪大学确立大学自治原则之后,在19世纪之前,这一原则在西方大学中得以保存,即使在工业革命后,资本主义经济得到迅速发展的条件下,大学自治在一些古老的大学,如牛津、剑桥大学中仍然得到保留。然而,布鲁贝克指出:"大学是学术行会,历史会使我们想起,由于行会自行其是,因此很容易带有某些弊端,如散漫、偏执、保守、排斥改革。因此,在19世纪,英国和美国都不得不通过国家立法来打开自治的高等学校的铁门,让新的学科进入课程,其中许多学科与人类利益休戚相关,而学阀们却顽固地将其拒之门外。"②

显然,固守象牙塔传统不利于国家的发展,也不利于高等教育自身的发展。英美等国自19世纪以来所确立的国家以立法、经济手段调控高等教育的职能,使得高等教育自中世纪以来的象牙塔式的自治传统发生了巨大的变革,高等学校的自治主要限于校内的事务和财政事务。自治对于高等学校来说成为一个相对的概念。

第二次世界大战后,高等教育日益从社会的边缘走向社会的中心,在国家的发展中发挥着越来越重要的作用。随着高等教育在国家政治、经济、军事、科技竞争中地位的日益加强,国家对高等教育的调控也日益增强。市场调节和社会参与的功能也逐步渗透,形成了高校、政府、市场和社会四者相互依存、相互促进并相互制约的运行机制。传统意义上的大学自治越来越多地受到政府、市场和社会的制约。

从高等教育的发展历程看,尽管象牙塔传统仍然受到人们的怀念,但传统的大学自治在现代高等教育体制中已不能适应社会发展的要求。因此,怎样看待大学的自主性?如何看待政府、社会力量对大学事务的介入?怎样使大学在现代社会中保持其独特的地位?这些问题一直是学术界颇有争议的问题。大学发展到今天,其传统的范式业已发生变化,大学要想继续保持原有的自治传统已变得不现实和不合时宜,大学自治是有限的自治,否则它将是一个抽象的概念。大学的自治作为一种理念和精神是永恒的。对于现代大学来说,大学仍需要自由、独立和自主的机会,以适应新的时代。

(二)学术自由

在大学自治的基础上,中世纪大学还形成了学术自由的传统。根据英国《简明大不列颠百科全书》的定义:学术自由是指"教师和学生不受法律、学校各规定的限制或公众压力的不合理的干扰而进行讲课、学习、探求知识及研究的自由。"从这个定义可以看出,学术自由是大学的一种权利,也可以说是大学和教师享有的一项特权;学术自由的适应范围是学术人员的学术活动;学术自由的主要内容是思想自由、研究自由、教授自由、学习自由、言论自由和出版自由。

实际上,在柏林大学诞生之前,学术自由只是大学内部流传的一种思想,一种约定俗成

---

① Clark B, Neave G. The Encyclopedia of Higher Education[M]. Oxford: Pergamon Press, 1992:1388.
② 布鲁贝克.高等教育哲学[M].杭州:浙江教育出版社,2001:122.

的观念,或一种特许的权利。直到1810年柏林大学创立,学术自由才作为一种明确的办学原则与指导思想在大学中确立下来。柏林大学基本上是以洪堡、施莱尔马赫(Friedrich Schleiermacher)和费希特(Johann Gottlieb Fichte)等的自由哲学思想为背景建立起来的。洪堡是新人文主义和自由主义的思想家,还在柏林大学筹建期间,他就撰文提倡大学自治和学术自由的思想。费希特是德国自由哲学的重要代表,他认为,"只有思想自由,只有不受阻碍、不受限制的思想自由,才能建立和巩固国家的幸福"。① 在这些自由思想家的领导下,柏林大学将"学术自由"作为办学的基本原则,实行教学自由、学习自由和研究自由,成为西方学术自由思想和实践的策源地。

与大学自治面临的挑战一样,大学由于对政府和社会的依赖日益加强,它的社会责任也越来越大。现代大学在资金、政策方面享受了政府的特殊照顾与社会的资助,所以它在提供训练、调查研究、教导以及诸如咨询、技术转让和继续教育之类的服务方面具有越来越重要的责任。学术必须为这些责任服务。从这个角度来说,学术是不完全自由的。回顾高等教育的本质,不难发现,一个国家的政治、经济、文化与这个国家的高等教育有着密切的关系,对学术活动都具有制约作用。另外,国家的法律、国际通用准则、学术道德、校内经济状况等都约束着学术活动的开展。这样,学术自由概念的边界就与政治的、法律的、经济的、道德的问题连在一起,这使得学术自由概念既不同于政治自由,又不同于哲学认识自由,是一个概念明确但是边界模糊的命题。

三、象牙塔还是服务站——理念问题

"象牙塔"原是法国19世纪文艺批评家圣佩韦(Sainte-Beuve)批评当时的消极浪漫主义诗人维尼(Vigny)的话,后泛指那种脱离现实生活的文学家和艺术家的小天地——一种与世隔绝、逃避现实生活的世外桃源。早期的西方大学曾经具有与社会保持一定距离,以维护其学术研究和教学自由的历史传统,这一状况被人们称之为处于象牙塔之中。西方大学象牙塔的精神传统为纯洁典雅、高贵神圣之义。"塔"具有内敛性和神秘性的文化内涵,而"象牙"则象征着洁白、高贵、神圣、坚韧等品性。作为一种象征,它提醒人们,大学是探求高深学问、追求真理、关注人类命运的场所,是人类文明进步的精神殿堂,失去这一内涵,大学将失去存在的意义。大学由于重视纯粹学术研究、传播高深学问,远离社会现实,被誉为"象牙塔"。"象牙塔"给大学的教师和学生提供了自由、宽松的学术氛围,使他们可以不为物质利益所动,不为功名利禄所驱,不为衣食住行而忧,以批判性的思维、独立的见解与卓尔不群的人格追求着真理,不受社会的干扰。

大学都是一定社会的大学,社会是大学的生存之基、立命之本和力量之源。象牙塔需要社会提供不尽的能源支持,同时社会也需要大学不断地释放社会需要的精神和理想,这种精神和理想对于社会来说是一种不可多得的稀缺资源。象牙塔脱离了社会这个基础,也会蜕变为不切实际的"空中楼阁";只有社会不断向象牙塔输送能量,象牙塔才不会精神枯竭与理想虚幻。然而,随着大学与社会的联系越来越广泛,为经济和社会发展所做的贡献也越来越大,大学对社会的依赖,特别是对外来经费的依赖越来越多,这就迫使大学面临一种艰难的选择——如何既适应社会又崇尚学术,怎样才能在为当前的经济和社会发展需要服务的

---

① 费希特.《费希特著作选集》(第一卷)[M].梁志学,译.北京:商务印书馆,1990:149.

同时保持自己应有的独立品格和价值追求。

正因为如此,近百年来,围绕着如何认识和处理崇尚学术与适应社会之间的相互关系,一直存在着理性与功利、人文与科学、学术自由与文化专制、多元开放与闭关自守之间此起彼伏的、激烈的矛盾冲突和斗争。特别是当前,世界范围内出现的大学精神的衰微现象正引起人们的广泛关注。其突出表现是把大学仅仅当作是为当前经济和社会发展需要服务的"服务站",存在着过度专业化和严重的功利主义倾向,因而在一定程度上失去了大学应有的独立品格和价值追求,使之"附庸化"和"工具化"。

由于人们对象牙塔的态度不同,由此产生了不同的派别纷争。其纷争的根源主要来自于对于象牙塔价值与地位的判断,以及对于大学传统之回归,现实状况之认识,以及未来走向之预测的不同取向。根据这些取向的不同,可以将这些不同的意见分为重建派和走出派。

重建派面对目前大学的一些发展状况,担心大学在未来因缺乏象牙塔指引而迷失了自己的方向。他们认为象牙塔代表了大学的精神和理想,大学是传授知识、探究学术、追求真理的场所,是应该与世俗保持一定距离的神圣的知识殿堂,反对在大学推行功利主义和实用主义。他们倡导重建大学的精神和理想,维护大学自身的独立和自由。而走出派则关注和强调大学的社会功用,认为大学应该紧密联系社会实际,直接参与社会活动,直接为社会提供服务。他们倡导大学要发挥其服务社会的功能,实行开放式办学。

20世纪90年代以来,人类正在从工业经济向知识经济社会迈进,人才和大学在人类社会发展中的地位和使命正在发生着质的变化。时代强烈呼唤大学要走出"象牙塔",同时又要坚持自己应有的独立品格和价值追求,既要服务社会又要引导社会前进。大学要运用自己拥有的文化、知识和精神的力量,代表"社会的良心",对现实社会中的不良倾向进行独立的批判,以其新思想、新知识和新文化引导社会前进,拒绝"附庸化"和"工具化",成为发展人类先进文化的重要力量。这正是大学服务于社会的职能在当代的升华和发展,是一种更高层次的服务。

四、谁是资源分配的决策者?——治理问题

高等教育治理(governance)是近年来国际范围内高等教育领域内的重要理论和实践问题。治理实际上是一种新的管理模式,涵盖所有正式制度和规则,同时也包含各种非正式的制度安排。与传统的管理相比,治理更注重监管,而不是控制,主张政府、市场、大学和其他利益相关者共同参与公共事务的管理。从"管理"走向"治理",是高等教育政策的根本转变,亦是当前高等教育改革的趋势。高等教育治理的核心问题是决策权力的分配,主要包括三个层次:高等教育系统层级的治理、大学层面的治理和基层学术组织的治理。

"治理"一词最初来自经济学和政治学概念,指的是"一切治理的过程,不论是由政府、市场或网络来执行,针对的是家庭、部落、正式组织、非正式组织或区域,经由法律、规范、权力或语言实行的"。[①] 它与寻求行为规定、权力赋予、表现判定的过程和决策相关。后来,这一概念延伸到了其他学科领域,包括教育。在过去20年间,大多数欧洲国家和非西方国家,都见证了政府—大学关系和市场模式运动的深刻变革,这些变革的起源常常归因于20世纪70年代凯恩斯主义经济范式向新自由主义经济范式的转变,以及从而导致的若干国家从工

---

① Bevir Mark. Governance: A very short introduction[M]. Oxford, UK: Oxford University Press. 2013.

业福利国家向竞争国家转变的过程。工业福利国家的一个主要特点是国家与全球经济保持平衡,但竞争国家认为,将国家置于全球经济体是获得发展的基本要素。这些范式转变已经在国际高等教育改革中得到体现,即自20世纪80年代以来的自由化和私有化渗透到了大多数国家的高等教育体系中。

从国际范围来看,不同国家和地区实施了差异化的高等教育治理模式。在欧洲,高等教育的发展始终伴随着追求良性治理的探索和努力,这种探索和努力的目的不仅是为了让高校生产高质量的教育产品,更是为了平衡参与高校教育科研活动的各个行动主体的利益并最终保全欧洲的大学精神。欧洲关于高等教育治理的研究成果丰硕并逐渐形成了特定的分析框架,最近的研究成果更是将治理的内容指标化,使得治理的目标和方向更加明确而严谨。① 在法国,法学治理以教授治校为基本特点,大学校长的权力相对有限。这种治理模式有效地保证了教授治校和学术自由,但却可能造成大学决策的缓慢与闭塞,也限制了大学规模的扩大。但是,大学校长权力的加强又导致大学权力的集中化和学院权力的弱化。近期法国高等教育改革对大学校长权力的削减,可能是法国大学治理模式的回归。② 在美国,地方政府和高等学校是高等教育治理的责任主体。美国作为一个分权制国家,发展高等教育的责任主要在各州政府。而且无论是联邦政府还是各州政府,对高等教育的治理都是宏观的。联邦政府制定与高校有关的法案,基本都是规定联邦政府如何向高等院校提供资助,如何向大学生提供奖学金和贷款,以及如何重点发展某些特定学科等等。州政府高等教育办公室的主要职责是研究制定州政府教育拨款分配方案,州内高校发展方向,处理政府与高校关系,而不涉及高校具体办学事宜,因此大学拥有较高水平的自治。③ 德国近20年来德国高等教育出现了以"新调控模式"为核心的治理理念和以"目标合约"为代表的治理工具,在传统"国家化""管制化"治理模式基础上增加了"去管制化"的元素。本文以"柏林州高校目标合约"为中心,归纳了德国高等教育"新调控模式""去管制化"的三大特点,即法律规范的"去国家化"、财政拨款的"绩效化"和行政管理的"去中心化"。这三大特点体现了德国高等教育治理结构转型的新趋势,反映了德国大学与政府关系的新变化。④ 总之,在全球化的背景下,大多数国家都在积极推动高等教育治理改革,试图在大学、政府和市场间寻求一个平衡,既满足大学一定程度的自治,又能满足国家优先发展的领域,最大限度地体现国家利益和公共利益诉求。

我国高等教育持续快速发展,高校、政府和社会的关系发生了深刻变化,需要对教育的参与权、决策权、评价权、监督权做出结构性调整,在政府、高校和社会之间建立新型关系、形成良性互动,推进高等教育治理现代化。"十三五"规划纲要指出,实行管办评分离,扩大学校办学自主权,完善教育督导,加强社会监督。实行管办评分离,是构建高等教育现代治理体系的重要突破口。

---

① 王处辉,朱焱龙.欧洲高等教育治理研究的新动向及其启示[J].比较教育研究,2014(5):13-19.
② 王晓辉.法国大学治理模式探析[J].比较教育研究,2014(7):6-11.
③ 刘建丰.致力于更具国际竞争——美国高等教育改革发展的动向与启示[J].教育研究,2014(5):145-151.
④ 巫锐.德国高等教育治理新模式:进程与特征——以"柏林州高校目标合约"为中心[J].比较教育研究,2014(7):1-5.

拓展阅读

1. 王天一,夏之莲,朱美玉. 外国教育史[M].北京:北京师范大学出版社,2000.
2. 吴式颖. 外国教育史教程[M].北京:人民教育出版社,2005.
3. 黄福涛. 外国高等教育史[M].上海:上海教育出版社,2003.
4. 吴俊清. 高等教育改革与发展若干问题研究[M].北京:中国社会出版社,2005.
5. 邢克超. 共性与个性:国际高等教育改革比较研究[M].北京:人民教育出版社,2004.
6. 于富增. 国际高等教育发展与改革比较[M].北京:北京师范大学出版社,1999.
7. 弗里德里希·包尔生.德国大学与大学学习[M].张弛,等,译.北京:人民教育出版社,2009.
8. 德里克·博克. 美国高等教育[M].北京:中国人民大学出版社,2014.
9. 张斌贤. 外国教育史(第2版)[M].北京:教育科学出版社,2015.
10. 希尔德·德·里德-西蒙斯.欧洲大学史(第1卷):中世纪大学[M].张斌贤,等,译.保定:河北大学出版社,2008.
11. 希尔德·德·里德-西蒙斯.欧洲大学史:近代早期的欧洲大学(1500-1800)(第2卷)[M].屈书杰,等,译.保定:河北大学出版社,2008.
12. 瓦尔特·吕埃格. 欧洲大学史(第3卷19世纪和20世纪早期的大学1800-1945)[M].张斌贤,等,译.保定:河北大学出版社,2014.
13. 安东尼·克龙曼. 教育的终结:大学何以放弃了对人生意义的追求[M].诸惠芳,译.北京:北京大学出版社,2013.
14. 乔治·M.马斯登. 美国大学之魂[M].徐弢,等,译.北京:北京大学出版社,2015.
15. 安东尼·史密斯,弗兰克·韦伯斯特.后现代大学来临?[M].侯定凯,等,译.北京:北京大学出版社,2014.

问题与探究

1. 大学的产生与发展的内部动力机制?
2. 各国高等教育的发展有何异同?
3. 试述大学使命的变迁。
4. 新时期大学自治和学术自由的传统面临着哪些挑战?
5. 你认为,大学应该是"象牙塔"还是"服务站"?
6. 试论当前高等教育治理的主要模式及变革。

第七章 终身教育——一生的"事业"

本章提要

- 终身教育的思想有着悠久的历史,但是作为一种思潮,终身教育最早出现于20世纪60年代。经过近半个世纪的发展,终身教育已经形成了较为完善的理论体系,并成为现代教育的一个发展趋势。
- 从20世纪80年代开始,终身教育的理念开始逐步在世界各国转化成宏大的教育实践。各国对终身教育体系的构建进行了很多有益的探索,纷纷以立法和政策文本等形式确立终身教育的地位,推动终身教育的全面推广和实践。
- 自20世纪60年代产生以来,终身教育历经发展和变革,从最初的"思潮"逐步转化成一种教育"实践",在实践形式和教育模式上也出现了日益多样化的发展趋势。终身教育的推广和实践为学习化社会的构建奠定了基石。

第一节 终身教育理念的产生与发展

终身教育作为一种思潮虽然产生于现代社会,但作为一种思想,它却有着悠久的历史渊源。在古代的教育思想和实践中就已经有终身教育思想的萌芽,最早可以追溯到古代的圣哲老子、孔子、苏格拉底、柏拉图及亚里士多德等人的哲学及教育思想中。孔子就曾经提出过不少终身教育的见解,他主张"有教无类",指出教育对象不分类别,自然也包括不同年龄的人。他认为要使道德修养达到"仁"的境界,就必须终身学习。他提出的"吾十有五而志于学,三十而立,四十而不惑,五十而知天命,六十而耳顺,七十而从心所欲,不逾矩"①便反映了他的终身教育思想。南北朝时期,颜之推也指出:"幼而学者,如日出之光;老而学者,如秉烛夜行,犹贤乎瞑目而无见者也。"② 在外国古代哲学家、教育家的著作中也蕴涵着丰富的终身教育思想。例如,柏拉图在《理想国》中为人生设计了为期几十年的学习阶段,主张通过优生、胎教、早期教育、初等教育、高等教育以及任职后的继续教育,来培养国家的最高统治者——"哲学王"。由此可见,柏拉图认为要成为哲学王,一个人可能要终身接受教育。此后,亚里士多德提出的闲暇教育思想同样是现代终身教育思想的本质性萌芽。

一、现代终身教育理论的产生

终身教育思想虽然很早就已存在,然而,把这一思想最终形成一股强大的思潮,一个完

---

① 王炳照等.简明中国教育史[M].北京:北京师范大学出版社,2003:21.
② 王炳照等.简明中国教育史[M].北京:北京师范大学出版社,2003:108.

整的科学体系,进而在全世界广泛提倡、推广和普及的,则无疑要归功于联合国教科文组织多年的大力倡导和积极推行。其中,尤其是保罗·朗格朗(Paul Lengrand)、罗伯特·赫钦斯(R.M. Hutchins)、埃特里·捷尔比(Ettore Gelpi)等一批先后在联合国教科文组织终身教育部门担任重要职位的成人教育专家,以及经合组织(Organisation for Economic Co-operation and Development,简称OECD)、OECD所属的教育研究革新中心(the Centre for Educational Research and Innovation,简称CERI)等组织及研究机构在现代终身教育论的创立及理论体系的完善等方面做出了不懈的努力和重大的贡献。

1965年12月,联合国教科文组织第三届成人教育委员会在巴黎召开成人教育促进国际会议,当时的会议议长,联合国成人教育计划处处长保罗·朗格朗以"Education Permanente"为题作了学术报告,该报告引起了与会者的极大反响。后来,联合国教科文组织将"Education Permanente"改为英译"Lifelong Education",即终身教育。正是在这个学术报告的基础上,朗格朗于1970年写成并出版了其代表作《终身教育引论》(An Introduction to Lifelong Education)。该书出版后,被译成20多种文字,在国际上产生了广泛的影响,成为终身教育思想正式确立的标志。

在《终身教育引论》中,朗格朗指出:"终身教育是一系列很具体的思想、实验和成就,换言之,是完全意义上的教育,它包括了教育的所有各个方面,各项内容,从一个人出生的那一刻起一直到生命终结时为止的不间断地发展,包括了教育各发展阶段各个关头之间的有机联系。""教育和训练的过程并不随学校学习的结束而结束,而是应该贯穿于生命的全过程。这是使每个人在个性的各方面——身体的、智力的、情感的、社会交往的方面,总之,在创造性方面——最充分地利用其禀赋和能力的必不可少的条件。"[①] 由此可见,郎格朗强调终身教育是指人从出生到死亡为止整个一生的教育,是贯穿于人的整个一生的各个发展阶段的持续不断的过程。其次,他还强调教育并不限于在学校中进行,应该把教育扩展到社会整体中,并寻求各种教育形式的综合统一。这为终身教育的概念提出了初步的理论模型和框架基础。

二、终身教育理论的发展

现代终身教育理论自1965年提出以来,世界上众多专家、学者从各个方面对终身教育做过大量的探索和研究,有关终身教育的论文、著作、调查报告等不断涌现。在这些众多的文献资料中,对后来终身教育理论及其政策产生深远影响和积极作用的有《学会生存——教育世界的今天和明天》、戴夫的终身教育20条原则、《教育——财富蕴藏其中》,以及学习化社会观点的提出。

《学会生存——教育世界的今天和明天》是继朗格朗的《终身教育引论》之后的又一部关于终身教育方面的力作。该书是国际教育发展委员会在一年多的时间内先后举行了6次会议,对23个国家进行了实地考察的基础上于1972年完成的。《学会生存》对终身教育进一步作了全面的论证和阐述,提出了21条革新教育的建议,分别涉及教育政策的指导原则、教育机构与教育手段、学前教育、普通教育、职业教育、高等教育、成人教育、扫盲、新技术的应用及师资培训、学习者的责任等。其中的第1条,也是最主要的一条建议是:"把终身教

---

① 苏丹.试论终身教育思想对我国成人教育的影响[J].沈阳教育学院学报,2000(1):66-67.

育作为发达国家和发展中国家在今后若干年内制订教育政策的主导思想。"也就是说,它建议全世界各国的教育按照终身教育的原则进行全面革新。该委员会对终身教育作了权威性的界定:"终身这个概念包括教育的一切方面,包括其中的每一件事情。整体大于部分的总和。世界上没有一个非终身的而又分割开来的'永恒'的教育部分。"并认为"终身教育并不是一个教育体系,而是建立一个体系的全面组织所根据的原则,而这个原则又是贯串在这个体系的每一部分的发展过程之中的。"更可贵的是,它还提出"每一个人必须终身不断地学习",并把终身教育确定为"学习型社会的基石"。①

戴夫是德国学者,曾任联合国教科文组织汉堡教育研究所研究员。1975年,他根据世界各国对于终身教育的探讨,将终身教育理论概括成为20条,这成为20世纪70年代终身教育理论建设的重要里程碑。这20条终身教育理论具体是:

1. "终身教育"这个概念是以"生活""终身""教育"3个基本术语为基础的。这些术语的含义和对它们的解释基本上决定了终身教育的范围和含义;
2. 教育并非在正规学校教育结束时便告结束,它是一个终生的过程;
3. 终身教育不限于成人教育,它包括所有阶段的教育(学前、初等、中等及其他教育阶段);
4. 终身教育既包括正规教育,也包括非正规教育;
5. 家庭在终身教育过程的初期起着决定性的作用;
6. 社会在终身教育体系中也起着重要作用,这种作用从儿童与之接触时就开始了;
7. 中小学、大学和培训中心之类的教育机构固然是重要的,但他们不过是终身教育机构的一种。它们不再享有教育的垄断权,也不再能够脱离其他社会教育机构而独立存在;
8. 终身教育从纵的方面寻求教育的连续性和一贯性;
9. 终身教育从横的方面寻求教育的整合;
10. 终身教育与英才教育相反,它具有普遍性,主张教育的民主化;
11. 终身教育的特征是:在学习的内容、手段、技术和时间方面,既有灵活性,又有多样性;
12. 终身教育对教育进行深入探讨,它促使人们能够适应新的变化,自行变更学习内容和学习技术;
13. 终身教育为受教育者提供各种可供选择的教育方式和方法;
14. 终身教育有两个领域,即普通教育与专业教育。这两者不是孤立的,而是相互联系、互相作用的;
15. 终身教育有助于提高个人或社会的适应能力和革新能力;
16. 终身教育发挥矫正的效能,克服现行教育制度的缺点;
17. 终身教育的目标是维持、改善生活的质量;
18. 实施终身教育的三个主要前提条件是:提供适当机会、增进学习动机、提高学习能力;
19. 终身教育是把所有教育加以组织化的一种原则;

---

① 联合国教科文组织国际教育发展委员会编著.学会生存——教育世界的今天和明天[M].北京:教育科学出版社.1996:16.

20. 在付诸实施方面,终身教育提供一切教育的全部体系。①

这20条原则基本上涵盖了终身教育理论的方方面面,从终身教育的概念、终身教育体系的建立到终身教育的功能作用,以及终身教育的最终实施等,可以说,这20条原则是对终身教育所做的最为完整的表述,也是对终身教育理论所做的高度概括。正是这种概括,构建出了终身教育的基本理论框架,以后对终身教育的探讨大多围绕这一框架中的相关问题而展开。这也正是戴夫对终身教育理论体系建设所做出的贡献。

《教育——财富蕴藏其中》也是堪称终身教育理论发展里程碑的一部著作。它是由雅克·德洛尔(Jacques Delors)任主席的国际21世纪教育委员会经过3年的研究,于1996年向联合国教科文组织提交的报告。与《学会生存》不同,它是从更广阔的国际经济、政治、文化背景来论述教育问题,对教育的微观领域较少涉及。该报告根据对未来教育面临的挑战的研究和思考,根据不同国家和不同地区的实际,从更广阔的视野提出了一些极有价值及可行性的教育革新建议和行动计划。《教育——财富蕴藏其中》指出,"终身教育是进入21世纪的关键所在",并要求把"终身教育放在社会的中心位置上。"该报告主张"把与生命有共同外延并已扩展到社会各个方面的这种连续性教育称之为'终身教育'"。它还指出,"终身教育建立在四个支柱的基础上",这"四个支柱"具体是指"学会认知、学会做事、学会共同生活和学会生存"。之所以把这四个"学会"看成是终身教育的四个支柱,报告认为:"每个人在人生之初积累知识,尔后就可无限期的加以利用,这实际上已经不够了。他必须有能力在自己一生中抓住和利用各种机会,去更新、深化和进一步充实最初获得的知识,使自己适应不断变革的世界。"② 而要抓住和利用各种机会的基本能力就是"学会认知、学会做事、学会共同生活和学会生存。"只有在具备了这四种基本能力的基础上,人才有可能不断去获得新的知识,去更新自己的知识结构,最终达到与社会发展同步的目的。此外,该报告的创新之处还在于将已有的终身教育的概念提升为终身学习的理论,进一步明确了人类实现自身可持续发展的必由之路。

学习型社会的概念最早是由赫钦斯(R.M.Hutchins)于1968年提出来的。虽然他曾对学习型社会的概念提出了一些观点,但是并没有对学习型社会下明确的定义。波什尔(R.Boshier)曾指出,"学习型社会是以学习者为中心的社会"。英国经济和社会研究委员会(ESRC)将学习型社会定义为:"学习型社会是这样一个社会:所有的公民可以获得高质量的普通教育和合适的职业培训;在获得一份相称的工作的同时,在其一生中继续参加教育和培训工作。学习型社会将优秀和公平结合起来,并且会为其所有的公民提供知识、理解力、技能方面的训练,从而促使国家经济的繁荣和更多方面的发展。"③ 对于究竟什么是学习型社会,观点纷呈,但是,综合起来无外乎以下几个特性:未来性、理想性、综合性和发展性,而所谓学习型社会就是指一个人人均能终身学习的理想社会。虽然学习型社会是一个未来的、理想的概念,但是许多国家和组织都正在采取行动力图实现学习型社会。例如,欧盟的会员国为了推动终身学习,发展学习型社会,特将1996年定为"欧洲终身学习年",并发表了"教与学:迈向学习型社会"的政策白皮书。

---

① 肖建芳.二十一世纪国际教育新理念:高等教育终身化[J].教育探索,2007(4):121.
② 郭涛.论继续教育产生的背景与发展趋势及对我国教育的启示[J].西安教育学院学报,2002(1):11-12.
③ 祝智庭.欧洲委员会关于教育和训练的白皮书——学习型社会之声辨[J].全球教育展望,1997(6):75.

总的来看,终身教育理论经历了一个不断发展、不断完善的过程。自其出现以来,它对世界教育领域带来的冲击和影响是巨大的,产生的历史影响也十分深远,至今仍经久不衰,这也表明该思想具有的合理性和教育的规律性。它不仅是一种教育思想的创新,丰富了现代教育理论,同时也产生出了巨大的现实意义,这从世界各国当今的教育改革都或明或暗地采用了终身教育思想、观念作为改革的指导思想就可见一斑。可以说,终身教育观念对人类教育产生的影响是不可估量的。

第二节 终身教育的当代实践

终身教育是工业化后期国家转型为知识型社会萌芽阶段的产物,到20世纪80年代后期,这一理念逐步在世界各国现代化教育中演进为一个被广泛认同的宏大的教育实践。由于全球化和信息化的深刻影响,各国都在努力交流、探索和构建适应本国国情的终身教育体系。如美国在1976年通过了《终身学习法》,日本在1990年制定了《终身学习振兴法》,德国的《基本法》则将终身教育确定为国家的责任。

一、美国终身教育的当代实践

美国是世界上最早发起并积极推行终身教育的国家之一。在20世纪60年代早期,美国经济在取得巨大繁荣的同时,美国社会也暴露出越来越多的问题,其中,种族、贫困和民族歧视问题成为这一时期的主要问题。另外,在60年代初,全美国不到2亿人口中,有2 300万成年人不会读和写,5 600万成年人没有获得高中毕业文凭。这种教育上的落后状况严重地影响了美国科学技术的发展和社会的稳定。因此,美国联邦政府在大量投资发展普通教育的同时,也对成人教育的发展给予了相当的重视。1966年美国通过了《成人教育法案》,此后又分别于1968年、1970年、1972年、1974年、1978年、1981年和1984年对该法案进行了修订。1984年修订的《成人教育法案》将法案的目的确定为:"使所有成年人都学到为社会服务所需的基本读写技能"和"使成年人有受培训和教育的机会",以便成为更能受雇佣、更有才能、更负责的公民。另外,该法案还详细规定了成人教育的经费、教师培训及总统、国会和各州的成人教育管理权限。

在美国《成人教育法案》颁布以来,由于成人教育的开展有了法律的保障,所以发展迅速,取得了不少成绩。据有关资料统计,1986年美国参加学习的成人有2 000万,每州有两所大学负责培养成人教育的师资,美国的3 200所高等学校中,约有2/3的高校兼办成人教育。[1]

美国终身教育的实践和发展是与成人教育的发展紧密联系的。继《成人教育法案》颁布之后,1976年美国又颁布了《终身学习法》,也叫《蒙代尔法》。该法案主要包括终身学习产生的原因和特点、终身学习的范围、终身学习的活动这三个方面的内容。该法案认为:"终身学习具有开发全体人民潜力的任务,包括增进人们个人的幸福,提高他们岗位工作的技能,并使他们有所准备地参与国家市政、文化和政治生活";终身学习包括成人基础教育、继续教育、自学、农业教育、商业教育、职业教育和工作培训计划、家庭教育……该法案还规

---

[1] 张维.世界成人教育概论[M].北京:北京出版社,1990:559.

定:"联邦政府对终身学习的计划,要起促进、提高和调节作用。"

《终身学习法》颁布以后,联邦政府负责了不少终身学习项目,积极参与了终身学习的实施。然而,虽然美国国会最终通过了《终身学习法》,但是,国会并没有对终身学习的有关项目拨款,并且随着70年代后期和80年代联邦政府对公共需求经费的缩减,实际上,政府对于终身学习的投入是非常有限的。

从美国终身教育的现状来看,主要包括以下几类:(1)补偿教育,即对社会中处于不利地位而导致学习失败的儿童或成人提供的基础教育。(2)成人职业培训,即在各种职业部门开展的,帮助雇员提高工作水平、个人能力和知识水平,使雇员具备未来职业的需要的职业训练项目。美国的成人职业培训非常发达,据估计,美国1.1亿劳动力中,参加过一次或更多次的培训人数是4200万。(3)企业内的教育,也就是由企业自己花费人力、财力、物力培训本企业职工的教育培训项目。据调查,美国平均8个雇员中就有一个人在接受正规课程的教育或岗位培训。[①] (4)学校开放,美国较大的州立大学中都有"大学开放部",主要是利用大学的设备、教师等资源,以"非传统"型学生为教育对象。(5)社区学院,社区学院是美国终身教育的特色所在,是承担中等教育以后的各种教育训练的综合体,在美国终身教育实践中发挥着重要的作用。(6)"无墙大学",其自身并不开设课程,而是由学生自己制定学习计划,并按计划学习,并设有专门教师指导。在美国,有将近30所"无墙大学",这种学习方式也被称为"合同学习"。

二、英国终身教育的当代实践

英国的成人教育作为制度确立下来可以追溯到1919年由成人教育复兴委员会所提交的一份"最终报告书"。这份报告书论证了成人有接受教育的可能性,并且还就对每一个人的教育应该予以重视——这一英国成人教育的传统从制度上给予了确认。1924年,英国首次制定了"成人教育章程"(Adult Education Regulation),其中就政府通过给补助金的方式对成人教育予以援助的事项作了具体规定。此后,根据1943年教育白皮书的精神和1944年《教育法》的规定,成人教育在英国各地方教育行政机构中,作为以继续教育为中心任务的教育活动,最终在制度上确立了地位。从此,成人教育作为国家教育制度的组成部分在英国各地全面展开。

在英国,"继续教育"(Continuing Education)和"回归教育"(Recurrent Education)这两个术语的使用比终身教育更加普遍。直到80年代以后,"终身教育"(lifelong education)和"终身学习"(lifelong learning)的使用才开始逐渐频繁。但是,根据英国教育用语辞典,终身教育与继续教育、回归教育应作同义词解。[②] 事实上,英国更多的是在发挥其成人教育和继续教育历史传统的同时,再辅之一系列具体的立法措施来实现终身教育所提倡的各项原则。

英国的成人教育一向被认为是非职业性的,且以文化、教养的教育内容为中心,即所谓重视个人自由选择和兴趣的余暇性的学习活动,并不包括职业技术教育。提供成人教育机会的主体机构、组织或团体大致有三类:地方教育行政机构、由成人学习者自主且自发组成的志愿团体、担负着为成人提供多种学习机会的所谓负有社会性责任的责任团体。由于英

---

① 张维. 世界成人教育概论[M]. 北京:北京出版社,1990:563.
② [日]日本生涯教育学会. 生涯学习事典[M]. 东京:东京书籍,1992:482.

国绝大多数的成人教育机会均由地方教育行政机构供给,余下的部分则分别由志愿团体和责任团体承担。这类组织主要向成人学习者提供能够增长"个人的判断力和决策能力或价值观"的所谓自由学习的机会。而地方教育行政机构主要从事传授各种科学知识的教育活动。

继续教育在英国教育制度上占据着与初等教育、中等教育同等重要的所谓"三足鼎立"的位置,但实际上,它除了普通继续教育之外,还同时包含着高等教育、成人教育、青少年教育的内容。在英国,实施普通继续教育的机构主要是继续教育学院。其教育内容主要是以取得资格的教育为主,其中也包括与职业资格的获得相关的职业技术教育。与继续教育学院平行,为学校教育结束后提供教育机会的还有开放大学(Open University)。开放大学具有学位授予权,学生也大部分是已经就职的成人,学习方式主要以通讯教育为主(包括电视和广播教育)。据20世纪80年代统计,开放大学的在学人数一时竟超过10万。①

自20世纪70年代初以来,为了尽快解决技术水准低下及年轻人失业率增大的问题,英国劳动雇佣部自1972年起特别设置了人才养成委员会(Manpower Services Commission)。该委员会从1978年起与继续教育机构一起,开始对尚未就业的年轻人实施职业训练计划。到1986年,该计划又扩大到以成人转职换岗者及失业者为主要对象,并试行实施新的教育训练课程。进入20世纪80年代以后,由于高技术产业对劳动力素质要求的提高,英国政府开始积极关注继续教育的发展。1985年5月,为扩大成人职业教育和训练的机会,政府通过并开始实施PICKUP(Professional Industrial and Commercial Updating)计划。这个计划要求大学、工艺学院、继续教育学院对在职成人提供职业教育和训练。到1986年,参加这种教育训练的人数达到了68 000人。

除了成人教育和继续教育之外,高等教育和公共职业训练也是英国实施终身教育的重要途径。通过多种形式和途径,终身教育在英国得以全面推广和实践。

三、法国终身教育的当代实践

法国终身教育理论和实践具有悠久的历史,早在法国大革命时期,教育思想家孔多塞(Condorcet)就提出了学校后继续教育应组织化和义务化的思想。第二次世界大战后,1947年的《朗之万—瓦隆教育改革方案》曾设想对一切市民"通过终生,提供继续发展智力的、审美的、职业的、公民的、道德的、教养的、可行性的"民众教育。在1956年颁布的《关于延长义务教育年限和公共教育改革方案》中,首次提出了"终身教育"的概念,并对终身教育的具体目标和实施方法等作了明确的解说。1968年的《高等教育基本法》又首次把终身教育的概念载于法律条文,并把终身教育作为大学的义务。

进入20世纪70年代,终身教育的实践在法国得以进一步的推进。1971年7月16日,法国国民议会通过并制订了《终身职业教育法》,这是一部比较完善的成人教育法。它不仅明确了继续教育在国民教育体系中的作用和地位,而且还就一些相关的政策做出了具体的规定。例如,规定受雇人员享有"带薪学习假期"的权利,又比如对于受雇的劳动者在接受职业继续教育时所需的经费,明确规定由企业和国家来共同负担等。1973年,政府设立"国立终身教育开发局(ADEP)",协调促进社会各领域中的终身教育活动。

---

① [日]日本生涯教育学会.生涯学习事典[M].东京:东京书籍,1992:480.

继1971年《终身职业教育法》制定之后,法国议会又于1984年2月24日通过了新的《职业继续教育法》,该法案的重点是对1971年的《终身职业教育法》中关于带薪参加学习和接受培训的假期问题作出了若干限制性的补充规定。如,为了照顾企业主的权益,规定受雇人员参加培训的时间,全日制不得超过一年,部分时间的培训累计不得超过1 200个小时。此外,该法还增加了若干关于青年职业培训方面的条款。

自1983年以来,由于地方分权化的加剧,终身教育的发展也成为地方行政的一个中心任务。原大学区继续教育委员会(DAFCO)也改由终身教育行政所接替,并且还相继成立了国立终身教育开发公团、终身教育信息开发中心、国立教育与职业信息局等机构。这些机构为地方行政当局和普通民众提供了有关终身教育的信息,推动了法国终身教育的进一步发展。

综观法国终身教育的发展过程,它不仅在世界上首次提出并使用了"终身教育"的概念,并且也是世界上第一个为继续教育立法的国家。它所建立的一套严密而科学的管理体制,以及有关终身教育、继续教育的法规,都被世界上众多国家称为"法国模式"而广泛借鉴和运用。

四、德国终身教育的当代实践

德国的终身教育实践是从20世纪70年代左右开始出现的。1970年,德国教育审议委员会制定了《教育制度结构计划》,在这项计划中明确指出:终身学习是社会、科技与经济发展的关键因素,并提出了"学习的学习"的终身学习原则。此外,该计划还强调要将继续教育发展成为教育的第四项主要领域,并与正规学校教育同具重要价值。而继续教育在终身学习的发展中扮演着非常重要角色。

在整个20世纪70、80年代,德国的终身学习发展虽然有所进展,但因刚刚起步,人们的思想认识和行为推动的力度尚不够,所以成效不是很明显。90年代末以后,德国对终身学习的推动力度一下子变大了,特别是在1996年国际经合组织提出了全民终身学习(Lifelong Learning for All)理念后,终身学习被提到德国现代教育的重要位置。这主要是因为受到德国国内当时失业率高的影响,许多人失业是由于个人缺乏专业技能或技能不足,而政府提出的终身学习,恰恰给了人们提高或者弥补技能的机会,因而人们普遍认为这是消除高失业现象的有效途径。

20世纪90年代德国联邦议会发布了一系列有关终身教育的报告和文件,强调了终身教育的重要性,并提出了一些实施终身教育的措施。1990年德国联邦议会的研究委员会发表《未来的教育政策:教育2000》总结报告书。这份报告书涉及的内容颇为广泛,但继续教育与终身学习则是其中的一项重要主题。关于终身学习,报告书中提到:高等教育机构应为人人开放,无论男女均享有在高等教育机构中继续接受教育的均等机会,此外,继续教育在未来将更具意义与重要性,将发展为一个独立并与正规学校教育同具价值的第四教育领域。1994年联邦议会提出《联邦法令规章与全国扩展继续教育成为第四教育领域基本原则》,这份文件对于如何有效地发展继续教育,使之成为第四教育领域有了更具体的陈述。1998年,德国又提出了《终身学习的新基础:继续扩展继续教育为第四教育领域》,在这份文件中,除了许多内容系延续之前的政策外,继续教育法的实施以及继续教育在欧洲的合作交流与发展也被重视。

可见,20世纪90年代至今,德国一直相当重视终身学习的发展及其政策探讨与制定。2000年联邦议会以《全民终身学习:扩展与强化继续教育》为题,明确表示全民终身学习是未来德国教育发展与革新的主要目标,进而提出许多关于推动终身学习与拓展继续教育的策略。

五、日本终身教育的当代实践

日本是较早接受终身教育思想的国家,也是较为成功地实践终身教育的国家。1965年终身教育理论提出之后,立刻在日本得以传播,许多专家学者以及产业界的有识之士纷纷对终身教育理论加以介绍和研究。与此同时,政府也积极参加研究和制定政策。1971年,中央教育审议会发表"关于今后学校教育的综合扩充整备的基本实施政策"的咨询报告。提出要"从终身教育的观点出发,对整个教育体系进行整合性的整顿。"[①] 不过,总的来看,在20世纪60年代至70年代末的这一段时间里,终身教育在日本一直处于理论探讨阶段,直到20世纪80年代中曾根内阁设置临时教育审议会,以及由这一审议会揭开日本第三次教育改革的序幕时,终身教育才真正成为日本文部省议事日程中的重要内容。

1981年,中央教育审议会在《关于终身教育》的咨询报告中对终身教育的意义、日本终身教育的现状和今后的课题等作了系统的论述,进一步将终身教育作为日本教育政策的目标加以明确。日本自1984年以来的教育改革中,除了提出改革学校教育,以尊重个性、重视基础知识和基本技能为原则,增加选择机会,注重培养学生的创造性、思考力、表现力,适应社会的国际化、信息化之外,一个很重要的特色就是,正式提出了要改变迄今为止的以学校教育为中心的观念,把"学历社会"转向"终身学习社会"。这一时期在日本临时教育审议会先后提出的四个指导日本教育改革的咨询报告中,明确提出要"向终身学习体系过渡""完善终身学习体制",以"终身学习"取代"终身教育"的提法,不再把教育改革限定在对学校教育制度的修修补补,而是对现行的学校教育制度进行深刻地反思,重新认识学校教育的作用及其界限,克服原来"学历社会"的种种弊端,并将重组整个教育体系和向终身学习体系过渡以建成"终身学习社会"作为日本今后教育改革的基本目标。

为了进一步推动终身教育思想的实施,日本1990年颁布和实施了《关于终身学习振兴措施与推进体制等的整备法律》。该法案就立法目的、政府制定相关政策措施的责任、都道府县教育委员会的责任、振兴区域终身学习事业的基本构想和基准、设置终身学习议会,以及相应的财政措施等事项分别做出了相应的法律规定,并且该法还强调民间企业介入终身学习领域的必要性,并以法律的形式确定了民间企业由于参与终身学习的有关活动而享有税收上的优惠政策。法案出台后,推行终身教育成为日本社会的一项具有法律义务的活动,而终身教育作为一项经常性的日常工作,亦开始在日本各地有条不紊持续地开展起来。

为了扩大终身学习的机会,1996年,日本终身学习局发布了一份题为"改善社区终身学习机会的措施"的报告。其中指出,学校、社区教育设施、体育文化设施以及各种别的机构和组织有必要提供多种多样的学习机会以满足成人日益增长的学习需要。报告认为,包括广播大学在内的高等学校在为国民提供学习机会方面起着重要的作用。尤其是成立于1985年的、非营利性教育机构——广播大学,由于没有日本正规大学的那种极为严格的入

[①] 瞿葆奎. 教育学文集·日本教育改革[M]. 北京:人民教育出版社,1991:268.

学选拔考试,而且根据学习者的需要规定学习期限和学习内容,所以极受欢迎。

随着与工作相关的学习变得越来越必要,日本劳动省也制定了一系列措施,以促进工人学习的积极性,从而提高工作技能。主要措施有以下几点:(1)鼓励企业建立长期的休假制度,使雇员利用假期参加学习,从而提高工作技能。(2)诱导雇主和别的相关机构调整工作时间,改善设施条件,为雇员创造一个良好的学习条件。(3)通过鼓励雇员的创造精神,引导雇员积极参加各种学习活动。

综而观之,在终身教育实践中,日本通过立法确立终身教育在国民教育中的法律地位,并通过多种途径扩大终身教育机会,保证了终身教育能在日本广泛而深入地开展起来。

六、俄罗斯终身教育的当代实践

俄罗斯的终身学习要追溯到苏联时期,苏联的职业培训、不同形式的国家教育等都为俄罗斯终身教育和学习政策的提出奠定了基础。伴随着 UNESCO、OECD 和欧盟等国际组织的积极推进,俄罗斯联邦于 2004 年把改革俄罗斯教育体系确定为 2004—2010 年优先发展的领域之一,并重新明确终身学习的重要地位,其中主要的任务就是发展终身教育和终身学习。[1]

俄罗斯重申终身教育和终身学习的重要性,不仅受到国际组织的驱动,同时也是对国内经济社会和人口危机的积极回应。自从苏联解体后,俄罗斯出现了严重的人口危机,一是表现在人口数量不断减少,人口老龄化现象较为严重,严重损害了俄罗斯的劳动力储备;其次,非正规和非正式教育的参与率较低,终身学习理念并未在政策层面获得共识而转化为积极的实践;再次,俄罗斯人才流失问题严重,尤其是从事研究和开发的人才大量流失到发达国家,而在这一时期,欧盟大多数国家已经开展了覆盖面较广的终身学习实践。国际和国内的因素共同作用,加快了俄罗斯在终身教育和终身学习方面的政策制定和立法建设。

在政策和立法方面,俄罗斯逐步构建了一个相对系统的终身学习政策体系。苏联解体后,俄罗斯于 1992 年颁布了《俄罗斯联邦教育法》,并于 1996 年对其进行了修改和补充,其中就增加了关于拓宽学习形式的内容,强调学习既可以在学校中进行,也可以通过非学校教育,例如家庭教育、自学等终身学习的形式完成。1993 年,俄罗斯政府颁布了《保护夜校普通教育体制法案》,要求为没有接受普通中等教育的成年人和已就业的青少年提供夜校,增加学习机会。1995 年,俄罗斯教育科学部颁布《继续职业培训教育机构的标准规约》(Standard Statute for Educational Institutions of Continuing Vocational Training),这一政策可以视为俄罗斯关于终身学习的最早文件,其中明确提出了终身学习的概念,标志着俄罗斯从公共政策层面正式提出了终身学习的理念和实践。[2]

2001 年,俄罗斯政府通过了《当代俄罗斯教育政策》报告,提出了俄罗斯教育现代化的概念。该报告认为,知识的快速发展和更新,使得传统的学校教育只能为学生提供基本的知识,个人必须通过终身教育和终身学习来更新和学习新的知识和技能,从而适应现代化社会和劳动力市场对更高技能的需求。同年,俄罗斯联邦政府还批准了《2010 年前俄罗斯教育现代化构想》,确定未来十年内将"教育现代化"作为实现社会现代化战略的优先发展领域,

---

[1] 蒋洪池,夏欢.俄罗斯终身学习政策与实践探析[J].高教探索,2016(8):56-61.
[2] 蒋洪池,夏欢.俄罗斯终身学习政策与实践探析[J].高教探索,2016(8):56-61.

明确了终身学习的现代化意义。2008年,俄罗斯教育科学部教育政策和法规署发布了《2020年前的俄罗斯教育——服务于知识经济的教育模式》报告,这一报告强调俄罗斯将致力于培养公民终身学习的能力,并提出构建服务知识经济和社会创新性发展的俄罗斯新教育模式。2008年7月,俄联邦政府批准通过了《2009—2013年"创新俄罗斯科研和科教人才"联邦专项计划》以下简称《2009—2013专项计划》,尽管这一计划主要是培育高层次科技和教育人才体系,但其中也包括为高科技企业、国防工业部门培养科研和科教人才的国家高等职业教育机构进行基础设施建设,主要是为大学生和年轻学者,以及应邀参与科教中心工作的教师和学者的居住建设公寓,以便于支持他们的流动性。[①] 2011年,俄罗斯通过关于《2011—2015年联邦教育发展目标纲要》的决议,强调要通过职业教育来满足劳动力市场对技能人才的需求。2013年,作为《2009—2013专项计划》的延续,俄罗斯通过了《创新俄罗斯科研与科教人才联邦专项计划(2014—2020)》(Federal Targeted Programme for Scientific and Scientific-Pedagogical Human Resources of Innovation-Driven Russia for 2014—2020),并将其作为国家科技发展项目的重要组成部分,力争到2020年在科学、教育、技术和创新等领域培养高水平人力资源储备,建立平衡、稳定以及更具创新活力的人力资本形态,实现俄联邦创新驱动发展的战略任务。

在具体的战略推进上,俄罗斯通过终身教育基础设施建设,包括区域网络认证中心、数字图书馆等在线学习资源建设来提升终身学习的参与率,同时也对现有的职业教育机构进行撤并、改革和重组,提高职业教育水平和吸引力。2008年,俄罗斯制定了《俄罗斯联邦国家资格框架》,以加强职业资格评价和评定。此外,还通过鼓励企业参与职业培训,建立企业大学的形式,强调企业在终身学习中的责任。在全球化背景下,俄罗斯也积极参与和加快高等教育国际化进程,比如加入到"博洛尼亚进程"中,该项目旨在消除欧洲内国家之间学生流动的障碍,确定欧洲范围内的高等教育系统的共同框架,并在这个框架之内建立本科和研究生两个阶段的高等教育结构,意味着签约的任何一个国家的大学毕业生的毕业证书和成绩,都将获得其他签约国家的承认,大学毕业生可以毫无障碍地在其他欧洲国家申请学习硕士阶段的课程或者寻找就业机会,实现欧洲高教和科技一体化。俄罗斯在"博洛尼亚进程"下实施学分转换,并将高等教育机构作为实施终身学习的主要场所。这一系列政策、策略和实践,正在改变俄罗斯终身教育和终身学习的现状,也为未来终身教育的发展奠定了坚实基础。

第三节 终身教育的改革与发展趋势

终身教育自20世纪60年代产生以来,历经了很多的发展和变革,从最初的"思潮"或"理念"逐步转化成一种教育"实践"或"运动",其实践和教育模式也出现了日益多样化的发展趋势。

---

① 姜炳军.俄罗斯支持高层次科研和科教人才的政策解析[C]// 中国教育学会比较教育分会学术年会暨庆祝王承绪教授百岁华诞国际学术研讨会,2010:113-119.

一、从"理念"到"实践"

许多形式的教育最初都是以"思潮"或"理念"而出现,经过长期的发展才转化成实践,终身教育也是如此。从终身教育理论几位代表性人物的观点中我们不难看出这一点。

终身教育的创始人朗格朗先生在其代表作《终身教育导论》中对终身教育进行了自信的讴歌与期待。但是考虑到当时的实际情况,他又不得不认为:"终身教育目前尚停留在'概念'阶段……并且由于这一概念所包含的内容的暧昧、混沌及不精确性,以致屡屡成为招来非难的理由,这也是不争的事实。"① 联合国教科文组织教育发展国际委员会主席埃德加·富尔(Edgar Faure)沿袭了朗格朗的观点,在其提交的《学会生存》报告中,他认为"终身教育并不是一种教育制度,而是作为构成教育制度的组织全体的基础原理。"联合国教科文组织汉堡教育研究所所长戴夫(R.H. Dave)对终身教育概念所下的定义至今仍然备受研究者的推崇。他认为:"终身教育是每个个人或集团为了提高其自身的生活质量,而通过每个个人的一生所经历的一种人性的、社会的、职业的发展过程,这是在人生的各种阶段及生活领域,以带来启发及向上为目的的,并包括全部正规的、非正规的及不正规的学习过程在内的,综合和统一的理念。"②

由此可见,无论是朗格朗的"概念"、富尔的"基础原理",还是戴夫的"理念",他们的"终身教育"都是理论形态的。他们所描绘的终身教育,因为理想主义色彩浓厚,甚至被一些研究者认为是"乌托邦"。所以,最初阶段的终身教育"尚停留在理念构想的阶段,对于世界各国现实的教育政策的制定及法制化的推进,比较难以提供有效或是具有实用性价值的参考见解。"③

终身教育在经历最初对其实践性、可行性的质疑后,并没有停留在简单的思想层面,仅满足于做教育理想的"乌托邦"。相反,在联合国教科文组织、经济合作与发展组织、亚太经济合作组织、欧盟、世界银行等政府间国际组织的大力宣传与推动下,终身教育已经由"理念"走向了"实践"。

从前面各国对终身教育的实践可以看到,尽管各国推进终身教育实践的方式并不相同,但是终身教育已经成为各国教育发展的一种共同趋势。"终身教育在欧洲、北美及亚洲一些国家和地区都有相当水平的发展。"④ 日本、韩国、新加坡等国家和欧洲、北美、中国香港等地区以其雄厚的经济实力为依托,对终身教育的实践卓有成效,甚至一些国家已经将终身教育作为其教育改革的方向。终身教育是一种世界性的教育潮流,除了发达国家和地区之外,亚非拉等发展中国家也深受其影响,并开始根据各国实际情况采取一些教育改革措施来推进终身教育的实践。

终身教育在世界各国的实践证明了"终身教育不是一种遥远的理想,而是在一系列强化这种教育需要的变革为标志的复杂教育环境中日趋形成的一种现实。"⑤

---

① 邓永庆.当代终身教育发展的现状与趋势[J].职业技术教育,2007(31):15-18.
② 肖建芳.二十一世纪国际教育新理念:高等教育终身化[J].教育探索,2007(4):121-122.
③ 吴遵民.关于现代国际终身教育理论发展现状的研究[J].华东师范大学学报(教育科学版),2002(3):38-44.
④ 吴忠魁.当今日本建设终身学习体系的经验与措施[J].比较教育研究,2000(5):48-53.
⑤ 富尔.学会生存[M].北京:高等教育出版社,2006:235.

二、终身教育发展的多样化趋势

由于各国具体的政治、经济、教育状况以及面临的挑战都各不相同,并且各国在实施终身教育时所采取的方法、制定的政策、采取的措施也千差万别。因此,当前世界终身教育实践呈现出多样化的态势与局面。

从各国终身教育的实践来看,采取的方法、手段主要有以下几种:(1)以立法形式确立终身教育的地位。这既是终身教育具体实施的一个层面,也为终身教育的务实开展提供了法律保障。如1990年日本颁布的《生涯学习振兴法》,1999年韩国颁布的《终身教育法》。(2)设立推进终身教育的专门组织、咨询和协调机构。例如,日本在文部省设置了终身学习局,并提升为部内首局,作为推动终身教育的直接管理机构;同时还设立了终身学习审议会,负责向文部大臣或有关行政部门长官提供咨询或建议,对有关终身教育的重要事项进行调查和审议;韩国为了促进与协调各相关单位之间的相互合作设立的"终身教育协议会"。(3)以实施计划或开展活动的方式推进终身教育。如欧盟的"苏格拉底计划""达·芬奇计划""葛隆维计划"等,尤其是1996年欧盟推出了旨在形成人们终身教育意识的"终身学习年"活动。(4)为终身教育提供财政保障。如英国、瑞典等国所实施的"个人学习账户(Individual Learning Accounts)",日本为支持地方政府开展终身教育活动特设"地方终身学习振兴费补助金"。除了这几种开展终身教育的方法和举措外,各国结合自身的情况在终身教育的推进上各有特色,有的国家更加强调成人教育,有的更加重视职业教育,而有的则更加强调工作中的在职培训及其他各种类型的教育等。

虽然终身教育的实践方式纷繁多样,但是综而观之,主要可以分为四种模式:补偿教育模式、继续性职业教育模式、适应民主化要求的职业教育模式、以休闲取向为主的终身学习模式。

1. 补偿教育模式

补偿教育是指"由于各种原因一个人不可能得到他所需要的这种正规学校的学习,因此他在后期需要随着工作的发展和职业的挑战以及生涯的变化继续学习,需要得到以前没有得到的这样一种补偿。"[①] 印度、非洲等一些国家和地区在20世纪七八十年代乃至现在仍在进行的成人扫盲教育,即是对其部分缺失早期正规学校教育的成人所进行的补偿教育。此外,随着科技的飞速发展,知识更新速度的加快,一个人以往所学的知识以及掌握的技术已经难以满足当前的需要,往往就会成为"功能性文盲"。解决这一困境就需要补充和更新他以往的知识与技能。这也是一种补偿教育,不是基于"早期教育的缺失",而是基于"更新的需要"。在经济合作发展组织(OECD)文件中,这种补偿教育模式也被叫作"第二次挑战"(Second Bet)。

2. 继续性职业教育模式

早期的职业教育往往在学生就业后就宣告结束,但在随着科技发展的日新月异,职业转换的不确定性因素增多,进行知识与技术的更新已成为必要。这种更新不是一蹴而就,而是需要不断的、连续性的一个过程。从终身教育的角度看,这样一种过程即是继续性职业教育模式。如欧盟所倡导的"回归教育(Recurrent Education)",就是希望人们能在工作岗位与再教育之间不断地转换,通过连续性的教育以更好地适应新的变化。

---

① 邓永庆.当代终身教育发展的现状与趋势[J].职业技术教育,2007(31):15-18.

3. 以扩大民主为指向的终身教育模式

终身教育与传统的正规学校教育的区别就在于时空上的扩展:就时间来说,不再限于青少年这一特殊时期,而是扩展到所有的年龄阶段;就空间范围来说,不再限于正规的学校教育,还包括非正规教育、非正式教育等形式。因此,从这个意义上来说,终身教育促进了教育权利的平等与教育机会的均等,促进了教育的民主化。事实上,无论发达国还是发展中国家开展终身教育的一个重要目的就是为了推进教育的民主化发展。例如,对于全体公民的终身学习,美国政府制定的一个目标是,"使他们不受原先所受教育和训练的限制,也不管性别、年龄、生理状况、社会、种族背景,或经济条件等情况如何,要让他们通过各种机会有效地参加学习"。①

4. 休闲取向的终身学习模式

按照朗格朗的观点,终身教育的背景之一在于经济与科技飞速发展导致人们闲暇时间的增多。物质生活的富足,闲暇时间的增多,促使人们追求更高的精神生活,于是就形成了以休闲取向为主的终身学习模式。这种模式是在物质财富丰富的基础上以个人精神生活的满足为目的而开展的教育活动。例如在日本,从其历次颁布的终身教育相关法案中可以看出,"文化体育运动和闲暇业余的学习活动几乎已成为'终身学习'的同义词"。② 文化体育和休闲性的学习活动在日本被认为不仅仅是为了娱乐和爱好,而且是为了培养个性、提高生活质量和对自我完善有价值的实践。所以,"其(日本)发展终身学习的主要目的反映在政策声明中的重点不是对经济和人力资源开发的贡献,而是人民在日常生活中精神的提高和休闲的满足。"③

需要说明的是,这些终身学习的模式并不是孤立相斥的,在很多国家,常常都是几种模式同时并用,只是在不同模式上可能各有偏重而已。例如,美国既强调通过终身教育来增益民主,同时也有补偿性的教育和继续性职业教育。

三、从"终身教育""终身学习"到学习型社会和城市

终身教育——这一可与哥白尼"日心说"相媲美的当代最具影响力的教育思潮,在提出不到几十年的时间里,引起了世界各国的重视和关注,并成为指导世界教育改革和发展的基本思想和原则。在终身教育理念提出的同时代,还出现了终身学习的概念。终身教育侧重于教育提供的角度,旨在改革与重建现有的教育体系;而终身学习侧重的是学习者个体的视角,目的是突显学习者的主体地位。终身教育和终身学习其实是相互连贯和内在统一的,经济合作与发展组织于1973年颁布了《回归教育:终身学习的策略》,提出接受教育不是一次性完成的活动,而应当根据个人和社会的需要,对教育和学习活动加以分段循环、灵活实施,并且可以和工作、闲暇等其他活动轮流交替安排。欧盟自1993年推出的《成长、竞争、就业:迈向21世纪的挑战与途径》报告中首次确认了终身学习的战略地位。正是在这两个组织的大力推动下,许多国家和地区的政府及相关部门也开始制定或完善本国的终身学习政策。

---

① 关世雄,张念宏.世界各国成人教育现状[M].北京:北京出版社,1986:475-476.
② 吕达,周满生.当代外国教育改革著名文献(日本、澳大利亚卷)[M].北京:人民教育出版社,2004:237.
③ 刘小强,刘斌.世界实践中的终身学习理解和实施策略比较——兼谈欧盟、日本和美国的终身学习实施的特点[J].职业技术教育(教科版),2005(28):12-14.

继终身教育和终身学习外,还出现了"学习型社会"的概念。1968 年,美国学者罗伯特·赫钦斯发表《学习社会》一书,首次提出了学习型社会的概念,并对其内涵和特征进行了界定。他指出,"仅仅经常向所有成年人提供定时制的成人教育是不够的,在此基础上,社会还应该以帮助人们学习做人和完善人格为目的,据此制定相应的制度,并且凭借这套制度来促成目的的最终实现。这样,建立起一个朝向价值的转换和成功的社会。"他认为,学习型社会是这样一种社会,在学习型社会里,"除了能够为每个人在其成年以后的每个阶段提供部分时间制的成人教育外,还成功地实现了价值转换的社会。成功的价值转换即指学习、自我实现和成为真正意义上的人已经变成了社会目标,并且所有的社会制度均以这个目标为指向。"①

"学习型社会"这一概念一经提出,就受到联合国教科文组织的注意。1972 年,联合国教科文组织国际教育发展委员会报告《学会生存》中特别强调终身教育和学习型社会两个概念,把学习型社会作为教育改革与发展的指导思想和基本原则,指出:"教育正在日益向着包括整个社会和个人终身的方向发展",教育"不再是从外部强加在学习者身上的东西,也不是强加在别的人身上的东西。教育必须是从学习者本人出发的"。"我们越来越不能说,社会的教育功能乃是教育的特权。所有的部门——政府机关、工业交通、运输——都必须参与教育工作。"并且特别强调:"必须从整个社会和教育发展的全局,把学习型社会理解为教育与社会、政治、经济、生活密切交织的过程,教育是扩展到社会生活各个领域的具有普遍联系的整体,是贯穿在一个人一生各个发展阶段的连续统一体。很显然,一个社会既然赋予教育这样重要的地位和崇高的价值,那么这个社会就应该有一个它应有的名称,这就是学习型社会。"②

报告还认为,在学习型社会里,"每个人必须终身继续不断地进行学习。终身教育是学习型社会的基石。"并且指出,"终身教育并不是一个教育体系,而是建立一个体系的全面组织所根据的原则,而这个原则又是贯穿在这个体系的每个部分的发展过程之中的。"

在联合国教科文组织、欧盟等国际组织的大力推动下,终身教育和学习型社会的理念在国际社会迅速传播开来,成为许多国家、地区推进和实施教育改革和发展的指导原则,成为社会发展和社会进步追求的一个重要目标和广泛的社会化教育实践。

20 世纪 90 年代,为了应对新的挑战与发展危机,以兰森(Rensin)、艾内(Aine)、拉加特(Lagat)、杜勒(Durer)、阿皮斯(Apis)等研究者为代表,进一步对学习型社会进行研究。兰森研究学习型社会的主要成果集中在 1998 年他主编的《处在学习型社会》(Inside the Learning Society)一书中。他旗帜鲜明地把学习型社会作为一种社会形态来看待,认为:学习型社会就是一个快速改变的社会,学习型社会本身就是一种社会形式。他的观点,在一定程度上反映了 20 世纪末国外学术界有关学习型社会的新认识。

所谓学习型社会,就是以全民终身学习为基础,以国民教育体系为主干,以终身教育体系为依托,以各类教育学习等资源为保障,以促进人的全面终身发展为目的,能够满足全民基本的终身学习需求的新型教育——社会形态。欧盟 1995 年发表的白皮书《教与学:迈向

---

① 马香莲.赫钦斯的学习社会思想及其对成人教育的启示[J].成人教育,2008(12):14-15.
② 联合国教科文组织国际教育发展委员会.学会生存——教育世界的今天和明天[M].北京:教育科学出版社.1996:15-16.

学习型社会》指出,人类正处于巨变的时代,一个属于欧洲历史性机会的时代,一个社会不断得以新生的时代,一个新世纪的起点,未来的社会必然是学习型社会。欧盟1996年的《科隆宣言》和联合国教科文组织1997年的《成人学习汉堡宣言》都在国家首脑会议和国际会议层面鲜明地提出了构建学习型社会的目标,以及对之需要付出的相关努力。

终身教育、学习型社会是既有联系又有所区别的两个概念。终身教育是针对传统的学校教育提出的。它的目标指向于对现行的教育体系的超越,是对已有的僵化、封闭、一次终结的现行教育制度的批判和摈弃,建立起一种超越现行教育制度并充分从人的发展和社会的需要出发的持续、开放、终生的理想的教育体系。而学习型社会是相对于现有的社会形态提出来的,其目标是提供一个理想的社会学习环境,从而促进社会和个人的全面发展,终身教育思想的贯彻。在学习型社会里,"人人是学习之人,时时是学习之机,处处是学习之所",① 整个社会是一个完整的教育大环境,工作世界、生活世界、学习世界、学校教育、社会教育、家庭教育融为一体。学习成为一种权利和责任,将延续个体的一生,成为持续的、终身的活动。因此,在某种程度上可以说,学习型社会是终身教育的终极目标,而终身教育则是学习型社会的基石。

此外,在学习型社会建设的基础上,学习型城市成为当前城市建设的重要趋势。为了研究与推动学习型城市发展,经济合作与发展组织、欧盟、联合国教科文组织、国际学习型城市协会等国际组织从终身学习、全纳教育、可持续发展等多种角度探讨学习型城市理念,并努力通过制定评价指标体系与评估活动推进全球性学习型城市建设。2013年和2016年,联合国教科文组织分别于北京和墨西哥举行了首届和第二届国际学习型城市大会。

拓 展 阅 读

1. 保罗·朗格朗.终身教育导论[M].滕星,等,译.北京:华夏出版社,1988.
2. 埃德加·富尔.学会生存——教育世界的今天和明天[M].上海:上海译文出版社,1979.
3. 雅克·德罗尔,等.教育——财富蕴藏其中[M].联合国教科文组织总部中文科,译.北京:教育科学出版社,1996.
4. 持田荣一,森隆夫,诸冈和房.终身教育大全[M].北京:中国妇女出版社,1987.
5. 赫梅尔.今日的教育为了明日的世界[M].王静,赵穗生,译.北京:中国对外翻译出版公司,1983.

问题与探究

1. 终身教育是在什么时代背景下产生的?
2. 简述终身教育产生和发展的历程?
3. 各国在终身教育的实践上有什么异同之处?
4. 借鉴国际经验,我国应该如何更好地实施终身教育?

---

① 中国法院网:http://www.chinacourt.org/html/article/200209/30/12800.shtml.2010-3-10.

第八章 教师教育——教育事业的工作母机

本章提要

- 作为教育学术语的"教师教育"概念,产生于20世纪60年代的欧美,是由原来的"师范教育"概念演化而来,也是顺应学校教师培养发展的需要。随着科学技术知识更新加速,教师教育逐渐取代师范教育,并不仅仅是一个概念的简单更替,而是标志着教师培养进入到一个新的历史阶段。

- 从世界范围来看,教师教育不断得到加强,各国政府通过颁布政策以及提供各种资助以促进教师教育的发展。在这些国家中,发达国家的教师教育的发展比较有特色。

- 教师教育的培养需要有一定的机构作为载体,形成比较系统的培养模式,从世界范围来看,由于受到各国实际发展情况的影响,以及教师培养形成的传统特点,可以将教师教育的培养模式大致分为三类,主要包括:第一类是专门的教师培养机构,主要是师范院校来独立承担教师的封闭式培养;第二类是由综合大学里的教育学院来培养教师的开放型培养模式;第三类是介于两者之间,既在综合大学里培养,又在师范院校培养的混合型教师培养模式。

- 在当代,世界主要国家根据本国政治、经济、科技、文化教育发展情况,对教师的素质和能力提出了自己的要求,在现实中出现了很多新型的教师教育观。从原本的师范教育逐渐扩展丰富,发展成为教师教育,而教师教育在发展完善的过程中,其内涵也在不断丰富。

教师这门职业自古就有。关于教师的培养也已经从最初的师范教育逐渐发展成为教师教育,从以师范大学或学院为培养载体到综合性大学也参与其中,其含义和内容都丰富了起来。教师教育成为教师培养的主要途径,发达国家都十分重视通过对教师教育的改革与发展来推动教师培养质量的提升,并且将系统的职前教师培养和在职教师培训结合起来,寻求教师教育和培训的一体化发展。

第一节 教师教育的内涵与演变

在对教师教育进行国际比较探讨之前,需要明确一些概念和内容,尤其是对教师教育的理解,不仅要明晰教师教育的概念,还要对教师教育所包含的内容进行分析。同时,也梳理教师教育的发展历史过程,分析其发展进程及其基本特点,帮助我们理解教师教育的基本状况,为深入探讨奠定基础。

一、教师教育的内涵

(一) 教师教育的概念

作为教育学术语的"教师教育"概念,产生于20世纪60年代的欧美,是由原来的"师范教育"概念演化而来,也是顺应学校教师培养发展的需要。在英语中,师范为"Normal",源于拉丁文"NORMA",原意为木工的"矩规""标尺""模型",含义为"规范"。以《中国大百科全书(教育卷)》为代表的各种教育工具书,大都把师范教育定义为"培养师资的专业教育""培养和提高基础教育师资的专门教育,包括职前教师培养、初任教师考核试用以及在职培训。"人们通常把"师范教育"(Normal Education)定义为专业的或专门的培养教师的教育。①

随着经济的发展以及知识更新的加速,教育的普及、教师地位的不断提高,教师需要不断更新其知识结构并提高其教育教学水平。西方国家的教师培养出现了职前培养与在职进修并举的情况,"师范教育"这一概念逐步被"教师教育"所取代,其含义也不断得到丰富和发展。1985年出版的英文版《国际教育百科辞典》中出现了"教师教育"词条,释义如下:"教师教育或者说教师发展(Teacher Education or Teacher Development),可以从养成、新任研修、在职研修三方面进行认识,这三方面是连续的各部分。"② 从上述概念解释可以看出,教师教育是对教师培养和教师培训的统称,是师范教育与教师继续教育相互联系、相互促进、统一组织的现代体制,适应了教师终身学习、终身发展的历史要求。从"师范教育"到"教师教育",也是世界教师队伍建设的共同发展历程。

(二) 教师教育包含的内容

教师教育逐渐取代师范教育,并不仅仅是一个概念的简单更替,而是标志着教师培养进入到一个新的历史阶段。"教师教育"的内涵丰富,在内容上包括人文科学教育、学科教育、专业教育和教学实践;从顺序来看,包括职前教育和在职教育;从形式来看,包括正规的大学教育和非正规的校本教师教育;从层次来看,包括专科、本科和研究生教育。职前层次的内容包括人文学科和科学的一般教育、所教学科领域的专门教育以及指导专业实践的学科的专业教育,例如教育心理学以及教育学的专业教育,还有学校情景中的大部分实践。职前教师教育还包括对进入该专业的候选人进行挑选的评价,以及对毕业生的评价(由国家有关机构对合格者颁发教师资格证书)。在职教师教育主要是由工作现场、研讨会议、正规课程、咨询服务等组成,这样就可以保证和发展教师的实践技能。③ 可以说,教师教育是职前培养和在职进修的统一,是正规教育和非正规教育的结合,是多层次、全方位、立体式的教师终身"大"教育。

二、教师教育的历史演变

教师教育的历史演变是伴随着教师职业的发展而进行的,教师教育可追溯到1684年法国在兰斯首创的师资训练学校,迄今已经过了300多年的发展变革。教师教育经历的历史

---

① 黄崴.从"师范教育"到"教师教育"的转型[J].高等师范教育研究,2001(6):14-16.
② 黄崴.从"师范教育"到"教师教育"的转型[J].高等师范教育研究,2001(6):14-16.
③ Houston R, Haberman M, Sikula J. Handbook of Research on Teacher Education[M].New York: Macmillan Publishing Company, 1990: Page.3.

阶段包括：萌芽时期、定向封闭时期、开放非定向时期、综合化培养时期。教师教育由定向的、封闭式的培养体系走向非定向的、开放式的培养体系。

（一）萌芽时期

17世纪80年代之前，还没有培养教师的专门机构。在这一时期，教师教育处于萌芽阶段，人们强调的是经验的传授、道德的继承。教师职业知识和能力的习得，主要通过有一定文化知识的人在教育实践中模仿和学习前辈的经验。因此，古代教师的培养和教育处于经验模仿阶段，还没有形成系统的教师教育体系，只是一些思想家和统治者提出了一些对教师的具体要求、选拔标准以及从业标准。这些特征在东西方国家都具有共通性，教师教育的发展比较缓慢，由于受到社会经济以及生产条件的限制而出现水平比较低下的状况，这种零散式、经验式的教师培养还可以适应当时的教育发展需求。

（二）定向封闭时期

师范教育是特定历史阶段下的自然产物，是教师教育的特定形态和发展阶段。17世纪80年代，师范教育应运而生并不断得到发展。这是因为文艺复兴之后，由于工业革命的推动，资本主义经济得到了很快的发展，学校教育也呈现出普及化趋势，这就需要大量符合职业规范的教师职业人才，才能够适应和满足学校教育的要求。当时教师教育所呈现出来的特点在于，普及初等教育推动了中等师范教育的产生和发展，普及中等教育推动了高等师范教育的产生和发展。其中，资本主义经济的繁荣以及现代国家的形成是促使教师教育发展的最重要的社会动力。

从世界范围来看，师范教育最早出现在法国和德国。1684年，法国"基督教兄弟会"神甫拉萨尔（Lassalle）在兰斯首创师资训练学校；1695年，德国的弗兰克（Franck）在哈雷创立了教员养成所。这个时期的教师主要是具有一定文化基础知识的人通过师范教育的专门职业训练而培养出来的。[①] 在这一时期，师范教育是一个独立、封闭的体系，师范院校自上而下形成一个体系，普遍实行定向招生、定向教育、定向分配以及免交学费等政策。

（三）开放非定向时期

进入20世纪中后期，定向封闭的师范教育开始逐渐过渡到开放非定向的教师教育阶段，独立设置的师范院校逐渐转型到综合性大学，教师教育逐步成为本科后教育，综合性大学的教育学院、教育研究院成为教师教育的主体。传统的封闭型师范教育进行了深刻的改进和变革：第一，师范院校内部设置了一些非师范专业，一方面允许师范生选修有关课程，扩展其知识层面；另一方面也为开设职业技术教育专业奠定了基础，以达到从内部开放的目的；第二，国家允许综合性大学设立师范学院，培养具有高水平专业技能的师资，以达到从外部实施改革的目的；第三，发展成人教育，扩充师资来源，通过在职教师的继续教育来提高教师队伍的水平，实施广泛的改革。这样就结束了依靠独立的师范教育体系来培养教师的历史，逐步朝着教师教育开放化的方向迈进。

（四）综合化培养时期

这一时期是针对教师教育的未来发展阶段，由定向的、封闭式的培养体系走向非定向的、开放式的培养体系，最终开始走向一体化进程，教师的专业成长变成一个连续不断的过程，要贯穿于师资培养和在职培训的全部过程，保证职前培养、入职培训、职后进修的连续性

---

① 靳娟.教师教育的历史与发展[J].当代教育论坛，2008(5)：79-80.

和一贯性。在体系的构建上,建立灵活的多层次的教师教育系统,学历教育与非学历教育相互沟通和促进,既有全日制脱产的大学,又有函授制教育;既有正规的学校系统,又有教育学院,还有开放式学校。在标准拟定上,倾向于标准化的教师教育管理、制定教师资格证书颁发、教师教育培养机构、教师教育课程等统一的标准,从而实施规范化管理。在教育质量的保障上,建立以教师资格证书认证、教师教育机构认证、教师教育课程认证等三大块为核心的教师教育认证制度和质量评价体系。这样,通过多样化教育机构体系的构建,以及教师教育标准与质量的保障,实现教师教育的一体化发展。

三、教师教育的职前培养模式

教师的培养需要有一定的机构作为载体,形成比较系统的培养模式。从世界范围来看,依据各国的实际情况以及传统培养特点,可以将教师的培养模式大致分为三类:第一类是专门的教师培养机构,主要是由师范院校来独立承担教师培养的封闭式模式;第二类是由综合性大学的教育学院来培养教师的开放型培养模式;第三类是介于两者之间,既在综合性大学里培养,又在师范院校里培养的混合型教师培养模式。①

(一)师范院校主导型培养模式

该培养模式主要是实行封闭型或定向型的教师培养体系,教师的培养载体是师范院校,不同等级的师范院校对应着不同等级的教师培养,形成了自上而下的师范教育体系,这也是一个比较独立完整的体系。最上层为师范大学,中间层次为师范学院,处于基层的是师范学校;每一层级培养对应的教师,包括从大学助教到小学教师、幼儿教师。这种师范教育体系与综合性大学以及其他专业学院之间存在着很大的差别,形成了一个完善的封闭式教师教育体系。师范院校的培养模式是一种定向的模式,学生培养的去向已经确定,学生从师范院校毕业后,基本上定向到各级学校担任教师。从全世界范围来看,实施这类培养体系的国家主要包括俄罗斯、朝鲜等,我国很长一段时期也是这种典型的培养模式。比如在俄罗斯,早在苏联时期就形成了系统且完善的三层次师范教育体系,确立了师范学院和中等师范学校占主导地位、综合大学师范院系起辅助作用的师范教育体系。苏联解体后,俄罗斯仍然继承了这种师范院校主导型的教师培养模式。

(二)综合院校主导型培养模式

该培养模式是实行开放型或非定向型的教师培养体系,通常综合性大学是学生培养的载体,学生毕业经考核合格之后,经过教师资格认证机构的认证,取得教师资格证书,既可以到学校当教师,也可以谋取其他职业。在这种培养模式中,教师培养的载体是综合性大学的教育学院以及文理学院的教育系,这些都是原有的师范学校转化而来的。学生在入学之后,接受的是涉及广泛学科的通识教育,最初的两个学年并不确定专业,而是广泛接受文理科专业知识的教育。在接受完上述课程教育后进行分流,进入教育专业的学生就可以接受比较系统的教育专业训练,为将来做一名好教师打好基础。在实行开放型教师培养模式的国家中,比较典型的是美国和德国。德国大多数教师的培养都由综合性大学承担,另外艺术学院、音乐学院和综合学院等艺术性大学也承担着教师培养的任务。美国绝大多数教师的培养都是在综合性大学的教育学院以及文理学院的教育系完成的,在接受完学校教育以后,再

---

① 梁忠义.比较教育专题[M].长春:东北师范大学出版社,2002:151-152.

通过教师教育机构的认证,以及教师资格证书的颁发来保障教师教育的质量。

(三)综合院校和师范院校混合型培养模式

该培养模式是指教师的培养载体既是综合性大学的教育学院,又是专门的师范院校,这两个机构共同担负着教师培养任务。这种培养模式的形成与本国的历史发展有关:原有的师范教育体系在教师培养中发挥着重要作用,后来为了顺应社会以及学校教育的发展,经历了由师范院校模式向综合院校模式的过渡,在保留了一些师范院校继续培养教师的同时,将师范院校合并到综合性大学中,形成了比较典型的混合型教师培养模式。目前,世界上大多数国家实行的是这种混合型教师培养模式,英国和日本最为典型。日本在二战后引入开放型教师培养模式,教师通过大学来培养,这些机构有教育大学、学艺大学、综合性大学的教育学部,还有培养教师的短期大学、大学专科、教师培养指导机构等师范教育机构,构成了比较典型的混合型模式。而英国在20世纪60年代形成了混合培养模式,教师的培养机构既有教育学院、大学的教育系,又有技术教育学院和艺术师资培训中心等。

四、教师教育的在职培训体系

教师的培养模式针对的是教师的职前培养,而教师的培训体系则针对的是教师的入职以及在职培训。随着终身教育思想的广泛传播以及教师教育的新发展,教师的在职培训日益受到重视,各国创造了各种各样的培训模式。从世界范围来看,教师培训体系可以分为三类:第一类是以高一级院校和教师培训机构为主体的教师培训模式;第二类是学校本位的教师培训模式;第三类是远距离的教师培训模式。①

(一)以高一级院校和教师培训机构为主体的教师培训模式

该培训模式的载体有两种:一种是以大学、师范院校为培养机构;另一种是以专门的教师进修机构为培养机构,共同组成高校培训与培训机构培训模式。在高校本位模式中,各种高等教育机构承担着教师的培训,以教师进修高一级学位课程为主要目的,主要开设教育学士、硕士以至博士学位课程和各种教育证书课程,形成了多种实施形式:既包括长期的脱产、半脱产进修,还有利用寒暑假的非脱产进修;既有学历提高进修,还有拓宽能力进修。大学还开设各学科业余进修班,中小学教师经2~3年的业余进修,成绩合格后可获得相应的学位或教育证书。在培训机构本位模式中,主要载体是专门的教师培训机构,比如英国创办的教师中心、日本的教育研修中心、法国的暑假大学、美国的暑期学校等。此种模式以提高教师的学历和专项技能为主,大多以课程为中心,学术性和研究性也比较强。教师在接受相应的培训后,往往会关系到自身职位的晋升与提薪。所具有的优势包括:时间短、规模小、形式多样、内容丰富,与学校的教育教学实际联系比较紧密。

(二)学校本位的教师培训模式

该培训模式是由教师所在的学校自主地邀请有关单位共同制定培训计划、目标、内容,并组织实施的教师培训,主要特点是将教育理论与教育实践相结合。学校一般都很重视与当地的大学或教师中心进行合作,请专家学者到学校指导,这种模式在美国、英国、俄罗斯、澳大利亚、日本都很普遍,形成了各自不同的特色。培训的内容包括教学方法、课堂管理、差异协调、问题中心的学习以及提高学习技巧等方面。培训的形式是每所学校派出若干名骨

---

① 梁忠义.比较教育专题[M].长春:东北师范大学出版社,2002:164.

干教师参加初级阶段的在职培训,返回学校后将所学到的东西,传授给同校的其他教师,替代培训机构的作用。这种培训模式作为加强学校管理和促进学校改革的工具,充分地帮助教师发展和完善具有创造性的新《教学大纲》。比如在美国,各种学校通常会设立教师培训管理小组,为学校配备教师培训联系人,定期举行专题研讨会,建立个别顾问制度,学校之间互通有无,实现资源的共享。

(三)远距离的教师培训模式

除了传统的教师培训方式之外,一些国家还兴起了运用远距离通信手段进行教师培训的方式。广播电视教学、电话教学、计算机网络教学等多种现代教学技术都被广泛应用于教师培训中。很多发达国家都在采用这种培训模式,英国向教师推广计算机教学工作,美国也向教师提供计算机让其自学,日本也形成了远距离教师培训网。联合国教科文组织也扶持了不少远距离教育的项目,其中一个项目是为从事特殊教育的教师提供的特殊的课程,包括教师的自主学习和小组学习,也包括教师小组必须共同完成小组的活动。这种培训不仅包括大学的函授教育等方面的广播电视教育,而且还随着计算机联网的普及,利用计算机网络化使教师进行自我教育。随着科学技术的发展,尤其是计算机的使用,致使远距离教育产生了显著的变化。计算机和互联网对教师的职业发展提供了新的方法,教育内容经由互联网和光盘发布,网络课程与公开课成为在线教育的主要形式。为教师提供在线讨论,使用新媒体技术、社交网络,及时地提供更多的资料,大大地提高了教师培训的效率与效果。

第二节 教师教育的当代发展

从世界范围来看,教师教育不断得到加强,各国政府通过颁布政策以及提供各种资助条件以促进教师教育的发展。在这些国家中,以发达国家为主,在发展教师教育方面做得比较有特色。本节将选取美国、英国、法国、德国、日本以及俄罗斯作为研究对象,揭示这些国家的教师教育发展状况,分别从教师教育的历史沿革、培养模式、资格认证以及最新改革等方面进行探讨。

一、美国教师教育的当代发展

(一)历史沿革

美国教师教育从19世纪初到现在已经有将近两百年的历史,先后经历了师范学校、师范学院以及综合性大学中的教育学院三种历史形态。19世纪初之前,美国没有专门从事培养中小学教师的教育机构,教师的培养数量和质量都不能满足当时社会发展的需要。美国在对法国、普鲁士进行考察学习之后,开始引入师范学校的概念。1823年,佛蒙特州康克德市诞生了第一所师范学校,到1875年,全美国已有公立师范学校95所,分布于25个州,共有学生23 000人。19世纪中后期,随着美国工业化进程的加快,师范学校教育由于自身存在的问题,越来越不能适应时代发展的要求,师范学校开始停办而设立师范学院。1882年,亚拉巴马州师范学校率先改为师范学院,至20世纪50年代初,美国共有139所师范学校改为了师范学院。① 这一时期,美国的教师教育主要以师范学校与师范学院为主,由专门的师范教育机构来承担这项职责。

20世纪中期以来,师范学院由于偏重教材教法,而忽视了普通文化知识的学习,造成了学校教育质量的下降。美国开始着重把学术标准和教育专业训练作为教师培养的重点,开始推动师范学院向综合性大学转变。主要由综合性大学中的教育学院或教育系来培养教师,采用"大学+师范"的模式,新生入学后,先在大学的各院系接受3~4年的文理学科教育,然后进入综合性大学中独立设置的教育学院接受1~2年的教师专业教育。20世纪80年代以来,美国对教师教育进行了一系列改革,在20世纪80年代颁布了《国家在危急中》《准备就绪的国家》两个报告,掀起了教师教育改革的序幕。霍姆斯小组发布了《明日的教师》《明日的学校》和《明日的教育学院》三个报告,引起了社会的广泛关注。到90年代,全美教学与美国未来委员会相继发表了《什么最重要:为美国未来而教》和《做什么最重要:投资于优质教学》两个报告。② 上述报告对教师教育改革提出了一系列宝贵建议,标志着教师教育进入了一个新的阶段,可以说促进了教师教育的发展和更新。

进入21世纪以来,美国注重提升教师的培养质量,有意识地在教师培养与认证标准上进行提升。2002年,联邦政府有史以来首次发布了《迎接培养高质量教师的挑战——美国教育部长关于教师质量的年度报告:2002》,提出教师资格认证将提高学术标准,更加重视学科专业的学位等措施。③ 美国在教育模式改革上取得了很大的进展,在原有公立中小学的基础上,加入了与大学教育学院的合作,共同承担对师范生和在职中小学教师进行教师教育的任务。到2002年,教师专业发展学校已达1 000多所,几乎遍及美国的各个州。据统计,在教师培养认证委员会认证的525所大学中有30%都参与了教师专业发展学校。④ 同时,美国还提升了教师教育的标准,改善教师的培养质量。2000年,全国教师教育认定委员会正式公布了《2000年标准》,从六个方面提出了新的标准:候选人的知识、技能和意向;评估系统和机构评价;教学实习;多样性;教师的资格、成绩和专业发展;机构的管理与资源。⑤

(二)教师教育的培养模式

目前,美国没有独立于综合性大学之外的师范学院,教师都由综合性大学的教育学院或者教育系培养。教师的培养模式包括职前教育、教育实习以及职后教育三个部分,这几个部分之间相辅相成,融合成为一体化的培养体系。

在教师的职前教育阶段,承担培养任务的机构包括公立或私立的人文学院、综合性大学、研究型大学等。由于各州对教师的要求不同,各培养单位形成了不同的培养计划,主要包括四年制学士计划、五年制综合计划、第五年研究生计划以及选择性证书计划等。⑥ 四年制学士计划由两年的普通教育和两年的专业教育组成,普通教育提供人文基础课程教育和任教学科教育。专业教育包括专业基础课程,有关人类发展和学习的课程,教育社会学和教育哲学等,以及教学法等具体专业课程。目前,比较受欢迎的是五年制综合计划,将本科教

---

① 徐魁鸿.美国教师培养模式的演变及其启示[J].现代教育论丛,2006(5):31-33.
② 赵中建.美国80年代以来教师教育发展政策述评[J].全球教育展望,2001(9):72-78.
③ 周钧.美国联邦政府对改革现行教师资格证书制度的政策[J].教师教育研究,2003(6):78-80.
④ 张婷.教师专业发展学校——美国教师专业发展的新动力[J].世界教育信息,2007(4):29-32.
⑤ 邓涛,单晶.近二十年来美国教师教育的改革与发展[J].外国教育研究,2003(5):42-46.
⑥ 郭志明.外国教育研究史研究[M].北京:中国社会科学出版社,2004:209.

育计划、专业学习和教育实习结合在一起,实地见习贯穿于整个教育计划中。这样的安排能够有效加强教育理论与实践的结合,提高学生的实践能力。第五年研究生计划主要针对延伸研究生学习阶段,将第五年的学习集中在教育专业课程上,专业学习又包括教育理论和实践,教育实习在其中占有相当大的比重。选择性证书计划主要是针对非教育界的一些具有一定工作经验、拥有学士学位且又有志于教师职业的人员而设计。

在教育实习阶段,教学实习长期以来一直是教师培养计划的重要组成部分。许多学校在安排正式的教学实习之前增设了实地见习的环节,并将其作为教学实习的准备阶段,和正式的教学实习一起组成整个教学实习计划。有的学校则将实地见习穿插于日常教学之中,学生一般是在选修教学方法或其他基础课程的同时,在中小学的课堂中理解和观察理论课程中的概念和技巧。大多数州的教师资格证书标准中都增加了有关在各种学校情景中通过见习获得实地经验的规定,从而使教学见习成为申请教师资格的必要条件。此外,大学将学生引入到普通学校中,建立了教师专业发展学校与驻扎计划,学校设立于基层学区之中,旨在为未来的教师或新入职的教师提供有组织、有监督的教学过程以增加他们的实践经验。驻扎计划一般是一年,但这一年的学习不是在大学中,而是在公立学校中进行,所以这些研究生被称为"驻扎教师"。① 在公立学校中,这些未来的教师接受所在学校和大学的联合指导,公立学校为驻扎教师提供实习指导教师,与大学的指导教师一起指导学生的学习活动。

在职后教育阶段,美国开展教师职后教育的机构多种多样,有综合性大学的教育科研机构、教师专业团体,有广播电视、远程教育机构,甚至是教师供职的中小学。培训的内容和形式也十分灵活,既有即学即用的短期培训班,也有以获得学位为目的的系统学习;既有传统的针对特定教育教学问题的专题研究,也有直面教育现实的反思性实践和行动研究等。在20世纪80年代中期以后,美国系统地组合教师职前培养和职后进修的"教师教育一体化"的尝试不断取得进展,其中又以教师中心的发展最为典型。教师中心的发展形式更为多样,其涉及内容也更为丰富。既为初任教师提供各种入职指导,也为在职教师的发展提供服务,有的教师中心还被某些教师职前教育计划列为培训基地。围绕"研究型"和"反思型"教师的培养目标,促进教育理论与实践的紧密结合,促进大学与中小学的合作,提高职前与职后教育的一贯性,配合教育的改革与发展。②

(三)教师教育的管理

美国教师一般具有公务雇员的身份,在综合性大学完成职前教育的毕业生,还需要得到资格认证,获取教师资格证书之后才能到学校任教。教师资格的审定机构不是教育学院,而是州教育委员会,资格审定的详细要求由州教育委员会组织的专家来制定。教师资格证书包括小学教师认可证、中学教师认可证、特殊教育教师认可证、幼儿教育教师认可证,也有某一学科教师认可证。若要想使从教者通过教师资格审定,教育学院的各系就要根据州教育委员会颁布的审定细则及早安排学生的课程。从时间上看,美国的教师资格证书还有临时和长期之分。临时教师合格证书有效期只有6年,如果想继续从事教育工作,就必须在满6年之前重新申请临时教师合格证书,并再次通过考试。要想获得长期教师资格证书,必须达

---

① 饶从满.美国教育改革——80年代与90年代[J].外国教育研究,1991(2):46-51.
② Atkin M, Raths J. Changing Pattern of Teacher Education in the United States[R].Organization for Economic Co-operation and Development, Paris (France), 1974:48.

到以下要求:(1)通过临时教师资格审定,具有有效的临时教师合格证书,并相当成功地从事了两年以上的教学;(2)在取得临时教师合格证书以后,又完成了规定课程计划的27个学分,同时获得相应学科的硕士以上学位;(3)通过州教育委员会的长期教师资格考核。①

美国对教师的管理非常系统和严密,从教师的聘用到最后进入学校后的日常管理,都建立比较完整的管理机制。教师的管理制度包含着四个主要阶段:

(1)教师取得必要的资格证书、学位阶段。在美国,从事教师职业的人首先要获得教师资格证书,教师资格证书一般由州教育部门发放。

(2)公开招聘、面试阶段。中小学教师的岗位出现空缺后,学校就会面向社会公开招聘教师。面试时,学校与地方学区代表要组成面试委员会,对候选人进行询问、考核。

(3)签约聘任阶段。通过面试的候选人与地方教育当局相互确认权利义务、产生雇佣关系。中小学教师的聘任合同可以分为定期聘任与终身聘任两种,定期聘任合同一般以数年为期,期满后可以续签,终身聘任合同由地方教育当局与拥有永久性教师资格证书的骨干教师签订。

(4)考核管理阶段。美国建立了较为稳定的中小学教师职业阶梯制度,学校对教师的工作业绩、能力进行评定、考核,结合教师的教龄、参加进修等情况来确定教师的续聘、晋职、辞退。

由此可以看出,这一套管理制度非常完善,在实施时也做到科学有效。

(四) 教师教育的新改革

美国在颁布的《不让一个孩子掉队法案》及其后来的延续更新中,强调提高教师质量,将拥有高质量的教师作为重要目标。规定在一定时间内公立学校的教师必须达到相应的教学标准,要参加州立资格课程或者参与其他的资格课程。根据学生标准化测试的成绩作为评价教师好坏的标准,对那些提高了学生成绩的教师给予奖励。同时,联邦政府投入巨额经费,对教师进行阅读能力、专业技能方面的培养,保证教师培训项目的实施。美国哥伦比亚大学师范学院院长阿瑟·莱文(Arthur Levine)针对全美1 206所教育学院进行调查研究,发表了《莱文报告》。建议推广五年制教师教育项目,在入学标准、课程设置上要重视实践取向。在对教育学院未来发展方向上,报告指出教育学院应该向医学院、法学院学习,工作重心放在实践领域,以学生的学习成就来评估教师教育项目的质量。②

2011年9月,美国教育部发布了《我们的未来,我们的教师:奥巴马政府教师教育改革和提高计划》,这是专门制定的教师教育发展战略,重点从教师招聘、培训、留任等方面进行改革。③ 首先,针对教师培训项目与学区需求的脱节问题,加大教师培训改革力度。教师培训机构要不断完善自身的培训项目,要注重教师实践经验的培养,同时要加大对教师的奖励政策,鼓励教师到有需求的地区去任教。其次,支持少数民族服务机构中的少数民族教师的培训,加大对此类项目的资助,切实保证少数民族教师质量的提升,为多元文化教育建设提供保证。再次,改善教师资格认证方式,改变目前普遍适用的纸笔考试。要适应时代发展的

---

① 王俊明.美国教师教育管理制度的分析和探讨[J].中小学教师培训,2004(12):61-63.
② 王文岚.莱文报告——美国教师教育改革的风向标[J].外国中小学教育,2007(7):6-8.
③ US Department of Education. Our future, Our Teachers: The Obama Administration's Plan for Teacher Education Reform and Improvement [EB/OL].(2016-10-20). http://www.edu.gov/teaching/our-future-our-teachers.

需求,通过制定新的职业标准,全面对教师进行考查与评估,改变和完善新的测评方式。最后,对各州的教师培训项目提供资金援助,通过联邦政府的经费预算与资助,提升现有对于教师培训的资助标准。

二、英国教师教育的当代发展

(一)历史沿革

英国师范教育自17世纪末正式产生至今,已有几百年的历史,在经历了多次的变革后,逐步形成了自己的独有特色。19世纪之前,学校教师的培养完全是非正规的,采用学徒制形式,教师一般由教会人士或有识之士担任。教师的任命由教会负责,公学或文法学校教师的来源主要是大学毕业生,他们从未接受过专门的师资培训。在这一时期,贝尔(Andrew Bell)与兰卡斯特(Joseph Lancaster)开创的导生制是英国最早的初等教育师资培训制度。19世纪初期,初等教育的师资主要是由这些附设在初等学校的"模范学校"或"导生中心"采用导生制的方法培养的。此外,这一时期还建立了专门的中等师范学校,建立了相关的见习教师制度。可以看出,早期的师范教育实际上都是以教学技术为重,类似一种"艺徒制"。其中呈现出了很多问题,比如修业时间较短,忽视普通科学文化知识的学习,培养目标为小学教师,中学教师的培养并不受重视等。

从19世纪末期到20世纪40年代,英国的教师教育发展基本定型,建立了系统的教师培养和培训体制。随着学校教育的发展,原有培训学院无法满足教师需求的增长,英国开始开办走读师范学院,专门培养合格的小学教师,合格的教师优先供应受补助的学校。各学校有权根据当地培养儿童的实际需要和学校教师条件,自行编制教学计划。1902年,走读师范学院有19所,共有学生2 000名。1911年开始,对学生的训练时间由3年改为4年,前3年读专业学位,第4年实行师范专业培训。此间,政府通过渐进方式推进公立师范教育,地方政府开始建立公立师范学校。1902年,英国形成了由大学附属的走读师范学院、地方教育当局开办的师范学院和地方私立师范学院三种不同性质的现代师范教育体制。1922年,英国已有72所师范学校,其中22所由地方教育当局开办,50所为民办师范学校。[①]

从20世纪40年代起,英国教师教育在原有的基础上不断发展完善。在40年代建立了地区师资培训组织,接受教育委员会监督或大学管理,以处理该地区内有关师资训练事宜。60年代《罗宾斯报告》颁布以后,各大学都建立了教育学院,隶属于各大学。在70年代,教育学院成为师资培训的主要机构,总共有160多所。[②] 英国自70年代开始建立一种职前培养与在职培训相连贯的培养模式,即教师教育一体化的培养模式。对教育学院进行改组,建立高等教育学院,开展教师的继续教育。80年代之后,英国对教师教育一体化模式进行了发展和完善,在职前培养方面,规范了职前培养课程,提高了教师准入标准,加强了师范生实践环节;在教师在职进修方面,重视以"学校为本位"的师资培训模式,建立新教师入职培训制度,以老教师"帮带"的方式,对青年教师进行培训,使得教师教育发展成为一个完善的体系。

进入21世纪以后,英国提升了教师教育的培养标准,提高了新教师准入的门槛,确保了

---

① 徐辉,郑继伟.英国教育史[M].长春:吉林人民出版社,1993:264.
② 王承绪.英国教育[M].长春:吉林教育出版社,2000:573.

教师教育的质量。2002年,英国政府颁布了《胜任教学》报告,主张放弃教师教育的国家课程,转向规定所有受训教师需要实现的标准,对原有的标准进行了提升。该报告详细列出了教师教育的最低要求,具体规定受训教师必须知道、理解和能够做什么进行了要求。2001年,英国政府颁布了新条例,对《教育(学校教师评价)条例》进行修订,提出了新的教师评价制度——绩效管理,将教师的升职与薪水,和绩效评估结果联系在一起。在教师教育新标准的拟定方面,英国学校培训与发展司在2006年颁布了新的《合格教师资格标准》,在2007年公布了覆盖教师职业发展不同阶段的教师专业标准框架,合格教师资格成为其中的初始标准。3个一级指标的名称界定发生了较大的变化,分别改为:专业素质、专业知识与理解和专业技能。[1]

(二)教师教育的培养模式

英国的教师教育培养模式具有一体化的特征,包括教师的职前培养、教育实习和准入、在职进修。在教师的职前培养方面,英国形成了师范院校和综合院校混合的培养模式,由综合性大学教育学院以及高等教育学院来承担。培养模式包括两种,一种是学科专业学习与教育专业训练同时并进的模式,简称"4+0"模式,"教育学士学位"课程就是这一类模式的代表,主要培养小学教师;另一种是学科专业学习与教育专业训练先后进行的模式,先获学科专业学士学位,再接受为期一年的教育专业训练,简称"3+1"模式,以"研究生教育证书"课程为代表,主要培养中学教师。[2] 在课程设置方面,本科生课程主要由教育理论、教学技能、教学实践经验、主要课程四部分构成。研究生课程由学科研究、专业研究与教学实践经验三个相互联系的要素组成。其中,教学实践经验在课程中占有相当大的比重。

在教育实习和准入方面,英国注重教育实习,形成以"学校为基地"的师资培养模式,提高师范生的实际教学能力。教学实践所占的比重很大,如研究生教育证书课程38周或36周的教学计划中,教学实践活动为12周,占1/3。学士学位课程4年的教学计划中,第一至第三学年,教育见习不少于14周,第四学年的教育实习为5~8周,而且教学实践活动被分散安排在各个学期。[3] 教学实践活动形式多样,内容丰富。学生的教育实习活动不仅有听课、讲课,而且还有对中小学生学习情况的调查和分析,对中小学生进行个别指导,指导中小学生进行课外活动等。在教师准入上也有严格规定,教育与就业部规定所有由地方政府兴办和补助的学校的教师必须是合格教师,并规定合格教师必须具备以下条件:第一,经教育和科学部本身以及代表教育和科学部的其他单位以书面形式证明的合格教师。第二,修完下列课程之一:教育学士学位课程、教师证书课程、研究生教育证书课程。此项资格必须由英国大学和国家学历颁发委员会授予,而且师资培训课程必须是教育和科学部认可的课程。第三,所有中小学新任教师必须是既定条件的合格者。

在教师在职进修方面,主要针对获得合格教师资格且第一年参加工作的新教师。这些新教师必须完成3个学期或与之相当的入职培训,才能在培训结束后继续在公立和私立中小学任教。在培训时间的安排上,为期3个学期的培训过程允许间断,不要求连续进行,但

---

[1] 许明.英国教师教育专业新标准述评[J].比较教育研究,2007(9):74-78.
[2] 黄正平.英国中小学教师的培养及其启示[J].外国中小学教育,2008(9):47-50.
[3] 丁笑炯.对英国以学校为基地的教师职前培养模式的反思[J].高等师范教育研究,1998(2):69-75.

是要在培训开始后的5年之内完成。① 参与入职培训的机构和人员包括受训的新教师、中小学校长、指导教师、学校董事会和有关机构,主要指地方教育当局。此外,在针对新教师入职培训的形式上,主要以老教师"帮带"的方式,对青年教师进行培训。老教师对青年教师在教学方面的指导内容非常充实,话题宽泛,涉及非教学方面的指导,如课堂纪律、提问技巧、语言技巧,与学生谈话方法,处理偶发事件等。这些使得年轻教师不仅在教学技能方面得到迅速提高,而且在教师职业意识、职业人格等非教学方面也得到提升,并且会对其职业认识和职业行为产生很大的影响。

(三)教师教育的管理

英国在对教师教育的管理上呈现出系统化和科学化的特征,政府机构的介入比较多。为了强化对师资培训工作的领导和管理,英国在1992年成立了教育标准办公室。这是一个与政府相平行的非内阁性的政府部门,是女王首席学校督导官的办公室,独立于教育与就业部。其职责之一是检查地方教育局、高校中的职前教师培养课程及质量等。英国的教师培训工作主要由教育标准办公室与教师培训管理署两个部门相互配合、共同管理。后者是根据1994年教育法成立的一种非政府部门的执行性机构,负责认证各种教师培训机构的资格,并评估教师培训的质量。

教师培训管理署是认证职前教师培养的机构,并负责分配政府资助资金。教育标准办公室则对培训机构的质量进行检查并评定等级。教师培训管理署根据这些等级来给培训机构分配资金,以求提高优质受训者的比率,同时帮助教师培训机构达到所要求的质量标准,并会对劣质培训机构采取撤销认证的处罚。在职前教师培养机构的管理上,也建立了比较严格的认证制度。教师培训的申请机构要想寻求教师培训管理署的资格认证,必须遵循一定的严格的程序,而且认证不能确保所有被认证课程都受到资助,或者每年都获得受训教师名额分配。② 所有新的职前教师培养机构在获得认证后要经常接受检查,教师培训管理署根据教育标准办公室检查等级给培训机构评定的质量类别而将其分为不同类别。

(四)教师教育的新变革

2010年,英国政府发布《教学的重要性:学校白皮书2010》,其核心思想就是"教师是改进和提高学校质量的核心。"要提高职前教师教育的教育质量,使优质学校在培训中发挥更大作用,让职前教师教育机构以竞标的方式获取学额,加强机构之间的竞争。教育标准局决定从2012年开始实行新的"职前教师教育督导框架",重点督导培训机构选拔高质量学员的程序,按照学员的学习结果、培训中各合作伙伴的质量、对于合作伙伴关系的管理与领导质量来进行有效评估。这种评估机制在于不断提高培训机构的办学水平和教师培训的质量状况,从而最终有效地提升教师教育质量。

英国政府随后提出在全国范围内建立"全国教学学校联盟",由学校来引领职前教师的专业发展。以提升教师教学技能、课堂管理技能等核心能力,关注基于学校的教师培训。在具体实施上,包括为职前教师培训提供优质的培训,鼓励学校之间进行合作,优秀学校帮助薄弱学校,让最优秀的教师为其他教师提供指导,为教师提供更多的教学实践机会。2012

---

① 沈莉,陈小英,于漪."师徒帮带"的教师培训模式——中美英青年教师职初岗位培训比较研究[J].全球教育展望,1995(5):56-62.

② 刘儒德.英国教师培训管理体制与机制[J].外国教育研究,2002(7):57-59.

年,英国颁布了新的《教师标准》,将职前教师培养标准与新教师入职培训标准融为一体。这套新标准对教师应具备的技能进行了详细要求,非常关注教学的几大关键要素:学科知识、管理行为、课堂教学技巧和专业性,满足不同学生的多元需求,为不同阶段教师树立起清晰、明确的标杆。

三、法国教师教育的当代发展

(一) 历史沿革

法国教师教育历史的发展比较悠久,自 1681 年开始,法国创办了师范训练学校,首开世界师范教育之先河。20 世纪 90 年代以前,法国师范教育一直沿袭着中、小学教师分级培养的传统,中学教师主要由高等师范学校和综合性大学培养,包括初中、高中教师;小学教师主要由师范学校培养,包括幼儿园、小学教师。19 世纪上半叶,国家开始兴办师范学校,从而专门培养教师,师范学校随义务教育制度的建立而系统化,招收初中毕业生,学制三年。二战以后,师范学校的学制改为四年,据统计全国共有师范学校 96 所。[①] 1969 年,师范学校改为招收高中毕业生,学制两年,到 1979 年师范学校的学制再延长一年,学生毕业时,同时获取大学第一阶段两年文凭以及初等教育教师证书。1986 年,师范学校改为招收至少受过两年高等教育且获相应文凭者,学制两年,主要进行教师职业培训。师范学校还承担在职小学、幼儿教师的培训工作,在职初中教师培训则由设在每一学区的地区教育中心负责。此外,法国还有 4 所高等师范学校,均为重点大学,水平很高,原来主要负责高中教师的培养,现在则主要负责高等学校师资的培养。

1989 年,法国颁布《教育方针法》,对师范教育制度做出了重大改革,即专门设立教师培训学院,取消了原有的师范学校和其他培训机构,其主要任务是培养中小学教师,培训在职教师和开展教育科研、教学研究。在教师培训学院的机构设置中,院长为大学教授,由教育部长任命,办学经费由中央政府直接拨付。对教师培训学院的管理通过学区的行政理事会实施,行政理事会主席由学区长担任。教师培训学院统合了学区内原有的各种教师培养、培训机构,将原各省的师范学校和地区教学培训中心等机构进行综合改造,成为教师培训学院的分院或教学中心。采取这种方法可以整合多种教育资源,将教师教育和教学研究功能结合起来,统一负责中小学教师的培养和培训,其招生对象为大学三年级毕业生,获得学士学位者,学制为两年。1990 年,教师培训学院首先在格尔诺布尔、里昂和雷姆斯 3 个学区试办,1991 年在所有学区均有设立,据统计全国共有 29 所。[②]

进入 21 世纪后,法国对教师的培养标准进行了提升,强调教师培养质量的改善。在加强教师职前教育的同时,也推进教师继续职业化培训,要求教师进行长期的专门培训。为了培养未来高质量的教师,国民教育督导总局和国民教育与研究行政督导总局的联合报告建议,将教师资格的录用考试提前至学士毕业之时。这样可以避免师范学院一年级学生对未来前途的担忧,又有利于强化两年的教师职业培训。2002 年,国民教育督导总局和国民教育与研究行政督导总局在《教师初始培训和继续培训》的联合报告中,对未来的教师培训提出了设想和建议。在报告中指出,教师的知识不能局限于教室的墙壁之内,教师要具备教育

---

① 李玉芳.法国中小学教师教育制度评介[J].辽宁教育研究,2006(7):90-92.
② 古立新.法国教师培训学院(IUFM)评介[J].广东教育学院学报,2004(3):53-54.

目标和课程大纲以及学生评价等方面的知识,教师应以批判的眼光掌握关于学校和教育系统乃至有关教育领域的人文科学方面的知识,教师还要接受关于学校和教育管理方面的培训,并对社会、经济等方面的环境有所了解。教师的培训应当是贯穿教师职业生涯的一条红线,其要点是:教师继续教育应具有一定的强制性;培训应更加个人化;承认经验获得。

（二）教师教育的培养模式

法国在教师教育模式的建立中,形成了一套完整的体制,包括教师职前培养、教师资格的获得以及教师职后培训。在教师职前培养方面,法国中小学教师的培养主要为两年,总学时在 1000~1700 小时之间,包括普通教育、专业教育和教育实习三个部分。学年之间要进行综合性考试,对学生进行有效筛选,通过学校的理论学习,以及到中小学进行教育实习,最后进行总结性考评。比如,在小学教师的培养上,第一学年主要是校内课程学习,共有 50 多门课程,包括必修课程和选修课程。除了理论课程,还有 6 周的实习,分两次到小学,做些辅助性的教学工作。第二学年采取校内教学与实习交替进行。校内教学课程主要是法语、数学、新教学技术、教学法、教学技能训练等。实习时间为 12 周,分 3 次,第一次到初中,时间为 1 周,主要了解、体会小学和初中的衔接工作;第二次到小学独立上课,时间为 3 周;最后是结业实习,时间为 8 周左右,不仅要全面负责小学一个班的教育教学工作,而且要写出实习报告。[①] 第二学年学习结束后,还要完成一份专业论文,学院要对每个学生进行评估,合格者予以通过,较差的降一级,太差的进行淘汰。

在教师资格的获得方面,法国中小学教师职位属国家公务员,如果要获得教师职位,须经过严格的认定程序。进入教师培训学院的学生在第一学年结束时,要参加国民教育部组织的统一教师聘用会考,考试合格者成为实习教师,由此进入到第二学年进行学习。在第二学年结束时,接受教师培训学院组织的评估,合格者由教师培训学院报学区批准,成为正式教师,具有国家公务员的身份,由政府聘用,可在全国范围内选择执教岗位。对教师的评估内容主要包括三个方面:教学实践、学位论文、课程学习,这三方面同等重要,缺一不可。如果学生没有通过其中的任何一方面,其他方面无论如何优异,也不能获得教师的资格。评估合格实习教师的名单提交给学区评估委员会再次验证,学区的审议会由作为国家招聘委员会代表的学区长主持召开,几个政府任命的学院评估委员参加,审议通过后推荐给教师资格证书授予机构,地区理事会颁发初级教师资格证书,教育部颁发中级教师资格证书。[②]

在教师在职培训方面,当前法国教师继续教育突出时代性、针对性、实用性,涉及面较为广泛。中小学教学内容一旦出现新的变化,所有教师都必须接受新知识的培训,而且这项培训是强制性的。培训内容既要包括新知识、新技能,又要包括教学方法的改进。从教师继续教育的形式来看,也是多种多样:在时间上可分为短期（1 个月以内）、中期（1~2 个月）和长期（4~12 个月）。在进修上可分为脱产、半脱产、在职等;从进修内容看,有系统学习、专题研讨、自学、小组研讨、调查访问等。[③] 在培训方式上,教师继续教育注重理论与实践相结合。法国在对教师在职培训的管理上采取省、学区、国家三级管理的模式,中小学教师继续教育不但得到政府的支持,而且得到了社会企业的大力赞助,参加教师培训学院的在职培训

---

① 李玉芳.法国中小学教师教育制度评介[J].辽宁教育研究,2006(7):90-92.
② 李玉芳.法国中小学教师教育制度评介[J].辽宁教育研究,2006(7):90-92.
③ 苏文锦.法国教师教育考察综述[J].中国大学教学,2002(2-3):55-58.

一律免费。从这点可以看出,法国对于教师培养质量非常重视,注重从多个方面保障培训的质量和效果。

(三) 教师教育的管理

法国在教师教育管理方面与其公务员制度一样,有着比较细致科学的规定,在教师的晋升和评估上形成了比较完善的制度。倘若某一位教师工作非常出色,校长不是在工资奖金上给予奖励,而是小学教师可以去当中学教师,初中教师可以去当高中教师,如果工作还是很出色,就可以在培训之后当小学校长、中学校长,或者去当学区督学。法国中小学教师也是按照11个等级逐级晋升,主要分为小学教师、有中学师资合格证书的教师、高级教师这三类,每一级都有一定数量的指标与其相对应,指标是由政府发布政令定期制定的。教师的晋升依据就是负责本学区的国民教育督学给予的教学评分,教育部门对教师的考核是持续进行的,直到教师退休前一年为止。小学教师要受视察员的监督,而不是由小学校长来监督。中学则不同,中学校长每年为各个教师写一份简短的报告书,并给教师打分,最高分为40分。校长没有必要去评定教师的教学水平,这种评定是视察员的职责。学区或国家级的视察员,都要经常去听教师的课,一般都是由教师自己先提出来,视察员再去听课,在视察的基础上为教师评分,最高分为60分。① 法国对教师的评定和管理具有全面性,并且对教师的激励制度比较新颖,能够充分调动教师的积极性,保证制度的效率和公平。

(四) 教师教育的新改革

在教师教育培养模式的变革方面,法国提出了一种新模式——"3+2"模式,主要面向21世纪的教师教育。所谓的"3+2"模式,是指在大学本科第二学年时对那些希望今后从事教育工作的学生进行教师入门指导,并在将要取得学士学位的大学第三学年进行教学体验学习的职前教育。② 根据2005年制定的《基本规划法》精神,教师培训学院统合于大学之中。虽说原有的名称没有变化,但从2006年新学期开始,教师培训学院正式组成教师教育新的模式,即教师培训学院由原来与大学区内一所或几所大学的协定关系转变为具有自治性的独立机构。教师培训学院的实施及其不断改善,使得法国教师培养在取得学士学位后进行,中小学教师取得硕士学位变得容易,新教师都有硕士学位成为可能,提高了教师的学位水平。

2010年,法国对教师教育的模式进行了新改革,正式推行教师教育新模式——"3 + 2 + 1"模式。这个模式是对原有模式的革新与发展,延长了教师培养年限,提升了教师的培养水平。即三年本科学习,两年硕士学习,在获得教育能力、经历实习阶段并完成教师资格考试以及硕士论文后,经过一年的带薪实习,就能够获得教师任命而上岗执教。③ 在这个培养模式中,增加了教师的实习年限与精力,让经验丰富的教师对学生进行有效指导,进入到学校场景中开展教学实践。同时,在接受教师教育与实习的基础上,由学校进行考核评定,然后再由教育部来任命,保障了教师的培养质量。这种模式把中小学教师的学历起点正式提高到硕士层次,也给学生提供可供选择的余地,让一些不合格的学生退出,从而有效保证教师教育的质量。

---

① 杨跃.法国小学教育考察[M].南京:南京师范大学出版社,1999:275-282.
② 陈永明."3+2——法国教师教育新模式"[J].外国中小学教育,2007(4):5-12.
③ 苟顺明,陈时见.法国教师教育改革的主要措施与基本经验[J].教师教育研究,2013(2):91-96.

四、德国教师教育的当代发展

（一）历史沿革

德国历来推崇教师教育，十分重视对教师的培养，是世界上开展教师教育较早的国家。其教师教育有着悠久的传统和历史发展，著名的教育家第斯多惠（F.A.W.Diesterweg）被誉为是"德国教师的教师"，也是世界上第一位系统研究教师教育，并致力于教师专业化的教育家。在他的不断努力推动下，德国教师教育在近代得到了飞速的发展，如同其他西方发达国家一样，这些进步都是建立在近代大工业生产的基础上。当时，义务教育在得到普及之后，需要大量教师到学校任教，因此，为了适应普及教育的需要，教师教育得到了迅速发展，主要是培养基础学校所急需的各类师资。德国教师教育缺乏一个独立且封闭的师范学校教育体系，因此没有传统意义上的师范教育，教师的教育与培养主要以大学和教育学院来承担。

20世纪60年代初，随着现代科学技术的飞速发展，基础教育质量改革的蓬勃兴起，终身学习思潮的产生与传播，都需要教师具备多样化和专业化的发展要求。德国对教师教育进行了改革，着力提高师范毕业生的学术水平和教学能力，将以高等师范学校培养师资的封闭性模式转换为由综合性大学培养的开放模式，并确立了独特且有效的职前和在职教师教育专业化发展体系。20世纪80年代末，德国基本实现了所有教师的培养皆由综合性学院或大学进行的一体化目标，原有培养教师的教育学院作为一种独立的教育机构正在减少、消失，综合性大学成为教师培养的主体。20世纪90年代，德国统一以后，政府开始着手对原东德的教师教育体制进行改革，将继承苏联的师范教育体系并入到综合性大学的教师培养模式中，取消原有的教育专科学校和独立的教育学院，由综合性大学或学院来培养教师。1998年，德国文化教育部组建了一个由教育行政官员和学科专家为主的教师教育委员会，对当时的德国教师教育进行全面考察和评价。该委员会公开发表了《德国教师教育展望》报告，充分肯定了现行的教师教育制度及其所取得的巨大成就。

进入21世纪以后，德国开始提高教师教育的培养标准，注重教师培养质量的有效改进。2002年，各州文教部长联席会议针对教师教育发布《教师教育引入学士/硕士体系的可能性、课程模块化和教师教育专业流动性的问题》的决议，并于2005年，在此文件的基础上发布了《关于各高校教师教育学士和硕士学位相互认可的要点》的决议。文件确定改制后的硕士学位等同于通过第一次国家考试（即大学学习结束后进入预备实习阶段的资格考试）。同时对学士和硕士阶段的学习内容及标准、教师的定向培养、教师教育专业的认证等进行了规范。2006年，德国高等学校校长联席会议第206次全体大会提出了《对高等学校中教师教育发展的建议书》，对德国教师教育改革和发展进行了全面的阐述和分析。[1] 2004年，德国文化教育部颁发了德国教师教育新标准的决议，提出教师教育的新标准将从2005—2006学年起采用，作为全德国师范生实习阶段和职业准备阶段专业要求的基本标准。主要包括五项基本标准，以制订的新标准为基础，对教师的具体职能进行规定，包括理论性的职能和在教师教育阶段应该达成的实践性的标准。这些职能主要体现在教师的教学、教养、评价和创新四个方面，在每一个具体方面都做了详细的规定，包含11个具体的职能。[2]

---

[1] 蒋培红.德国职前教师教育体系改革的特点及启示[J].教师教育研究,2007(5):77-78.
[2] 吴卫东.德国教师教育的新标准及其启示[J].外国教育研究,2006(9):57-62.

(二) 教师教育的培养模式

目前,综合性大学成为德国教师培养的主要载体,从时间延续的过程来看,教师培养的全过程包括三个阶段:修业阶段、实习阶段和职后培训阶段,三个阶段相辅相成,联系比较紧密。在联邦体制下,各州拥有一定的自主权,教师培养从具体方面上可能呈现出差异,但是在大体上仍然遵循着相同的模式。

在修业阶段,主要是在综合性或者学术性大学中进行培养。为了保障教师教育的生源质量,这些学生都来自于完全中学。进入大学的教师教育专业后,学生将接受系统性的学术性教育,掌握作为教师应具备的学术基础知识,这些知识分为学科知识和教育理论知识。该专业的课程设置覆盖面比较广,包括教育科学、专业学科和专业教学论三个领域的课程,教育科学包括教育学、社会学、心理学等,以及课程要求的教育实习。这个阶段的教育实习时间比较短,以了解学校教学的基本过程,掌握一些方法为主。修业期限在每个州都不一样,同时跟以后担任哪个阶段学校教师有关,比如担任小学、初中教师的培养时间一般为 3 年,高中教师的培养一般都在 4 年以上。学生在完成课程和实习后,可以申请参加第一次国家考试,考试内容包括毕业论文、书面考试、口试以及教育实习,实习包括听课、观摩、批改作业。通过考试后,学生才被准许进入第二阶段,即实习阶段进行学习。

在实习阶段,主要是在研修班和实习中学进行学习和实习,实习者是通过第一次考试后取得相应资格的学生,该阶段以培养学生作为教师应具备的实践能力为主。实习教师在研修班进行心理学、教育学等理论学习,学习的主要形式是研讨,在实习中学进行教育和教学实践活动,把所学知识应用于实践之中。第一年为引导和试教阶段,由见习开始,4 周以后,才在指导老师的指导下试教,到第二学期甚至第二年才开始独立承担一个班的教学。在实习期限的规定上,各个州的规定不一,最短为 16 个月,最长为两年半,一般为 18 个月。实习结束之后,学生准备参加第二次国家考试(预备实习结束后获取职业学校教师任职资格的考试),考试内容包括上公开课、当堂撰写教育理论文章、主辅修专业口试、政治法律口试等。[①] 考试合格后才能领取教师资格证书,成为一名正式教师,从而可以得到国家终身公务员的身份。

在职后培训阶段,其目的是使教师拥有适应社会急剧变化的能力,负担起教育改革和革新的任务,也是对上述教师职前教育的延续和发展。该阶段包括教师的自主学习和学校派出培训。政府和教师团体经常举办在职教育,使教师了解教育科学与专业科学的新发展、新成果,充实教师关于教育、心理和社会方面的知识,教师在周末、下午或晚上均可自主参加培训。同时,学校经常派教师到相应的师资培训机构进行学习和培训,这种方式更为正式,会使教师获得进一步的培训和发展,获取另一种或更高级的资格。

(三) 教师教育的管理

德国是一个联邦制国家,州政府在整个行政体制中具有自主权,可以自行处理本州内部的日常事物。在教师教育和管理领域,联邦政府只是负责制定教师培训和工资的框架性规定,各州政府负责教师的录用、安置、工资和督导,掌管教师的培养和进修。教师在获得教师资格证书后,就具备正式的教师身份,成为各州的国家公务员,但是在实际中,有必要对教师进行周期性的评估,保障教师的质量。政府规定每四年对每个中小学教师进行一次评价,一

---

① 祝怀新,潘慧萍.德国教师教育专业化发展探析[J].比较教育研究,2004(10):11-16.

般完全中学、实科中学教师的评价主要是学校校长,国民小学、主体中学以督学为主、校长参与配合来评定。督学的任务是到学校听课,对每个教师的教学工作进行评价,建立每人一份的教师工作报告表。报告表分两部分:第一部分是教师分管的班级、学生情况,所担负的工作量等;第二部分是教师的教学效果与工作态度等。这些翔实的考核报告经教师本人签字后,存入州教育部门。一般评定结果分七级,一级最好,七级最差,工作时间不长的教师一般评定结果在第四或第五级,能评上一级教师的比较少。[①]

(四) 教师教育的新改革

目前,德国各界对教育进行全面改革上达成了共识,并提出了各种优化及改革的方案,在职前教师教育方面也有很多共同的地方。如,着重改变课程中专业理论比重过大,加大其中教育科学的比重,教师不是专业科学工作者,职业能力和技能才是教师职业的重点。将专业学习与教育学、教学法的学习更加紧密地联系起来。实现第一、二培养阶段的交叉,即加强大学和教师培训机构在教学和研究方面的合作,针对传统课堂教学探索新的课堂教学模式。

2012年,德国联邦政府与各州政府联合发布了《各州有关见习阶段的规划与第二次国家教师资格证书考试的共同要求》,对教师教育的标准进行了规定。为各州规范本州的见习阶段与第二次国家教师资格证书考试提供标准性的参考。2013年,德国联邦政府发布了《有关教师教育第一阶段能力倾向测试指南》,也是一份关于教师教育标准的文件,主要是加强学生招生和第一阶段培养的能力倾向,从执教能力上着手,包括能力倾向测试,开发测试工具和测试目标等。目的是加强对于学生能力倾向的测试,强化学生能力的培养,提升从事教师职业的能力。

同时,还加强了教师队伍建设和教师质量的改善,包括教师培养质量和师资队伍建设等方面。德国联邦政府于2013年正式启动了一项名为"教师教育质量攻势"的行动计划,其目的在于通过促进各州师范生的流动与学分、学位认可来丰富师范生的学习经历,从而提升教师教育质量。在2013年还发布了《有关促进各州师资队伍流动和质量提升的规定与流程》的政策文件,指出各州不仅要为州际之间教师资格证书进行认可,同时也需要加强教师教育各阶段,如修业阶段、见习阶段之间的衔接,[②]为学生能够通过教师资格考试以及获得教师资格证书提供更为合理的路径。德意志学术交流中心在2013年对德国"教师教育国际化"的可能性及政策选择进行了探讨,为德国进一步促进学生的境内外流动、各高校教师教育项目的境内外合作等政策提供参考。

五、日本教师教育的当代发展

(一) 历史沿革

日本的教师教育起步较晚,但在政府的现代化努力中,其发展非常迅速,取得了很大的成就。19世纪中叶,日本处于明治维新时期,政府借鉴外国尤其是西方各国的经验建立本国师范教育。1873年,文部省向太政官提出建议,要求每一大学区本部设立一所师范学校,以培养小学校师资。以东京师范学校为楷模,先在第3大学区的本部大阪和第7大学区的

---

① 黄永忠.德国教师教育的特点及其启示[J].绵阳师范学院学报,2006(6):97-100.
② 覃丽君.德国教师教育研究[D].重庆:西南大学博士学位论文,2014:58-59.

本部宫城设立师范学校。1874年,第2大学区名古屋、第4大学区广岛、第5大学区长崎、第6大学区新潟分别设立了官立的师范学校。这些大学区设立的师范学校修业年限为2年,学生定员均为100人。① 从官立师范学校的设立过程来看,可分为三个时期。第一时期是作为全国师范学校的东京师范学校时期;第二时期是以东京师范学校为楷模设立大阪、宫城师范学校的3所官立师范学校时期;第三时期是各大学区都设立1所师范学校,官立师范学校作为各个大学区的教育中心时期。

二战以后,日本的教师教育发展处于现代时期,从20世纪40年代到50年代,属于美国化时期。在美国占领军的帮助下,日本开始对旧制师范学校体系进行合并和改编,在1949年设立新制国立大学,将各级各类师范学校或者合并成以培养教师为主要目的单科制的学艺大学及教育大学,或者编入综合大学中设立教育学部或学艺学部,这标志着日本正式建立开放型的教师培养体系。所谓的开放型教师培养体系,就是在当时停办了中等师范学校,将旧制师范学校一般升格为教育大学或学艺大学,这样就使各级各类学校的教师一律由大学培养,实行不论是公立大学还是私立大学,只要符合标准都能从事师资培养教育。不管是教育大学还是综合大学,抑或短期大学,只要设置文部省大臣所批准的教师培养课程,学生修完所规定课程学分,均可获得教师资格许可证,取得做教师的资格。经这样的改革之后,日本已经不存在师资培养的专门机构。

从20世纪70年代开始,日本的教师教育开始进入到当代发展时期,教师教育的质量得到了提升。"临教审"和"教育职员养成审议会"的咨询报告对如何提高师资素质提出许多建议。首先,改善教育职员许可证制度,文部省于1983年颁布《改革教师培养与资格检定制度》,将现行教师资格级别由2级扩大为3级;提高中小学教师取得证书的专业课最低学分标准;增加教学实习学分,健全实习制度。其次,创设新任教师研修制度。1970年文部省制定了新任教师研修制度,规定由文部省负责,其研修期由原来的2~3天延长到16天。1978年,新任教师除小学教师外,又扩展到高中、特殊学校和幼儿园的新任教师,研修期分别为10天、10天和6天。1989年,将"新任教师的实习试用期由过去的半年延长到一年",在学校有经验的教师指导下,边工作边进修。② 最后,对在职教师研修体制进一步完善。80年代后,为了提高教师素质、能力和教学质量,并受到当时兴起的终身教育思潮的影响,日本十分重视在职教师研修。教师在职研修的方式日益多样化,其中有长期和短期的,有脱产的,有正规和非正规的,有面授和函授的,有校外和校内的。

进入21世纪以后,日本在教师教育发展上,注重完善教师资格证书制度,加强教师教育的学历制度。2002年,中央教育审议会在《关于今后教师资格制度应有状态的报告》中对《教师许可法》进行了修订。扩充教师资格证书担任的专门学科,加快有教学经验者取得高一级学校的资格证书,修改特别资格证的授予条件和废除有效期限,强化有关资格证失效和吊销资格证的措施。③ 2005年,日本中央教育审议会提出了在教师培养中增加"专门职研究生院"的基本想法,指出在充实、加强本科阶段教师培养的同时,有必要在制度上重新探讨研究生阶段的教师培养和再教育问题。2006年,日本中央教育审议会在咨询报告《关于

---

① 梁忠义.日本教师教育制度的演进[J].外国教育研究,1996(6):15-16.
② 许英美.日本新任教师研修制度的现状——以日本德岛县为个案[J].比较教育研究,2002(3):52-57.
③ 龚兴英.日本教师资格制度的特点及其启示[J].比较教育研究,2004(5):14-15.

今后教师培养·资格证书制度》中提出,要创设以教师培养为特定目的的"专门职研究生院",培养具有实践性教学指导能力的教师。为此,文部科学省修改了研究生院的设置基准,确定教师教育的"专门职研究生院"的名称为"教职研究生院",标准学习年限为两年,学生毕业必须取得至少45学分,并强调其中至少有10学分为在中小学等教育机构的实习。①

(二) 教师教育的培养模式

在教师的职前教育方面,日本各级各类学校的教师一律由大学培养,主要是旧制师范学校升格为教育大学或学艺大学。只要设置文部大臣所批准的教师培养课程,学生修满所规定课程的学分,均可以获得教师许可证,取得教师从业资格,这种教师培养制度具有开放性的特征。在课程结构的设置上,要获得教师许可证,必须学习一定的科目,这些科目包括一般教育科目、共同科目和教育专门科目。一般教育科目含自然科学、社会科学和人文学科,共同科目包含外语、保健体育,教育专门科目包含有关学科专门科目和有关教职专门科目。上述规定系一般原则规定,具体开设哪些课程及所需要的学分数,由教师教育机构自主安排。

在教师资格证的获得方面,要取得小学和初中教师的资格证书,都必须取得5个教育实习学分,占教职课程学分总数的12%~19%;要获得高中教师资格,则必须取得3个教育实习学分,占教职课程学分总数的13%。而大学在实际操作的过程中,往往超过了学分的最低限制。在实习的过程中,大学还注意加强与教育委员会及实习合作学校的联系,请中小学在职教师担任实习指导教师,参与教育实习的全过程。② 在日本,要成为中小学教师,需要经历一系列过程。首先得进入教师培养机构完成一定年限的学习,修相关课程,取得足够的学分,毕业后认定教师许可证,到都道府县教育委员会领取教师许可证。持有许可证者还得参加任用选拔考试,考试由相关部门受文部大臣委托进行,主要有实用技能考试、面试、小论文模拟教学、制定指导方案、适应性检查等多种方式。选考合格者在派任学校接受初任者研修和一年试用,合格者才能成为正式的教师。

在教师的职后教育方面,试用期制度是日本教师录用的重要组成部分,取得教师许可证,经过录用考试合格并被录用的新教师,需要经过一年的试用期考核,在考核期间非常重视教师的职后教育。日本教师进修的形式非常多样化,按开办进修的主体来说,有国家办的中央进修讲座;有地方教育部门办的进修讲座;有综合性大学、教育大学、中小学办的讲座。按进修的领域来划分,有职业指导、教材教法、学校保健、教育行政、电化教育等。从培训的地方来划分,有国内进修和国外进修。参加在职进修的教师类型也很多,从新教师到有教职经验的教师,无不包括在内。新教师参加进修,可以增加做教师的使命感、责任感和光荣感;还能迅速适应教师角色,提高教育与教学的实践能力。有教职经验的教师参加进修,可以总结教学经验,以期改进教学方法,提高教学效果。学校领导参加进修,可以提高学校管理水平,增强管理能力。

(三) 教师教育的管理

日本中小学教师均为公务员,国立中小学校的教师为国家公务员,公立中小学校的教师为地方公务员。因此,中小学教师分别要受《国家公务员法》和《地方公务员法》的约束。在

---

① 胡国勇.日本教师教育制度改革面面观[J].上海教育,2007(5A):40-42.
② 王彦力.日本教师"专业化"概述[J].上海教育科研,2004(7):31-34.

教师教育的行政管理上，根据《文部省设置法》《教育职员许可法》等法律的规定，国家、都道府县、市町村三级教育行政机构对中小学与教师人事方面进行分层管理。第一层为国家，规定有关教职员的各项基准；指定教师培养课程和培养机构等；实施教师资格认定考试；认定社会人员在高等专门学校的任教资格等。第二层为都、道、府、县，负责对公费教职员，指由都、道、府、县负担经费的教职员的任命、警告、资格认定及去留；对公费教职员服务的监督给予市、町、村教育委员会一般性指示；负责公费教职员的进修；制定公费教职员的编制和工资等工作条件的规则；进行教职员检定，授予教师许可证等。第三层为市、町、村，对公费教职员的任命、警告、资格认定及去留向都道府县教育委员会提出内部报告；对公费教职员的服务进行监督；对公费教职员的工作成绩进行评定；从事公费教职员的进修。[①] 可以看出，各层级机构对于教师教育管理的权限与职能呈现出不一致的情况，体现出专门化和专职化的发展趋势。

（四）教师教育的新改革

日本在教师教育制度的改革上，重点提升现有教师培养的标准，规范教师资格认定，加强教师教育质量的改进。在教师资格终身制改革方面，日本于2007年公布了新修订的《教职员资格证书法》和《教育公务员特例法》，并宣布将从2009年起实施。随着上述新法的颁布与实施，日本教师教育改革又将面临一次大的机遇与挑战。一是教职员普通资格证书及特别资格证书自取得之日起，仅在10年内有效；二是教职员在其资格证书有效期内，要通过参加资格证书更新讲座的学习，在两年内达到所规定的30小时并通过规定的考核后，原来所获得的资格证书方可更新与有效。如遇不可抗力的灾害事故，原资格证书的有效期自然延长；三是一旦教职员的工作实绩与其所获得的教职员资格不符，且不能胜任本职工作，教职员将要受到轻重不等的处分，受到处分的教职员的资格证书将失效。[②] 从上述变化中，可以看出日本教职员资格证书更新制度的实施就是要打破教师资格终身化。

2012年，日本中央教育审议会提出了《关于在教师整个职业生涯中提高教师素质能力的综合方策》的咨询报告，认为今后日本的社会和学校教育发展需要广大教师成为受社会尊敬和信赖的存在，具有能够培养学生思考力、判断力、表现力的实践性指导能力，并且能够与同事和社区合作应对难题。加强对于教师实践性能力的培养，重点突出知识、技能以及综合素质能力，主要包括：对教师职业的责任感、探究能力、在整个职业生涯中持续自主学习的能力，作为专业人员的高度知识和技能，综合人文力，即沟通能力、与同事合作能力、联系协作能力。[③] 同时，日本在大学教育中强化教师实践能力的培养，各承担教师培养任务的大学从2010年开始设置"教职实践演习"课程，将这门课程列为必修课，着重培养学生的综合实践能力，强化学生的工作责任心、社会行为技能、班级管理能力以及指导能力的养成，授课的方式比较多样，包括角色扮演、案例研究、小组讨论以及实证调查等。

六、俄罗斯教师教育的当代发展

（一）历史沿革

俄罗斯的教师教育经历了若干历史发展阶段，从沙皇俄国到苏联时期，从苏联解体到俄

---

① 张健等.二战后日本中小学教师教育及启示[J].内蒙古师范大学学报（教育科学版），2005(8)：73-75.
② 罗朝猛.日本打破教师资格终身制[J].上海教育，2007(12)：38-39.
③ 饶从满.变动时代的日本教师教育改革：背景、目标和理念[J].比较教育研究，2014(8)：2-7.

罗斯联邦共和国的建立,这些历史时期见证了教师教育的辉煌发展历程。从1874年开始,俄罗斯开始实行人民教师的考核制,并创建了正式培养师范人才的学校。20世纪初,俄罗斯师范教育持续发展。1911年,莫斯科成立了师范大学——第一所培养教师的高等学校。1917年"十月革命"后,苏联成立,使得教育得到了真正的普及。一些重要的问题得到了逐步的解决,包括扫除文盲、消灭流浪儿、普及初等义务教育,然后是普及7年义务教育,创建职业教育体系。苏联在每一个地区中心和很多其他城市开办的师范学院承担了培养教师的任务,这一时期教师职业做到真正大众化,并受到了人民的尊重和国家的保护。

在20世纪上半叶,特别是在卫国战争和战后重建时期,教师队伍没有遭受灾难性的毁灭。苏联在施行培养5年制教师的师范学院的同时,也在推行保障人才速成化的4年制的教师学院。国家按专业设置的师范学院,给自己的毕业生以高超的教育、心理和学科知识准备。一方面由高校教学、给所有成功大学生的国家助学金、大众可享用的宿舍和食堂、运动场所等来保障;另一方面又依赖于国家分配制度——大学后各专业学生为国家义务工作两年。① 苏联解体后,俄罗斯联邦共和国继承了大部分遗产,继续推动教师教育的发展,1992年批准通过《俄罗斯联邦教育法》,将其作为国家基本教育政策之一,要求建立和培养一支素质高、结构合理、数量充足的师资队伍。

进入21世纪后,俄罗斯着手构建了连续师范教育的完整体系,能适应全球化时代格局以及本国社会发展的新需要。从范畴上看是指由中等、高等和高等后师范教育的教师职业教育大纲共同构成的综合体系,包括这三个环节的教育机构以及分校、与各类学校之间的协作网络、国家及地方的师范教育行政管理机构、师资进修及再培训机构,即补充师范教育机构等组成部分。据2001年的官方统计,这个系统所包含的教育机构超过670个。同时,从功能上看新时期的连续师范教育体系又具有教学—科研—师范教育一体化的特征,涉及并覆盖学前教育机构、小学、中学、大学及大学后教育的各级教育机构。也就是说,连续师范教育系统是在为全国近14万所各种类型的教育机构的3 507万各类学生提供师资培训服务。② 此外,连续师范教育系统的毕业生进入非教育机构服务的比例日益增大,成为市场经济条件下各类部门录用人才的重要渠道。

(二) 教师教育的培养模式

在教师的培养体制上,俄罗斯历史中已经形成了为中小学培养教师的国民教育体系,通过许多途径培养学校教师。目前,俄罗斯的高等师范教育分为三个层次,第一层次修业三年,培养目标是初中以下普通学校教师;第二层次在第一层次的基础上继续学习两年,培养目标是高中教师,授予学士学位;第三层次在第二层次的基础上继续修业两年,培养目标是文科中学、私立学校、中等专业学校教师和大学助教。③ 小学教师通常由三年制或四年制的中等专业教育机构毕业生承担,主要是中师和师范专科,这些教师还可以边工作边继续自己的教育深造。同时,五年制师范大学的学前教育系也为小学提供了相当数量的教师。初中和高中的学科教师由在师范大学相应学科专业分别接受了五年培养的毕业生承担。综合性大学的一些毕业生也将成为教师,并且要为那些获取师范才能的教师进行教育心理学和教

---

① H.X.罗佐夫著,张男星译.俄罗斯的教师教育:过去与现在[J].大学·研究与评价,2007(4):69-70.
② 肖甦.世纪之交的俄罗斯教师教育改革——打造连续师范教育的完整体系[J].比较教育研究,2003(4):37-42.
③ 吴永忠.俄罗斯教师教育的现状、问题与启示[J].黔东南民族师范高等专科学校学报,2003(2):71-73.

学法方面的准备。

在教师教育的课程设置上,俄罗斯十分强调基础课的地位和作用,尽力促进文理渗透,人文与科学教育的融合。20世纪90年代以来,教师教育课程是在"教师一般的和职业方面的连续不断地发展"这一目标指导下设置的。新调整的课程结构包括一般文化的、心理学/教育学的、专门的课程。① 在一般文化课程中,除了一定的思想修养目标外,还具有更为广泛的文化内涵,要求教师必须掌握哲学文化、历史文化和美学文化,对物质和精神文化历史发展有较深刻的理解。心理学/教育学的课程主要传授心理学和教育学知识,旨在提高未来教师必备的教育交往技巧、管理技能和自我调整能力,培养实施区别化、个性化教学的良好素养。专门课程定位于掌握必需的教学课程材料,组织与所教课程相适应的专业教育活动。不同层次间课程组合是互不相同的,三大课程板块之间的比例关系可根据所学专业有一定变化。

在教师培训和进修方面,俄罗斯任何一所学校的教师都要定期参加脱产进修课程的学习。为了保障类似这样的中等学校教师的继续教育,俄罗斯建构了教育工作者进修和再培训学院的地方和中央体系。给教师定期进行的课程计划包括:相应学科的发展状况、教育学和心理学、学科教学法以及交流教育经验,了解教育创新、新的教科书和教学资料等。师范大学和综合性大学,城市教学法研究室和联合会还要定期为教师组织讲座、讨论和问题答疑、国际会议和教育讲演会,以使教师了解新的教学法著作、优秀教师的经验,吸引教师参加教研室的科学研究和副博士学位论文的写作等。另外,提高教师专业技术水平的不间断远程形式也被广泛运用。给教师的科学教学法、教材、科学普及的读物以及期刊大量出版发行,即使再边远的地区都能得到有关科学、教育理论和教师实践方面的新信息。②

(三)教师教育的管理

俄罗斯在对教师教育的管理上,形成了三级教师考核机构,颁布了教师教育的标准,加强对于教师培养的标准化要求。俄罗斯对教师的考核机构分为三级体系,包括一是教师所在学校自行组建校评审委员会,二是区评审委员会,三是州专家委员会。③ 校评审委员会主要监督本校教师的工作进度,区评审委员会主要考察学校状况,对教师进行职称的评审,提供重要的参考意见。州专家委员会是最终的审核机构,根据前两个机构的意见与状况进行批准。俄罗斯对教师教育标准不断进行修订与完善,很注重教师能力的养成,按照拟定的客观标准来对教师进行评价。在教师的评审标准上,主要按照教师完成《教学大纲》的情况,学生在多个维度的发展情况,还有教师的专业素养和教学水平来进行评价。评价团队由校评审委员会、家长委员会、居民委员会以及社会人士来共同组成,在条件允许下还组成专家团队。教师的工资管理和考核结果绑定在一起,根据教师的学历、工龄、教学技艺水平来拟定工资水平,对教师的工资水平划分为5个等级,按照不同等级来给予工资。

(四)教师教育的新改革

随着经济的发展以及社会的进步,教师被赋予了更广泛的职责,俄罗斯对教师教育采取了若干改革措施,从政策上为这些措施的实行奠定基础。这些措施主要包括教师教育标准

---

① 白美玲.俄罗斯教师教育述评[J].高等教育研究(成都),2005(1):24-25.
② 罗佐夫.俄罗斯的教师教育:过去与现在[J].张男星,译.大学·研究与评价,2007(1):69-78.
③ 肖甦,王义高.俄罗斯教育10年变迁[M].北京:北京师范大学出版社,2003:100.

改革、教育质量保障方面。

近些年来,俄罗斯由于一方面受到政治体制、经济体制和教育体制变革的影响,另一方面受制于不间断教师教育体系形成后的固守所形成的僵化,使得目前教师教育出现和暴露出了不少问题。为此,俄罗斯在2000年出台了《2001—2010年俄罗斯教师教育发展纲要》。此纲要按照教育的民族主义原则,目的是为俄罗斯已有的连续教师教育体系的发展创造法律的、经济的和组织上的条件。其任务在于提高教师教育机构的社会地位,在本国传统与现代经验相结合的基础上更新内容与结构,保障职业教学与教育的统一以及国家、社会和个体在教师教育体系中优先地位的平衡。主要措施包括:探索、修正与确定教师教育质量的科学和科学方法保障体系,完善教师教育体系和管理,组织国际会议、进修班、工作会议和技能水平提高班,筹备教师教育体系的刊物,运用媒体宣传教师教育的问题。[1]

为了促进教师教育质量的提升,俄罗斯还颁布了一系列关于教师教育的法规,制定了教师教育的相关制度。在2000年颁布的第二代教师教育标准的基础上,2009年,俄罗斯教育与科学部出台了《第三代高等教育国家教育标准("师范教育"培养方向)》。后来进行了微调,2011年通过了修订后的标准,并于2011—2012学年起开始实施。第三代教师教育国家标准体系包括学士、硕士两个培养层次的教育标准,对学生的一般能力素养和职业能力素养进行了要求。[2] 这个新标准在已有的基础上,体现出一些新的特点,一方面强调课程内容和课程容量,更加注重学生的能力培养,突出对教育大纲的掌握情况;另一方面将课程体系分为了基础部分和可调整部分,国家统一划定了一个较为宽泛的范围,扩大了高校的学术自由,利用学分来代替学时来进行衡量。

第三节 教师教育的改革与发展趋势

在未来教师教育的发展中,社会的进步赋予了教师更多的使命,教师教育作为教师培养的载体,也承担了很多职责。要求教师教育紧随时代发展的潮流,不仅要推动自身的不断发展进步,还要使其培养的教师能够顺应教育发展的需要。从全世界范围来看,教师教育的发展具体表现在教育理念、专业化、一体化以及国际化发展等方面。

一、教师教育培养和培训体制的一体化

从世界范围来看,教师教育培养和培训体制成一体化发展的趋势愈演愈烈,一次性的师资培养已经不能适应时代发展的要求,为了使教师能胜任时代赋予的新职能,必须使教师的培养和培训连续化或一体化,并且应该具有终身的性质。许多国家都在将教师的职前培养和在职进修结合在一起,按照终身教育思想的要求和教师教育连续性的观点,在重视提高新任教师的学历层次的同时,努力推进在职教师的进修培训,使两者能够结合在一起。从美国来看,在现实的实践中,教师教育追求实现教师培养和在职培训的统合和一体化,旨在花较长时间培养具有高度专业性的优秀教师。教师专业发展学校近年来在美国得到了很快的发展,可以说是美国教师教育的突破口与新动力,追求教师培养和培训体制的一体化发展。

---

[1] 张男星.俄罗斯教师教育发展新动向[J].高等师范教育研究,2002(2):77-80.
[2] 李艳辉.俄罗斯第三代教师教育国家标准的内容与特点[J].比较教育研究,2014(8):25-30.

法国在这方面也做得比较突出,寻求将教师职前教育和在职进修一体化发展思路,在 20 世纪 90 年代初,成立了教师教育大学院,分布于各大学区,这种大学是集教师职前教育和在职培训这两种职能于一体的机构。在对教师进行培养的同时,也对在职教师进行学位提升工作。日本也为了提高教师的素质能力,文部省正在综合把握教师的培养、任用和培训,努力完善面向 21 世纪的教师教育体制,努力促进教师培养和培训体制的一体化。

二、教师教育的专业化发展趋势

从世界各国来看,发达国家已经把教师专业化作为自身教师教育改革的方向,各国试图通过促进教师专业化水平的提高,来提高教师的质量。教师专业化发展成为当前各国教师教育带有共通性的发展趋势,这种专业化是指教师职业趋向于专业的过程,主要是改善教师的社会地位,提高教师的经济待遇,改善教师的工作条件,重新树立教师职业的社会形象,最终达到提高基础教育质量的目的。美国提升了教师教育的标准,在教师资格证书的获得上严格把关,提高了教师的入职门槛;还成立了教师专业发展学校,提升对于教师的培养质量;同时还注重对于教师的职后培训。日本也对教师资格证书的获得提升了标准,并且开始打破教师资格终身制度,成立教职研究生院,努力提高在职以及职前教师的学历水平,促进教师的专业化发展。英国也开始加强对于教师专业化发展的力度,扩大教师的准入和培训途径,拟定教师教育新标准,同时成立教育标准局,加强对教师教育的评估和管理。这些类似的措施在其他发达国家也得到了有力的验证,各国开始从不同的路径上加强教师专业化发展力度,力争能够全面提升教师培养的质量。

三、突出复合型教师的教育理念要求

教师教育从原本的师范教育发展而来,教师教育在发展完善的过程中,其内涵也在不断丰富。在当代,世界上很多国家根据本国政治、经济、科技、文化教育发展情况,对教师的素质和能力提出了自己的要求,在现实中出现了很多新型的教师教育观。外界社会对于教师的要求是越来越高,不仅在知识方面,而且在诸多综合能力方面。从世界范围来看,美国自 20 世纪 80 年代以来,教育改革的力度越来越大,在改革过程中出现了比较新型的教师教育观念。最为著名的是复合型教师观,认为合格教师应该是初级教授,是能够承担全面培养学生的教学者,是善于与学生、同行、上级、社会人建立与发展健康交往关系的交往者,是积极参与学校改革的决策者。日本也提出了自身的理解,要求教师应具有具体的素质和能力:第一,立足于全球视野的素质能力,包括对地球、国家、人类的理解力,具有丰富的人性,在国际社会中所必要的基本素质能力;第二,作为生活在变化时代的社会人应有的素质能力,包括问题解决能力、人际关系能力、适应社会能力;第三,教师的职责任务所必要的素质能力,包括学生观和教育观,教师职业的归属感,还有学科指导、学生指导能力。法国、英国等也有相应要求,在此不一一列举。

四、强调实践能力倾向的教师培养

纵观各国对于职前教师的培养上,非常注重学生实践能力的培养,将理论学习与实践能力结合起来。主要表现在学生实习时间的加长,教师培养标准中对实践能力的重视,在教师资格证考核中关注学生的教学实践能力等。美国在对学生培养上引入"驻扎教师"计划,大

学将学生引入到普通学校中,建立了教师专业发展学校与驻扎计划,学校设立于基层学区之中,旨在为未来的教师或新入职的教师提供有组织、有监督的教学过程以增加他们的实践经验。英国注重教育实习,形成以"学校为基地"的师资培养模式,提高师范生的实际教学能力。教学实践所占的比重很大,教学实践活动形式多样,内容丰富。学生的教育实习活动不仅有听课、讲课,而且还有对中小学生学习情况的调查和分析,对中小学生进行个别指导,指导中小学生进行课外活动等。德国主要是在研修班和实习中学进行学习和实习,实习者是通过第一次国家考试后取得相应资格的学生,该阶段以培养学生作为教师应具备的实践能力为主。日本对学生的培养包括实用技能考试、面试、小论文模拟教学、制定指导方案、适应性检查等多种方式。

五、教师教育的国际化发展态势

随着全球化的发展趋势,教育也必然走向国际化。谁首先培养和拥有众多面向世界的一流人才,谁就掌握了国际竞争的主动权。教师教育应吸取异国的先进文化和管理经验,在经济全球化的影响下,现代信息技术产生的网络教育、远程教育,加强了各国教师教育的相互交流、联系和合作,使教育资源和信息的交流共享成为现实,不断产生出教师教育的新思维、新体制、新模式、新机制。尽管各国的政治制度、文化传统、地域特点存在着极大的差异,但也有许多共同点,面临着同样的挑战,具有各自的优势和特色,完全应当取长补短,优势互补,利用他国的教育资源和成功经验来发展本国的教师教育。面对经济全球化大背景、教育国际化和人才质量标准化的挑战,教师教育应树立新的教育观、人才观以及质量观、成才观,着力研讨如何培养具有创新能力的高素质人才的教育新模式,应着力于教育目的、目标、内容、方法和手段的改进和改革,时刻关注国际社会的发展变化,从中受到足够的启发和影响,这对于培养和提高教师教育的质量大有裨益。

拓展阅读

1. 顾明远,梁忠义.世界教育大系(教师教育)[Z].长春:吉林教育出版社,2000.
2. 郭志明.外国教育研究史研究[M].北京:中国社会科学出版社,2004.
3. 今津孝次郎.变动社会的教师教育[M].名古屋大学出版社,1991.
4. 梁忠义.比较教育专题[M].长春:东北师范大学出版社,2002.
5. 陈永明.国际师范教育改革比较研究[M].北京:人民教育出版社,1999.
6. 李其龙,陈永明.教师教育课程的国际比较[M].北京:教育科学出版社,2002.
7. 苏真.比较师范教育[M].北京:北京师范大学出版社,1990.
8. 于漪.现代教师学概论[M].上海:上海教育出版社,2001.
9. 张燕镜.师范教育学[M].福州:福建教育出版社,1995.
10. 陈永明.现代教师论[M].上海:上海教育出版社,1999.
11. 黄崴.教师教育体制国际比较研究[M].广州:广东高等教育出版社,2002.

问题与探究

1. 教师教育的概念是什么？其历史沿革包括哪几个阶段？
2. 联系实际,谈谈美国、德国、日本的教师教育概况。
3. 概述美国教师教育在近年来发生的改革。
4. 教师教育发展与改革的未来趋势及动因有哪些？
5. 联系中国教育实际,谈谈中国教师教育改革存在的问题及策略。

第九章 教育管理——教育事业的"动力之源"

本章提要

- 教育管理的概念是由管理衍生而来,是管理在教育领域的独特应用。教育管理是指对所管辖的各级各类教育组织进行预测与规划、组织与指导、监督与协调、激励与控制。教育管理所依据的理论基础有科层制行政组织教育管理理论、科学化教育管理理论、人本教育管理理论、后现代教育管理理论。

- 对教育管理的研究就是针对教育管理过程及其规律进行科学的探究。按照对象的特点,教育管理有广义和狭义之分。广义教育管理是指整个国家教育系统的管理,狭义教育管理是指一定类型学校组织的管理。这样构成了教育管理的内容体系,即教育行政管理和学校教育管理。

- 在对各国的教育管理进行考察时,主要从教育行政管理和学校教育管理出发,揭示教育管理体制的演变历史,进而描述中央和地方教育行政管理的状况,自上而下的行政管理机构设置,各自所具备的职责和功能,在整个教育体系中所发挥的作用。然后再从学校教育管理出发,揭示学校内部管理组织架构及其作用和功能。

- 在当代,世界主要国家根据本国政治、经济、科技、文化教育发展情况,对本国的教育管理体制进行改革,对教育行政管理体制进行精简和转化,力图提高行政管理的效率。在学校管理上,推行各种新型管理模式,主要采用了校本管理模式、全面质量管理机制、公立学校私营化模式。

教育管理学是随着人类社会发展和教育管理理论研究的进步而不断发展起来的一门研究教育管理过程及其规律的科学。人类教育管理行为自有教育活动起就存在,但现代意义上的教育管理理论却是 20 世纪才真正发展起来的。各国对于教育管理都非常关注,从 20 世纪 50 年代到 80 年代,西方形成和发展了研究教育管理运动,注重对教育管理理论和实践的探讨。这些有利的探索帮助西方建立起比较完整的教育行政管理和学校教育管理体制,而且这些国家不断地对教育管理体制进行改革和推动,促使其随着经济和社会的发展而不断完善。对这些发达国家的教育管理体制进行研究和分析,有助于我们借鉴和吸收有利的经验,对于完善我国的教育管理体制有着良好的推动作用。

第一节 教育管理的理论概述

在对教育管理进行比较研究和分析之前,需要明确教育管理的概念和内涵,探讨教育管理的理论基础,为后面进行国别教育管理研究奠定基础。教育管理是管理理论在教育领域的应用,形成了拥有自身特色的体系,但仍然能体现出管理的一般特征。

一、教育管理的基本概念

在明确教育管理的概念之前,需要了解管理的定义,管理是一种古老的社会现象,伴随着人类的发展而产生。管理是人类在社会生活中特有的一种现象,也是人类社会得以生存和发展的重要条件。从众多研究中归纳可以看出,相关学者在对管理下定义时,通常从管理的职能和目的出发,将管理定义为"对人力和其他自愿进行计划、组织、领导和控制,以快速有效地实现组织目标"。[①] 管理者通过组织这一依托,利用组织的资源,来实现卓越绩效,提高效率。国内的学者将管理视作一种社会实践活动,管理者依据一定的原理和方法,在特定的环境下,引导他人去行动,使有限的资源得到合理的配置,以实现预定目标的行为。管理是管理者通过相应措施实现预定目标的一种理性行为,管理的关键在于对有限资源进行开发和组合,做出决策。[②] 总之,管理是在特定的环境下对组织所拥有的资源进行有效的计划、组织、领导和控制,以便实现既定的组织目标的过程。

教育管理的概念是由管理衍生而来,是在教育领域的独特应用,从众多研究对教育管理的定义来看,教育管理是指教育管理部门的领导者在教育价值观的支配下,采用科学的方法,对所管辖的各级各类教育组织进行预测与规划、组织与指导、监督与协调、激励与控制,使有限的教育资源得到开发和合理配置,以实现提高教育质量,促进教育事业发展的目的。[③] 教育管理的中心任务是提高教育质量,采用科学的方法对教育教学工作的全过程进行设计、实施、考核与评价,对教育部门进行质量管理。对教育管理的研究就是针对教育管理过程及其规律进行科学的探究,按照教育管理对象的特点有广义和狭义之分。广义的教育管理是指整个国家教育系统的管理,狭义的教育管理是指一定类型学校组织的管理,即教育行政管理和学校教育管理。对于教育管理的研究,将宏观的教育行政管理和微观的学校管理相结合起来,探讨教育管理领域的现象与问题。

二、教育管理的理论基础

教育管理的理论基础来源于管理理论的发展,各种管理理论的涌现和提出,促使教育管理理论的不断完善。在 18 世纪,工业化处于蓬勃发展时期,企业为了提高效率和竞争能力,创立了诸如科学管理、组织理论、行为科学等许多新型管理理论和方法,促使经验型管理向注重效率的科学型管理发展。而随着社会的发展,进入 20 世纪之后,现代管理理论开始出现,这些管理理论被迅速引进到教育管理领域,促进了教育管理理论的发展。

(一)科层制行政组织教育管理理论

该理论主要来源于古典管理理论,具体来看主要包括马克斯·韦伯(Max Weber)的科层组织管理理论和法约尔(Henry Fayol)的全面协调组织五要素的行政管理理论。其基本主张是把高效率地完成组织任务视为管理工作的最高目标,强调效率原则是衡量任何组织

---

① 琼斯,乔治.当代管理学[M].北京:人民邮电出版社,2006:5.
② 陈孝彬.教育管理学[M].北京:北京师范大学出版社,1999:30.
③ 陈孝彬.教育管理学[M].北京:北京师范大学出版社,1999:35.

的基础。在组织内部应建立一套自上而下的明确的权力等级系统,每个成员都要严格服从上级的指挥,重视正式组织的作用。这些理论和主张应用到教育领域,各国相继制定了一批有影响力的教育法规,建立健全了教育管理的规章制度和管理程序,逐步发展起层级分明、分工明确的职务科层等级制,建构了一套兼具计划、组织、实施、评价等管理职能的教育管理体制。所有管理人员均由考试和通过相关训练来确保质量的管理保障机制等。这些机制和主张成为现代教育管理的基石和最重要的理论流派之一。

(二)科学化教育管理理论

该理论来源于科学管理运动及其理论,主要包括泰勒(Frederick W.Taylor)的科学管理理论,强调分工和专业化,泰勒提出专业化和分工是管理活动的最基本手段;提倡工作标准化,将工作细分成若干部分,从而使员工依据标准程序展开工作;强调经济上的奖励和惩罚制度。之后,由心理测量、统计法等科学化方法兴起而催生的"教育科学运动",开始在教育管理方面强调客观性。巴纳德(Chester Irving Barnard)应用科学化方法倡导的社会系统理论应用于教育管理,而西蒙(Herbert Simon)倡导将逻辑实证方法引入教育管理,把管理看成是理性决策过程,倡导全面应用实证方法的定量研究。① 这种科学化管理以及在教育领域的应用,促使科学化教育管理理论的产生,形成一种理论体系。不仅强调用系统观管理教育,认为教育是社会大系统中的一个子系统,其间正式与非正式、内在与外部的各种因素都在相互作用,而且倡导全面实证方法,实施全程决策的民主科学管理思想,致力于使教育管理活动更客观、更合理、更讲求效率。

(三)人本教育管理理论

该理论来源于人际关系理论、行为科学理论,主要包含梅奥(George Elton Mayo)的人际关系理论,梅奥在"霍桑实验"的基础上提出"人是社会人",人的因素在其中起到非常重要的作用,管理者在实施管理上,要高度重视人的因素,强调激励机制的采用,发挥人的积极主动性。同时,在人的群体中通常会形成非正式群体,对于正式组织产生冲击和影响作用,管理者通常还要重视非正式组织的影响。行为科学理论主要包括马斯洛(Abraham Harold Maslow)的需求层次理论,把人的需求分为低级生理需求和高级发展需求,具体来看包括七个层次,他指出人都有促进高级发展的需求,从而表现出积极的一面。因此,马斯洛将人的需求看作是行为的主要原因,管理在于如何激发行为动机,调动员工的生产积极性。还有弗鲁姆(Victor H.Vroom)的期望模式理论,也强调对于员工的激励问题,做出有利于组织发展的行为。这些管理理论在教育领域的引入和应用,形成了人本主义教育管理理论,强化了人在教育管理中的主体地位和作用,推进了教育组织决策的民主化等,对现代教育管理理论发展起到了积极的作用。

(四)后现代教育管理理论

随着20世纪70年代经济危机的打击,西方发达国家被战后繁荣掩盖的管理问题迅速暴露出来,无论是科层行政、人本管理抑或行为科学教育管理理论,都面临着一些难以克服的问题。人们开始对这些管理理论进行反思和批判,从而促使后现代管理理论的出现,在教育领域的应用形成了后现代教育管理理论,该理论体系用以概括这一时期出现的一股以反思、批判中求创新的教育管理理论思潮。其中主要是以美国学者格林菲尔德(Thomas

---

① 张新平.教育组织范式论[M].南京:江苏教育出版社,2002:112.

Greenfield)反实证主义的教育组织现象学以及多种反思批判性教育组织管理理论为代表,形成了蔚为壮观的"批判运动",这场以反思和批判为特征的后现代教育管理理论思潮的核心是要通过倡导多元、相对和批判的管理理念来对以往那种寻求最佳、唯一和固定的管理模式提出挑战,努力在整合各种理论中实现理论创新和提升,以适应当今日益复杂的教育管理要求,对当代教育管理理论发展产生积极的推进作用。①

三、教育管理的内容构成

从教育管理的概念可以看出,教育管理可以从宏观和微观两个层次进行探讨,教育管理在宏观层次上是指整个国家教育系统的管理,在微观层次上是指一定类型学校组织的管理。对于教育管理的研究,需要将宏观的教育行政管理和微观的学校管理相结合起来,从而探讨教育管理领域的现象与问题。

(一)教育行政管理体制

从教育行政管理来看,实施教育行政管理的依托和基础是教育行政机关,即政府主管教育事务的职能机构,是政府中的一个分支机构。该行政机构在其中发挥着教育行政职能,即教育行政本身的职责和功能,既包括教育行政活动本身所具有的能力和作用,又包括教育行政机关为执行任务,实现国家教育使命所进行的职务活动。教育行政的职能主要包括:计划、立法、组织、协调、监督、指导、服务等。教育行政机构在实施管理上,需要遵循一定的原则,这些原则主要包括:方向性、民主性、动态性、科学性、法制化原则。

从构成教育行政管理的具体内容上看:首先,需要建立具体的教育行政体制,主要由教育行政组织机构的设置、各级教育行政机构的隶属关系及相互间的职权划分等构成。明确自上而下的职权划分以后,设置相应的组织架构,配备行政机关工作人员,其目的在于提高教育行政组织的效率和效益;其次,建立教育法律制度,设立教育计划,教育法律制度是由国家的教育法规体系和地方的教育法规体系来构成。在促进教育发展上,国家要拟定教育政策,制定教育事业的发展规划,这种规划与各国社会和经济发展计划密切相连,并且着重于长期性和综合性;最后,建立相应的教育督导机制,对教育工作,包括教育行政工作和学校的组织领导、教育、教学、总务、人事工作进行视察、监督、指导、建议的活动,对教育财政制度和教育人事机制进行监督和完善。

(二)学校教育管理制度

学校管理是一种以组织学校教育工作为主要对象的社会活动,是学校管理者通过一定的机构和制度采用不定期的手段和措施,带领和引导师生员工,充分利用校内外的资源和条件,整体优化学校教育工作,有效实现学校工作目标的组织活动。学校管理所要追求的目标是提高学校的效能,让学校积极发挥作用,提高学校的办学效率。学校管理是一个完整的过程,主要包括学校工作计划的制定,学校计划的执行,对计划执行的检查,最后是对执行情况进行修正。

从构成学校管理的具体内容来看,首先需要建立学校的领导班子,选拔学校的领导者,注重领导方式的改进,提高学校领导的有效性;其次,注重学校的内外部管理,从学校内部来看,强调学校的组织管理,建立良好的学校组织架构,明确各部门的职责,建立自上而下的权

---

① 冯增俊.现代教育管理理论发展特征及趋向探析[J].教育研究,2004(11):9-10.

力线,进行组织的变革和发展。从学校外部来看,强调学校良好公共关系的建立,对学校公共关系现状与未来进行调查与分析,确定公共关系的目标和对策,实施既有的计划方案,对建立的公共关系进行评价和修正;最后,是对学校的教师人力资源状况进行管理和改善,这也是学校管理的核心部分。学校对自身的人力资源状况进行规划,编制学校发展的人力资源计划,对新的教职工进行聘用和培训,在对教师的管理过程中,注重对教职工的激励,调动教职员工的积极性。

第二节 教育管理的当代发展

从世界范围来看,各国政府通过颁布政策以及推动改革以促进教育管理的发展。在这些国家中,主要是以发达国家为主,在教育管理发展上比较有特色。下面将选取美国、英国、法国、德国、日本以及俄罗斯作为分析的案例,揭示这些国家的教育管理发展状况。

一、美国教育管理的当代发展

经过长期的探索和改革,美国建立了以地方分权为主的教育行政管理体制。自上而下分别是联邦政府、州政府、学区。联邦政府行使有限协调和服务的行政职责,而州政府拥有绝对的管理和决定权,具体的教育教学事务又由学区委员会来负责,具体决定采用相应的教育管理模式。这种教育行政管理最大的特点是分权、自治,其管理理念源于传统历史文化价值观以及三权分立的政治制度。

(一)教育管理体制的历史沿革

美国在立国时的宪法就规定,联邦政府无权干涉各州的教育,各州的教育委员会和下属的地方学区委员会,与基层学区委员会分别掌握各地的教育大政、发展计划、经费分拨等实权。1865年南北内战结束后,美国开始意识到设立中央教育领导机构的必要性。

1867年,在俄亥俄州国会议员加菲德的提议下,联邦政府设立教育部。其任务是负责收集各州和各地区教育发展的统计资料,交流全国教育组织、领导、学制和教学方面的情报。1869年,教育部降为联邦内政部的教育司,成为负责调查统计的"闲散衙门"。第一次世界大战以后,教育司于1929年改为联邦教育局,隶属于内政部联邦安全总署。1953年,联邦安全总署升格为联邦卫生、教育和福利部,原教育局也于同年变成该部所属的联邦教育总署。到了70年代后期,联邦政府的教育项目逐渐增多,除教育总署外,国防部、内政部、农业部、司法部、劳工部等也都掌管有一定项目的教育事业。1979年,鉴于教育总署的任务剧增,加之美国上下各界要求成立教育部的呼声很高。卡特总统终于签署了成立联邦教育部的法案,一直维持到现在的状况。[1] 相应的在各州、各学区建立地方教育行政管理体制,并逐步完善发展起来。

从里根政府以来,美国开始逐步减少联邦政府的某些权限和负担,增加州和地方政府对教育承担责任的政策。联邦的职能将是协助教育的发展,辅助以最低限度的行政负担和干涉,联邦政府参与教育的方法将从强调执行规定和提出命令式的计划,逐渐转向坚决而又温和地刺激州和地方学区,同时又不阻碍和限制地方对学校进行控制的职能。进入21世纪以

---

[1] 李帅军.美国教育行政体制的考察与分析[J].外国中小学教育,2003(6):12-15.

来，州在管理教育中的职能越来越受到重视，州的作用是教育改革成功的关键，应当为学校明确地规定一整套的目标，保证课程设置和教学过程的可选择性，保证对学校教育状况的日常考察，以及为学校改革提供经费资助，不少州都采取了对学校加强管理和监督的措施。

（二）教育行政管理结构构成

美国现行的教育行政制度是指联邦、州和地方三级政权机关在教育系统运营中的法定组织机构、权力和责任。从包含的范围来看，包括中央教育行政管理体制和地方教育行政管理体制，地方层面包括州和学区两个层级。

1. 中央教育行政管理机构

美国在中央教育行政管理体制的设置上，主要是以联邦教育部为主。教育部的组织结构是由部长、常务副部长、人事主管、法律顾问、高级顾问等为核心。教育部总部设在首都华盛顿，下设的机构包括：初等与中等教育司、双语教育和少数民族语言事务司、中学后教育司、职业与成人教育司、教育研究与改进司等。结构关系见图9-1。

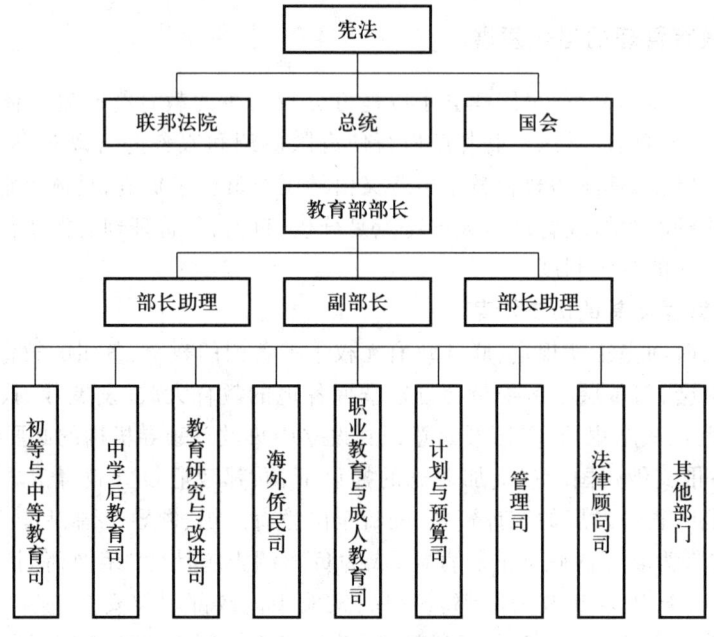

图9-1 美国联邦教育部组织

为了方便与各州以及地方教育部门的联系，联邦教育部在全美设立10个办事处，分别位于波士顿、纽约、费城、亚特兰大、芝加哥、达拉斯、堪萨斯城、丹佛、旧金山、西雅图10个城市，这些机构覆盖并联系到全美50个州的各个教育部门。其中，教育部三分之一的员工，约1800名工作人员在这些办事处工作。[①] 另外，在教育部下面还有10个专门的委员会和顾问组织机构，他们分别负责学生财务帮助、印第安人教育、西班牙裔美国人教育等问题。

联邦教育部对美国中小学的教育改革与发展具有宏观指导、经济援助、行政干预的作用。其宗旨是保证全体公民享受平等教育的机会，支持各州和地方为满足教育需求所做的努力，鼓励更多的公民、家长和学生参加到联邦政府的教育计划中来，通过研究、评价和交流

---

① 陈恒华.美国的教育行政管理体制[J].基础教育管理，2005(10)：14-16.

信息,促进教育质量的提高;其主要职能是负责联邦教育经费的分配和监督管理,为联邦教育计划制定政策,进行管理和检查,开展教育调查和研究推广研究成果,收集资料,进行统计,交流信息等。教育部主要通过行政干预、教育立法和经费援助等方式,对全美学校教育起着间接管理作用。

2. 地方教育行政管理体制

美国在地方教育行政管理体制的设置上,主要包括两个层级,即州层面和学区层面。州政府对本州的教育事业拥有绝对的领导权,州议会是州最高立法机构,有关教育重大问题的法律和法规都由州议会制定。州教育机构的组织包括州教育的决策机关——州教育委员会以及州教育的执行机关——州教育厅。州教育委员会的职责包括:依法制定州教育政策,对全州公立学校系统进行监督,管理和分配给地方的教育经费,提供教育咨询服务与教育资料等。各州一般设有教育厅,负责本州的教育行政事务。厅长或由州长指定,或由选民选举,或由州教育委员会聘任,任期4年,并不能从属任何党派。州教育厅的具体职能包括:制定中小学教育教学大纲和高中毕业标准;管理公立高等学校;对各级各类公立教育机构实施鉴定认可;制订教育预算;制定教师、教育行政管理人员以及其他教育工作者的资格标准并颁发证书等。

美国的各个州根据地理位置划分成许多学区,每个学区设有教育委员会。教育委员会委员由学区的选民来选举,每一届任期为4年,可以连任,并且没有届数限制。一般学区教育委员会委员由3~7人组成,他们必须是居住在本学区的居民。学区的职能包括:制定学区的教育计划、编制学区的教育预算、征收教育税、选任地方教育人员、管理教职员人事、维修和管理校舍、确定课程与教材等。① 美国的学区有较大的办学自主权,学区内所有的事都是由学区委员会决定,不受上级部门影响和干涉。州教育厅也无权任免学区教育委员,只有学区选民有决定权。学区委员会的主要任务是做决策,并不参与学区的日常教育教学事务的管理。教育委员会下设总监,负责管理学校具体事务,总监相当于我国的市区教育局长或主任。同时,教育总监下面一般还有4位助理,通常分别负责常务、人事、财务、评价工作,负责和操作平时学区的一切教育教学具体事务。

(三) 学校内部管理结构的构成

美国的学校设有学校董事会,实现学校管理的自治,是一种民主化运营模式的领导机构。董事会作为独立的机构,拥有很高的地位和较大的权限。无论公立学校还是私立学校,董事会都处于整个管理系统的顶端,是学校最高决策机构和最高权力机构。学校董事会或董事长就是学校的法人代表,对学校财产拥有法人所有权。职业校长由董事会聘请,直接对董事会负责,接受董事会的委托专职从事学校经营工作,拥有学校的经营权,政府不得干涉学校的具体工作。学校董事会的职责可以概括为:确定学校发展的政策、大政方针,制定学校长远战略规划,编制学校预算和决定经费的投向,寻找资金来源并高效使用资金,任命校长以及对其工作进行评价,授权校长对本校事务进行日常管理;委托教师从事教学和研究活动,任命学校的各种工作委员会,维持与改善学校与社会的关系,评价董事会的工作等。②

---

① 梁忠义.比较教育专题[M].长春:东北师范大学出版社,2002:122.
② 李英,潘燕.两种学校管理制度的碰撞:美国"学校董事会"与韩国"学校运营委员会"之比较[J].现代中小学教育,2004(10):50-53.

在美国的学区,学校内部管理结构形成了校本管理的模式,致力于推行以学校为中心的教育,将教育的责任与权力转移到学校层面,合理地分配和管理学校资源。学校通常设有一名校长,作为学校的行政首长,向教育局长负责,执行学区教育委员会的有关决议以及管理学校的日常事务。学校管理工作的范围包括:财务管理、教学管理、人事管理、学生管理、专项服务管理、学校建筑设备管理、公共关系管理等。校长需要聘用若干专职或兼职人员来分管有关方面的工作。这些人员通常是副校长、助理校长、学科主任、咨询部主任、图书馆和媒体中心主任、成人教育主任以及食堂、校舍和操场主管等。① 校长及其助手组成学校的校级管理层,副校长或行政助理分别主管学校的课程教学与学生工作。学校的业务管理组织是学科教研室,由学校的教学专家担任学科教研室主任,负责各学科的教学管理工作。除此之外,学校还设有学生会、家长会、学校教学改进委员会等集体管理组织,都是民主参事、议事机构,而不是决策机构。

(四)教育管理体制的最新改革

美国教育行政与学校管理制度的形成与发展,是种种社会力量以及教育系统内部多种因素相互作用的结果。随着经济的发展与社会的进步,美国对教育管理体制提出了更高的要求,来推动体制的改革与革新。

1. 重构教育行政管理体制并划分权力与责任

从小布什政府开始实施的《不让一个孩子掉队》法案,并且延续到奥巴马政府,得到了长时间的实施与完善。其中对于教育管理产生最大的影响在于重构了教育行政管理体制,该法案的核心在于强调对结果的问责、加强地方控制和地方的灵活性等。在这些原则的指引下,美国着手重新划分了权力与责任,对现有的教育行政管理体制进行了全面重构。联邦政府通过确立问责和评价机制,将评价制度与教育拨款紧密联系,建立以结果为导向的管理机制;州政府建立起了完善的问责机制、学术标准和评价体系,制定教育发展规划,直接对学校教育产生了影响,承担了更大的改革责任;地方政府失去了主导性地位,更多承担辅助性和支援性角色;学校的主体地位得到了加强,具有更大的灵活性与自主权,从而对学校教育进行充分的管理。② 这种重构从强调命令服从的"行政问责模式"转向强调责任分享的"管理问责模式",在教育管理上有点收归权力的意味,但同时将权力和责任对等起来,让学校享有更多的自主性,但承担更多的责任。

2. 在学校管理中强调问责管理的趋势

问责管理是一种让学校对结果承担责任的效能机制,主要涉及教育投入、教学内容、学校治理方面。问责管理的途径主要表现在系统规划、需要评估、目标认定、目标管理、规划—程序—预算体系、绩效合同、问题列表等七个方面。这种制度是在美国学校呈现低效能时期所采用的效能机制,主要从四个层面对学校教育工作者进行问责,即学校财务层面、学生学业层面、学生健康成长层面、学校专业水平层面。在财务层面,强调成本与效益的分析,并争取以最低的成本取得最佳的效益,实现办学资源的优化配置;在学生学业层面,强调学生的基本知识和基本技能,并争取让每位学生达到预期的教育目标;在学生健康成长方面,强调学生关注自己的生命和健康,并争取全体学生学会爱护和保护自己;在学校专业水平层面,

---

① 李春生.比较教育管理[M].南京:江苏教育出版社,2008:28.
② 傅添.论 NCLB 法案以来美国教育行政管理体制的改革趋势[J].外国教育研究,2012(2):106—112.

强调教师的专业知识和专业技能达到一定的指标,并争取全体教职工的工作绩效超越一定标准。①

3. 在学校管理中提倡转化式领导的应用

转化式领导于20世纪90年代中期开始进入到教育组织环境中,是指通过让员工意识到所承担任务的重要意义,激发下属的高层次需要,建立互相信任的氛围,促使下属为了组织的利益牺牲自己的利益,并达到超过原来期望的结果。转化式领导行为的方式概括为四个方面:理想化影响力、鼓舞性激励、智力激发、个性化关怀。转化式领导在愿景、个别化关怀和智力激励三个维度上作用重大。愿景是领导者通过向下属表达对他们的高期望值,激励他们加入团队,并成为团队中共享梦想的一分子。智力激励是指鼓励下属创新,挑战自我,包括向下属灌输新观念,启发下属发表新见解和鼓励下属用新手段、新方法解决工作中遇到的问题。转化式领导是一种研究教育管理和学校管理的新视角,有利于校长的角色转型,有利于改进学校效能,有利于推行道德领导。②

4. 对于学校校本管理的改进

美国在学校的校本管理中,日益强调权力的下移,共同决策以及参与式管理的应用,对校本管理模式进行变革。强调教育管理权和重心的下移,把中小学作为决策的主体,运用分权、授权、协作、团队等组织行为学的原理和技术,来构筑学校与外部(上级教育行政部门、社区等)及学校内部(校长、教师、学生)的新型关系。强调教师、家长和社区成员,有时也包括学生参与学校的各项决策,如经费的使用、人员的聘用、课程的编制、教材的选择以及其他各种事务等,共同决策往往是由校本管理委员会所做出的。从20世纪90年代以来,美国对学校管理改革采取了种种举措,如推行校本管理、开办特许学校、实施全面质量管理等。其主要特点是管理权限下移,组织结构扁平化。实施参与式管理的目的,在于最大限度地满足员工的社会需要和工作的技术要求。进行授权或分权,使基层学校享有实际的决策权力,是校本管理的基本内核。

二、英国教育管理的当代发展

英国的教育管理体制是以中央集权与地方分权相结合为主,管理结构主要由中央和地方两级构成,各自具有其职能与责任。中央和地方实行共同合作管理,中央教育部的命令具有约束性,同时,地方教育行政机构对于上级命令具有充分自主性和灵活性。

(一)教育管理体制的历史沿革

英国的教育管理体制在近现代发生了显著的变化,最初确立了以地方教育当局为中心的管理体制,后又发展为中央集权的管理体制。地方教育当局创建于1902年,通过《1902年教育法》《1918年教育法》和《1944年教育法》,地方教育当局的权力一再扩大并发展到顶峰,形成了以地方教育当局为中心管理教育的时期。1902年教育法规定取消地方教育委员会,设立地方教育局,并首次把初等和中等教育的直接控制权赋予地方教育当局。1918年教育法扩大了地方教育当局的权力,规定每一地方教育当局有权做出自己的决定。地方教育当局获得了幼儿教育、初等教育、中等教育的直接领导权。1944年教育法增强了中央

---

① 李树峰.问责管理:美国学校管理中的效能机制[J].教学与管理,2006(2):78-79.
② 凡勇昆.美国转化式领导研究透视及其学校管理的启示[J].现代教育论丛,2009(4):67-70.

教育行政当局的权力,进一步扩大和明确了地方教育当局的职责,对英国的教育管理机构即中央行政机构和地方教育当局的职权进行了调整。在中央,建立教育部,领导全国教育。在地方,改组地方教育当局,明确其职责。

英国颁布了《1988年教育改革法》之后,其教育管理体制发生了很大的变化。该法的诸多措施进一步加强了中央政府对教育的控制管理,削弱了地方教育当局的权限。首先,设立了全国统一课程,该法规定义务教育阶段所有学生必须学习10门必修课程;其次,实施全国统一考试,该法把义务教育阶段内学生的学习阶段分为四段;再次,建立直接拨款到学校,在300人以上的初等学校,在自愿的基础上,可以摆脱地方教育当局的控制成为直接拨款学校;最后,改革高等教育管理体制,属于"公共"部分的包括多科技术学院和其他学院在内的高等学院脱离地方教育当局的管辖,成为"独立"的机构,取得与大学同等的法人地位。① 从20世纪90年代到21世纪初期,英国反复地对中央的教育行政部分进行变革。1992年,梅杰政府改组教育和科学部,成立了新的教育部,主要负责教育政策及改革的推行、公共教育经费的调查等事务。1995年,英国工党政府考虑到教育应该更多地与学生的就业相联系,于是在当年6月份合并了教育部和就业部,成立教育与就业部。到2001年,新共党政府又将教育与就业部更改为教育与技能部,重视对学生的技能培训。

(二)教育行政管理结构构成

英国的教育行政管理结构是典型的中央和地方两级构成,中央和地方实行共同合作管理,既具有中央统一管理和领导的强制性,也具有地方管理的灵活性,将两者比较完美地结合在一起,突出了英国的特色。

1. 中央教育行政管理体制

英国的最高教育行政机关为教育与技能部,目前分割为两大部门,不管其名称变更,统称为教育部,最高官员是教育大臣。其权力受到法律限制,不能直接设立和管理任何学校,不参与管理教师任命和晋升事宜,不确定课程标准、教科书和教学方法等。教育部下设的部门包括:学校与教育建筑司,扩充及高等教育与科学司,师资、计划、国际关系与统计司,艺术及图书馆处,财政处,法规处,机构组织处,皇家督学处,威尔士教育处。其基本任务是促进英格兰与威尔士人民的教育,监督、指导地方各级教育行政当局有效执行国家政策,为各地提供各种完善的教育服务。其具体职能包括:给地方教育当局拨发补助金,审批地方教育当局所提出的学校建筑计划,规定施行教育的最低标准,负责教师的训练和补充,确定教师资格原则,审核私立学校注册立案事项,支持在国家教育研究基金会资助下的学校进行的各项研究,并对少数专门教育机构进行资助等。尽管英国教育部拥有诸多职权,但并不直接管理学校,也不聘用任何教师。其主要是通过财政援助、督导工作和其他协助方式进行指导、监督和控制。

2. 地方教育行政管理体制

英国的地方教育行政当局由议会、教育委员会、教育局三部分组成。郡教育委员会由郡议会设立,负责贯彻教育部的政策,并受郡议会委托设地方教育局和教育局长。议会是地方最高机关,兼有决议和执行双重机能,议会通常将具体工作委托给教育委员会和教育局。根

---

① 辛爱灵.试析战后英国教育管理体制的演变:从地方到中央[J].山东省农业管理干部学院学报,2008(6):108-109.

据英国教育法案的规定,每一地方教育行政当局都必须依据教育部核准的办法,设置教育委员会,教育委员会通常又分为若干小组委员会分工办事。为执行教育决策并向议会提供咨询,英国在教育委员会下通常又设教育局,设有局长和副局长各1人。地方教育局负责具体工作,管理学校教育,具体职责包括:制定本地区教育发展计划,报经教育和科学部核准后实施,建立、维持、管理以及补助学校和其他教育设施,督察监护人履行义务教育的责任,为特殊儿童提供特殊服务,为学生提供卫生、福利项目等。学区设有督学和办事机构,贯彻郡教育局的工作意见,并负责管理学区范围内的中小学。

(三)学校内部管理结构构成

英国学校管理机制实行校董事会领导下的校长负责制,校董事会是决策机构,校长是首席行政长官,向校董事会负责。英国的学校仅设校长、副校长、接待室等少数的专门管理机构和管理人员。中学通常设校长1名,副校长1~2名;小学设校长1名,副校长或校长助理1名,而且校长、副校长均为教师身份,要承担一定的教学任务。学校中没有类似于教导处、总务处等的中层管理机构,仅设1名高级教师和教育活动协调人来协助校长管理日常教学工作和其他事务。高级教师和教育活动协调人也都不属于专职管理人员,而是由德高望重、经验丰富的任课教师兼任。教研组和年级组是学校的基层教学管理组织,由校长直接领导。教研组由任课教师组成,主要承担各门课程的讲授和研究任务。年级组由辅导教师(班主任)组成,主要承担对儿童的教育、管理和个别辅导。在英国中小学中,专司管理工作的是"接待室",其实际职能类似于我国的校长办公室。学校的来访接待、对外联络、文件收发、门卫安全、考勤登记、日常行政、财务管理以及后勤生活服务等,均由接待室负责处理。接待室根据学校规模设3~5名专职人员,而且不设主任,直接受校长领导。①

(四)教育管理体制的最新改革

从英国近年来的教育改革进程来看,教育行政管理体制和学校管理体制都发生了重大的变革,对其教育管理发展起了积极的推动作用。英国的教育管理理论受到美国的影响,在改革中突出实用性与实践指向性。

1. 中央教育行政机构的变革

2007年,英国布朗政府执政后,对教育管理制度进行改革,将原有的教育和技能部重组并拆分成儿童、学校和家庭部及创新、大学和技能部,随之相关的职能也发生了变化。儿童、学校和家庭部将整合影响儿童发展的各个方面的力量,同其他各个部门共同合作解决实际问题,如和卫生部合作解决学生肥胖问题,和内务部共同处理学生吸毒问题等。创新、大学和技能部设立的目标是努力促使英国在科学研究和技术创新方面成为世界上创新力最强的国家之一,同时确保英国在全球经济竞争中拥有足够熟练的劳动力。2009年,布朗政府再次进行内阁改组,将创新、大学与技能部与商务、企业与改革部合并,成立了商务、创新与技能部。② 目的主要是突出高等教育对经济发展的贡献,将大学作为商业政策的核心,加强对于高等教育的经费投入;在科学创新、高等教育和继续教育等方面发挥重要的作用,保证对科学和创新的继续投资,同时也将汇集全国科学研究和大学的优势,努力建立充满活力的知

---

① 侯耀先.从英国教育管理体制看我国教育管理体制的改革[J].河南职业技术师范学院学报(职业教育版),2002(3):85-86.

② 缪学超.布朗执政时期英国教育管理体制的变革[J].湖南商学院学报,2012(4):62-65.

识型经济,确保对教育和科学发展的支持。

2. 对教育质量督导机构进行持续改革

从1992年建立起来的教育标准局,在近些年的教育质量督导中发挥了重要作用,其实施的质量监督标准和公布的各类学校信息,不仅反映了学校教育的基本情况,同时也促进了教育质量的不断改进。教育标准局建立了一套行之有效的制度,包括强化组织运行的独立性,独立于其他机构之外具体运作;强化中介机构的参与性,通过第三方中介组织参与到督导中;强化工作职责的规范性,建立了一系列规范性手册。2012年,开始实行《学校督导框架》,在评价学校的质量与水准方面内容更加明确和具体,着重关注学校的总体效能、学生的学业成就、学校的教育质量、学生在校期间的行为与安全、学校领导与管理效能。[①] 同时,还越来越重视学校自我评价,结合标准局的评价,有效督促学校改进自身的状况。给予学校的内部与外部评价压力,将促使学校进行更多的反思与改进。

3. 学校管理中设立高级管理团队

英国许多中小学校长开始建立学校高级管理团队,实行学校组织的团队管理,以期提高学校的效能,迎合中央政府政治改革的要求。学校高级管理团队通常由学校里的关键人物组成,包括校长、科室主任和资深教师等,甚至有个别学校的高级管理团队还吸收家长、社区代表、学校董事会或理事会的成员。在一些规模较小的小学,教师的数量还不足10人,此时所有的教员就都是高级管理团队成员了。学校高级管理团队的规模一般都在3~8人左右,成员之间又以职责分工为基础联系在一起。学校高级管理团队的核心任务是依据学校的目标制定长期和日常计划,这些任务的决策范围非常广泛,包括从战略性方针政策的制定到详细的组织常规。团队的内部工作程序包括为总览学校和学校的外部环境服务,为观点和意见的交流服务。学校高级管理团队为完成任务而形成的决策往往是遵循团队会议的例行规则而形成的一致意见,当没有取得一致同意时,就运用例外程序。[②]

4. 学校实施绩效管理机制

英国的学校绩效管理是通过支持和改进全体教职工的工作,既包括个人的工作,也包括小组的工作,来促进学校发展的过程。在这个过程中,学校与每一位教职工和小组领导协商制定一些纳入学校整体发展计划的工作重点和目标,并定期检查这些目标的达成情况。绩效管理是一个不断滚动的循环圈,涉及计划、监控与审核三个阶段。在计划阶段,每位教师与自己的评估人讨论并协商制定目标,并把目标写在自己的个人计划中,教师的目标包括学生可获得的成就、进步与发展以及提高教师职业技能的各种方式。在监控阶段,每位教师和小组领导在整个一年中要不断对目标的达成状况实施积极的评估。他们会讨论所需要的支持,并将这些支持落实到具体行动中。对教师而言,课堂观摩和学生的学业进步是监控过程中很重要的一部分。在评估绩效阶段,每年一度的绩效评估将以先前制定的目标为中心,讨论教师取得的成果及教师下一步的发展需求。[③] 这项工作可以与下一轮的绩效评估周期的目标制定相结合。

---

① 唐诗蕊,魏志春.英国教育标准局改革经验对我国教育督导发展的启示[J].外国中小学教育,2015(12):5-10.
② 罗建河,谭新斌.学校高级管理团队——英国中小学校长提高学校效能的新举措[J].外国中小学教育,2008(11):52-54.
③ 张金秀.英国学校实施绩效管理的有效经验[J].中小学管理,2006(11):52-53.

三、法国教育管理的当代发展

法国是一个典型的中央集权制国家,在教育行政管理体制方面也实行高度的中央集权制。法国中央教育行政部门的权力很大,不仅管理的内容广泛,而且还十分具体,地方教育行政机关始终处于处理地方琐碎事务的地位。

(一)教育管理体制的历史沿革

法国的教育行政管理体制是中央集权型的体制,在历史发展过程中不断得到加强和巩固。第一次世界大战以后,法国政府于1920年将原先的教育部改称公共教育及美术部。1932年又改为国家教育部,其职权不断扩大。第二次世界大战以后,法国在恢复经济的同时,继续进行教育改革。这时,教育行政体制并没有什么改变,只是国家教育部的职权范围有所变化。1959年,法国政府颁布了《教育改革法令》,该法令针对当时的国情,提出了一系列改革措施,为现代中等教育体制奠定了基础,使初中教育开始走向普及。1975年,法国议会又通过了《法国学校体制现代化的建议》,对法国普通教育的宗旨、体制、教学内容、课程设置等进行了改革,为法国当代普通教育奠定了基础。

社会党于1981年执政后对国民教育的管理体制进行了重大改革,扩大了中央教育行政机构的权力,将教育部和大学部合二为一,成立国民教育部。但是,1985年颁布的《非集中化法》将中央掌握的一部分教育行政权力下放给了地方,进一步明确了中央和地方的职责权限。该法明确规定,国民教育部负责制定教育目标、方针、教学大纲、教师职位设置与聘任。大学区负责管理高中,省负责管理初中,市镇负责管理小学。同时还规定,各级地方政府对自己分管的教育机构可以行使制定教育规划、决定扩建校舍、购置设备等方面的权力。此外,分权政策还包括采取各种措施加强中小学自身的管理权限。由此,形成了以中央集权为主,学校自治为辅,纵向分中央、学区、省三个层级,横向分行政、咨询、督导三个系统的教育管理体制。

(二)教育行政管理结构构成

法国的教育行政管理结构是典型的中央集权制,地方的权力很小,灵活性和自由度相对较低,中央行政部门的权力很大,全权负责国家各个层级的教育事业和工作,体现出了统一要求和集权管理机制。

1. 中央教育行政管理体制

法国全国的教育工作是在国民教育部的领导下进行,国民教育部是法国主管教育工作的最高教育行政机关。国民教育部设部长1人,教育国务秘书若干名,部长系内阁成员,由总理提名、总统任命。国务秘书相当于副部长,协助部长工作,也由总理提名、总统任命。教育部及其部长的权限相当广泛,主要包括:领导所有公立教育机构,监督和检查私立教育机构,确定国家教育方针和目的,统一规定教育大纲、教育方法以及考试时间和内容,管理公立学校教职员,制定学校规则,确定教育经费等。

为了克服中央集权制的弊端,法国在各级教育行政机构之外,设立了由各方面代表组成的各种咨询、审议机构,除回答行政当局的咨询外,还行使教育方面的各种诉讼、惩罚案件的预审或终审等重要职权。国民教育最高审议会对教育部长提出的重大问题的咨询表明独立的见解,对教职员的处分有最终裁决权。在地方上,法国也设立了相应的审议机构,如在大学区一级设有大学区审议会,在省一级设有初等教育审议会。普通教育和技术教育委员会由教育行政部门、用人单位和教师代表组成。主要对教学大纲、考试办法、各类文凭发放标准及其他涉及学制的问题提供咨询服务。大学校长联席会议的主要职责是协调大学之间的关系,针对高等教育的重大问题向国民教育部提出建议。国家规划理事会则要就教育的总体设想、所希望达到的主要目标、为实现目标所做的统一规划、该目标与知识发展的适应情况等向国民教育部提出意见。

2. 地方教育行政管理体制

在地方教育行政管理层面,为了便于管理,法国中央将95个行政省划分为25个大学区,大学区不是一般的地方行政单位。法国中央的下一级教育行政管理单位是大学区,大学区的最高行政负责人是大学区总长,由教育部长提名、总统任命。大学区总长必须是国家博士学位的获得者并担任过大学校长或教授,是本区内代表中央教育行政机关行使权力的最高教育行政长官。学区以及学区总长的职责主要有:负责落实中央的教育方针政策,并通报本学区的学校教育情况,对学区内所有中学在教学、行政、财政方面有总指导权和监督权,决定中小学的职位分配、教师的聘用、学校或班级的增减等。[①] 此外,大学区总长还领导大学区学校事务局,监督和检查私立学校的工作。

大学区以下的教育行政单位是省,省级教育行政的最高负责人是大学区督学,由教育部长提名、总统任命。大学区督学必须有博士学位,并且是中等学校教员中资格最高者或有高中教授以上经历者。大学区督学在初等和中等教育方面的权力较大。在初等教育方面,大学区督学主要负责教师的管理和培训;在中等教育方面,大学区督学主要负责管理初中学校。此外,还要协助大学区总长管理高中的行政、财政和人事,给予学生助学金等。省以下的教育行政机构是市镇村委员会,由一名省教育督学负责,过去只负责初等学校和保育学校的建立和建设计划工作。之后,初等学校的管理权下放到市、镇教育行政部门。但是,由于这些机构对教育方针、原则、内容等主要问题影响不大,又基本上只负责小学阶段,因此不能将其算作独立的教育行政等级。

(三) 学校内部管理结构构成

法国的中小学校内部管理架构包括校长1名,校长秘书1名,另有两人管理校务和总务工作。学校理事会是协助校长工作、参与学校管理的学校内部组织,由校长、5名行政和服务部门的代表、5名教育教学人员代表、5名学生家长、5名学生代表和5名地方人士组成,校长为理事会主席。学校理事会的主要职责有:讨论和研究校内的规章制度、教师和家长互通情况的方式、教学班的定额、学生上学交通、学校食堂管理、课外活动等问题。另外,法国学校还设置教师委员会、学生委员会、家长委员会,共同参与学校管理。[②] 在管理过程中,校长代表学校执行权力,是学校内部管理机构——行政委员会、年级委员会、教师委员会的主席。

校长的职责是组织和监督所有成员及各种服务工作,确定工作人员相应的职责,在从事经济活动中研究学校的经济、物质—技术保障问题,对涉及人与财产安全、学校状况和所领导下的全体人员的健康保障物进行支配。学校设有校务委员会,由三方面数量相等的代表组成:学校领导及管辖学校的地方行政人员代表、学校员工代表、家长和学生代表。日常工作机构是常设委员会,负责研究委员会呈报上来的问题,并为委员会召开会议准备材料,也

---

① 李帅军.法国教育行政管理体制的考察与启示[J].外国中小学教育,2003(1):18-21.
② 侯海涛.扫描法国中学学校内部管理组织机构[J].湖南教育,2005(6):42-43.

可以改组为纪律委员会,负责学生开除问题或处理有意破坏学校纪律的问题等。学校还有教育工作顾问——督学,这些人是学校的合作者,对学生在校内以及在校外的活动进行监督。学校还与社会工作者产生密切联系,其职责是发现在社会关系中学生生活处境不利的状况,并帮助他们解决相应的问题。

(四)教育管理体制的最新改革

法国以中央集权为主的教育管理体制具有自身的优势,如便于统一管理、规划和保证质量。但是也存在着明显的不足,比如过于僵化、官僚主义盛行、等级森严、基层缺乏积极性等。社会和公众对其批判很多,因此法国政府也在逐渐推动其不断改革。

1. 中央教育行政管理机构的分化

法国的教育管理体制带有典型的中央集权性质,自上而下建立起了一套国家控制的教育系统,中央政府在教育政策的制定与执行中持有很大的权力。国家和中央政府负责管理各级各类教育机构,促进教育发展是国家责任,由于集权制带来了很多问题,最重要的是地方政府以及学校在教育管理上失去了自主性和灵活性。法国政府对中央教育行政管理机构进行了改革,2007 年,法国将国民教育、高等教育和科研部分解成为国民教育部与高等教育和科研部,对所掌管的权限进行了有效分配。国民教育部下的学校教育司负责制定教育和教学政策,以及小学、初中、高中和职业高中的教学大纲,提供中等教育和培训服务以及制定有关小学及中等教育机构组织运转的规章制度等;高等教育和科研部负责制定高等教育的有关政策,管理高等教育中的教育和培训服务。① 伴随而来的是将教育行政方面的权力进行分化与下放,提高地方政府的自主性与灵活性。

2. 教育管理权力从中央到地方的下放

法国尽管在教育管理上长期实行高度的中央集权制,十分强调统一管理,教育部垂直管理中小学教育,但在学制、教学大纲、教材和教师管理方面正在逐步下放权力,有步骤地进行改革。1997 年,法国国民教育部正式颁布关于人事放权的政令,在人事管理上实行减政放权,将中小学教师由国家管理改为由学区管理。初等教育的改革于 2000 年启动,开始实施以基础知识,包括说、读、写、算为核心的教学计划,进一步调整了教学进度,使之更加适合儿童少年的接受能力。同时赋予小学教师新的职责,教师在教学安排和教学方式上有更大的自主权。② 此外,法国教育的管理沿着在人事和教学方面放权给学区长、学区督学和校长,在行政和财政方面分权给地区、省和市镇的大方向继续进行。中央开始摆脱一些烦琐的事务,行政人员数量有所减少,地方对教育的投入增加,社会各方,尤其是校长们感觉到学校的自主权比过去加强。

3. 学校管理在自治程度上的提升

伴随着地方分权化和学校自治制度的确立,法国政府为了保障所有学生的学力,1994 年制定了中等教育向导指标。这是以支援学校进行有效教育活动的基础为核心的一种新的学校评价制度,期望通过强化学校经营的自律性,发挥创建"有效学校"的先导作用。分权化、多样化的结果,在教育实践上要求教师采取尊重学生的个性化、个别化教育的策略。在教育行政上,要求承认地区差别及学校差别,展开适应差别制的具体化的管理策略。如此一

---

① 张颖.法国的职业教育管理和培训体系[J].河南职业技术师范学院学报(职业教育版),2008(1):67-70.
② 王莉生.法国德国的教育管理[J].内蒙古教育,2000(3):41-43.

来，法国长期以来信守的"学校皆同"的学校观以及这种支撑同质性原则的教育服务的平等性、划一性开始得以彻底纠正。法国开始实施"学校教育计划"，完善自治制度。坚持以教学活动计划为中心，对学校与外部社会之间的关系、学校生活、课外活动等活动程序进行了规定。更为重要的是它通过现状分析、根据实际情况规定具体的措施，力争使这些措施与学校改善有机衔接，而且该计划是根据"教育共同体"的一致意见进行的，进而使法国的学校自治步入了新的阶梯。因此，创建独具特色和自律性、民主化运营的个性化学校运动成为20世纪90年代的潮流。

四、德国教育管理的当代发展

德国是一个联邦制国家，在教育管理上实行中央集权与地方分权相结合，而以地方分权为主的管理体制。德国的教育行政管理由第二次世界大战前的高度中央集权制，迅速转变为战后的地方分权制，之后经过多年的改革与探索，逐步形成了今天的合作性文化教育联邦制模式，建立了既适合本国国情又独具特色的教育行政管理体制。

（一）教育管理体制的历史沿革

德国的教育管理体制继承于普鲁士时期形成的制度，第一次世界大战以后，形成了比较完善的教育管理体系。魏玛共和国时期保持着各州文化与教育主权局面，只有在纳粹统治时期，希特勒推行法西斯专政，剥夺了各州文化与教育的主权，加强教育制度统一化。第二次世界大战以后，逐步取消高度中央集权的管理体制，逐步恢复魏玛共和国时期的教育制度与教育行政管理，转变为极端的地方分权化，实行各州文化教育自治，联邦政府对教育的权限仅限于一般的监督和协调。德国颁布了《德国联邦基本法》，规定德意志联邦共和国是一个民主的和社会化的联邦制国家，依据《德国联邦基本法》和1957年联邦宪法法院的裁决，文化教育由各州自治。一方面，学校教育仍以各州自治为主；另一方面，联邦政府可以通过一定的权限和建立一些协调机构参与有关教育的决策。这种合作不仅指联邦与州的合作，还包括州与州的合作，这种合作性文化教育联邦制模式是经过长期的摸索而逐渐形成的。德国由战前的中央集权制国家变为战后极端的地方分权化国家，过度的地方分权有碍于全国各地教育的均衡发展。

为改变过度分权所带来的弊端，联邦德国于1969年修改了《德国联邦基本法》，规定联邦和州可以在制定教育计划、促进各地区的科学研究设施和项目等方面合作，同时增加联邦政府"制定教育训练补助金规则与促进学术"的共有立法权，以及制定高等教育基本原则的立法权，并授予联邦政府若干教育行政权力，如设立联邦教育和科学部，对有关奖学金的立法、有关大学制度的立法和大学的学术研究的援助等拥有一定的权限。此后，联邦政府又采用与各州合作及补助等方式，健全联邦和州之间的教育行政关系，加强与地方的"合作"，不断强化联邦政府的"干预"程度。1994年，德国再次修改《德国联邦基本法》，承认联邦政府对高等教育的干预。教育部与科研部合并，组成了"联邦教育、科学、研究与技术部"，联邦政府在教育领域的权力主要由教科研技部部行使，之后在1998年更名为现在的教育与研究部。同时，对《高等教育大纲法》进行修改，进一步确认联邦政府对全国教育事业发展的作用与职责，所有这些均表明联邦政府对教育的干预在不断加强。[①]

---

① 李帅军,有轶.德国教育行政管理体制的考察与分析[J].河南师范大学学报(哲学社会科学版),2009(1):260-262.

（二）教育行政管理结构构成

德国在教育行政管理领域主要实行联邦主义，教育行政机构主要集中于地方，设有州教育部，专区教育署，市、县教育局三级机构。州享有教育立法和行政管理的最高权限，在州一级，制定教育政策的机构主要是州教育部及其咨询机构，联邦教育和研究部对全国教育所能起的作用有限。

1. 联邦教育行政管理体制

德国的中央教育行政机构主要是联邦教育与研究部，其前身是"联邦教育与科学部"和"联邦教育研究与技术部"合并组成的联邦教育、科学、研究与技术部，代表政府行使教育权力。该部门设部长1人，议会国会秘书1人，国务秘书2人，下设9个司，97个处。这些机构包括战略司、中央司、科研机构司、国际合作司、职业教育及教育改革司、高等教育司等。[①]教育与研究部的职能包括：负责发展战略、科技规划、教育及科研中的经济问题、技术创新计划等；负责人事、财政预算、教育及科研中的法律问题、组织机构、安全等；负责制定科研政策，管理政府资助的各种研究协会；负责国际合作战略，与其他国家在教育及科研领域的国际合作；负责职业教育中的法律问题、职业教育的机构及发展；负责制定联邦一级高等教育方针政策，并与州一起规划并促进高等学校的扩建与新建。教育与研究部非常重视高等教育的发展，主要负责对学生进行资助，建设和扩建大学，开展教育政策与立法工作。近年来，联邦教育管理权限在逐渐扩大，但和州相比仍然是有限的。见图9-2。

2. 地方教育行政管理体制

德国各州均设有教育部，教育部一般设部长1人，副部长2人，部长为国会议员，由州行政领导任命，经州议会通过。其内部机构的设置由职能机构、研究机构、咨询机构等组成，具体的机构包括：总务司、教育计划司、学校教育司、师范教育司、高等教育司、艺术及成人教育司。州教育部是州的最高教育行政机关，并且是最高教育检查与监督机关，代表国家行使对教育的管理和检查职能，全面负责一个州的教育规划、组织、管理、督导工作。州教育部的职权相当广泛，主要包括：负责教育立法，代表国家组织、计划、领导和促进州的整个学校系统，对学校设施、财政、教育内容和方法、教材、教师的监督，任命校长，对教师和校长进行纪律方面的督察，补助私立学校经费，制定学校建筑设备标准并审批校舍建筑计划，拟定州的教育发展计划，制订和颁布州课程标准，认可中小学教科书等。

德国在较大的州下面设有区政府，区政府设有一级教育行政管理机关，往往被称为教育厅。教育厅设厅长1人，下设秘书、督导人员及工作人员，一般下设3~4个负责不同教育部门和事务的工作处，并设有专门的考试部门和教育心理指导咨询部门。此外，有的教育厅还设有学校事务教育管理处，负责管理其他处管辖范围以外的所有教育事务。教育厅直接接受州教育部的领导，并直接对本地区教育事业的发展负责。教育厅的主要职责是管理、指导和监督各县教育机构的工作，协调各方面的关系，为各学校提供教育政策咨询服务，组织落实州教育部的各项方针政策，促进本地区的教育发展。

县市教育局是德国基层的教育行政机构，县和市的地位是平行的，各州的县市均在县市政府内设立教育局。教育局主管县市内的中小学，在处理教育行政工作上，受州教育部或教育厅领导，教育局的组织人员编制，原则上由州内政厅决定。一般下设人事、财务管理科，小

---

① 李春生.比较教育管理[M].南京：江苏教育出版社，2008：68.

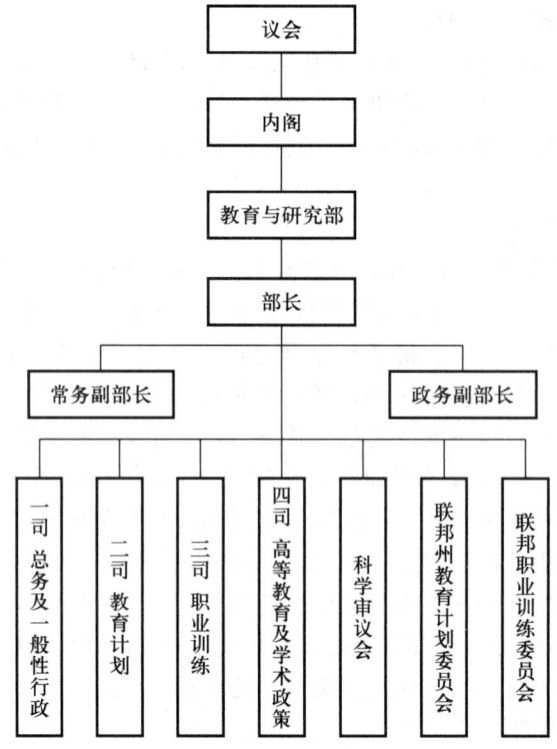

图 9-2 德意志联邦共和国教育制度结构图

资料来源:以 O.Anweiler 为领导的联邦德国学术委员会所著《德意志联邦共和国和德意志民主共和国教育比较》(1990)

学教育咨询管理科,主体中学咨询管理科,实科中学咨询管理科,特殊学校和学校幼儿园咨询管理科等机构,负责处理与学校有关的事务。县教育局在业务上接受地区教育局的领导,负责县内除完全中学以外的各级各类普通学校的管理工作,为学校教师、学生和家长提供教育政策方面的咨询服务,并负责教师的招聘和培训进修、校长的招聘、教师和校长的督导。[①] 县市教育局督导人员的主要任务是负责学校的教育督导,一位督导人员负责一种类型的学校,其典型职责是人事管理,特别是对正式教师的任用、分配和晋升方面的督导。

(三)学校内部管理结构的构成

德国中小学内部的行政机构实行校长负责制,学校通常设校长 1 名,副校长 1~2 人,校长由地方教育部门任命,副校长由校长任命。除了校长和副校长之外,一般学校的非教学行政管理人员设有校舍管理人员、女秘书、行政管理职员、图书管理员、教学器材管理员、教育心理学者等。学校会议是学校的决策机构,由教师和家长代表组成,人数各一半。其职责是决定学校重大问题,如选用教材、经费使用、学生成绩评定、家庭作业情况等。班级会议吸收所有学生家长参加,讨论下一学期的教学计划,并对学生的家庭作业及教材使用提出意见。每个班级会议选主席 1 人,参加学校监护人会议,由监护人会议选出家长代表,参加学校会

---

① 李帅军,有轶.德国教育行政管理体制的考察与分析[J].河南师范大学学报(哲学社会科学版),2009(1):260-262.

议。中小学校长的任务仅是处理一般的行政技术性工作,如沟通与上级、学校和家长之间的联系,参加校长例会,组织教师执行州和直辖市政府教育行政管理部门制定的教学大纲和计划,安排代课,联系就业指导。德国对学校教师以及学校校长实行公开招聘制度,其要求和程序是非常严格的。校长与教师之间是一种真正的同事关系,这种管理体制及模式,有益于创造和谐与平等的氛围,容易使教师的精力集中于教学工作。

(四)教育管理体制的最新改革

德国在教育管理体制的改革上,也是顺应社会发展的需要以及现代教育管理制度变革的趋势。在教育行政权力架构上,逐步朝着分权化的方向发展,行政管理上逐步趋向民主化。在学校管理上,逐步强化学校管理的自主化倾向,将学校人事制度改革放在重要的位置。

1. 教育行政督导的加强和专业化发展

德国各州长期以来享有管理本州教育文化的权力,各州教育事业的发展有自己的特点。联邦政府重在立法、计划、督导、提供资金,地方重在执行。近年来,教育行政管理日益重视督导功能的发挥,学校督导机构通常设置在教育局,教育督导的对象逐渐扩大化,由原来只负责基础学校和主要学校、特殊学校的督导工作,逐步转向包括基础学校、主要学校、特殊学校、实科中学、完全中学以及职业学校。督学长由一名增至多名,同时加强多位督学长的合作,以便更好地进行教育督导。同时,德国重视教育行政管理人员的专业化发展,特别重视对那些从一般行政部门转来的管理人员,以及一些新工作人员进行专业化培训和教育。各州教育部开始与教育学院、研究中心等机构开设各种教育行政进修研讨课程,以提高他们的专业水平。从最近几年的发展趋势来看,德国开始日益重视教育行政管理领域的发展,强调任用人员职能的专业化问题。

2. 教育行政管理权力的下放

德国实行的是联邦制度,各州在管理上是相对独立的,在教育政策制定与实施上具有相对较大的权力。州政府在教育领域拥有充分的自主权,会根据本州的状况,提出各种教育政策与改革,形成具有自身特色的教育体系。但在地方政府与学校层面赋予的权力不多,整个教育行政管理体制比较复杂,形成了较为烦琐的管理流程,出现了官僚化的趋势。德国在教育行政管理的改革上,一方面主张将部分权力逐步下放给地方政府,进一步削弱中央教育行政部门的权力,只负责大的政策方针的拟定,给予地方以更大的自主权。另一方面,给予学校层面以更多的权限,比如在高等学校和职业学校层面,考虑给予学校更多的办学自主权,在经费管理、办学方向、招生制度以及制度框架等方面,让学校进行自主管理,做到比较灵活应变。改变以往行政管理制度方面的束缚,提升学校的办学效率和活力,减少行政部门对于学校管理的干预,促使学校之间形成充分的竞争。

3. 学校管理自主权的扩大和人事制度的改革

在20世纪60、70年代,德国强化了学校自主管理权利的实现,学校可以广泛地参与到课程大纲方针的制定中,决定教学的内容与形式,让学校的预算和人事权得到强化。同时,积极地让教师、家长、学生以及社会公众参与到学校的决策中来。20世纪90年代前后,德国为实现"好学校"的目标,给学校更大的自主权。在追求这样目标的学校,开展了有关"学校自律性"的大讨论,在很多州也以此为方向进行改革,也就是将教员的人事权、预算权、学校教育计划等与教育内容相关的事项,从州机关或学校设置者委托给学校,可以说扩大了学校的裁量权。① 在德国,教师被纳入国家和州政府公务员的管理序列,原则上不得被解聘,无需交纳失业保险金和医疗保险金,教师的工资由政府教育行政主管部门直接通过银行发放。这种工资制度有明显的"铁饭碗"特征,不能发挥工资制度对广大教师的激励作用。鉴于此,德国制定了一套改革工资制度的措施,把工资分为固定工资和浮动工资两部分,工资等级与教师的岗位和工作成绩挂钩,晋升工资需要通过相应的业绩考核或评估。竞争机制和弹性工资制度的引入,激发了教师的工作积极性,同时也提高了科研能力。

五、日本教育管理的当代发展

日本教育管理体制的特点是中央与地方合作制。第二次世界大战以后,日本曾仿效美国实行地方分权制的教育行政体制,但难以与本国国情相适应。从20世纪50年代开始,日本便不得不进行新的调整,削弱了地方政府在教育行政方面的权限,适当扩大了文部省的职责权限,实施中央和地方合作管理的体制。

(一) 教育管理体制的历史沿革

明治维新时期,明治政府设立了主管全国教育事务的教育行政机关——文部省,加强了中央政府对于教育的管理,形成国家主义的教育管理体制。1872年,日本政府颁布了《学制》,具体地规定了日本的教育行政管理体制,把全国划分为8个大学区,大学区各设大学1所,每个大学区又分为32个中学区,中学区各设中学1所。每个中学区又分为310个小学区,小学区各设小学1所。② 第二次世界大战时期,这种趋势不断得到加强,在教育管理体制上形成了军国主义的特征,进行严格统一的军事化管理。战争结束以后,日本对这种建立在国家主义基础上的教育行政管理体制进行了彻底的批判和否定。在1949年颁布了《文部省设置法》,文部省便成为一个咨询性的服务机构,其战前的"命令统制"权力被剥夺殆尽,日本的教育行政管理体制由战前的中央集权制转变为战后的地方分权制。日本实施的这种美国式的教育行政管理体制,因不适应日本的历史传统和国情而宣告失败。

进入20世纪50年代以后,日本着手对教育管理体制再次进行改革。1952年修订了《文部省设置法》,并颁布《文部省组织令》,1953年颁布了《文部省设置法实施细则》,在一定程度上加强了文部省的权限。1956年废止了1948年颁布的《教育委员会法》,制定并颁布《关于地方教育行政的组织及经营管理的法律》。日本的教育管理体制强调实施教育民主,以及教育行政管理的自治政策,学校内部管理依旧实施一长制,但逐渐克服了长官式的领导关系,校内教职员会议的权限与民主氛围有所加强。民主化的气息逐渐变浓,体现在人事管理、校内财务管理、教学管理各个方面。2001年,日本进行了教育行政机构的调整,将原来的文部省和科学技术厅合并为文部科学省,下设一个文化厅,新成立的文部科学省设有六个局,督学人员仍主要设在初等中等教育局下。③ 同时发展完善了教育督导体制,对学校教育质量进行有效监督。日本督导体制分为两级:一级是指在中央实行"文部省的视学官和视学委员制度",另一级则是指地方教委实行的"指导主事制度"。

(二) 教育行政管理结构构成

日本在战后初期的教育改革中,将中央集权制改为地方分权制,在1956年以后逐渐强

---

① 李天鹰.英美法德日诸国的学校内部管理体制改革[J].外国教育研究,2004(12):35-37.
② 李帅军.日本教育行政管理体制述评[J].比较教育研究,1993(2):14-17.
③ 李建民,肖甦.新世纪日本教育督导改革探析[J].比较教育研究,2007(7):17-21.

化了中央集权。目前,日本学校的外部行政机构由三级构成,分别为中央一级的文部省、都道府县的教育委员会以及市町村的教育委员会。

1. 中央教育行政管理体制

日本文部省根据《国家行政组织法》的规定而设立国家教育行政机关,文部省是国家最高一级教育行政机关,最高长官是文部大臣。文部省总体负责完成国家关于各项教育事务及宗教的行政事务,其主要任务是谋求振兴与普及学校教育、社会教育、学术及文化等。作为国家最高教育行政机关,文部省的内部机构主要由职能机构、审议机构和直属机构三大部分组成。文部省除下设文部大臣办公室——"大臣官房"以外,还包括六个局,包括:终身学习局、初等中学教育局、教育助成局、高等教育局、学术国际局、体育局以及直属文化厅。根据《文部省设置法》的规定,文部省在教育行政管理中主要执掌如下职权:向地方教育行政机关及教育、学术、文化与宗教机关提供指导、建议和劝告;核准都道府县及指定城市的教育委员会教育长的任命;制定、颁布学校课程标准,编著或检定中小学的教科书;纠正地方教育行政机关的违法或不当措施;收集、报道有关教育、学术、文化及宗教方面的资料和信息;主办、协调及协助教育研究工作;批准有关大学和高等专科学校的设置以及有关教育、学术或文化法人的设立;负责设置并管理国立学校;补助地方政府、学校法人及其他教育机关的教育经费;调查和规划有关发展教育、学术及文化等事宜。①

2. 地方教育行政管理体制

都道府县的教育行政工作由都道府县议会、都道府县知事、都道府县教育委员会及其事务局共同办理,都道府县议会是都道府县的议事决策机关。都道府县教育委员会是地方政府的教育行政机关,由都道府县知事任命的5名委员组成。教育委员会的委员一般从拥有都道府县知事候选人资格、人格高尚,对教育、学术及文化有深刻见识者中物色,任期为四年。根据有关法律规定,都道府县教育委员会主要行使以下职权:设置并管理都道府县立中小学;设置并管理都道府县立社会教育机构;任免都道府县立学校及其他教育机构的教职员;任免市町村立学校中的县费负担的教职员;颁发中小学教师证书;给予市町村长及市町村教育委员会以指导、建议和援助;指挥监督市町村教育行政机关的运行,代替文部大臣对市町村教育行政机关行使措置要求权;决定都道府县立学校使用的教科书;举办都道府县教育人员的在职进修等。

市町村的教育行政工作由市町村议会、市町村长、市町村教育委员会及其事务局分工合作管理。市町村议会、市町村教育委员会及其事务局在教育行政方面的职权与都道府县议会、都道府县知事、都道府县教育委员会及其事务局相同或相近,只是工作范围相对缩小。市町村教育委员会是基层的教育管理机构,同都道府县教育委员会一样设立教育长。教育长的任务是在教育委员会的监督下,负责管理属于教育委员会权限范围内的一切事务。市町村教师委员会主要负责管理小学和初级中学,其权限包括:学校管理权、评议实施权、服务监督权、意见呈报权等。对学校管理提出具体的指导建议,但必须尊重学校的自主权,不能过分或直接参与、干涉学校的管理。②

---

① 李春生.比较教育管理[M].南京:江苏教育出版社,2008:173.
② 梁忠义.比较教育专题[M].长春:东北师范大学出版社,2002:124.

(三)学校内部管理结构的构成

日本学校设校长一人,掌管校务,监督所属教职员。根据学校教育法规定,学校还设置教头、教谕、教务主任、学年主任、学科主任和学生指导主事等职位。以上各职位,在日本学校教育法中都有明确规定,各学校依法设立校内行政管理机构,所设的机构依法履行其职责。教职员的人事调动,包括新人采用、退职、转岗、职务升迁等都是由教育委员会决定的。学校有空岗待补时,学校向教育委员会提出岗位要求,然后就是等待教育委员会对教师进行筛选和处理。此外,学校的财务预算也由地方政府的预算委员会负责编制。校长将有权决定在本校采用一些灵活的、有利于学生个体发展和学校教育特色形成的课程及其组织方式,如学生自选课程、自定节奏的选择学习项目实行弹性班级规模,生活和学习可以采取不同的编班,使用同一教材的学生可以根据熟习程度再分为小班教学。日本普通中小学中普遍设有职员会议,审议讨论学校的一些重要事项,这是教职员参与学校管理的一条重要渠道。职员会议是由校长主导、促进教职员间沟通、辅助校长决策的机构,其设置是为了加强校长的领导权,协助校长进行正确决策并更好地贯彻决策。见图9-3。①

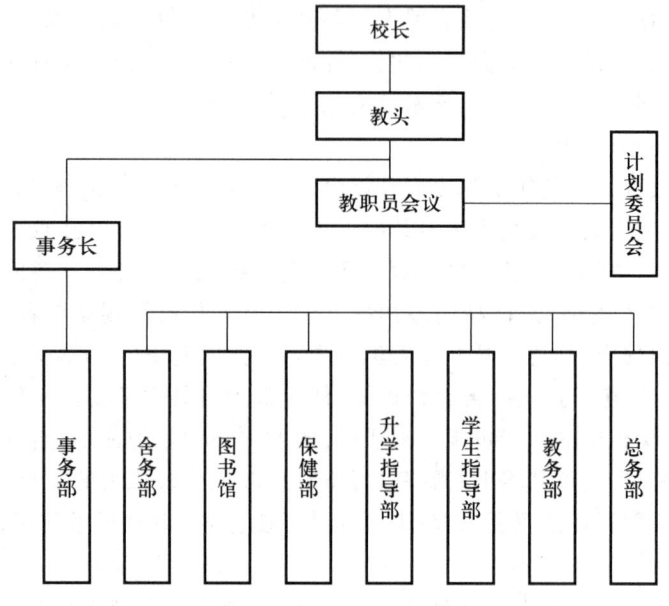

图9-3 日本中小学校务三级领导机构图

(四)教育管理体制的最新改革

日本在教育管理体制进行了连续的改革,以逐步适应社会和经济发展的需要,在未来的发展趋势上,开始确立公共教育行政管理机制。逐步下放教育管理权力,加强地方自治体的教育自治,实行分权化的改革。在学校管理上,逐渐将学校管理权力下放,建立公正合理的学校自治体制。

1. 教育行政管理体制的分权化改革

20世纪90年代末,日本开始实施教育行政地方分权化的改革,文部省提出了对地方教

---

① 李春生.比较教育管理[M].南京:江苏教育出版社,2008:196.

育行政体制进行改革的建议,调整中央和地方教育行政机构的关系。探讨取代教育长任命制的具体措施,要求市町村教育长专门化,对教育委员的选任方法实行弹性制,将小规模地区的教育委员会集中扩大为具有中心规模的教育委员会。改革国家、都道府县、市町村之间的指导建议型的行政方法,促进都道府县向政令指定市、中心城市下放权限。对教育委员会和学校之间的指导建议型行政方法进行改革,扩大有关人事、预算、校内管理方面的学校决定权和校长权限,明确学校的管理目标及其承担的相应职责解释,通过改善学校管理规则来实现教育委员会和学校之间关系的弹性化。导入住民、监护者参与学校管理的组织。① 核心思想主要是减少国家对地方、地方对学校的干预和统治,推行地方分权,以发挥地方教育行政机关办学的积极性。

2. 学校教育的公共治理体系建立

为了改革现有的学校管理制度,日本将公共治理理论引入到实践领域,将多种利益相关者引入到教育管理体制中,增加管理的多元性与灵活性。日本政府修改相关法律,开始允许聘请民间企业人士担任校长,打破了没有教师资格、缺乏教育经验者不能担任校长的制度。② 这些企业人士来自于不同的行业,都是企业的部门经理角色,加强了学校与地方之间的交流与写作,激发了学校的办学活力,增强了学校管理的自主性,同时也为学校带来比较丰富的社会资源。还支持家长、社区居民参与到学校的经营管理中,首先在学校建立评议员制度,让一些与学校有联系,在社会上具有影响力的人士来担任学校评议员;其次建立支援学校的志愿者制度,让家庭和社区居民能够参与到学校教育中;最后是建立学校评价制度,基于家长、社区居民的评价,促进学校工作的改善。

3. 学校管理权力的下放与逐渐本位化

公立学校所遇到的质量危机和信任危机,是日本当前基础教育所面临的重要难题。改革的基调是,在新自由主义的倡导下,把学校从官僚行政管理体制的强力约束中解放出来,把学校的课程、预算、人事管理等权力下放到学校基层,自主管理、自律运营,让校长、教师、学生、家长和社会共同参与,学校的工作引入市场竞争机制。之前,教育委员会与学校之间是垂直的上命下服的关系,校长的职责是受教育委员会的委托掌管具体的日常校务和监督教职员工作。教育委员会管理权限的下放或柔性化,意味着校长自主管理的责任和权限得以扩大,减少了对上级的行政依赖,拥有更多实现自己的教育理念及根据学校实情实施弹性的、特色的教学与管理活动的空间。在2000年教育国民会议提案中,提出将校长的人事权扩展到所有正规编制的职员,校长还在课程管理以及经费预算上享有很大的权力。③ 此外,在学校的管理上,还普遍设有职员会议,审议讨论学校的一些重要事项,还规定设置学校评议员制度。校长根据学校需要,推荐一定的校外有识人士担任学校评议员,以使决策更加符合学校所在地域社会的实际状况。

---

① 包金玲.日本教育行政地方分权化改革的背景及其评价[J].国家教育行政学院学报,2007(11):86-90.
② 姜美玲.教育公共治理的国际经验及启示——加拿大、日本教育公共治理考察报告[J].世界教育信息,2010(6):88-92.
③ 赵健.学校管理本位化与学校选择自由化——日本公立中小学改革的新进展[J].全球教育展望,2002(1):67-70.

六、俄罗斯教育管理的当代发展

俄罗斯的教育管理体制延续了苏联时期的管理体制,根据社会和经济发展状况,对管理体制进行了连续改革和完善,形成了目前的教育管理体制。根据俄罗斯教育法,俄罗斯联邦教育行政管理分为联邦、地区与地方三级水平,将过去由中央集中统一管理改为分级管理。

(一)教育管理体制的历史沿革

苏联时期的教育管理体制实行中央集权制,全国教育的决策机关是苏共中央和苏联部长会议,执行机构是苏联国家教育委员会。在具体的实施中,将中央集权与地方分权相结合,对国民教育实行分级负责管理。教育的管理权绝对集中于中央,将一部分权力下放到加盟共和国、州、边疆地区、城市以及乡村几个行政区划。各级有各级的管理区域和职权,自上而下形成一级抓一级,一级对一级负责的管理模式。1991年苏联解体后,俄罗斯政局不稳,经济困难,政府无暇顾及教育变革。20世纪90年代初,俄罗斯曾一度放弃了国家对教育的管理权。到90年代末,俄罗斯制定的新教育政策使国家重返教育管理领域。随着经济形势的逐渐好转,教育现代化改革重新被提到政府议事日程。这一时期,主要表现为从联邦中央高度集权走向分权,从一元领导走向多元自治。

俄罗斯对现行教育体制作了较大调整,1992年《俄罗斯联邦教育法》颁布之后,俄罗斯确立了联邦、地区和地方三级教育行政管理体制,将过去由中央集中统一管理改为分级管理,并明确详实地划分了俄罗斯联邦、各联邦主体、地方自治机构、教育机构在教育领域的权限和职责范围。1992年,成立了俄罗斯联邦教育部及联邦科学、高等学校和技术政策部两个机构来取代苏联国家教育委员会。俄罗斯联邦政体为总统制国家,教育的最高决策权在总统。联邦教育部负责领导并管理学前教育、普通中等教育、职业技术教育、中等专业教育、师范教育和校外教育。联邦教育部下属的教育管理机构为各共和国教育部;各边疆区、州和自治州、自治区教育局(部局、委员会、司);莫斯科和圣彼得堡市教育局(司);各地区、市、区、市辖区教育局(处)。

1998年,俄罗斯教育部再次合并改组,成立俄罗斯联邦普通和职业教育部,全面负责教育事务,这一时期的特点是由强调分权转而强调统一管理。进入21世纪以后,俄罗斯开始推行国家与社会共管的制度,2000年,俄罗斯政府批准的《俄罗斯联邦国民教育要义》规定应"扩大社会对教育管理的参与"。在教育行政管理模式上,从"家长制"向"责任互担"模式的转变,教育职业团体参与到联邦级和地区级教育政策的制定过程中,强化国家和社会共同进行管理。

(二)教育行政管理结构构成

在2004年俄罗斯对联邦教育部进行改组之前,中央教育行政机构主要设立两大平行的教育管理职能部门,即俄罗斯联邦教育部与联邦科学、高等学校和技术政策部,而地方仍然以地区和市为主,中央教育行政管理体制变更比较大。

1. 联邦层面的教育管理机构

俄罗斯联邦水平上主要设立了两大平行的教育行政管理机构,一个是俄罗斯联邦教育部,另一个是俄罗斯联邦科学、高等学校和技术政策部。俄罗斯联邦教育部主管学前教育、普通中小学教育、职业技术教育、中等专业教育、中等和高等师范教育、校外教育。联邦科学、高等学校和技术政策部负责综合性大学及师范院校以外的其他高等教育的领导和管理。

《俄罗斯联邦教育法》将联邦权力机构和教育行政管理机构的管理权限主要限定于宏观层面,侧重于各级各类国家级标准、程序、指标等框架性内容的研究与构建,致力于维护俄罗斯联邦文化、教育空间的统一性。主要包括以下几个方面:联邦教育政策及程序的制定与实施,各级教育机构的管理与评估,联邦教育内容管理,联邦教育经费管理。在2004年,俄罗斯对联邦政府机构进行重组,取消了联邦教育部,将其按决策、执行、监督三部分职能分别划分了三个部门,成立了联邦教育与科学部、联邦教育署、联邦教育与科学领域督察署。

2. 地方层面的教育管理机构

在地方教育管理层级上,州、边疆区、共和国政府下属设有教育局、教育委员会、共和国教育部等,负责地方的教育事务。联邦主体具体执行联邦指定的教育政策,负责指定本地区教育系统的重大决策,市级教育管理机构主要负责地方教育系统的日常管理工作。在联邦主体层面,各联邦主体设有教育行政管理部门,有责任划拨地方财政,协助国家保障中等教育的普及性、免费性和义务性。各联邦主体一级教育行政管理部门的管理职能主要表现为:贯彻执行联邦教育政策,制定并实施与联邦教育政策一致的政策及相关法令,管理辖区内的教育机构根据本地区的实际情况,制定并实施共和国、地区包括民族间的教育发展纲要,制定共和国、地区教育经费拨款指标,对地方预算进行补贴,强化国家对基础普通教育普及性和义务性的保障等。

地方教育行政管理部门的职能范围得到了扩展,主要是市一级层面,除普通学校外,部分初等和中等职业学校甚至包括部分市级大学都归市级教育行政管理部门管辖。市级教育行政管理部门的权限主要包括管理、监督地方市教育行政管理机构和学校的工作,贯彻国家教育政策,开办、改组、撤销地方市属教育机构,保证对其教学楼和其他设施进行维护、安装附属设施,编制地方教育经费预算,组织并提供普及、免费的初等教育、基础教育,并根据基础普通教育计划开展中等完全教育,在市区内向儿童提供补充教育和普及免费的学前教育等。具体见俄罗斯联邦教育管理结构图,即图9-4。①

(三)学校内部管理结构构成

在学校内部管理上,俄罗斯适当下放了教育的管理权限,明确学校具有独立的办学实体的法人地位,确立了学校自治、民主管理内部事务的办学原则。学校管理的权限主要有:学校在法律范围内执行国家教育政策和教育标准,向上级机关负责。学校在教学活动、人事、经济、社会服务、国际校际交流合作等方面享有自主权。俄罗斯在中小学实行校长负责制,校长是一长制的领导人,主持学校的全部工作。个人向国家负责组织学生的教学教育工作并保证质量,负责增进学生的健康,帮助学生自治组织开展工作,同时还负责学校的财务。校长对下属的工作进行节制,对副校长、教师、教导员、班主任以及其他工作人员的工作实行监督和指导,根据学校的规模决定副校长的人数。副校长的职责是负责正确组织学校教学教育过程,完成教学大纲,保证教学的质量;助理的职责是协助校长管理好学校的后勤工作。学校的常设管理机构是校务委员会,是学校教育的智慧中枢,主要是为了审议、研究和解决学校各方面工作的主要问题,负责把教师和学校其他工作人员联合起来,致力于提高学校的整体水平。校务委员会在决定学校事务时,都要进行公开表决,利用集体会议的方式来交换意见,深入研究各种建议,最终拟定有利的发展措施。

---

① 朱小蔓,鲍列夫斯卡娅,鲍利辛柯夫主编.20-21世纪之交中俄教育改革比较[M].北京:教育科学出版社,2006:57-58.

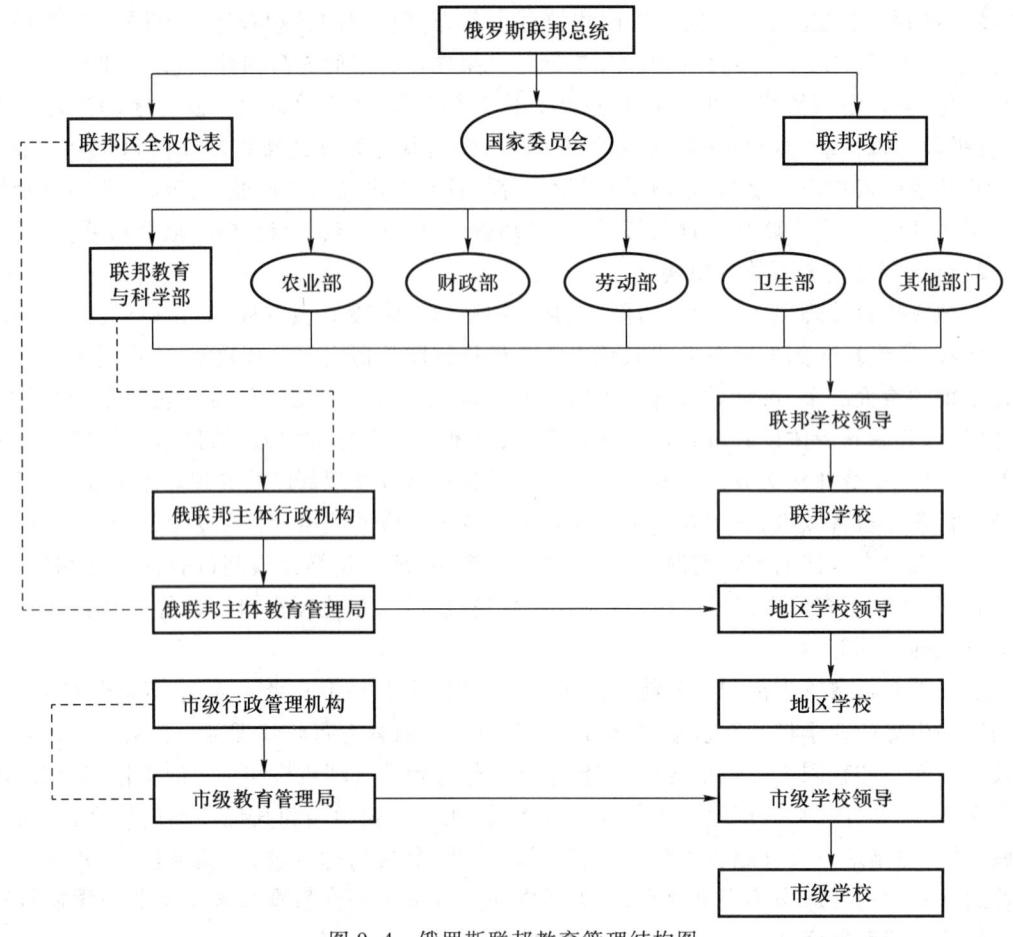

图 9-4　俄罗斯联邦教育管理结构图

（四）教育管理体制的最新改革

俄罗斯为了促进自身教育管理体制的发展，对其进行了一系列改革，重点是从中央教育管理机构的改革出发，自上而下带动教育管理体制的变革。改革强调管理机构的专业化和职能化发展，对机构人员进行专业化培养，提高管理的效率。

1. 教育行政管理体制的改革

2004年3月，俄罗斯总统普京对联邦政府机构进行改组，取消了俄罗斯联邦教育部，将原联邦教育部的职能按决策、执行、监督三部分分别划分为三个部门，并与科技工业部合并后成立联邦教育与科学部、联邦教育署、联邦教育与科学领域督察署。俄罗斯联邦教育与科学部负责协调与监督联邦教育署和联邦教育与科学领域督察署的活动。作为联邦权力执行机关，俄罗斯联邦教育署受联邦教育与科学部领导，承担与外国国家权力机关和相关领域国际组织开展合作的职责，还有人才培养以及国家财产、经费管理的职责。联邦教育与科学领域督察署的教育许可、鉴定和督察司主要负责高等和大学后职业教育质量的检查、初等和中等职业教育的许可与质量检查及教育领域检查与督察工作的协调等任务。① 而在联邦主体

---

① 时月芹.俄罗斯教育行政管理体制的变革[J].大学·研究与评价,2008(9):45-49.

层面和地方层面,为了优化教育行政管理,促进教育行政管理的现代化,许多地区开始对教育行政管理体系进行改革,由此形成了各具特色的教育行政管理模式。

2. 学校课程管理的改革

20世纪90年代,俄罗斯的教育改革多以教育结构、教育形式的改革为特征,21世纪的改革则更加注重教育教学的理念、内容、手段的现代化。近年来,涉及普通教育课程改革的重要政策文件主要有两个——《第二代普通教育国家教育标准草案》和《关于普通教育高级阶段实行侧重专业式教学的构想》。①《第二代普通教育国家教育标准草案》中增加了关于实行普通教育国家教育标准的财政预算的基本原则和条例,并详细规定了联邦、地区和地方的各级财政预算标准。在《关于普通教育高级阶段实行侧重专业式教学的构想》中,决定在普通教育学校高年级实行侧重专业式的教学,并建立相应的侧重专业式教学的培养体系。总的来说,在课程管理方面逐渐由中央集权向地方放权,即从苏联时期实施统一教学计划发展到苏联后期的多个教学计划方案,再到俄罗斯目前通过国家教育标准的控制,实行联邦、地区和学校分别制定教学计划的三级课程管理的体制。

3. 学校教育质量评估的管理变革

俄罗斯为了保障学校教育质量,着手对已有质量评估制度进行改革,建立比较全面完善的质量评估管理机制。根据2008年2月颁布的《全俄教育质量评估体系方案(第二版)》,构建全俄教育质量评估体系,将其构建为教育系统内部质量评估与外部质量评估的结合。在管理体系的构建上,将政府、学校、社会和个体都囊括进来,形成共同参与的评估体系。具体来看,国家对教育质量进行评估是通过不同层级的政府管理机构来实现,生产部门评估是依靠与企业、雇主联合会、工商局等建立社会伙伴关系来实现,社会评估是通过雇主、社会组织、教育界、公民的广泛社会参与来实现,还有公民教育质量评估机制。② 在内部质量评估上,由学生、教师、教育大纲、教育管理机关、教育机构保障体系来构成。在内部形成互评体系,包括教育管理机关与教育机构、与教师互评、与学生互评等。

第三节 教育管理的改革与发展趋势

一、教育改革中的新公共管理运动

20世纪80年代中后期在美国出现了一种新公共管理运动,这一运动迅速传播到西方各国,成为当代西方公共管理实践的新趋势。这一新的理论导向,首先导致了一系列教育管理观念的变化。在教育领域引入"生产者"和"消费者"观念,在教育服务提供者和教育服务享受者之间确立起"生产者"和"消费者"关系,教育管理的核心是为"消费者"提供高质量的服务。为确保教育管理的质量,必须强化市场调节的作用,如自由选择、竞争等,但为了减少市场调节的消极后果,政府要加强统一指导的职能,以确保在市场失效的地方发挥独特的作用。在教育管理领域出现了一系列改革,在办学主体上,打破政府在公立教育领域的垄断地位,允许私人和私人部门参与公立教育事业。在不同的办学主体间引入竞争机制,实行自

---

① 肖甦,周耀慈.俄罗斯基础教育阶段课程管理政策变化评述[J].全球教育展望,2001(1):71-75.
② 王旭阳.俄罗斯现行教育质量评估体系述评[J].比较教育研究,2011(2):76-80.

由择校制度。削弱地方教育当局的管理权利,进一步将教育权利从地方下放到基层学校。建立以绩效为中心的学校和教师评价制度,加强和改善政府统一控制的指导职能。这些管理上的改革,重新调整了政府控制与市场竞争在教育管理领域中的关系,确保了政府与市场的作用在改革中的力量对比具有必要的张力。①

二、教育行政管理体制的分权化和专业化

在教育管理改革中,行政管理体制的改革首当其冲,从现代的教育行政管理体制改革发展的趋势看,主要走向分权化、专业化、民主化的倾向。各国的教育行政,不管是实行中央集权制还是实行地方分权制,都正在趋于相互靠拢、相互协调,向均权化发展,促使中央与地方行政管理权限逐步走向合理分配。在教育行政管理方面,实行中央集权制的国家,逐渐加强了地方教育行政管理的作用,给地方以适当的权限,以调动他们办学的积极性。中央政府也从国家角度出发,在管理上采取一些措施来干预教育,以实现国家教育总结目标。在教育行政管理体制方面逐渐走向民主化,在改革中要求进行教育立法、民主管理、民众参与教育决策。实行民主教育行政管理已经成为一种总的发展趋向。从宏观上看,主要是加强教育行政的民主管理,促进教育决策和教育立法的民主化,体现公民参与的社会性和公开性的原则,特别是教育行政管理集权制的国家,要求民主化的倾向更为强烈。各国教育行政管理体制民主化的主要特点,是教育行政管理民主化的内容进入立法和建立教育审议制度。②

三、教育管理的"全面质量管理"改革模式

教育管理领域中,全面质量管理的改革理念来自于美国管理学家戴明(William Edwards Deming)提出的企业管理理论,其核心内容是基于每个员工都想尽其所能的这个假设,通过改善员工共同活动的系统,使每一个人得到充分发展,最终达到提高产品质量的企业效益的目的。该模式包括四个方面的共同内容:首先,确定组织的生产者与消费者,每人既是生产者,又是消费者。在教室中,师生小组发挥的作用就像企业中前线工人那样,他们的工作产生劳动产品,即学生的能力、兴趣、品质和发展。其次,保证组织中每个成员不断进步,花费物力和财力,特别是时间和金钱,用以培训人员、组织质量观摩以及加强与学校的各方联系。废除分数制或定额目标,当有分数存在时,学生热衷的是分数,而不是学习。再次,完善组织系统,该组织必须被当作完整的系统,人们在这个系统中的工作必须被看作一个动态的过程。最后,重视组织中领导者的作用,学校领导必须注重建立起教育管理机构,通过提高师生合作教学,保证学生能最大限度地取得成绩。

四、"公立学校私营化"的改革模式

"公立学校私营化"是美国20世纪90年代以来出现的新的学校管理模式,这一时期公立学校内部管理遇到的财政危机、工作效率不高、缺乏竞争机制等问题,促使公立学校管理进行私营化的改革。该模式是指公立学校把部分教育服务活动从公共管理领域转向私营管理领域。这种管理模式并不意味着把公立学校逐渐转变为私立学校,而是在维护政府和学

---

① 王海燕.公共管理学运动与英美基础教育管理改革[J].苏州教育学院学报,2002(2):46-49.
② 路文生.论现代教育行政管理体制的发展趋势[J].高等师范教育研究,1994(6):55-57.

校委员会为学校的公共性的前提下,增加私人或私营机构在公立学校中的投资服务项目,包括经营学校的生活费用、食物供应、交通工具、医疗卫生、教学技术、教育测评、课程革新、教师聘用等方面。美国公立学校根据学校的实际要求和客观条件开展了丰富多彩和彼此不同的私营化活动,概括起来看,主要存在三种形式:其一是与私营部门签订合同,私营公司根据合同承担校内特殊的服务项目,如交通用具、医疗卫生、食品供应等;其二是与商业界和私人基金会建立伙伴关系,这种关系不仅表现为直接为学校提供经费,还表现为通过干预政府教育政策而间接影响公立学校的发展;其三是聘用独立教师,独立教师进入公立学校工作,为学校领导提供了又一种可以选择的私营化服务形式。

五、学校校本管理的改革模式

由于传统的教育管理模式使得整个教育系统变得权力集中,学校管理制度变得异常庞大和复杂,给学校管理带来极大障碍。学校教育出现了一系列的问题,如学校缺少自主权,失去创新意识,学校工作效率低下等。由此,20世纪80年代在欧美国家兴起了"校本管理"的模式,这也是学校改革运动中出现的一种新的教育管理模式。其核心理念在于将权力下放至学校,推行以学校为中心的管理。该模式致力于将教育权力和责任,从教育当局或外部教育行政机构手里转移到学校层面,学校按自己的情况合理分配和管理学校资源,比如知识、技术、权力、材料、人员、时间以及财政等,从而把学校视为"自行管理系统"。校本管理的产生是基于现代教育管理哲学观念的变革,即从由"外控"哲学观念向"内控"哲学观念的转变。从实际的实施情况来看,校本管理存在着很多长处,有利于满足学生的需要,促进学校推行民主决策,利于学校进行自我更新,学校员工也被赋予了更大的职权。

拓展阅读

1. 加雷思·琼斯,詹妮弗·乔治.当代管理学[M].北京:人民邮电出版社,2006.
2. 斯蒂芬·P·罗宾斯.管理学[M].北京:中国人民大学出版社,1997.
3. 陈孝彬.教育管理学[M].北京:北京师范大学出版社,1999.
4. 梁忠义.比较教育专题[M].长春:东北师范大学出版社,2002.
5. 陈孝彬.外国教育管理史[M].北京:人民教育出版社,1996.
6. 张斌贤.现代国家教育管理体制[M].上海:上海教育出版社,1996.
7. 托尼·布什.当代西方教育管理模式[M].强海燕,译.南京:南京师范大学出版社,1998.
8. 徐汝玲.外国中小学教育管理发展史论[M].北京:红旗出版社,2000.
9. 陈学飞,邢克超,等.美国、日本、德国、法国高等教育管理体制改革研究[M].北京:教育科学出版社,1995.

问题与探究

1. 教育管理的概念是什么?具体包含哪些内容?
2. 联系实际,谈谈美国、德国、日本的教育管理概况。

3. 教育管理发展与改革的未来趋势及动因有哪些?
4. 联系中国教育实际,谈谈中国教育行政管理体制改革存在的问题及策略。
5. 联系中国教育实际,谈谈中国学校内部管理体制改革存在的问题及策略。

第十章 当前中国教育的改革与发展

本章提要
- 人类进入21世纪,全球经济一体化加速了教育的一体化进程。面临着知识经济和人才竞争,世界各国都开始了基础教育的改革。作为世界教育改革的重要组成部分,我国基础教育领域近年来所实施的很多改革都折射着国际教育的新进展和新理念。
- 在教育国际化这一背景下,我国的高等教育改革也如火如荼地进行着。其中,作为世界一流大学建设的"985""211"工程以及资助和支持学生出国交换等都不同程度地提高了中国大学的国际化程度,为提高高等教育的水平以及国际影响力发挥了重要的作用。
- 在当前终身学习和学习化社会的建设中,终身教育成为一个国家在知识经济时代能否具有竞争力的重要指标。当前我国的终身教育正沿着构建学习化社会的路径稳步发展,网络学习、社区教育正对越来越多的人产生影响。
- 教育管理体制的改革在当前中国教育改革中占到重要位置,对整个教育改革起着引领性的作用,建立完善的教育管理体制可以有效调动各项资源,提高教育改革的效率,"问责""绩效"等词汇正出现在中国教育管理理论与实践中。

第一节 学前教育的改革与发展

从我国学前教育的发展趋势来看,未来的重点主要围绕办学规模和质量保障两个方面,也顺应了世界范围内学前教育的发展趋势。根据"优先发展教育,建设人力资源强国"的战略部署,为了促进教育事业的科学发展,全面提高国民素质,加快社会主义的现代化进程,我国颁布了《国家中长期教育改革和发展规划纲要(2010—2020年)》(以下简称《教育规划纲要》)。其中,关于学前教育有专门的一部分进行叙述,内容涉及办学规模、管理体制、农村学前教育、质量保障等方面,旨在促进学前教育在未来的时间里获得更大发展。可以看到,最重要的是注重扩大学前教育的规模,以保证更多的适龄儿童都能够接受合适的教育。在学前教育和小学教育之间建立衔接机制,让学前教育与小学教育双向衔接,实现两个阶段的协同发展。更重要的是改进学前教育质量,尤其在师资培养与在职培训上,加强幼儿园教师队伍建设,对学前教育质量进行有效评估。

一、扩大学前教育规模,促进学前教育普及发展

幼儿时期是人的认知发展最为迅速、最重要的时期,在人一生认识能力的发展中具有十分重要的奠基性作用。学前教育阶段的主要任务是培养儿童学习的兴趣、愿望、积极的情感

和态度。因此,有必要扩大学前教育的办学规模,让更多的幼儿接受学前教育,使得幼儿获得多方面的发展。《教育规划纲要》中强调学前教育的发展目标是基本普及学前教育,突出学前教育对幼儿身心健康、习惯养成、智力发展具有重要意义。积极发展学前教育,到2020年,普及学前一年教育,基本普及学前两年教育,有条件的地区普及学前三年教育。这个目标就成为指引学前教育发展的重要指标,在未来的若干年里推动学前教育的大规模发展,将适龄婴幼儿都包含在内,使其能接受到合适的教育。

从目前的发展状况来看,从颁布《教育规划纲要》时开始统计,我国学前教育的普及率得到了大幅度提升。2009年在园儿童数为2 658万人,学前三年毛入园率为50.9%,截至2014年在园儿童数为4 051万人,学前三年毛入园率上升到70.5%。[①] 在未来的发展举措中,主要是大力发展公办幼儿园,积极扶持民办幼儿园,重点发展农村学前教育。政府从宏观角度加强对于学前教育的政策支持力度,鼓励民间力量加入到学前教育的发展中,促进多种力量的共同作用。主要举措包括:加快完善乡村学前教育服务网络,扩大城镇地区普惠性学前教育资源,以多种方式扶持企事业单位办园、集体办园和普惠性民办园。

二、加强学前与小学的协同,实现双向衔接与相互配合

鉴于学前教育在整个国家教育体系中所占据的重要位置,在未来的发展中需要加以重视,尤其是发挥其在教育体系中的基础作用。我国重视学前教育在整个教育体系中的重要地位,为以后的教育阶段提供准备,保障优秀的生源质量。为了有效发挥学前教育的重要作用,需要促进学前教育与小学教育之间的有效衔接,为儿童接受小学教育做好准备,又不能把学前教育办成小学教育,重视两者之间的差别。幼小衔接需要借鉴国外的一些先进经验,法国主要在教育行政组织的衔接、教学组织与课程规划的衔接、师资聘用与培训的衔接上为幼小衔接做准备;日本要求幼儿园、保育所和小学开展合作,幼小衔接的基础就是尊重孩子的发展特点,不同阶段的教育机构根据孩子的不同特点,具体开展不同的保育和教育工作。

在幼小衔接的具体实施上,需要做到幼小协同、科学协同,不是把学前教育办成小学教育,而是要找到两个阶段的共同点与衔接点,做到双向衔接,相互配合,将两者科学有效地结合起来。首先,幼小衔接需要家长的有效支持,单靠幼儿园和小学的力量是不够的,家长应该积极加入进来,共同影响幼儿的发展。对家长宣传正确的教育观念,转变家长已有的观念,让家长了解幼儿园的各项工作;其次,明确幼儿园和小学之间的区别,对两者进行明显的对比,让家长和孩子都能了解两者的区别,鼓励孩子上小学的动机,激发起向往之情,产生足够的学习兴趣;再次,培养孩子良好的习惯,包括生活习惯和学习习惯,让孩子养成良好的生活自理能力,注重培养孩子的注意力、阅读习惯以及质疑能力等,为进入小学阶段学习做准备;最后,确保科学规范,营造良好的社会氛围,做好物质上的准备,为幼儿园和小学的衔接提供良好的必备基础,进行更好的引导与规范,实现双向衔接和相互配合。

三、明确政府所承担的职责,改善学前教育的质量状况

在促进学前教育的规模化发展以及质量提升上,政府应承担更为重要的职责,将发展学

---

① 中国人民共和国教育部.中国教育概况[EB/OL].(2016-12-19).http://www.moe.gov.cn/jyb_sjzl/s5990/201612/t20161219_292432.html.

前教育纳入到教育发展的宏观规划中。采取的重要举措便是明确政府职责,加大政府的相应投入,《教育规划纲要》中提到要将发展学前教育纳入城镇、社会主义新农村建设规划中,建立政府主导、社会参与、公办民办并举的办园体制。加大政府投入,完善成本合理分担机制,对家庭经济困难幼儿入园给予补助。实施的措施包括:中央财政设立支持学前教育发展资金,引导和激励地方完善学前教育公共服务体系;各地要积极加大政府的财政投入,探索出台公办园生均公用经费标准或生均财政拨款标准;还有制定幼儿园收费管理办法,明确幼儿园收费项目和标准。实际的经费投入相对于前几年呈现出大幅度的提高,极大地改善了学前教育的发展境况,提升了学前教育办学水平。

在促进学前教育规模有效提升的基础上,需要从"量"的维度转到"质"的维度,促进学前教育质量的改善。从各国的发展趋势来看,提升教育质量成为学前教育发展的核心,成为目前普遍实施的重心,主要是通过质量评估与保障机制来促进学前教育质量的改进。具体来看,需要建立完善的质量评估与保障体系,包括严格的教师准入制度、幼儿教师的在职培训、质量评估体系。对幼儿教师的准入提高了要求,包括学历标准和能力要求,从师资上予以有效保障,同时还要建立一系列评估制度对学前教育机构进行定期评估与审查;还有在课程上进行改革,针对教育计划、课程实施、学习环境等方面进行评估,加强了学前教育质量的督导工作;最后是改善学前教师的质量状况,加强教师的专业发展以及师资培训,有助于教师的专业成长,促进优秀教师资源的扩散与发展。

四、规范幼儿园办学标准,建立幼儿教师准入制度

在促进学前教育质量的改善过程中,幼儿园的办学标准与师资水平至关重要,关系到幼儿园的办学质量状况。《教育规划纲要》中提到,需要不断加强学前教育管理,规范办园行为。尤其是要制定学前教育办园标准,建立幼儿园准入制度,完善幼儿园收费管理办法。政府部门要加强对学前教育的宏观指导和管理,相关部门履行各自职责,充分调动各方面力量以发展学前教育。在具体实施的过程中,相比以前更加规范了学前教育的管理工作,政府加强了幼儿园准入、收费、卫生等方面管理制度的建设,出台了一系列法律与政策,对幼儿园的办园标准、收费标准,实行分类管理。同时,完善和落实幼儿园的年检制度,对办学质量进行监控,对幼儿园的状态进行动态监管。还要将学前教育纳入到教育督导工作范围中,完善幼儿园的管理制度,对无证办园的状况进行分类治理。

在规范幼儿园办学的基础上,继续加强学前教师的培养和培训,提升整个学前教师队伍的质量状况。随着时代的发展,各国的学前教师队伍逐步走向高学历、专业化的发展道路,加强了教师队伍质量的建设。《教育规划纲要》中提出,要严格执行幼儿教师资格标准,切实加强幼儿教师培养培训,提高幼儿教师队伍的整体素质,依法落实幼儿教师地位和待遇。在具体实施的过程中,首先要强调学前教师队伍的学历要求,新进入教师需持有正规的学位,必须达到国家的最低学历要求,对教师资格的要求应越来越高。在提升教师学历要求的基础上,还要加强对于现有教师队伍的素质要求,对现有的师资进行继续教育与培训。为使教师不断更新知识,要不断完善对学前教师的在职培训制度,并且配合学前教育内容的革新,为学前教师培养的课程编写新教材,补充最新教育学和心理学的理论,以提高教师的理论水平和实际能力。

第二节 基础教育的改革与发展

人类进入 21 世纪,全球经济一体化的步伐加快了。随着各国基础教育改革的浪潮,我国基础教育在各领域的改革也加快了脚步。在教育国际化这一背景下,作为世界教育改革的重要组成部分,我国基础教育领域近年来所实施的很多改革都折射着国际教育的新进展和新理念。

一、义务教育的区域均衡发展

从 20 世纪末期以来,我国政府长期致力于义务教育的普及,取得了比较显著的成就。从全国范围来看,义务教育阶段的毛入学率达到了历年来的最高水平,基本上覆盖了几乎所有的适龄儿童。目前,义务教育阶段的发展任务开始由重视数量扩张发展到重视教育质量的有效提升,保障所有学龄儿童都能接受到平等和优质的教育资源。中央政府颁布的《国家中长期教育改革和发展规划纲要(2010—2020 年)》中,提出的目标是到 2020 年,全面提高普及水平,全面提高教育质量,基本实现区域内均衡发展,确保适龄儿童少年接受良好义务教育,推进义务教育均衡发展。建立健全义务教育均衡发展保障机制,推进义务教育学校标准化建设,均衡配置教师、设备、图书、校舍等资源。

从区域均衡发展维度来看,切实缩小校际差距,着力解决择校问题。加快薄弱学校改造,着力提高师资水平。实行县(区)域内教师、校长交流制度。实行优质普通高中和优质中等职业学校招生名额合理分配到区域内初中的办法。义务教育阶段不得设置重点学校和重点班。在保障适龄儿童少年就近进入公办学校的前提下,发展民办教育,提供选择机会。加快缩小城乡差距。建立城乡一体化义务教育发展机制,在财政拨款、学校建设、教师配置等方面向农村倾斜。率先在县(区)域内实现城乡均衡发展,逐步在更大范围内推进。努力缩小区域差距。加大对革命老区、民族地区、边疆地区、贫困地区义务教育的转移支付力度。鼓励发达地区支援欠发达地区。[①]

二、两免一补政策与学校布局调整

针对义务教育的普及实施,我国近些年重视实现免费教育,并对学生提供一定的经费补偿,让学生都能享受到优质的教育。从开展的实践来看,2001 年开始实施的"两免一补"政策,中央财政负责提供免费教科书,地方财政负责免杂费和补助寄宿生生活费。2005 年,中央和地方财政安排两免一补资金 70 多亿元,共资助中西部贫困家庭学生 3 400 万人。2006年,从西部地区开始全部免除农村义务教育阶段学生的学杂费,享受免学杂费政策的学生达到 4 880 万人。2007 年,全国农村义务教育阶段家庭经济困难学生均享受到了"两免一补"政策。[②] 从 2016 年起,教育部将两免一补的范围开始扩展到城乡义务教育阶段,对城乡

---

① 教育部. 国家中长期教育改革和发展规划纲要(2010-2020 年)[EB/OL].(2010-07-29)[2016-10-20].http://www.moe.edu.cn/srcsite/A01/s7048/201007/t20100729_171904.html.

② 教育部. 中央财政将支持城乡义务教育"两免一补"政策[EB/OL].(2016-12-01).http://www.moe.edu.cn/jyb_xwfb/s5147/201612/t20161201_290554.html.

义务教育学生免除学杂费、免费提供教科书,对家庭经济困难寄宿生补助生活费,中央财政将通过安排城乡义务教育补助经费进行支持。

同时,国家还推动实施了农村学校布局调整,将农村学校的布局调整作为进一步普及义务教育,推进基础教育改革的教育方针。2001年,国务院颁布了《关于基础教育改革与发展的决定》,要求因地制宜调整农村义务教育学校布局,农村学校布局调整政策正式颁行。从此后的十多年来看,农村中小学校数量剧烈减少,对位于农村的小学进行大规模合并,促使农村学校办学规模扩大、空间分布层级提高。2012年,国务院发布《关于规范农村义务教育学校布局调整的意见》,基本暂停了这项政策的实施,还提出了一些调整性的建议。在农村义务教育学校布局的总体要求上,处理好提高教育质量和方便学生就近上学的关系,努力满足农村适龄儿童少年就近接受良好义务教育需求。科学制定农村义务教育学校布局规划,合理确定县域内教学点、村小学、中心小学、初中学校布局。严格规范学校撤并程序和行为,确因生源减少需要撤并学校的,县级人民政府必须严格履行撤并方案的制定、论证、公示、报批等程序。办好村小学和教学点,要采取多种措施改善办学条件,着力提高教学质量。

三、课程体系的改革与发展

20世纪90年代以前,我国基础教育课程只有单一的学科课程,课程结构不太合理。主要表现在:教育观念滞后,人才培养目标同时代发展要求不能完全适应;课程内容存在着"难、繁、偏、旧"的状况;课程结构单一,学科体系相对封闭,脱离学生经验和社会实际;课程实施过程基本以教师、课堂、书本为中心,难以培养学生的创新精神和实践能力;课程评价过于强调学业成绩和甄别、选拔功能;课程管理过于集中,难以适应当地经济、社会发展的需求和学生多样发展的需求。[①] 为了适应科技进步的飞速发展,迎接21世纪知识经济的挑战,课程改革首先在义务教育阶段展开。原国家教委于1992年颁发了新的《义务教育全日制小学、初级中学课程计划(试行)》,并于1993年秋季开始执行。该计划确立了由学科与活动构成的课程结构。1993年,原国家教委着手研究制订与新的义务教育课程计划相衔接的普通高中课程计划,并于1996年颁布了《全日制普通高级中学课程计划(试验)》。新的普通高中课程由学科类课程和活动类课程组成。在20世纪90年代的课程结构改革实践中,一个突出的特点就是活动类课程正式作为课程,列入课程计划。新课程计划确认了活动课程的价值,成为课程结构中必不可少的组成部分。我国的课程设置分为了学科类课程和活动类课程两类,由此形成新课程结构的第一结构层次。

到了2001年,教育部印发了《基础教育课程改革纲要(试行)》,在课程结构方面,规定2001年起,整体设置九年一贯的义务教育课程。小学阶段以综合课程为主。初中阶段设置分科与综合相结合的课程,学校应努力创造条件开设选修课程。高中阶段以分科课程为主。为使学生在普遍达到基本要求的前提下实现有个性的发展,《课程标准》应有不同水平的要求,在开设必修课的同时,设置丰富多样的选修课程,开设技术类课程。积极试行学分制管理。各省市综合课程的改革探索,为综合课程设置积累了丰富的经验,有力地推动了我国综合课程的改革。新一轮课程综合化,在课程内容上加强与学生及现代社会和科技发展的联系,增加终生学习应具备的基础知识和技能的学习内容。从课程综合化的角度看,不但强调

---

① 顾明远.中、美、加、英四国基础教育研究[M].北京:人民教育出版社,2005:34.

了课程内容结构上的综合,而且也强调了方法、功能和目的的综合。走向新世纪课程综合化,是要力图走出传统学科课程只重视书本知识的机械学习,忽视学生的全面发展,以应试学科为中心的教材体系,主张既重视学生对知识的掌握,又重视学生能力的培养,更重视学生的品德、个性等方面的全面发展,建立以促进学生全面发展为中心的课程体系。

四、教师培养的改革与发展

我国新世纪的中小学课程综合化改革,顺应时代和社会发展变化的需要,与现代课程改革强调"以学生发展为本"的精神相吻合,与国际课程综合化进程相适应。走向新世纪的课程综合化也将从根本上告别旧课程体系的弊端,并将对教师培养提出时代性挑战——从"学科型"到"跨学科型"师资的培养。目前的教师教育模式基本上仍未摆脱传统专才教育模式下培养单一学科教师的"框框",高等师范教育各专业条块分割,界线分明。每个专业都重视自身内容的纵向发展,而忽视了不同学科内容之间的横向联系,致使学生知识面狭窄,基础知识薄弱,难以解决稍微复杂的综合性问题。基础教师教育课程改革也要与时俱进。要用不断发展的眼光看待教师教育课程改革,课程改革内容应紧随时代发展而变化,不能抱残守缺,止步不前。时代的发展决定了教师教育发展的未来方向,课程设计也应更富有弹性,建立灵活、敏锐的应变机制,且要制定长远的课程发展计划,这也是教师教育课程改革的必然方向之一。改革教师教育体系,走一体化道路是教师教育的基本方向。"一体化"的教师教育体系意味着学历教育与非学历教育一体化、中小幼教师教育一体化和教学研究与教学实践的一体化。这为教师提高专业素质,促进专业发展提供了制度保障和物质条件。

不过,一体化的教师教育必须打破单一的教师培养体系,吸引非教师教育系统的力量,形成多样化的教师培养体系。在我国现阶段,应保持"定向型"与"开放型"两种培养模式并存。因此,师范教育必须开放,必须实现从师范院校向综合大学的转型,以提高师范教育水平。随着我国师范院校的并轨和高等教育大众化程度的进一步提高,以及师资岗位竞争的进一步加剧,在培养模式上可以采用国际上通用的"4+X"模式,即4年的本科学习加1~2年的教师专业训练。开放性的教师教育在我国也迈出了坚实的步伐,教师工作的特殊性决定了其自身素质不断更新和发展的必要。因此在世界各国的基础教育改革中重要的一条是:加强教师的培训,建立教师继续教育体制。

第三节 高等教育的改革与发展

自从党的十一届三中全会以来,我国政府开始把迅速发展和完善高等教育系统作为教育部门的优先任务,我国高等教育自此也开始进入了一个新的发展时期。1983年,国务院批转原教育部、国家计委《关于加速发展高等教育的报告》,要求采取有力措施尽快扭转教育同国民经济和社会发展不相适应的局面,采取多层次、多规格、多种形式加速发展高等教育。1985年,颁布了《中共中央关于教育体制改革的决定》,其指导思想是按照"教育必须为社会主义建设服务,社会主义必须依靠教育"的方针,充分调动师生员工和社会各方面的积极性,努力增强学校主动适应经济建设和社会发展需要的动力和活力,使各级各类教育更好地为社会主义建设服务。从这个基本点出发,教育改革从体制改革入手,全面展开。

一、办学体制的变革与发展

我国原来的高等教育办学体制是中央和地方政府单一办学的模式,高等学校依附于政府部门,即由政府包揽一切的大一统的办学模式。一切都按政府部门的计划、指令办理,高等学校缺乏主动性,这种办学体制不利于提高高等学校的办学效益,也不利于调动社会各界办高等教育的积极性。因此,自20世纪80年代中期以来,我国开始了办学体制的改革。

1985年,中共中央公布了《中共中央关于教育体制改革的决定》(以下简称《决定》),明确规定高等教育实行中央、省(自治区、直辖市)、中心城市三级办学的体制。根据《决定》精神,国务院于1986年发布《高等教育管理职责暂行规定》(以下简称《暂行规定》),对在管理高等教育方面,国家教委、国务院有关部门、省级人民政府各自的主要职责和扩大高等教育管理权限做了规定。在《决定》的公布和《暂行规定》的发布之后,各省、自治区和直辖市积极开展讨论和调研,在此基础上制定了本地区的贯彻方案和措施,加强了对本地区内高等学校的管理。这次办学体制改革调动了各地区和中心城市的办学积极性,扩大了高等学校的办学自主权,拓宽了高等教育筹集资金的渠道。这个时期社会力量举办的高等学校(即民办高校)开始兴起,并且出现了跨部门跨地区联合办学的探索,校级之间封闭的围墙被打破,各高校有限的资源得到有效合理的利用。

1993年,党中央、国务院颁布了《中国教育改革和发展纲要》(以下简称《纲要》),制定了高等教育办学体制改革的目标和方针。《纲要》指出:"要改变政府包揽办学的格局,逐步建立政府办学为主体、社会各界共同办学的体制。""要逐步形成以中央、省(自治区、直辖市)两级政府办学为主,社会各界参与办学的新格局。""国家对社会团体和公民个人依法办学,采取积极鼓励、大力支持、正确引导、加强管理的方针。"这次高等教育办学体制改革,主要是要解决政府与高等学校、中央与地方、国家教育与中央各业务部门之间的关系,逐步建立政府宏观管理、学校面向社会自主办学的体制。

1997年,原国家教委发布《关于转变职能,加强宏观管理,扩大直属高校办学自主权的若干意见》,加强了地方政府对所在地区学校的统筹权。办学体制改革是高等教育体制改革的关键,其主要是改变单一的政府包揽办学的体制,解决好政府、社会之间的关系,逐步建立政府办学为主体,社会各界参与共同办学的新体制。经过多年的办学体制改革的探索,我国探索并找到了一套行之有效的调整高校布局结构和优化高校资源配置的办学机制和办学模式:合作、合并、划转(中央部委院校划转到地方政府管理),以及企业和科研院所参与高校办学的模式,充分调动了各方面的积极性、主动性和创造性,激发了办学的活力,提高了办学的效益。

二、高校与学科发展战略

自1999年开始扩招以来,我国高等教育在规模上得到长足发展,从2015年的统计数据来看,全国各类高等教育在学总规模达到3 647万人,高等教育毛入学率达到40.0%。全国共有普通高等学校和成人高等学校2 852所。其中,普通高等学校2 560所(含独立学院275所),成人高等学校292所。普通高校中本科院校1 219所,高职(专科)院校1 341所。[①] 高校扩招

---

① 教育部.2015年全国教育事业发展统计公报[EB/OL].(2016-07-06)[2016-12-10].http://www.moe.gov.cn/srcsite/A03/s180/moe_633/201607/t20160706_270976.html.

为应届高中毕业生和在职人员提供了更多的接受高等教育的机会,推动了我国高等教育大众化的历史进程,加快了高等教育体制的改革和社会观念的创新,适应了经济发展和社会进步。

我国在高校发展战略的路径选择上,顺应扩招政策的需要,推动研究型与综合型大学建设,从20世纪末到21世纪初,出现了高校合并的潮流,集中有利的高校资源与学科资源,构建一大批具有竞争力的大学。1995年,国务院批准后正式启动"211工程",即面向21世纪、重点建设100所左右的高等学校和一批重点学科的建设工程。在高等教育领域进行规模最大、层次最高的重点建设工作。1999年,国务院批转教育部《面向21世纪教育振兴行动计划》,"985工程"正式启动建设。率先在北京大学和清华大学实施"985工程"一期建设。2004年,开始启动"985工程"二期建设。最后一共有39所高校入选到该工程建设中。从这一时期来看,在高校与学科发展战略上,以重点发展为主,努力先建设一批高水平的综合型和研究型大学。

2015年,国务院关于印发《统筹推进世界一流大学和一流学科建设总体方案》的通知,开始推动高校与学科的"双一流"建设。该政策的目标是到2020年,若干所大学和一批学科进入世界一流行列,若干学科进入世界一流学科前列。到2030年,更多的大学和学科进入世界一流行列,若干所大学进入世界一流大学前列,一批学科进入世界一流学科前列,高等教育整体实力显著提升。到21世纪中叶,基本建成高等教育强国。① 在建设任务上,建设一流师资队伍,加快培养和引进一批活跃在国际学术前沿、满足国家重大战略需求的一流科学家、学科领军人物和创新团队,聚集世界优秀人才;培养拔尖创新人才,富有创新精神和实践能力的各类创新型、应用型、复合型优秀人才;提升科学研究水平,营造浓厚的学术氛围和宽松的创新环境,保护创新、宽容失败,大力激发创新活力。

三、投资体制的改革

高等教育投资体制是高等教育体制的重要方面,是保证高等教育事业必需经费来源的政策、制度与组织的有机结构体。20世纪80年代以前,我国高校主要是依靠国家单一的预算计划拨款,在上一年分配额的基础上,政府每年根据学校的发展需要以及高等教育的总预算额,相应做些增长性调整。未用经费必须在年底返还给政府。这种经费投资主体单一的国家拨款的体制使得教育投入严重不足,高等学校缺乏积极性和主动性,办学效益不高。因此,20世纪80年代以来,政府在高等教育投资体制上也进行了一些重要的改革,主要方向是:改变教育经费投资主体单一的国家拨款的体制和长期以来教育投入严重不足的局面,解决好国家、社会、学校、集体和个人合理分担教育经费的问题,逐步建立了以国家财政拨款为主,其他多种渠道筹措教育经费为辅的体制。

(一)建立多渠道筹集教育经费的制度

1980年以前,普通高校只有财政性教育经费,1980年之后开始有了非财政性教育经费。从20世纪80年代中期到90年代初期,中央建立了以财政拨款为主,财、税、费、产、社、基多渠道筹措教育经费体制。1980—1989年国家向普通高校累计投入教育经费692.07亿元,占

---

① 教育部.统筹推进世界一流大学和一流学科建设总体方案[EB/OL].(2016-12-05)[2017-02-13].http://www.moe.edu.cn/jyb_xwfb/s5147/201702/t20170213_295960.html.

普通高校教育经费总投入的比例为91.77%,非财政性教育经费累计投入56.99亿元,占普通高校教育经费总投入的比例为8.23%。进入20世纪90年代以后,随着我国经济体制和教育体制改革的逐步深入,进一步推动了高等教育投资体制的改革。《中国教育改革和发展纲要》指出,要"改革和完善教育投资体制,增加教育经费","要逐步建立以国家财政拨款为主,辅之以征收用于教育的税费、收取非义务教育阶段学生学杂费、校办产业收入、社会捐资集资和设立教育基金等多种渠道筹措教育经费的体制。通过立法,保证教育经费的稳定来源和增长。"经过多年的改革,我国普通高校的教育经费结构发生了很大的变化,形成了教育经费由政府、社会、个人共同投入的格局。

(二)完善教育成本分担制度

在20世纪80年代之前,我国高校的办学经费都由国家承担,学生不缴纳学费和住宿费,并且国家还每月给予学生生活补贴。这种办学经费的体制对国家财政来说是一个沉重的负担,制约了高等教育的发展。为了缓解人民日益增长的对高等教育的需求与有限的高等教育供给之间的矛盾,从1986年开始,我国高校开始招收"委培生"和"自费生"。1989年,我国教育经济学界的专家提出在非义务教育阶段建立经常性成本由政府、社会与学生家庭分担机制的建议,这个建议后来逐渐被政府采纳并形成政策。

1994年开始,我国在40余所高校招生中试行按培养成本收取一定比例费用的试点,1995年发展到257所,1996年又发展到660多所,到1997年,全国所有高校的新生都实行了收费制度。在此过程中,还相继制定了非义务教育学校培养成本的分担标准和办法,与收费制度相配套,建立起奖学金、贷学金、勤工助学基金,以及对贫困生基于特殊补助、减免学费的"奖、贷、助、补、减"的资助体系。据统计,1993年全国普通高校的学费收入为15.96亿元,占当年普通高校事业性经费比例的12.13%。到2002年,全国普通高校的学费收入为390.65亿元,是1993年的24.48倍,占当年普通高校事业性经费比例的34.08%,比1993年增加了21.95%。教育成本分担机制的建立和完善,弥补了教育经费的不足,为高等教育事业的快速发展注入了强劲的动力。

(三)鼓励社会捐资办学

社会捐资办学是本着自愿、量力和群众受益的原则,广泛调动社会力量集资办学。这是我国筹措教育经费的重要途径。其形式主要包括以下几种:(1)鼓励厂矿企业、事业单位、社会团体和个人捐资助学、集资办学,不计征税;(2)设立各种教育"基金",长期定向支持教育;(3)倡导社会各界人士捐资助学,欢迎海外华侨、港、澳、台同胞以及外籍团体和友好人士捐资助学。

自1978年开始,我国恢复了社会力量"捐资办学""集资办学"的做法,但捐资、集资举办的是公立学校,以培训为主,数量很少。党的十三届四中全会以来,我国民办高等教育得到了迅速发展,并成为教育事业的组成部分。1993年发布的《中国教育改革和发展纲要》指出:"改变政府包揽办学的格局,逐步建立以政府办学为主体、社会各界共同办学的体制"。此后不久,一批经政府正式批准建校,具有独立颁发"学历文凭"的民办高校相继诞生,在一些民办教育比较发达的地区甚至已经形成了公立高校和民办高校并举的新格局。从普通高校社会力量办学的经费来看,1993—2002年间,这项经费的年增长率达到53.35%,到2002年社会捐资办学的经费已达到60.96亿元,是1980年0.24亿元的257倍。社会捐资办学扩大了高等教育资金的筹措渠道,弥补了国家公共教育经费的不足,对于缓解我国教育经费短缺的局面发挥了积极的作用。

四、质量评估机制的变革

从20世纪70年代末80年代初恢复和兴起以来,我国高等学校教学评估经过了30年的发展,取得了巨大的成绩,基本上建立起了我国高等教育评估的制度和规范,形成了我国高等学校教学评估的实践模式,积累了一套行之有效的高等学校教学评估的基本经验,在教育评估的理论研究上也建立了我国的教育评估理论和方法体系。总的来看,我国高等教育评估制度的建立和发展大致经历了以下三个阶段。

(一) 启动时期(1978—1985)

拨乱反正以后,在改革开放的新形势下,教育部在促进开展高等教育评估的理论研究与实践活动方面做了很多工作。例如,为评选三好学生进行了学生全面质量的评估,配合教师专业技术职务评定进行了教师素质和水平的评估等。1984年,我国正式参加了国际教育成就评价委员会(简称IEA),这对于推动我国开展教育评估,有着极为重要的意义。与此同时,教育部指定在中央教育科学研究所建立"中国国际教育成就评价中心",开展了大规模的现状调查和评估研究工作。1983年教育部在武汉召开的高教工作会议上提出要对重点高校进行评议,随后一部分高校中的教学评估活动开始活跃起来。

(二) 发展时期(1985—1995)

《中共中央关于教育体制改革的决定》(以下简称《决定》)的颁布标志着我国高等学校教学评估开始进入全面发展的阶段,《决定》第一次明确地使用了"高等学校办学水平评估"这个词,并指明了改革我国高等教育管理体制和在我国开展高等学校教学评估工作的方向。此后,评估试点和研究相继在各地展开。1990年,在总结高等学校教学评估研究成果和试点工作经验的基础上,国家教委正式颁布了《普通高等学校评估暂行规定》,对教学评估的目的、作用、基本形式、组织和程序以及某些政策都做出了规定。它的颁布标志着我国高等学校教学评估开始走上了规范化的道路。1993年颁布的《中国教育改革和发展纲要》对教育体制改革的目标以及相应的教育评估的地位、作用也做了明确的规定,并指出要建立各级各类教育的质量标准和评估指标体系,要求各地教育部门要把检查评估学校教育质量作为一项经常性的任务。

(三) 持续发展时期(1995至今)

从1995年起,国家教委开始在全国范围内组织实施普通高等学校本科教学工作评估。随后,各个科类的本科教学评估工作全面展开。根据教育部颁发的《普通高等学校本科教学工作评价方案》,本科教学工作评估分为按综合大学、高等工业学校、高等医药学校、高等农林院校、高等财经院校、高等政法院校、高等外语院校等七个类别进行。2002年教育部又在对25所院校进行试点的基础上,下发了《关于印发〈普通高等学校本科教学工作水平评估方案(试行)〉的通知》,在全国各类普通高等学校试行本科教学工作水平评估。经2003年试点后,从2004年开始对全国所有普通高等学校实施5年一轮的本科教学工作水平评估。从2016年开始,教育部开始实施本科教学工作审核评估,开展新的一轮教学质量评估工作。

高等教育评估制度的建立是中国高等教育改革发展历程中一项重要的制度创新,经过十多年的改革和发展,它不仅强化了高等教育领域的质量意识,促进了高等教育规模、结构、质量与效益的均衡发展,而且还形成了具有中国特色的高等教育质量保障制度,有效地保障了高等教育质量,为构建高等教育质量保障体系建立了坚实的基础。

改革开放40年来,我国高等教育经历了从恢复到改革、发展和创新的一系列巨变。除了以上办学体制、管理体制、投资体制和评估制度的改革和发展外,在高等教育的规模和结构、高等学校的内部管理体制、招生就业体制,以及高校后勤社会化改革等方面都发生了巨大的变化。经过三十年的改革和发展,我国高等教育为改革开放以来的社会经济发展提供了强有力的知识贡献和人才支持,走出了一条适合中国国情的、有中国特色的高等教育发展之路。

第四节 终身教育的改革与发展

进入21世纪以来,随着我国社会的迅速发展和教育改革的深化,终身教育的理念也日益深入人心。中央政府陆续颁发了若干政策,其中都提到要建立完善的终身教育体系,构建不同类型教育相互沟通、相互衔接的教育体制。在国家和中央政府的推动下,各级政府纷纷制定发展终身教育体系计划,致力于建设学习型社区、学习型城市、学习型政府;建立学习型企业的呼声也正在成为企业发展的自觉要求。

一、终身教育"立交桥"体系的构建

从20世纪末进行教育体制改革以来,我国一直在推动继续教育体系的发展,2010年颁布的《国家中长期教育改革和发展规划纲要(2010—2020年)》明确提出,搭建终身学习的"立交桥",促进各级各类教育纵向衔接、横向沟通,建立继续教育学分积累与转换制度,实现不同类型学习成果的互认和衔接,并将"建立区域内普通教育、职业教育、继续教育之间的沟通机制;建立学习成果认证体系,建立学分银行制度"作为终身教育机制建设试点项目。最近,党的十八届三中全会作出的《中共中央关于全面深化改革若干重大问题的决定》也明确提出,试行普通高校、高职院校、成人高校之间学分转换,拓宽终身学习通道。这些政策与指导思想为终身学习体系的建立提供了指引,对未来的发展前景作出了宏观的描绘,标志着我国终身教育体系建设由理念层面进入实施层面

我国在建设终身学习"立交桥"方面,正在紧急地追赶与规划实施中,国内的探索创新有"北京学院路地区高校教学共同体"和"上海终身教育学分银行"。对于该理念的提倡与实施,有助于优化教育资源配置,为全社会的各类人士提供灵活弹性的终身学习阶梯,满足个人多样化的终身学习需求。北京市学院路地区高校成立了"北京学院路地区高校教学共同体",充分发挥该地区高校密集、教学资源丰富、学科门类齐全的优势。形成了包含跨校选修课、跨校辅修专业,共同体辅修专业的多层次一体化的"一校式"素质教学课程体系。学生通过这个平台,选修自己喜欢的课程,通过学校之间的学习成果与学分认证,将学分转换到所属的学校。

上海市教育委员会建立"上海市终身教育学分银行",该体系面向上海市学习者,以终身教育学分认定、累积和转换为主要功能,进行学习成果认证管理和转换服务。学分银行将学习者已有学习成果认定存入学分银行,对经学分银行认定的学习成果进行存储管理,同时将学习成果转换为继续学习的学分。学分银行的学分分为学历教育、职业培训和文化休闲

教育三类。学习者在学分银行开户后即拥有个人学习档案,可在学分银行网站查询个人学习档案。该系统具有终身学习"立交桥"的功能,将普通教育、职业教育以及非正式教育衔接起来,促进学习者个体的发展。终身学习要在制度和机制上有所创新,通过确立课程的质量内涵与学分标准,建立教育学分累积和转换制度,让学习者的学习成果可认证,并在此基础上可累积、转换。

二、成人教育与继续教育的发展

成人教育与继续教育是我国终身教育的重要组成部分。为了促进终身教育的发展,提高全民族的科学文化水平,政府非常重视成人教育的发展,先后颁布了一系列的政策法规。如 1987 年,国家教委、劳动部和有关部门联合发出《关于开展大学后继续教育的暂行规定》,对继续教育的对象、内容、培训目标、组织实施、政策措施都做了明确规定。1993 年,中共中央、国务院正式公布的《中国教育改革和发展纲要》进一步提出:"把大力开展岗位培训和继续教育作为重点,重视从业人员的知识更新。国家建立和完善岗位培训制度、证书制度、资格考核制度和考试制度、继续教育制度。"2010 年,中央政府颁布的《国家中长期教育改革与发展规划纲要(2010—2020 年)》中提出"政府成立跨部门继续教育协调机构,统筹指导继续教育发展。将继续教育纳入区域、行业总体发展规划。"改革开放以来,在这些政策法规的指导下,制度化、规模化职前职后的经常性的岗位培训和继续教育,成为开发在职人员终身职业能力的基本模式。我国的成人教育事业取得了长足的发展。

在我国成人教育中,最具特色的是高等教育自学考试制度的建立,这可以说是我国终身教育实践的一大创举。1981 年,国务院批转了教育部的《高等教育自学考试试行办法》,在京、津、沪、辽等地试行自学考试。1988 年,国务院颁布了《高等教育自学考试暂行条例》,对自学考试制度的性质、任务、地位、机构、开考专业、考试办法、毕业生使用等,以国家行政法规的形式作出规定,使我国自学考试工作开始走上法制化轨道。1998 年,全国人大通过了《中华人民共和国高等教育法》,确定了自学考试的法律地位和它在我国高等教育体系中的地位。自学考试自开办起就受到社会的热烈欢迎,参加考试的人数呈逐年上涨的趋势,已成为我国规模最大的开放式的高等教育形式。截至 2007 年底,参加自学考试学历教育累计有近 5 049 万人(不计重复)、1.87 亿人次,累计报考科次约 4.38 亿,累计培养本、专科毕业生 799.7 万人;参加非学历教育累计 3 524 万人次,约 1 200 万人获得各类证书。全国共开考 796 个专业,其中专科层次专业 347 个,本科层次专业 499 个,全国共有 540 所高等学校担任主考学校,与 26 个部委、行业合作开考 42 个专业。[①] 可以说,自学考试为众多的求学者提供了在岗进修、学习新专业知识或提高自身素质、调整知识结构的有效途径。

高等教育自学考试在我国高等教育改革中具有独特意义:首先,以国家考试为主,实行宽进严出,通过大规模的社会化考试,有效地扩大了高等教育的开放度,这不仅是我国高等教育发展史的一个创举,也是世界高等教育发展史上成功实现开放办学、合理地充分地利用高校资源的范例。突破了传统学校教育的时空局限,使教育的空间由学校扩展到社会,使教育的触角伸向社会的每一个角落,使学习的时间延伸到人的生活、休闲时间,满足了人们对知识和受教育的渴求;其次,自学考试为社会成员接受技能培训和证书教育搭建了新平台。

---

① 潘懋元,覃红霞. 高等教育自学考试制度改革的成就与展望[J]. 教育与考试,2008(6):6.

自学考试教育与非学历教育并举,既适合公民进行学历进修,也为人们加强职业、技能培训创造了条件,极大地满足了社会日益多样化的教育需求;再次,自学考试推动了社会化网络教育的形成。自学考试强大的激励、整合功能促使遍及城乡的各类教育资源得到统筹利用,普通高校、各类成人高校、广播电大、网络教育、民办高校、行业培训部门,以及地方职业教育、农业推广工作站都纷纷加入自考助学行列,建立起自学考试社会化学习服务体系,从而形成社会化、开放式的教育网络。这不仅丰富了教育的内涵,也为人人学习、终身学习创造了条件。

三、开放式教育网络的建构

自从20世纪70年代末以来,我国已经形成一个由中央广播电视大学和各省、市、县电大组成的现代远程教育系统。截止到1997年底,全国广播电视大学已培养了高等专科毕业生231.38万人,约占同期各类高校毕业生总数的14%。中等专业(含中师)毕业生累计达100万人。1996年,全国电大高等教育专科、中专教育在校生总数已超过100万人,创历史最高纪录。除这种学历教育外,接受广播电视大学继续教育、岗位培训和其他非学历教育的人数已超过了3 000万人。另外,有数千万农民收看中国燎原广播电视学校提供的农村实用技术节目。[①]

除广播电视大学外,全国许多高校也纷纷开始开展现代远程教育。清华大学在1997年就初步建成一套数字卫星加密广播系统,截至1998年,利用清华大学远程教育系统进修企业管理和计算机技术研究生课程的已达731人次。随后,北京邮电大学也成功地完成实时交互远程教学实验;浙江大学与广播电视系统合作,建立闭路电视教学网;湖南大学、湖南师大等高校也相继开辟了远程教育网络。[②] 这种以现代远程教育为依托的开放式教育网络在我国发展势头迅猛,对于我国这样一个人口多、地域广阔、经济欠发达的国家来说,这种教育网络对于构建终身教育、终身学习体系是非常切实而又有效的措施。

四、社区教育的实施与开展

社区教育是一种为社区内所有愿意接受教育和培训的人提供学习和教育的机会的教育模式。根据社区成员的需求,主要采取开放办学的方针,为社区成员提供学习和教育条件。入学不要求具备正规学历和通过资格考试,课程设置多样,学习时间不限,学习和授课方式灵活,广泛采用信息网络等媒体工具。

我国的社区教育是从20世纪80年代中期兴起的。其发展经历了三个阶段:最初的社区教育是从教育系统内部引发的,是教育部门为了争取广泛的社区支持,改善自身的生存条件和环境,壮大自身的力量的"公关"行为,具有较大的自发性、单独性;同时,学校也希望为青少年健康成长创造良好的社会环境和教育氛围,通过开办家长学校和成立关心下一代协会等方式,动员社会力量关心、帮助青少年健康成长。这一阶段的社区教育近似于青少年的校外教育。其后,社区内的支教实体希望从教育部门获得知识、信息、人才等方面的相应回报,社区政府也意识到教育在社区建设和发展中的巨大作用,于是开始自觉地干预和协调社

---

① 韦钰. 在科教兴国中再创辉煌[J]. 教育研究,1998(4):5.
② 李益民、周湘泉. 构建具有中国特色的终身学习体系[J]. 现代远距离教育,1999(3):10.

区教育,在组织社会力量大力支援教育的同时,明确引导社区各级各类教育为社区建设服务,从而,形成双向参与的互惠性的社区教育。在这一阶段,教育的对象从青少年扩大到其他社会成员,教育内容丰富了,教育的功能也扩大了,社区教育向大教育发展。由于以支教、互惠为出发点的社区教育在社区发展中日益显得不足,于是不少地区开始酝酿教育与社区相互融合、相互渗透的社区教育模式。这样,以终身教育为指导思想、以社区全体成员的全程教育为基本思想,力求创建一体化、综合性的教育体系、教育格局,体现教育和社会协调发展的终身性和综合性,社区教育形态便随之轮廓渐显、曙光初露了。[1]

随着社会的发展,生产率的提高,人们工作节奏加快,工作时间缩短,闲暇时间增多。与此同时,人们收入逐步增长,生活水平和生活质量不断提高,不仅要求有良好的社区环境,更要求有良好的社区教育,以满足精神的需求和提高自身的素质。目前,建设学习型城市、学习型组织、学习型社区、学习型家庭的活动,已在我国一些发达地区广泛兴起。构建终身教育体系是一项庞杂的社会系统工程。我国的终身教育事业在短短二十多年的时间里取得了巨大的成就,为终身教育体系的构建奠定了坚实的基础。但是,由于我国教育事业的发展仍存在许多问题,终身教育体系的构建仍任重而道远。在今后的发展中,还有待进一步转变传统学校教育观念,确立终身学习、终身教育的观念;促进各级各类教育之间的衔接与合作,继续加强学习型组织的建设,完善终身教育的立法,为终身教育的开展提供法律保障。

第五节 教师教育的改革与发展

我国在促进教师教育的发展上,在取得成就的同时,还面临着诸多的问题与挑战。在教师教育的未来发展中,社会的进步赋予了教师更多的使命,教师教育作为教师培养的载体,也承担了很多职责。在颁布的《国家中长期教育改革和发展规划纲要(2010—2020年)》(以下简称《教育规划纲要》)中,对教师发展提出了专门的目标,包括建设高素质教师队伍、提高教师业务水平、加强教师管理等,提升整个教师队伍的专业化与高素质化。要求教师教育紧随时代发展的潮流,不仅要推动自身的不断发展进步,还要使其培养的教师能够顺应教育发展的需要。

一、规范教师的准入制度,实施教师资格统一考试

在未来的发展中,国家进一步加强对于教师的管理制度,尤其是在准入资格上,完善现有的教师准入制度,对教师入口进行严格控制。实现高标准、高规格的要求,对于教师的专业化发展,提升现有教师队伍的素质而言至关重要。《教育规划纲要》中提出,国家制定教师资格标准,提高教师任职学历标准和品行要求。建立教师资格证书定期登记制度。省级教育行政部门统一组织中小学教师资格考试和资格认定,县级教育行政部门按规定履行中小学教师的招聘录用、职务评聘、培养培训和考核等管理职能。尤其在基础教育阶段,国家加强对于现有教师队伍的有效管理,一方面提高对于教师资格的要求,包括在每个教育阶段的教师准入资格,逐步实行城乡统一的中小学编制标准,对农村边远地区实行倾斜政策;另

---

[1] 傅松涛.教育与社会的协调发展——全国教育社会学研究暨全国社区教育委员会年会综述[J].教育研究,1995(8):54.

一方面提高教师的待遇状况,不断改善教师的工作、学习和生活条件,吸引优秀人才长期从教、终身从教。

在教师资格考试上,原来实施省一级的统一标准考试,国家在加强教师资格要求后,强化教师资格的统一考试。在改革之前,师范类大学生在学习了教育学和教育心理学课程,并且通过了课程考试,达到了普通话要求水平,就能在毕业时领取教师资格证。而非师范类和其他社会人员需要通过省一级资格考试后才能申请教师资格证。2015年,教师资格证考试改革正式实施,打破教师终生制且五年一审,改革后将实行国考,考试内容增加、难度加大。在校专科、本科生都能报考,改革后将不再分师范生和非师范生的区别,想要做教师都必须参加国家统一考试,方可申请教师资格证。同时针对每一个教育阶段对教师资格提出了要求,比如小学教师需要具备大学专科毕业及其以上学历,初高中教师需要大学本科毕业及其以上学历等。教师资格考试对学生的普通话、身体素质、心理素质、教学能力等提出了要求,相对以前更加规范严格,有助于提升教师教育的标准水平。

二、加强教师的专业化发展,建设高素质教师队伍

在提高教师资格标准的基础上,还要加强教师教育的专业化发展,包括从教师标准要求到专业化教师队伍的建立。从世界各国来看,发达国家已经把教师专业化作为教师教育改革的方向,各国试图通过促进教师专业化水平的提高,来促进教师质量的有效提升。《教育规划纲要》中对教师专业化提出了要求,需要建设高素质教师队伍。提高教师地位,维护教师权益,改善教师待遇,使教师成为受人尊重的职业。严格教师资质,提升教师素质,努力造就一支师德高尚、业务精湛、结构合理、充满活力的高素质专业化教师队伍。专业化是未来教师队伍建设的主要目标,包括专业化的培养,专业化的标准要求,还有专业化的流程,使得教师教育趋向于专业发展进程。

教师专业化发展成为当前各国教师教育带有共通性的发展趋势,这种专业化是指教师职业趋向于专业的过程,主要是改善教师的社会地位,提高教师的经济待遇,改善教师的工作条件,重新树立教师职业的社会形象,最终达到提高基础教育质量的目的。在促进高素质教师队伍的建设中,需要提升现有教师教育的标准,在教师资格证书的获得上严格把关,提高教师的入职门槛,注重对于教师的职后培训,提升对于教师的培养质量。同时,努力提高在职以及职前教师的学历水平,促进教师的专业化发展。最后要扩大教师的准入和培训途径,拟定教师教育新标准,加强对教师教育的评估和管理。从多个方面加强对于教师教育的改革力度,在不同的路径上加强教师专业化发展力度,力争能够全面提升教师培养的质量。

三、教师教育培养和培训体制的一体化

从世界范围来看,教师教育培养和培训体制呈现出一体化发展的趋势愈演愈烈,一次性的师资培养已经不能适应时代发展的要求,为了使教师能胜任时代赋予的新职能,必须将教师的培养和培训连续化或一体化,并且应该具有终身的性质。许多国家都在将教师的职前培养和在职进修结合在一起,按照终身教育思想的要求和教师教育连续性的观点,在重视提高新任教师的学历层次的同时,努力推进在职教师的进修培训,使两者能够结合在一起。在对教师的培养上,需要结合外部社会发展的大背景,面临国际化和人才质量标准化的挑战,应该树立新的教育观、人才观以及质量观、成才观。对以前实施的效果进行有效反思,面对

新时期社会经济发展的要求,着力研讨如何培养具有创新能力的高素质人才的教育新模式,应着重教育目的、目标、内容、方法和手段的改进和改革,有效提升教师教育的质量。

如何有效地将教师培养和在职培训结合起来,主要是在长时期内塑造这种有利的模式,将这种发展理念灌输到教师的培养过程中。首先在标准拟定上,将两个培养阶段的标准结合起来,适应不同发展阶段的要求,实现教师培养的专门化与标准化;其次在实施机构上,寻找一个共同的平台,可以由大学来承担这种职能,将教师职前教育与在职培训两种职能融为一体,在对教师进行培养的同时,也对在职教师进行学位提升工作;最后在两者的衔接上,寻求将教师职前教育和在职进修一体化发展思路,尤其是在职后的继续学习与进修,让其成为一种长效机制,在工作中不断提升自己。

四、突出教师的综合素质养成,将业务与道德素质相结合

在教师培养的改革与发展中,需要不断扩展其内涵,突出复合型教师的教育理念要求,将教师的业务素质和道德素质有效结合起来。很多国家根据政治、经济、科技、文化、教育发展情况,对教师的素质和能力提出了自身的要求,在现实中出现了很多新型的教师教育观。外界社会对于教师的要求是越来越高,不仅在知识方面,而且在诸多综合能力方面。《教育规划纲要》中也强调了综合素质的养成,需要完善培养培训体系,做好培养培训规划,优化队伍结构,提高教师专业水平和教学能力。通过研修培训、学术交流、项目资助等方式,培养教育教学骨干、"双师型"教师、学术带头人和校长,造就一批教学名师和学科领军人才。在实践中,积极推进师范生免费教育,实施农村义务教育学校教师特设岗位计划,完善代偿机制,鼓励高校毕业生到艰苦边远地区当教师。同时,加强了教师教育,构建以师范院校为主体、综合大学参与、开放灵活的教师教育体系。

在教师培养素质的要求上,强调作为教师所应具备的基本素养,具体包括:首先作为生活在变化时代的社会人应有的素质能力,包括问题解决能力、人际关系能力、适应社会能力;其次是教师的职责任务所必要的素质能力,包括学生观和教育观,教师职业的归属感,还有学科指导、学生指导能力;最后是立足于全球视野的素质能力,包括对全球、国家、人类的理解力,具有丰富的人性,在国际社会中所必要的基本素质能力。还要强调教师实践能力的养成,在培养标准中重视实践能力,在教师资格证考核中关注学生的教学实践能力等,形成以"学校为基地"的师资培养模式。此外,还要加强教师的师德建设,加强教师职业理想和职业道德教育,增强广大教师教书育人的责任感和使命感。将师德表现作为教师培养和考核评价的首要内容,培养教师良好的道德素养,形成良好的外部氛围。

第六节 教育管理体制的改革与发展

教育管理体制的改革在当前中国教育改革中占到重要位置,对整个教育改革起着引领性的作用,建立完善的教育管理体制可以有效调动各项资源,提高教育改革的效率。在教育管理改革领域,包括宏观的教育行政体制变革与微观的学校管理制度变革,构成了教育管理体制改革的主要内容。教育行政体制变革处理政府和教育的关系,建立自上而下的教育行政体制,集权和分权的体制是其中的两个重要方面。学校管理制度变革处理各项学校管理事务,调动人力和物力因素,着重提高学校教育的效能。

一、教育宏观行政管理体制的改革

在对我国教育行政管理体制改革的历程进行回顾时,往往按照时间段来进行划分,这一系列过程包括,全面恢复计划管理体制阶段(1978年—1984年),改革计划管理体制阶段(1985年—1992年),深化管理体制改革阶段(1993年—2002年),科学发展观指导下体制改革阶段(2003年—2008年)。① 从2010年颁布的《国家中长期教育改革和发展规划纲要(2010—2020年)》(以下简称《教育规划纲要》)中,又推动了教育管理体制的新一轮变革。

教育行政管理体制的改革是以十六届三中全会确立的科学发展观作为指导思想。在教育部下发的《2003—2007年教育振兴行动计划》中,要求切实转变政府职能,强化依法行政,建立公共教育管理与服务体系。规范教育行政部门在政策制定、宏观调控和监督指导方面的职能,依法保障地方教育行政部门的教育统筹权和学校办学自主权。健全重大决策的规则和程序,建立科学民主决策机制,为基层的教育管理体制改革提供了科学的指导原则。在2007年颁布的新《义务教育法》中,这种行政管理体制得到了相应的加强,标志着基础教育管理体制已基本发育成熟。在高等教育方面,实行高等学校下放、调整、合并、共建的改革,建立了中央和省两级办学、分级管理、以省为主的高等教育管理体制。在2010年颁布的《教育规划纲要》中,强调健全统筹有力、权责明确的教育管理体制。以转变政府职能和简政放权为重点,深化教育管理体制改革,提高公共教育服务水平。明确各级政府责任,规范学校办学行为,形成政事分开、权责明确、统筹协调、规范有序的教育管理体制。

从具体实践来看,首先,进一步划清教育行政机构之间的权力、职责和权限。要明确划分中央与地方教育行政机构的职责权限,理顺中央与地方各级教育行政机构的关系,将自上而下的权力线理清,明确各自的职责和权力,建立一个既能加强中央统一领导,又能充分调动地方发展教育积极性的管理体制;其次,推进教育行政管理的法治化和科学民主化,应建立从中央到地方的各级教育行政咨询、审议机构,推进教育决策的科学化、民主化,确保教育事业的健康发展。要从立法、执法、守法、实施与监督等方面完善我国教育行政法制化的建设,从而保证和促进教育事业的改革和发展;最后,促进教育行政人员专业化的发展,要重视教育行政人员的专业化建设,各级教育行政管理长官均要为教育专家。教育行政机构要大量开发教育管理的人力资源,在其属下特设一个行政人员教育科,专门负责推进教育行政管理人员专业教育工作;还要设有完善的在职进修体制,为教育行政人员提供进修的机会。

二、基础教育管理体制的改革

20世纪80年代初期,我国的基础教育管理体制的特征是:第一,权力高度集中于管理系统中上层,政府促进教育事业稳步均衡发展。我国教育管理系统分为学校层次、地方教育行政机构、中央教育行政机构三个层次。其中大政方针和全国教育经费分配由中央教育行政机构掌控;从经费分配、人事任免直至教学领导在内的绝大部分权力集中于地方教育行政机构;学校的事务几乎全部由政府决策,由于缺乏中介机构和非政府的教育组织,学校只能被动接受各级政府的领导,难以对政府教育决策发挥影响;第二,各管理层级普遍采用单一的高效稳定的科层制管理模式,教育系统自我封闭,忽视教育与社会其他系统的联系;第三,

---

① 褚宏启.我国基础教育行政管理体制改革30年简评[J].中小学管理,2008(11):4-8.

实行中央—地方—学校垂直领导,教育活动的协调与控制过分依赖纵向垂直系统。国家教育政策看似公平,其实难以在经济、社会发展水平不同的地区都得以有效实施。[①] 1985 年颁布的《中共中央关于教育体制改革的决定》指出:"实行九年制义务教育,实行基础教育由地方负责、分级管理的原则,是发展我国教育事业,改革我国教育体制的基础一环。"由此,基础教育实行地方负责,分级管理。基础教育由县教育行政部门直接集中统一管理的体制,改成了"分级办学、分级管理"的新体制。

2001 年颁布的《国务院关于基础教育改革与发展的决定》[②]做出的权限划分最为明确,提出实行在国务院领导下,由地方政府负责、分级管理、以县为主的体制。国家确定义务教育的教学制度、课程设置、课程标准制定,审定教科书。中央和省级人民政府要通过转移支付,加大对贫困地区和少数民族地区义务教育的扶持力度。省级和地(市)级人民政府要加强教育统筹规划,搞好组织协调,在安排对下级转移支付资金时要保证农村义务教育发展的需要。县级人民政府对本地农村义务教育负有主要责任,要抓好中小学的规划、布局调整、建设和管理,统一发放教职工工资,负责中小学校长、教师的管理,指导学校教育教学工作。乡(镇)人民政府要承担相应的农村义务教育的办学责任,根据国家规定筹措教育经费,改善办学条件,提高教师待遇。在 2010 年颁布的《国家中长期教育改革和发展规划纲要(2010—2020 年)》中提出,健全统筹有力、权责明确的教育管理体制。以转变政府职能和简政放权为重点,深化教育管理体制改革,提高公共教育服务水平;加强省级政府教育统筹,进一步加大省级政府对区域内各级各类教育的统筹,统筹管理义务教育,推进城乡义务教育均衡发展,依法落实发展义务教育的财政责任。

三、高等教育管理体制的改革

高等教育管理体制改革主要是解决高等学校应由哪些机构来管理,这些机构的管理职能、权限划分,以及不同管理机构之间的关系。自 20 世纪末期以来,在政府的政策引导下,教育部门和高等学校对管理体制进行了大刀阔斧的改革,并取得了突破性的进展和历史性的成就,基本形成了中央和省两级管理,以省级政府管理为主的新体制。

在 1985 年《中共中央关于教育体制改革的决定》中就提出:"当前高等教育体制改革的关键,就是改变政府对高等学校统得过多的管理体制"。1992 年,《中国教育改革和发展纲要》发布以后,在总结前几年管理体制改革经验的基础上,进一步明确了改革的目标,提出:"进行高等教育体制改革,主要解决政府与高等学校、中央与地方、国家教委与中央业务部门的关系,逐步建立政府宏观管理、学校面向社会自主办学的体制"。并在此基础上提出了改革的思路:"在政府与学校的关系上,要按照政事分开的原则,通过立法,明确高等学校的权利和义务,使高等学校真正成为面向社会自主办学的法人实体。"1999 年颁布的《中共中央国务院关于深化教育改革全面推进素质教育的决定》提出"今后三年,继续按照'共建、调整、合作、合并'的方式,基本完成高等教育管理体制和布局结构的调整"。在此阶段,1998 年、1999 年和 2000 年相继进行了三次部属院校管理体制调整,使改革取得了突破性的进展。经过这三次大规模的调整,由行业的业务主管部门举办并直接管理学校的体制基本结

---

① 吴庆华.变迁与趋向:20 世纪 80 年代以来的中国基础教育管理体制改革[J].辽宁教育研究,2008(3):49-52.
② 吴庆华.变迁与趋向:20 世纪 80 年代以来的中国基础教育管理体制改革[J].辽宁教育研究,2008(3):49-52.

束,基本形成了中央和省两级管理,以省级政府管理为主的新体制,标志着我国原有的高教管理体制已发生了历史性的深刻变革。

2001年,教育部发布《关于印发〈全国教育事业第十个五年计划〉的通知》,提出目标:全面完成高等教育管理体制改革和布局结构调整,建立、健全中央和省级人民政府两级管理、以省级人民政府管理为主的新体制,进一步理顺学校和政府的关系,依法落实和规范学校的办学自主权,加快学校内部管理体制改革步伐。2004年,教育部的《2003—2007年教育振兴行动计划》共分14部分50条,分别对各级各类教育的办学体制改革及发展目标、要求等作了明确规定。在2010年颁布的《国家中长期教育改革和发展规划纲要(2010—2020年)》中提出,健全统筹有力、权责明确的教育管理体制。明确各级政府责任,规范学校办学行为,促进管办评分离,形成政事分开、权责明确、统筹协调、规范有序的教育管理体制。完善以省级政府为主管理高等教育的体制,合理设置和调整高等学校及学科、专业布局,提高管理水平和办学质量。依法审批设立实施专科学历教育的高等学校,审批省级政府管理本科院校学士学位授予单位和已确定为硕士学位授予单位的学位授予点。

四、现代学校管理制度的建立

我国在学校管理制度改革中遇到了很多问题,有些是亟需要解决的。学校管理制度的发展也要遵循一条自身的规律,在这种指引下构建发展方向,不只注重西方管理的作用因素,在制度变革发展中,通常会加入人的因素,注重人在学校管理中的作用,从而构建自身的发展方向。

在2010年颁布的《国家中长期教育改革和发展规划纲要(2010—2020年)》中,强调要建立现代学校管理制度,无论是在高等学校,还是在中小学校,适应未来社会经济发展的需求。在其中强调推进政校分开、管办分离,要适应中国国情和时代要求,建设依法办学、自主管理、民主监督、社会参与的现代学校制度,构建政府、学校、社会之间新型关系。在高校制度建设上,完善中国特色现代大学制度,公办高等学校要坚持和完善党委领导下的校长负责制,健全议事规则与决策程序,依法落实党委、校长职权。在中小学制度建设上,完善普通中小学和中等职业学校校长负责制,完善校长任职条件和任用办法。实行校务会议等管理制度,建立健全教职工代表大会制度,不断完善科学民主决策机制。

在现代学校管理制度建设上,需要突出学校管理自身的独立自主性。学校管理制度的建立依赖于教育行政体制,学校的管理自主性在逐步缺失,亟须对这种关系进行改革,让学校管理制度具有独立自主性。教育行政机构应该逐渐减少对学校的直接控制,变指令性管理为指导性管理,逐步向学校放权,使学校有更多的自主权。无论从管理人员、教员的聘用到课程的安排、教材的选定,还是从行政管理到对外合作都充分体现了学校管理的独立自主性,使得学校管理逐步减少对教育行政的依赖程度,越来越突出自身的独立自主性。主要途径是对学校管理人员提出严格的专业要求,严格规定管理人员的任职资格,使学校管理人员专业化。对于已经上岗的学校管理者,需要经过专业性的培训,否则不得直接担任学校管理人员,更不能担任学校领导。通过学校管理者的专业化培养,在管理实践中能够发挥自身的作用,在学校的实际情况中实施管理,突出独立自主性。

此外,还需要调动社会因素来促进学校管理社会化。随着社会的发展,学校不再是单一的个体,与社会的各种元素相互联系,学生、家长以及社会成员,与学校管理者形成利益的共同体。学校管理制度方面的改革,需要加强与社会的直接联系,学校管理职能在逐步扩大,学校与社会的联系不仅以直接方式进行,而且联系的范围也极为广泛。在学校中引入市场机制,重新确立学校与社会的联系,使以往那种"官学官办"的模式逐步淡化,而代之以互补合作和有偿服务。学校与社会联合组成管理机构,共同管理学校,此外,将家长也纳入到学校管理的体制内,更加重视家长的参与作用。为了保障这种关系的稳固,设立全国性或地域性的家长组织,把家长参与学校管理的权利用法律固定下来。① 同时,还可以借鉴国外的一些经验,将社会多种元素纳入到学校管理制度中,比如社区等,促进学校管理的社会化发展趋势。

拓展阅读

1. 加雷思·琼斯,詹妮弗·乔治.当代管理学[M].北京:人民邮电出版社,2006.
2. 斯蒂芬·P·罗宾斯.管理学[M].北京:中国人民大学出版社,1997.
3. 陈孝彬.教育管理学[M].北京:北京师范大学,1999.
4. 刘德华.中国教育管理史[M].郑州:河南教育出版社,1990.
5. 贺乐凡,等.学校管理研究[M].北京:文化艺术出版社,1993.
6. 迟恩莲.中外教育改革的指导思想与对策[M].北京:北京师范大学出版社,1996.

问题与探究

1. 简述近十年来中国基础教育改革的主要理念与实践。
2. 全球化与知识经济背景下中国高等教育改革的重点与难点问题。
3. 近几年来教育管理制度改革的思潮与理念是什么?

---

① 李永华.国外学校管理改革的新趋势与我国高校管理改革[J].西南民族大学学报,2003(10):224-226.

主要参考文献

1. 郎格让.终身教育导论[M].滕星,等,译.北京:华夏出版社,1988.
2. 陈孝彬.教育管理学[M].北京:北京师范大学,1999.
3. 陈孝彬.外国教育管理史[M].北京:人民教育出版社,1996.
4. 迟恩莲.中外教育改革的指导思想与对策[M].北京:北京师范大学出版社,1996.
5. 持田荣一,森隆夫,诸冈和房.终身教育大全[M].北京:中国妇女出版社,1987.
6. 桑托斯.帝国主义与依附[M]. 杨衍永等,译.北京:社会科学文献出版社,1999.
7. 金.别国的学校和我们的学校——今日比较教育[M].北京:人民教育出版社,2001.
8. 顾明远,薛理银.比较教育导论——教育与国家发展[M].北京:人民教育出版社,2002.
9. 顾明远.中、美、加、英四国基础教育研究[M].北京:人民教育出版社,2005.
10. 赫梅尔.今日的教育为了明日的世界[M].王静,赵穗生,译.北京:中国对外翻译出版公司,1983.
11. 贾春增.外国社会学史(第三版)[M].北京:中国人民大学出版社,2008.
12. 琼斯,乔治.当代管理学[M].北京:人民邮电出版社,2006.
13. 教育部国际合作与交流司.世界62个国家教育概况[M].北京:首都师范大学出版社,2001.
14. 华莱士,沃尔夫.当代社会学理论:对古典理论的扩展[M].刘少杰,等,译.北京:中国人民大学出版社,2008.
15. 科塞.社会冲突的功能[M].孙立平,译.北京:华夏出版社,1989.
16. 联合国教科文组织国际教育发展委员会.反思教育:向"全球共同利益"的理念转变?[M].北京:教育科学出版社,2017.
17. 联合国教科文组织国际教育发展委员会.学会生存——教育世界的今天和明天[M].北京:教育科学出版社,1996.
18. 马健生.比较基础教育[M].南京:江苏教育出版社,2008.
19. 特纳.社会学理论的结构[M].杭州:浙江人民出版社,1987.
20. 特纳.现代西方社会学理论[M]. 范伟达,译.天津:天津人民出版社,1988.
21. 斯温格伍德.社会学思想简史[M].陈伟,冯克利,译.北京:社会科学出版社,1988.
22. 罗宾斯.管理学[M].北京:中国人民大学出版社,1997.
23. 布什.当代西方教育管理模式[M].强海燕,译.南京:南京师范大学出版社,1998.
24. 项贤明,马健生.比较教育自学辅导[M].广州:广东高等教育出版社,2000.

25. 王英杰.比较教育[M].广州:广东教育出版社,1999.
26. 王承绪.比较教育学史[M].北京:人民教育出版社,2003.
27. 吴文侃,杨汉清.比较教育学[M].北京:人民教育出版社,1998.
28. 沃勒斯坦.现代世界体系(第1卷)[M].北京:高等教育出版社,1998.
29. 吴康宁.教育社会学[M].北京:人民教育出版社,2003.
30. 薛理银.当代比较教育方法论研究[M].北京:首都师范大学出版社,1993.
31. 徐汝玲.外国中校学教育管理发展史论[M].北京:红旗出版社,2000.
32. 德罗尔,等.教育——财富蕴藏其中[M].联合国教科文组织总部中文科,译.教育科学出版社,1996.
33. 袁桂林.基础教育改革与发展[M].长春:东北师范大学出版社,2002.
34. 张斌贤.现代国家教育管理体制[M].上海:上海教育出版社,1996.
35. 张琢.国外发展理论研究[M].北京:人民出版社,1992.
36. 钟宜兴.比较教育的发展与认同[M].高雄:高雄复文,2004.

后 记

经全国高等教育自学考试指导委员会同意,由教育类专业委员会负责高等教育自学考试教育类专业教材的审定工作。

《比较教育》自学考试教材由北京师范大学马健生教授主编,对外经济贸易大学黄海刚博士、中央民族大学白华博士参编。

参加本教材审稿讨论会并提出修改意见的有北京师范大学王英杰教授、谷贤林教授和东北师范大学饶从满教授。

他们付出了辛勤劳动,在此一并深表谢意。

全国高等教育自学考试指导委员会
教育类专业委员会
2017 年 9 月